高顿财经 GOLDEN FINANCE

2018
注册会计师全国统一考试备考用书

注册会计师全国统一考试

四维考霸 之

税法

高顿财经研究院 ◎ 编

"会说话"的CPA智能互动教辅

东北财经大学出版社
Dongbei University of Finance & Economics Press

大 连

图书在版编目（CIP）数据

注册会计师全国统一考试四维考霸之税法 / 高顿财经研究院编. —2版. —大连：东北财经大学出版社，2018.6

（注册会计师全国统一考试备考用书）

ISBN 978-7-5654-3139-5

Ⅰ．注…　Ⅱ．高…　Ⅲ．税法–中国–资格考试–自学参考资料　Ⅳ．D922.22

中国版本图书馆CIP数据核字（2018）第081156号

东北财经大学出版社出版

（大连市黑石礁尖山街217号　邮政编码　116025）

网　　址：http://www.dufep.cn

读者信箱：dufep@dufe.edu.cn

大连图腾彩色印刷有限公司印刷　　　　　东北财经大学出版社发行

幅面尺寸：185mm×260mm　　字数：568千字　　印张：22.75　　插页：1

2018年6月第2版　　　　　　　　　　　2018年6月第2次印刷

责任编辑：李　栋　吴　茜　周　慧　　责任校对：刘　佳　冯志慧

　　　　　张爱华　王　玲　　　　　　　　　　　何　莉

封面设计：张智波　　　　　　　　　　　版式设计：钟福建

定价：62.00元

教学支持　售后服务　联系电话：（0411）84710309

版权所有　侵权必究　举报电话：（0411）84710523

如有印装质量问题，请联系营销部：（0411）84710711

"注册会计师全国统一考试备考用书"
编写委员会

主 编

张泉春

委员（按姓氏音序排列）

蔡俊峻　陈蓓蓓　陈琼妹　邓韶君　何建红　齐　萌　邵　娟　吴　奕

谢玲梅　郁　刚　张丽丽　张泉春　周　西　周　越

序　言

　　注册会计师行业较快发展并不断做强、做大是国家发展的需要，因为建立和完善我国的注册会计师制度，是保证资金市场正常运转、促进我国会计与国际接轨的一个重要途径。随着执业质量和社会公信力的稳步提升，作为会计信息质量的重要鉴证者、市场经济秩序的重要维护者、企业提高经营管理水平的重要参谋，注册会计师已成为维系正常经济秩序、保障各方合法经济利益的重要社会监督力量。

　　注册会计师的执业资格标准是注册会计师这一职业群体与社会大众的一种契约标准，注册会计师考试是体现这一契约标准的重要途径之一，也是注册会计师行业人才建设和公信力建设的重要保证和基石。1991年，我国财政部注册会计师考试委员会先后发布了《注册会计师全国第一次统一考试、考核办法》《注册会计师考试命题原则》《注册会计师全国第一次统考考试工作规则》，从此初步形成了包括规范考试报名条件、考试科目、考试范围、试题结构等内容的考试基本制度以及考试组织管理制度。同年12月7日至8日，我国举办了第一届注册会计师全国统一考试。自此开始，经过二十多年的发展、改革与完善，注册会计师考试已成为国内声誉最高的职业资格考试之一。

　　近年来，参加我国注册会计师考试的考生人数明显增多，人们对于注会考试的重视程度也越来越高，但是在不断完善考试形式、丰富考试内容、强化考试管理、提升考试质量的过程中，我国注册会计师考试的难度也逐年加大。由于注册会计师考试涵盖的知识量大、知识面广而且更新迅速，又需要合理的应试策略，因此很多人甚至在学习阶段还没结束时就放弃了参加考试的计划。

　　高难度的考试需要高质量的备考辅导书，高顿财经研究院的研发团队在经过实践检验的名师讲义基础上融合最新注会考试更新，并增加了考霸笔记、微课点拨和智能测评等内容，将重点放在培养读者的专业知识、基本技能和职业道德要求上，形成了四个维度的一系列备考辅助资料，可谓逻辑清晰、结构新颖、内容翔实。"是金子总会发光的"，希望本系列备考辅导书能在广大注册会计师考生群体中引起共鸣，得到认可，也希望高顿财经研究院能再接再厉，多出精品。

　　在我国财政部制定的《会计改革与发展"十三五"规划纲要》中，我们可以看到，不久的将来，我国注册会计师行业的业务领域将得到显著扩展，在公共部门注册会计师审计、涉税服务、管理会计咨询、法务会计服务等新型业务领域，注册会计师们将大有作为。从另一个角度讲，我国对高品质注册会计师人才的需求将会更加迫切。希望会计教育界的同仁们一起，通过扎实的研究、踏实的工作和不懈的努力，共同为促进中国注册会计师行业的发展作出贡献！

刘永泽

2018 年 4 月

前言 Preface

近年来，报名参加中国注册会计师（CPA）全国统一考试的考生数量逐年攀升，越来越多的人希望通过考取CPA证书，成为财经领域的高端专业人士。但是，注册会计师考试科目多、难度大、周期长，许多考生缺乏相关专业基础知识储备、缺乏坚持备考的决心，在备考过程中遇到了重重困难，往往很快就放弃了。

为此，我们真正从考生视角出发，通过名师讲义、考霸笔记、微课点拨和智能测评这四个维度，打造了一套"会说话"的CPA智能互动教辅，真正解决考生在备考中可能遇到的实际问题。

学什么？——上财名师说：听我的！

名师讲义：本套教辅以上财一线CPA名师10年教学积累的独家讲义为基础文本，覆盖全面、行文简明、结构清晰、内容精炼、可读性强。

怎么学？——CPA考霸说：看笔记！

考霸笔记：我们整理并筛选了超过100位考霸研究员的学习笔记，用红字笔记标注穿插在书中，从最真实的备考视角出发，在最自然的学习情境中解决学习问题，可以说是对CPA备考内容和备考策略的集中展示。

学不懂？——学习导师说：我帮你！

微课点拨：如果看书后，感觉到没弄懂、有点难，考生可以扫描书中的二维码，立即观看视频微课。这些微课由高顿CPA学习导师主讲，精准对应到考点，5分钟就能解决一个具体的问题。

要提分？——测评反馈说：做好题！

智能测评：学完每章后，考生通过"智能测评"二维码，可链接到高顿智能测评中心进行在线练习；通过测评反馈报告，可以了解自己的知识掌握情况，从而有针对性地复习强化。测试题配有详细的视频解析，方便考生了解解题方法、难点和易错点。

除了上述优质学习内容的不断优化以外，本书2018年版进行了全新升级。

首先，我们为考生准备了"标杆学习计划"——一套经反复打磨并验证有效的学习方案。该计划着眼于CPA备考的第一轮基础学习，将全书内容分配到12周的时间周期中，方便考生有序地安排学习。考生可灵活设置开始和结束时间，并通过"计划表"即时自检，完成每天的"小目标"，最终达到通过考试的"大目标"。

此外，"微课"数量大幅增加到原来的3～4倍，内容更全面，基本覆盖到了每一页。考生在备考过程中，可以根据自己的需求扫码听课，提高学习效率。

本套辅导用书由高顿财经研究院CPA考试研究中心的各科上财名师主编，一百多位研究员参编，希望通过对"教"与"学"的双向解读，呈现给考生不同于传统学习的全新学习模式，帮助考生更清晰、更精准、更高效地掌握CPA备考内容和备考策略，快速通过CPA考试。

当然，由于编者的时间和水平有限，在编写过程中难免出现一些疏漏和错误。在此，还望各位读者不吝批评指正，帮助我们不断完善和提高。

编　者
2018年4月

目录 Contents

第三部分 真题练习+机考指导

第一部分

学习准备

考试命题规律总结及备考方法建议

一、考试题型、题量及分值

CPA税法单科近三年来机考的题型、题量一直保持稳定：

题型		题量	分值
客观题	单项选择题	24小题	每小题1分，共24分
	多项选择题	14小题	每小题1.5分，共21分
主观题	计算分析题	4题	每题6分，共24分
	综合题	2题	按照命题设置，平均每题15～16分
合计		44题	总分100分

1. 每年在计算分析题中，有1题可以选用英语作答，如答题正确，可增加5分。
2. 不论是否选用英语作答，及格线为60分。
3. 2018年CPA税法考试时间：2018年10月14日17：30～19：30。

二、各章节学习难度与考试重要程度

章节	学习难易度	考试重要度
第一章　税法总论	★	★
第二章　增值税法	★★★	★★★
第三章　消费税法	★★	★★★
第四章　企业所得税法	★★★	★★★
第五章　个人所得税法	★★★	★★★
第六章　城市维护建设税法和烟叶税法	★	★
第七章　关税法和船舶吨税法	★★	★★
第八章　资源税法、环境保护税法	★★	★★
第九章　城镇土地使用税法和耕地占用税法	★	★
第十章　房产税法、契税法和土地增值税法	★★	★★★
第十一章　车辆购置税法、车船税法和印花税法	★★	★★
第十二章　国际税收	★★	★★
第十三章　税收征收管理法	★	★
第十四章　税务行政法制	★	★

三、命题特点分析

CPA考试自2012年实施机考以来，尤其是最近三年，在专业阶段的税法单科考试的命题呈现出"稳定""务实""全面"的特征。

1. 近几年命题的题型、题量保持稳定，试题的核心考点保持稳定。

最近三年，CPA税法单科命题在题型和题量上保持稳定：24小题的单选、14小题的多选、4题计算、2题综合。在这些题量上就对考生提出了明确要求，即要求考生在有限的2个小时内，完成38道客观题、6道主观题的全部答题过程。

要在有限的题目中做到命题面面俱到是有些困难的，但税法考试在命题时对于核心考点，一般能做到始终如一。在主观题中，每年都会涉及增值税、消费税、土地增值税、个人所得税和企业所得税的计算。这些税种是CPA的重点内容，也是核心考点。不论由谁来命题，这些核心考点都会全面考虑到。

2.近几年的命题内容趋于务实，努力做到紧扣当今社会热点、贴近生活工作实际。

CPA是一张职业准入证书，不仅要求考生扎实的专业基础，还要求考生今后的专业胜任能力。在考查时，不能单纯从知识点来命题，而需要考虑到现实中的工作和生活背景。例如，2013年命制一题关于"小明一家外出旅游"时的一些活动所涉及的税种和税额的计算，2015年命制一题关于"外国企业来华从事咨询业务"的实体税种的计算和税务登记管理的问题，2016年结合"走出去"战略，命制了一题关于"居民企业境外投资所得税款的抵扣"问题。这些命题趋势逐一显示了CPA税法单科向着越来越切近生活、贴近实际的务实命题风格。

3.近几年税法命题的内容越来越突出细节化，基本做到了章章有题目。

CPA税法如果从单个知识点来看，其实并不难，但是将这些知识点放在一起，就会觉得琐碎与繁杂，很多考生在这点上吃了亏。有时候一个比较难理解的知识点未必是考试的重点，而那些不起眼的琐碎的知识点偏偏是高频考点。

近几年在客观题中，每年都会有一两道命制了比较冷僻考点的考题。考生在复习时，觉得并不是特别重要的冷门知识，偏偏成为了考试时的选项，而这些知识都是属于考试大纲的范围。所以我们在备考时努力做到不遗漏，这样才能有备无患。

四、CPA税法复习备考方法建议

第一阶段：夯实基础	第一阶段复习时间建议从即日起~7月初 在这一阶段的主要任务就是完成教材章节知识点的全面学习，逐个知识点、逐个章节学习 学习时考生通过面授或网课，结合教材和教辅，将老师在课上强调的知识点逐个理解掌握，每章学完之后，通过章节习题巩固所学的知识点。注意知识的积累，为下一阶段的复习打好基础
第二阶段：滚动提高	第二阶段复习时间建议从7月初~9月初 通过第一阶段的复习，考生已经基本学完了整本教材的内容，这个时候大部分的考生已经对CPA税法的内容有了初步的把握。这时进入第二阶段的复习，就是要进一步复习巩固已学的知识，通过后续的专题班和习题班的学习，并将所学的涉税专业知识予以串联，学会在各个纳税环节将税种融会贯通
第三阶段：冲刺突破	第三阶段复习时间建议从9月初~考试前 通过最后的冲刺串讲，查漏补缺，及时补足一些知识点的盲区。通过考前的若干套综合模拟试题的练习，及时发现并弥补有关薄弱环节，为正式的考试做好充分准备

除此以外，考生在平时的习题练习过程中，不仅要努力提高答题的正确率，还要注意答题速度的提高。2小时完成一整套试题，在时间上是比较紧张的，加上正式考试时的环境影响，难免会影响答题速度，所以考生在平时的练习中，就要注意这一问题，将外界因素对答题速度的影响降到最低。

CPA备考的学习可能是漫长枯燥的过程，持之以恒，是最后取得成功的条件之一。考生切忌"三天打鱼两天晒网"，根据今年自身报考科目，每周需要合理安排复习时间，坚持到底就是胜利。

时下最流行的一句话就是"撸起袖子加油干"，与其在这里泛泛而谈，还不如考生及时有效地进入CPA税法的复习。只要在指导老师的正确引导下，考生在上课时认真学习，课后及时复习巩固，我相信各位的努力付出总会是有回报的。

预祝各位考生今年顺利通过CPA税法考试！

2018年《税法》标杆学习计划

第一周	____月____日至____月____日	预计学习时长（小时）	计划学习日期	完成情况
	第一章　税法总论			
任务1	第一节　税法的概念			
任务2	第二节　税法的构成原则	1		
任务3	第三节　税法的构成要素			
任务4	第四节　税收立法与我国现行税法体系	1		
任务5	第五节　税收执法			
任务6	第六节　税务机关和纳税人的权利与义务	1		
任务7	第七节　国际税收关系			
任务8	第一章　智能测评	1		
	第二章　增值税法			
任务9	第一节　征税范围与纳税义务人	1.5		
任务10	第二节　一般纳税人和小规模纳税人的登记管理	1.5		
任务11	第三节　税率与征收率	4		
第二周	____月____日至____月____日	预计学习时长（小时）	计划学习日期	完成情况
任务12	第四节　增值税的计税方法	4		
任务13	第五节　一般计税方法应纳税额的计算	4		
任务14	第六节　简易计税方法应纳税额的计算	2		
第三周	____月____日至____月____日	预计学习时长（小时）	计划学习日期	完成情况
任务15	第七节　进口环节增值税的征收	1.5		
任务16	第八节　出口货物、劳务和跨境应税行为增值税的退（免）税和征税	1.5		
任务17	第九节　税收优惠	3		
任务18	第十节　征收管理	1		
任务19	第十一节　增值税专用发票的使用及管理	1		
任务20	第二章　智能测评	2		
	第三章　消费税法			
任务21	第一节　纳税义务人与征税范围	1.5		
第四周	____月____日至____月____日	预计学习时长（小时）	计划学习日期	完成情况
任务22	第二节　税目与税率	2.5		
任务23	第三节　计税依据	2		
任务24	第四节　应纳税额的计算	6		
任务25	第五节　征收管理	1		

续表

第四周	___月___日至___月___日	预计学习时长（小时）	计划学习日期	完成情况
任务26	第三章　智能测评			
第五周	___月___日至___月___日	预计学习时长（小时）	计划学习日期	完成情况
	第四章　企业所得税法			
任务27	第一节　纳税义务人、征税对象与税率	1.5		
任务28	第二节　应纳税所得额的计算	4		
任务29	第三节　资产的税务处理	2		
任务30	第四节　资产损失税前扣除的所得税处理	2		
任务31	第五节　企业重组的所得税处理	2		
第六周	___月___日至___月___日	预计学习时长（小时）	计划学习日期	完成情况
任务32	第六节　税收优惠	2		
任务33	第七节　应纳税额的计算	3.5		
任务34	第八节　源泉扣缴	2		
任务35	第九节　征收管理	1		
任务36	第四章　智能测评	3		
第七周	___月___日至___月___日	预计学习时长（小时）	计划学习日期	完成情况
	第五章　个人所得税法			
任务37	第一节　纳税义务人与征税范围	1.5		
任务38	第二节　税率和应纳税所得额的确定	3		
任务39	第三节　应纳税额的计算	4		
任务40	第四节　税收优惠	2		
第八周	___月___日至___月___日	预计学习时长（小时）	计划学习日期	完成情况
任务41	第五节　境外所得的税额扣除	2.5		
任务42	第六节　征收管理	1		
任务43	第五章　智能测评	2		
	第六章　城市维护建设税法和烟叶税法			
任务44	第一节　城市维护建设税法	0.5		
任务45	第二节　烟叶税法	0.5		
任务46	第三节　教育费附加和地方教育费附加	1		
任务47	第六章　智能测评			
	第七章　关税法和船舶吨税法			
任务48	第一节　关税的征税对象与纳税义务人	0.5		
任务49	第二节　关税进出口税则	0.5		
任务50	第三节　关税完税价格与应纳税额的计算	1		
任务51	第四节　关税减免规定			
任务52	第五节　关税征收管理	1		

第九周	___月___日至___月___日	预计学习时长（小时）	计划学习日期	完成情况
任务53	第六节　船舶吨税法	1		
任务54	第七章　智能测评	1		
	第八章　资源税法和环境保护税法			
任务55	第一节　资源税法	2		
任务56	第二节　环境保护税法	2		
任务57	第八章　智能测评			
	第九章　城镇土地使用税法和耕地占用税法			
任务58	第一节　城镇土地使用税法	1.5		
任务59	第二节　耕地占用税法	1.5		
任务60	第九章　智能测评	1		
第十周	___月___日至___月___日	预计学习时长（小时）	计划学习日期	完成情况
	第十章　房产税法、契税法和土地增值税法			
任务61	第一节　房产税法	2		
任务62	第二节　契税法	2		
任务63	第三节　土地增值税法	4		
任务64	第十章　智能测评	1		
	第十一章　车辆购置税法、车船税法和印花税法			
任务65	第一节　车辆购置税法	2		
第十一周	___月___日至___月___日	预计学习时长（小时）	计划学习日期	完成情况
任务66	第二节　车船税法	2		
任务67	第三节　印花税法	2		
任务68	第十一章　智能测评	1		
	第十二章　国际税收			
任务69	第一节　国际税收协定	1		
任务70	第二节　非居民企业税收管理	1		
任务71	第三节　境外所得税收管理	1		
任务72	第四节　国际避税与反避税	1		
第十二周	___月___日至___月___日	预计学习时长（小时）	计划学习日期	完成情况
任务73	第五节　转让定价	0.5		
任务74	第六节　国际税收征管协作	0.5		
任务75	第十二章　智能测评	1		
	第十三章　税收征收管理法			
任务76	第一节　税收征收管理法概述	0.5		
任务77	第二节　税务管理	1		
任务78	第三节　税款征收			
任务79	第四节　税务检查	1		

第十二周	___月___日至___月___日		预计学习时长（小时）	计划学习日期	完成情况
任务80	第五节	法律责任			
任务81	第六节	纳税担保试行办法	1		
任务82	第七节	纳税信用管理			
任务83	第十三章	智能测评	1		
第十四章　税务行政法制					
任务84	第一节	税务行政处罚	1		
任务85	第二节	税务行政复议	1		
任务86	第三节	税务行政诉讼	1		
任务87	第十四章	智能测评	1		

标杆学习计划使用说明：

1.根据本计划，预计学完全书的时间投入为130小时左右。此处的预估学习时间仅供参考，考生需按自身情况进行调整。

2.本计划的执行时间跨度为十二周，每周学习时间分配约为11小时。

3.考生可自行设定计划开始时间，并填写每周的起止日期。

4.针对每周的学习任务，考生根据自身情况，确定每个任务的具体学习日期，并填写在"计划学习日期"一栏。

5.学习任务完成后，考生可进行自检回顾，并在"完成情况"一栏中打"√"。

第二部分

考点精讲+考霸笔记

2018年本章教材变化：新增涉税专业服务机构涉税业务内容，新增税务机关对涉税专业服务机构实施监管内容，其余无实质修订。

第一章 税法总论

本章考情概述

本章是CPA税法学习的基础章节，知识点繁杂、理论性内容较多，在理解上需要考生（尤其是零基础的考生）循序渐进。但是本章并不是CPA税法的重点章节，考生可以结合后续实体税法的学习更容易地理解本章的相关知识点。

本章内容包括：税法的概念、税法原则、税法要素、税收立法与我国现行税法体系、税收执法、税务机关的权利和义务、国际税收关系。

从历年的试题来看，本章平均分值在2~3分，以客观题形式进行考查，题量在2题左右。突出的高频考点主要集中在税法原则、税收立法权、税收执法权和纳税人的权利与义务，考生在复习时注意把握重点。

第一节 税法的概念

税收与税法的概念

一、税收与税法的概念（能力等级1）

了解税收与税法的有关概念，通读原文即可。

（一）税收的有关概念

1.税收的概念

税收是政府为了满足公共需要，<u>凭借政治权力，强制、无偿地取得财政收入</u>的一种形式。

2.税收的内涵

（1）税收的分配关系本质：税收是国家取得财政收入的一种重要工具，其本质是一种分配关系。

（2）国家税权：国家征税的依据是政治权力，它有别于按要素进行的分配。

（3）税收的目的：国家征税的目的是满足社会公共需要。

【例1-1·2016年单选题】下列权力中，作为国家征税依据的是（ ）。

A.管理权力 　　　　　　　　B.政治权力

C.财产权力 　　　　　　　　D.社会权力

【答案】B

【解析】国家征税的依据是政治权力。

（二）税法的有关概念

1.税法的概念

（1）税法是国家制定的用以调整国家与纳税人之间在征纳税方面的权利及义务关系的法律规范的总称。

（2）税法构建了国家及纳税人依法征税、依法纳税的行为准则体系，其目的是保障国家利益和纳税人的合法权益，维护正常的税收秩序，保证国家的财政收入。

2.税法具有<u>义务性法规和综合性法规</u>的特点

（1）税法属于义务性法规，以规定纳税人的义务为主。税法属于义务性法规，并不是指税法没有规定纳税人的权利，而是指纳税人的权利是建立在其纳税义务基础之上的，处于从属地位。这一特点是由税收无偿性和强制性的特点所决定的。

（2）税法的另一特点是具有综合性，它是由一系列单行税收法律法规及行政规章制度组成的体系，其内容涉及课税的基本原则、征纳双方的权利和义务、税收管理规则、法律责任、解决税务争议的法律规范等。综合性法规特点是由税收制度所调整的税收分配关系和税收法律关系的复杂性所决定的。

（3）税法的本质是正确处理国家与纳税人之间因税收而产生的税收法律关系和社会关系，既要保证国家税收收入，也要保护纳税人的权利，两者缺一不可。

二、税收法律关系（能力等级1）

熟悉税收关系的构成（双主体、客体、征税对象）

（一）税收法律关系的构成（见表1-1）

表1-1　　　　　　　　　税收法律关系构成表

税收法律关系的构成要素	解释
税收法律关系的主体	1.一方是代表国家行使征税职责的国家税务机关，包括国家各级税务机关、海关和财政机关 2.另一方是履行纳税义务的人，包括法人、自然人和其他组织，在华的外国企业、组织、外籍人、无国籍人，以及在华虽然没有经营场所，但有来源于中国境内所得的外国企业或组织 3.权利主体另一方的确定，在我国采取的是属地兼属人原则
税收法律关系的客体	税收法律关系主体的权利义务共同指向的对象，即征税对象
税收法律关系的内容	权利主体所享有的权利和所应当承担的义务

（二）税收法律关系的产生、变更与消灭

1.税法是引起税收法律关系的前提条件，但税法本身并不能产生具体的税收法律关系。

2.税收法律关系的产生、变更和消灭必须有能够引起税收法律关系产生、变更或消灭的客观情况，也就是由税收法律事实来决定。

【例1-2·2010年单选题】下列关于税收法律关系的表述中，正确的是（　　）。

A.税法是引起法律关系的前提条件，税法可以产生具体的税收法律关系

B.税收法律关系中权利主体双方法律地位并不平等，双方的权利义务也不对等

C.代表国家行使征税职责的各级国家税务机关是税收法律关系中的权利主体之一

D.税收法律关系总体上与其他法律关系一样，都是由权利主体、权利客体两方面构成的

【答案】C

【解析】选项A：税法是引起税收法律关系的前提条件，但税法本身并不能产生具体的税收法律关系；选项B：在税收法律关系中权利主体双方法律地位平等，但双方的权利与义务不对等；选项D：税收法律关系在总体上与其他法律关系一样，都是由税收法律关系的主体、客体和内容三方面构成的。

三、税法与其他法律的关系（能力等级1）

了解税法与其他法律（宪法、民法、刑法、行政法）的关系。

税法与其他法律的关系见表1-2。

表1-2	税法与其他法律的关系表
与宪法的关系	1.宪法在现代法治社会中具有最高的法律效力，是立法的基础。税法是国家法律的组成部分，也是依据宪法的原则制定的 2.宪法是我国的根本大法，是制定所有法律、法规的依据和章程 3.《中华人民共和国宪法》第五十六条规定："中华人民共和国公民有依照法律纳税的义务。"这一条规定是立法机关制定税法并据以向公民征税以及公民必须依照税法纳税的最直接的法律依据
与民法的关系	1.民法是调整平等主体之间财产关系和人身关系的法律规范，特点是平等、等价和有偿 2.税法是国家依据政治权力向公民课税，是调整国家与纳税人关系的法律规范，特点是强制、无偿 3.二者之间的联系：当税法的某些规范同民法的规范基本相同时，税法一般援引民法条款
与刑法的关系	1.刑法是关于犯罪、刑事责任与刑罚的法律规范的总和 2.税法是调整税收征纳关系的法律规范 3.二者之间的联系：税法和刑法对于违反税法都规定了处罚条款。两者之间的区别就在于情节是否严重，轻者给予行政处罚，重者则要承担刑事责任，给予刑事处罚 4.从2009年2月28日起，"偷税"将不再作为一个刑法概念存在。第十一届全国人大常委会第七次会议表决通过了《中华人民共和国刑法修正案（七）》，修订后的《刑法》第201条关于不履行纳税义务的定罪量刑标准和法律法规中的相关表述方式进行了修改。用"逃避缴纳税款"取代了"偷税"。但目前我国的《税收征收管理法》中还没有做出相应修改
与行政法的关系	1.行政法大多数为授权性法规，少数业务性规定也不涉及货币收益的转移 2.税法是义务性法规，具有经济分配的性质，经济利益是由纳税人向国家无偿单方面转移 3.二者之间的关系为：税法具有行政法的一般特性，体现国家单方面的意志。税收法律关系中争议的解决一般按照行政复议程序和行政诉讼程序进行

【例1-3·2009年单选题】下列法律中，明确确定"中华人民共和国公民有依照法律纳税的义务"的是（　　）。

A.《中华人民共和国宪法》　　　　C.《中华人民共和国个人所得税法》

B.《中华人民共和国民法通则》　　D.《中华人民共和国税收征收管理法》

【答案】A

【解析】本题考核税法与宪法的关系，我国《宪法》第五十六条规定："中华人民共和国公民有依照法律纳税的义务"。

第二节　税法原则　　关注4基6适原则！

税法原则的内容如图1-1所示。

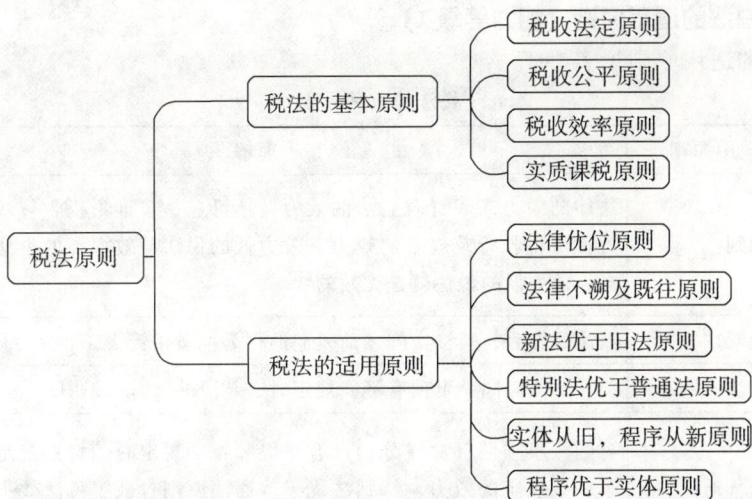

图1-1 税法原则的内容结构

一、税法的基本原则（能力等级1）

税法基本原则的相关内容见表1-3。

表1-3 税法基本原则的相关内容

基本原则	理解
税收法定原则	1.税收法定原则是税法基本原则的核心 2.税收法定原则又称为税收法定主义，是指税法主体的权利义务必须由法律加以规定，税法的各类构成要素都必须且只能由法律予以明确。其内容包括税收要件法定原则和税务合法性原则： （1）税收要件法定原则 ①国家对其开征的任何税种都必须由法律对其进行专门确定才能实施 ②国家对任何税种征税要素的变动都应当按相关法律的规定进行 ③征税的各个要素不仅应当由法律做出专门的规定，这种规定还应当尽量明确 （2）税务合法性原则 ①要求立法者在立法的过程中要对各个税种征收的法定程序加以明确规定，既可以使纳税得以程序化，提高工作效率，节约社会成本，又尊重并保护了税收债务人的程序性权利，促使其提高纳税的意识 ②要求征税机关及其工作人员在征税过程中，必须按照税收程序法和税收实体法律的规定来行使自己的职权，履行自己的职责，充分尊重纳税人的各项权利
税收公平原则	一般认为税收公平原则包括税收横向公平和纵向公平，即税收负担必须根据纳税人的负担能力分配，负担能力相等，税负相同；负担能力不等，税负不同 【例如】禁止不平等对待，禁止对特定纳税人给予歧视性对待，禁止在没有正当理由的情况下对特定纳税人给予特别优惠
税收效率原则	税收效率原则包括两个方面，一是指经济效率，二是指行政效率。前者要求有利于资源的有效配置和经济体制的有效运行，后者要求提高税收行政效率，节约税收征管成本
实质课税原则	是指应根据客观事实确定是否符合课税要件，并根据纳税人的真实负担能力决定纳税人的税负，而不能仅考虑相关外观和形式 【例如】纳税人借转让定价而减少计税所得，若从表面上看，应该按其确定的价格计税。但是这并不能反映纳税人的真实所得，因此，税务机关根据实质课税原则，有权重新估定计税价格

13

二、税法的适用原则（能力等级1）

税法的适用原则见表1-4。

表1-4 税法的适用原则

税法的适用原则	理解
法律优位原则	法律的效力高于行政立法的效力，还可进一步推论税收行政法规的效力优于税收行政规章的效力，效力低的税法与效力高的税法发生冲突时，效力低的税法就是无效的
法律不溯及既往原则	新法实施后，新法实施之前人们的行为不适用新法，而只沿用旧法
新法优于旧法原则	新、旧法对同一事项有不同规定时，新法的效力优于旧法
特别法优于普通法原则	对同一事项两部法律分别订有一般和特别规定时，特别规定的效力高于一般规定的效力。特别法优于普通法原则打破了税法效力等级的限制，即居于特别法地位级别较低的税法，其效力可以高于作为普通法的级别较高的税法
实体从旧，程序从新原则	实体法不具备溯及力，而程序法在特定条件下具备一定溯及力 【例如】某纳税人2016年5月之前为营业税纳税人，之后为增值税纳税人，企业自查发现其2016年1月有一笔收入需要补税，按税法规定应向税务机关补缴营业税，则体现了"实体从旧"原则。2001年5月起实施的《税收征管法》要求企业在银行开设的全部账户都要向税务机关备案，按照"程序从新"原则，企业不论是在2001年5月之前还是之后开立的银行账户，都需要向主管税务机关进行备案
程序优于实体原则	在税收争讼发生时，程序法优于实体法，以保证国家课税权的实现 【解释】程序优于实体原则是关于税收争议诉讼的原则。纳税人通过税务行政复议或税务行政诉讼寻求法律保护的前提条件之一，是必须事先履行税务行政执法机关认定的纳税义务，而不管这项纳税义务实际上是否完全发生。否则，税务行政复议机关或司法机关对纳税人的申诉不予受理

税收法律＞税收法规＞税收规章。

什么时候的事用什么时候的法。

【例1-4·2017年多选题】下列关于税法原则的表述中，正确的有（ ）。

A.税收法定原则是税法基本原则中的核心

B.税收效率原则要求税法的制定要有利于节约税收征管成本

C.制定税法时禁止在没有正当理由的情况下给予特定纳税人特别优惠这一做法体现了税收公平原则

D.税收行政法规的效力优于税收行政规章的效力体现了法律优位原则

【答案】ABCD

【例1-5·2010年多选题】下列关于税法原则的表述中，正确的有（ ）。

A.新法优于旧法原则属于税法的适用原则

B.税法主体的权利义务必须由法律加以规定，这体现了税收法定原则

C.税法的原则反映税收活动的根本属性，包括税法基本原则和税法适用原则

D.税法适用原则中的法律优位原则明确了税收法律的效力高于税收行政法规的效力

【答案】ABCD

【解析】考核税法原则的分类和适用情况。ABCD选项均为教材原文。

【例1-6·单选题】为了确保国家课税权的实现，纳税人通过行政复议寻求法律保护的前提条件之一，是必须事先履行税务行政执法机关认定的纳税义务，否则不予受理。这一做法适用的原则是（　　）。

A.程序优于实体

B.实体从旧，程序从新

C.特别法优于普通法

D.法律不溯及既往

【答案】A

【解析】程序优于实体原则是关于税收争讼法的原则，其基本含义为，在诉讼发生时税收程序法优于税收实体法。适用这一原则，是为了确保国家课税权的实现，不因争议的发生而影响税款的及时、足额入库。

第三节　税法的构成要素

税法的构成要素内容如图1-2所示。

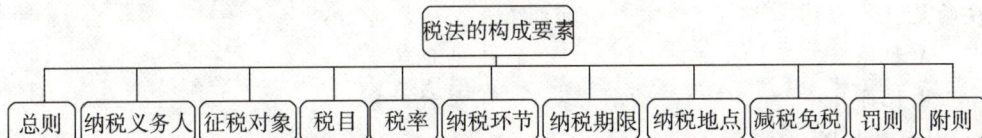

图1-2　税法的构成要素

一、纳税义务人（能力等级1） 掌握纳税义务人、代扣代缴义务人、代收代缴义务人的相关概念。

纳税义务人或纳税人又叫纳税主体，是税法规定的直接负有纳税义务的<u>单位和个人</u>。

纳税义务人

1.纳税人的基本形式（如图1-3所示）

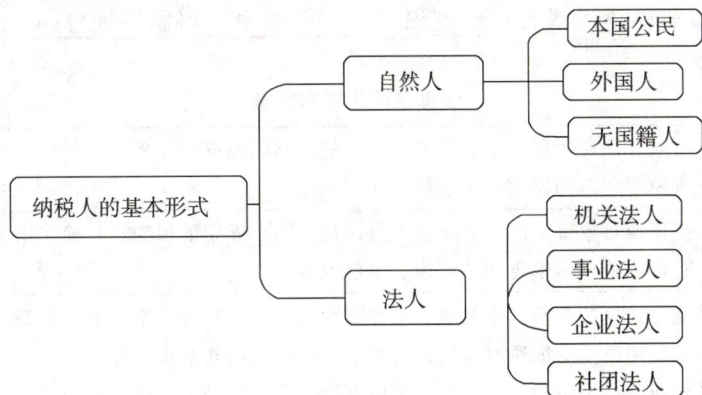

图1-3　纳税人的基本形式

2.扣缴义务人（如图1-4所示）

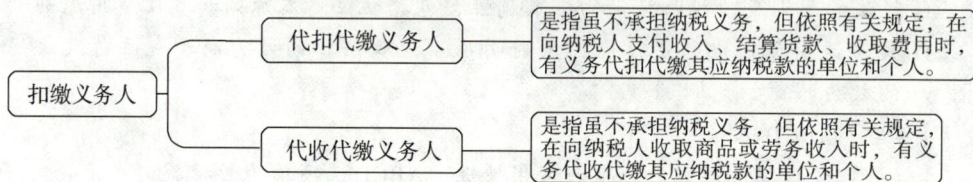

图1-4　扣缴义务人

二、征税对象、税目、税基（能力等级1）*掌握征税对象、税目、税基之间的关系。*

1.征税对象

征税对象指税法规定对什么征税，它是征纳税双方权利义务共同指向的客体或标的物，是区别一种税与另一种税的重要标志。

2.税目

税目是在税法中对征税对象分类规定的具体征税项目，反映具体的征税范围，是对课税对象质的界定。

3.税基

税基又叫计税依据，是据以计算征税对象应纳税款的直接数量依据，它解决对征税对象课税的计算问题，是对课税对象的量的规定。

【例1-7·2017年单选题】下列税法要素中，规定具体征税范围、体现征税广度的是（　　）。

A.税率　　　　　　　　　　C.纳税环节

B.税目　　　　　　　　　　D.征税对象

【答案】B

【解析】税目是在税法中对征税对象分类规定的具体征税项目，反映具体的征税范围，是对课税对象质的界定。税目体现征税的广度。

三、税率（能力等级1）*熟悉税率的形式，为以后学习打基础。*

1.税率是对征税对象的征收比例或征收额度。税率是计算税额的尺度，也是衡量税负轻重与否的重要标志。

2.我国目前税率形式有：比例税率、定额税率、超额累进税率、超率累进税率，见表1-5。

表1-5　　　　　　　　　　　我国目前税率形式表

比例税率	对同一征税对象，不分数额大小，规定相同的征收比例。比例税率分为单一比例税率、差别比例税率、幅度比例税率
定额税率	按征税对象确定的计算单位，直接规定一个固定的税额。目前采用定额税率的有资源税、城镇土地使用税、车船税等
超额累进税率	征税对象按数额大小分成若干等级，每一等级规定一个税率，税率依次提高；每一纳税人的征税对象则依所属等级同时适用几个税率分别计算，将计算结果相加后得出应纳税款。目前采用该税率形式的是个人所得税
超率累进税率	以征税对象数额的相对率划分若干级距，分别规定相应的差别税率，相对率每超过一个级距的，对超过的部分就按高一级的税率计算征税。目前我国税收体系中采用这种税率的是土地增值税

税率

【例1-8·单选题】下列税种，实行超率累进税率的是（ ）。

A.房产税　　　　　　　　　C.土地增值税

B.车船税　　　　　　　　　D.个人所得税

【答案】C

【解析】土地增值税实行的是超率累进税率。

【案例1-1】全额累进税率和超额累进税率的区别

给定一个累进税率表，见表1-6。

表1-6　　　　　　　　　　　　累进税率表

级数	课税对象级距	税率
1	1 500元以下（含）	3%
2	1 500元~4 500元（含）	10%
3	4 500元~9 000元（含）	20%

假定某人某月应纳税所得额为6 000元，则：

按照全额累进税率计算税额	应纳税额=6 000×20%=1 200（元）
按照超额累进税率计算税额	应纳税额=1 500×3%+3 000×10%+1 500×20%=645（元）

为了简化超额累进税率的计算，需要将"速算扣除数"设计在超额累进税率表中。所谓速算扣除数，是按照全额累进计算的税额与按照超额累进计算的税额相减而得的差数，事先计算出来附在税率表中，随税率表一同颁布。

速算扣除数=按全额累进方法计算的税额−按超额累进方法计算的税额

速算扣除数也可以用计算公式推算：

本级速算扣除额=上一级最高所得额×（本级税率−上一级税率）+上一级速算扣除数

即上述税率表的速算扣除数第一级为0，第二级为1 500×（10%-3%）+0=105；第三级为4 500×（20%-10%）+105=555。有了速算扣除数，再用超额累进税率计算税额时，就可以简化计算为：

按超额累进方法计算的税额=按全额累进方法计算的税额−速算扣除数

案例中应纳税额=6 000×20%-555=645（元）。

超额累进税率表的形式，见表1-7。

表1-7　　　　　　　　　　　　超额累进税率表

级数	课税对象级距	税率	速算扣除数
1	1 500元以下（含）	3%	0
2	1 500元~4 500元（含）	10%	105
3	4 500元~9 000元（含）	20%	555

【例1-9·单选题】假定某人取得一项收入，应纳税所得额为38 000元。若规定计税依据不超过20 000元的部分，税率为20%；超过20 000元~30 000元的部分，税率为24%；超过30 000元~40 000元的部分，税率为30%；超过40 000元以上的部分，税率为40%。按超额累进税率计算，则该纳税人应纳税额为（ ）。

A.8 800元　　　　　　　　　C.19 200元

B.12 280元　　　　　　　　　D.18 880元

【答案】A

【解析】应纳税额=20 000×20%+（30 000-20 000）×24%+（38 000-30 000）×30%=8 800（元）。

四、纳税环节（能力等级1）

纳税环节主要指税法规定的征税对象在从生产到消费的流转过程中应当缴纳税款的环节。

五、纳税期限（能力等级1）

了解纳税的3个期限，分清纳税义务发生时间、纳税期限、缴库期限的阶段。

纳税时限是指税法规定的关于税款缴纳时间方面的限定。税法关于纳税时限的规定，有三个概念，如图1-5所示。

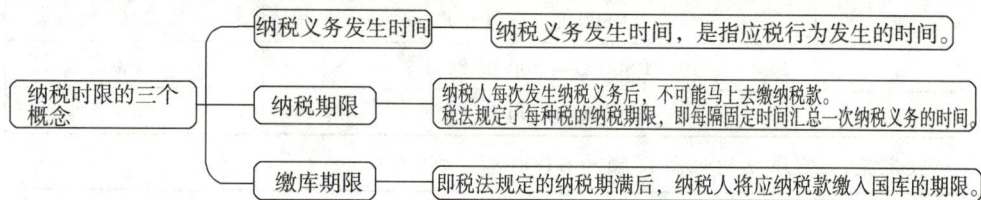

图1-5 关于纳税时限的三个概念

【案例1-2】某商贸企业2018年4月8日销售商品一批，取得销售收入20万元。则2018年4月8日为该企业增值税的纳税义务发生时间。税务机关核定该企业增值税的纳税期限为1个月，自期满之日起15日内申报纳税。具体如图1-6所示。

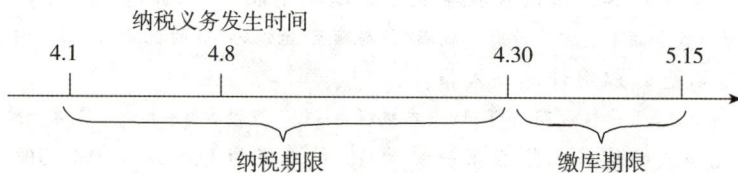

图1-6 纳税时间示意图

六、纳税地点（能力等级1）

纳税地点主要是指根据各个税种纳税对象的纳税环节和有利于对税款的源泉控制而规定的纳税人（包括代征、代扣、代缴义务人）的具体纳税地点。

七、减税免税（能力等级1）

减税免税主要是对某些纳税人和征税对象采取减少征税或者免予征税的特殊规定。

第四节 税收立法与我国现行税法体系

一、税收立法原则（能力等级1）

1.从实际出发的原则；

2.公平原则；

3.民主决策的原则；

4.原则性与灵活性相结合的原则；

5.法律的稳定性、连续性与废、改、立相结合的原则。

二、税收立法权及其划分表述（能力等级1）

相关机构的税收立法权划分见表1-8。

表1-8　　　　　　　　　　　　相关机构的税收立法权划分

相关机构	税收立法权划分
全国人大及其常委会	全国性税种的立法权，即包括全部中央税、中央与地方共享税和在全国范围内征收的地方税税法的制定、公布和税种的开征、停征权，属于全国人大及其常委会
国务院	1.经全国人大及其常委会授权，全国性税种可先由国务院以"条例"或"暂行条例"的形式发布施行。经过一段时期后，再行修订并通过立法程序，由全国人大及其常委会正式立法 2.经全国人大及其常委会授权，国务院有制定税法实施细则、增减税目和调整税率的权力 3.全国人大及其常委会的授权，国务院有税法的解释权
国家税务主管部门（财政部、国家税务总局、海关总署）	经国务院授权，国家税务主管部门（财政部和国家税务总局）有税收条例的解释权和制定税收条例实施细则的权力
省级人大及其常委会 省级人民政府	1.省级人民政府有本地区地方税法的解释权和制定税法实施细则、调整税目、税率的权力，也可在上述规定的前提下，制定一些税收征收办法，还可以在全国性地方税条例规定的幅度内，确定本地区适用的税率或税额。上述权力除税法解释权外，在行使后和发布实施前须报国务院备案 2.地区性地方税收的立法权应只限于省级立法机关或经省级立法机关授权同级政府，不能层层下放。所立税法可在全省（自治区、直辖市）范围内执行，也可只在部分地区执行

三、税收立法机关（税收法律渊源）（能力等级1）

税收的立法机关是几乎年年必考的点。

1.全国人大及常委会制定的税收法律；
2.全国人大及常委会授权国务院制定的暂行规定及条例；
3.国务院制定的税收行政法规；
4.地方人大及常委会制定的税收地方性法规；
5.国务院税务主管部门制定的税收部门规章。
不同税收立法机关的立法区别见表1-9。

税收立法机关

表1-9　　　　　　　　　　　不同税收立法机关的立法区别

分类	制定机关	表现形式	举例
税收法律	全国人大及其常委会	《中华人民共和国×××法》	《企业所得税法》《个人所得税法》《车船税法》《环境保护税法》《烟叶税法》《税收征收管理法》等
税收法规	国务院	《中华人民共和国×××条例》	《增值税暂行条例》《消费税暂行条例》《印花税暂行条例》《企业所得税法实施条例》等
税收规章	财政部、国家税务总局	《中华人民共和国×××细则》《中华人民共和国×××办法》	《增值税暂行条例实施细则》《税务代理试行办法》等

【提示】《中华人民共和国税收征收管理法实施细则》属于国务院制定的税收法规。

【例1-10·2011年单选题】下列各项税收法律法规中，属于部门规章的是（ ）。

A.《中华人民共和国个人所得税法》

B.《中华人民共和国消费税暂行条例》

C.《中华人民共和国企业所得税法实行条例》

D.《中华人民共和国消费税暂行条例实施细则》

【答案】D

【解析】选项A属于全国人大制定的税收法律；选项B属于全国人大授权国务院制定的税收法规；选项C属于国务院制定的税收法规。

【例1-11·2009年多选题】下列关于我国税收法律级次的表述中，正确的有（ ）。

A.《中华人民共和国城市维护建设税暂行条例》属于税收规章

B.《中华人民共和国企业所得税法实施条例》属于税收行政法规

C.《中华人民共和国企业所得税法》属于全国人大制定的税收法律

D.《中华人民共和国增值税暂行条例》属于全国人大常委会制定的税收法律

【答案】BC

【解析】A属于国务院制定的税法行政法规；D属于全国人大授权国务院制定的税收行政法规。

【例1-12·2009年多选题】下列各项中，符合我国税收立法规定的有（ ）。

A.税收法律由国务院审议通过后以国务院总理名义发布实施

B.国务院及所属税务主管部门有权根据宪法和法律制定税收行政法规和规章

C.税收行政法规由国务院负责审议通过后以提案形式提交全国人大或人大常委会审议通过

D.我国现行税收实体法中，由全国人民代表大会及其常委会制定的税收法律有《个人所得税法》和《企业所得税法》

【答案】BD

【解析】税收法律应由全国人大或其常委会审议通过，以国家主席名义发布实施；税收行政法规，由总理最终决定，以国务院总理名义发布实施。故A选项和C选项不正确。

四、税收立法程序（能力等级1）

1.提议阶段；

2.审议阶段；

3.通过和公布阶段。

五、我国现行税法体系（能力等级1）

1.税法的分类（如图1-7所示）

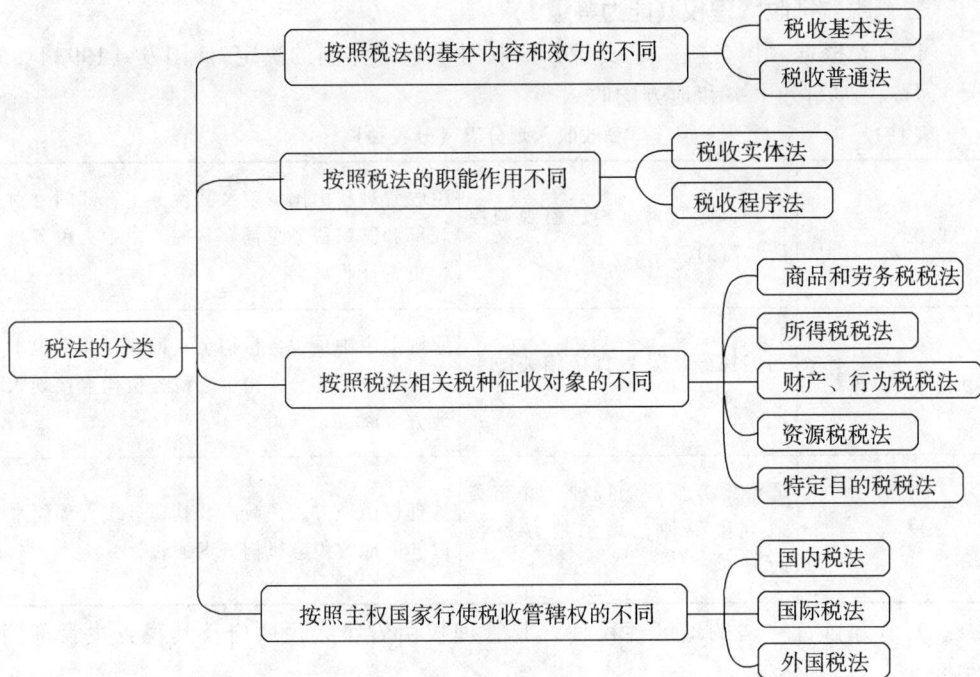

图 1-7 税法的分类

2.税法体系的构成

我国现行税法体系由实体法体系和程序法体系两大部分构成，见表 1-10。

表 1-10 税法体系的构成

税收实体法体系	我国现有税种除企业所得税、个人所得税、车船税是以国家法律的形式发布实施外，其他税种都是经全国人大授权立法，由国务院以暂行条例的形式发布实施。这些税收法律、法规组成了我国的税收实体法体系
税收征收管理法律制度	（1）由税务机关负责征收的税种的征收管理，按照全国人大常委会发布实施的《税收征收管理法》执行
	（2）由海关机关负责征收的税种的征收管理，按照《海关法》及《进出口关税条例》等有关规定执行

第五节 税收执法

一、税务机构设置（能力等级1）

现行税务机构设置是中央政府设立国家税务总局（正部级），省及省以下税务机构分为国家税务局和地方税务局两个系统。税务机构设置具体见表 1-11。

表 1-11 税务机构设置

项目	省级	省以下级
国家税务局	上级税务局垂直领导	
地方税务局	地方政府和国家税务总局双重领导，以地方政府领导为主	上级税务局和同级政府双重领导，以上级税务局垂直领导为主

二、税款征收管理权（能力等级1）

1.首先根据《国务院关于实行分税制财政管理体制的决定》（国发〔1993〕85号），按税种划分中央和地方的收入。

表1-12 税收收入划分表（分税种）

中央税	维护国家权益、实施宏观调控所必需的税种	税收管理权由国务院及其税务主管部门（财政部和国家税务总局）掌握，由中央税务机构负责征收
中央与地方共享税	同国民经济发展直接相关的主要税种	原则上由中央税务机构负责征收，共享税中地方分享的部分，由中央税务机构直接划入地方金库
地方税	适合地方征管的税种，并充实地方税税种，增加地方税税收收入	管理权由地方人民政府及其税务主管部门掌握，由地方税务机构负责征收

2.地方自行立法的地区性税种，其管理权由省级人民政府及其税务主管部门掌握。

3.除少数民族自治地区和经济特区外，各地均不得擅自停征全国性的地方税种。

4.经全国人大及其常委会和国务院的批准，民族自治区和经济特区也可以在享有一般地方税收管理权之外，拥有一些特殊的税收管理权。

5.涉外税收必须执行国家的统一税法，涉外税收政策的调整权集中在全国人大常委会和国务院，各地一律不得自行制定涉外税收的优惠措施。

6.为了更好地体现公平税负、促进竞争的原则，保护社会主义统一市场的正常发育，在税法规定之外，一律不得减税免税，也不得采取先征后返的形式变相减免税。

【例1-13·2009年单选题】下列有关我国税收执法权的说法中正确的是（　　　）。

A.经济特区有权自行制定涉外税收的优惠措施

B.除少数民族自治地区和经济特区外，各地不得擅自停征全国性的地方税种

C.按税种划分中央和地方的收入，中央和地方共享税原则上由地方税务机构征收

D.省级人民政府及其税收主管部门可自行调整当地涉外税收的优惠措施，但应报国务院及其税务主管部门备案

【答案】B

【解析】涉外税收政策的调整权集中在全国人大常委会和国务院，各地一律不得自行制定涉外税收的优惠措施，所以A选项和D选项都不正确；对中央与地方共享税，原则上由中央税务机构负责征收，共享税中地方分享的部分，由中央税务机构直接划入地方金库，所以C选项不正确。

三、税收征收管理范围划分（能力等级1）

目前我国税收征收管理范围的划分情况，见表1-13。

表1-13　　　　　　　　　　税收征收管理范围的划分

征税机关	负责征收管理的税种
国税系统	（1）增值税、消费税、车辆购置税 （2）各银行总行、各保险总公司集中缴纳的所得税、城市维护建设税 （3）中央企业缴纳的所得税 （4）中央与地方所属企业、事业单位组成的联营企业、股份制企业缴纳的所得税 （5）地方银行、非银行金融企业缴纳的所得税 （6）海洋石油企业缴纳的所得税、资源税 （7）部分企业的企业所得税 （8）证券交易税（开征之前为对证券交易征收的印花税）
地税系统	（1）城市维护建设税（不包括上述由国家税务局系统负责征收管理的部分） （2）部分企业所得税 （3）个人所得税 （4）资源税、城镇土地使用税、耕地占用税、土地增值税、房产税、车船税、印花税、契税
海关	（1）关税、船舶吨税 （2）进出口环节的增值税和消费税

国税局和地税局分别征哪些税，是历年考试的常规考点，但由于两会期间，国税地税合并，所以这部分考点，预计会被规避，同学们把握到历年真题的深度即可。

【例1-14·2017年单选题】下列税种中，由国家税务局系统负责征收的是（　　）。

A.房产税

B.车船税

C.车辆购置税

D.船舶吨税

【答案】C

【解析】选项A和B由地税系统负责征收，选项D由海关负责征收。

【例1-15·2012年单选题】下列关于我国现行税收征收管理范围划分的表述中，正确的是（　　）。

A.车辆购置税由地方税务局系统负责征收和管理

B.各银行总行缴纳的印花税由国家税务局系统负责征收和管理

C.地方银行缴纳的企业所得税由国家税务局系统负责征收和管理

D.地方所属企业与中央企业组成的股份制企业缴纳的企业所得税，由地方税务局系统负责征收和管理

【答案】C

【解析】选项A：车辆购置税由国家税务局系统负责征收和管理；选项B：除证券交易印花税以外的印花税由地方税务局系统负责征收和管理；选项D：地方所属企业与中央企业组成的股份制企业缴纳的企业所得税，由国家税务局系统负责征收和管理。

税收收入划分

四、税收收入划分（能力等级1）

目前我国税收收入划分情况，见表1-13。

关于收入的划分，哪些属于中央固定收入，哪些属于地方固定收入，哪些属于中央地方共享收入是几乎每年必考的考点。

表1-14   税收收入划分情况

税收收入划分	所属税种
中央政府固定收入	（1）消费税（含进口环节海关代征的部分）、车辆购置税、关税、海关代征的进口环节增值税 （2）中国铁路总公司、各银行总行及海洋石油企业缴纳的企业所得税 （3）储蓄存款利息所得的个人所得税 （4）海洋石油企业缴纳的资源税 （5）中国铁路总公司、各银行总行、各保险总公司集中缴纳的城市维护建设税 （6）证券交易印花税
地方政府固定收入	（1）城镇土地使用税、耕地占用税、土地增值税、房产税、车船税、契税 （2）除了海洋石油企业以外缴纳的资源税 （3）除了中国铁路总公司、各银行总行、各保险总公司集中缴纳的城市维护建设税归中央政府，其余部分归地方政府 （4）除了证券交易印花税外，其余印花税归地方政府
中央与地方政府共享收入	（1）增值税（不含进口环节由海关代征的部分）：中央政府分享50%，地方政府分享50% （2）企业所得税：除中国铁路总公司、各银行总行及海洋石油企业缴纳的部分归中央政府，其余部分中央与地方政府按60%与40%的比例分享 （3）除储蓄存款利息所得的个人所得税外，其余部分的分享比例与企业所得税相同

【例1-16·2002年多选题】下列税种中，全部属于中央政府固定收入的有（   ）。

A.消费税

B.增值税

C.车辆购置税

D.资源税

【答案】AC

税务机关和纳税人的权利与义务，同学们可以根据常识去判断，不必死记硬背。

第六节　税务机关和纳税人的权利与义务

一、税务行政主体、纳税义务人、扣缴义务人、各级人民政府和有关部门的权利与义务（能力等级1）

税务行政主体、纳税义务人、扣缴义务人、各级人民政府和有关部门的权利与义务见表1-15。

表1-15		权利与义务表
税务机关和税务人员	权利	1.负责税收征收管理工作 2.税务机关依法执行职务，任何单位和个人不得阻挠
	义务	1.税务机关应当广泛宣传税收法律、行政法规，普及纳税知识，无偿地为纳税人提供纳税咨询服务 2.税务机关应当加强队伍建设，提高税务人员的政治、业务素质 3.税务机关、税务人员必须秉公执法、忠于职守、清正廉洁、礼貌待人、文明服务，尊重和保护纳税人、扣缴义务人的权利，依法接受监督 4.税务人员不得索贿受贿、徇私舞弊、玩忽职守，不征或者少征应征税款；不得滥用职权多征税款或者故意刁难纳税人和扣缴义务人 5.各级税务机关应当建立、健全内部制约和监督管理制度 6.上级税务机关应当对下级税务机关的执法活动依法进行监督 7.各级税务机关应当对其工作人员执行法律、行政法规和廉洁自律准则的情况进行监督检查 8.税务机关负责征收、管理、稽查、行政复议人员的职责应当明确，并相互分离、相互制约 9.税务机关应为检举人保密，并按照规定给予奖励 10.税务人员在核定应纳税额、调整税收定额、进行税务检查、实施税务行政处罚、办理税务行政复议时，与纳税人、扣缴义务人或者其法定代表人、直接责任人有下列关系之一的，应当回避：①夫妻关系；②直系血亲关系；③三代以内旁系血亲关系；④近姻亲关系；⑤可能影响公正执法的其他利益关系
纳税人、扣缴义务人	权利	1.纳税人、扣缴义务人有权向税务机关了解国家税收法律、行政法规的规定以及与纳税程序有关的情况 2.纳税人、扣缴义务人有权要求税务机关为纳税人、扣缴义务人的情况保密。税务机关应当为纳税人、扣缴义务人的情况保密。保密是指纳税人、扣缴义务人的商业秘密及个人隐私。纳税人、扣缴义务人的税收违法行为不属于保密范围 3.纳税人依法享有申请减税、免税、退税的权利 4.纳税人、扣缴义务人对税务机关所做出的决定，享有陈述权、申辩权；依法享有申请行政复议、提起行政诉讼、请求国家赔偿等权利 5.纳税人、扣缴义务人有权控告和检举税务机关、税务人员的违法违纪行为
	义务	1.纳税人、扣缴义务人必须依照法律、行政法规的规定缴纳税款、代扣代缴、代收代缴税款 2.纳税人、扣缴义务人和其他有关单位应当按照国家有关规定如实向税务机关提供与纳税和代扣代缴、代收代缴税款有关的信息 3.纳税人、扣缴义务人和其他有关单位应当接受税务机关依法进行的税务检查
地方各级人民政府、有关部门和单位	权利	1.地方各级人民政府应当依法加强对本行政区域内税收征收管理工作的领导或者协调，支持税务机关依法执行职务，依照法定税率计算税额，依法征收税款 2.各有关部门和单位应当支持、协助税务机关依法执行职务 3.任何单位和个人都有权检举违反税收法律、行政法规的行为
	义务	1.任何机关、单位和个人不得违反法律、行政法规的规定，擅自做出税收开征、停征以及减税、免税、退税、补税和其他与税收法律、行政法规相抵触的决定 2.收到违反税收法律、行政法规行为检举的机关和负责查处的机关应当为检举人保密

【例1-17·多选题】下列各项中，纳税人、扣缴义务人的权利包括（　　）。

A.有权向税务机关了解国家税收法律、行政法规的规定以及与纳税程序有关的情况

B.对税务机关所做出的决定，享受陈述权、申辩权

C.依照法律、行政法规的规定缴纳税款、代扣代缴、代收代缴税款

D.有权控告和检举税务机关、税务人员的违法违纪行为

【答案】ABD

【解析】选项C属于纳税人、扣缴义务人的义务。

二、涉税专业服务促进税法遵从（能力等级1）

涉税专业服务是指涉税专业服务机构接受委托，利用专业知识和技能，就涉税事项向委托人提供的税务代理等服务。

1.涉税专业服务机构

涉税专业服务机构是指税务师事务所和从事涉税专业服务的会计师事务所、律师事务所、代理记账机构、税务代理公司、财税类咨询公司等机构。

2.涉税专业服务机构涉税业务内容（如图1-8所示）

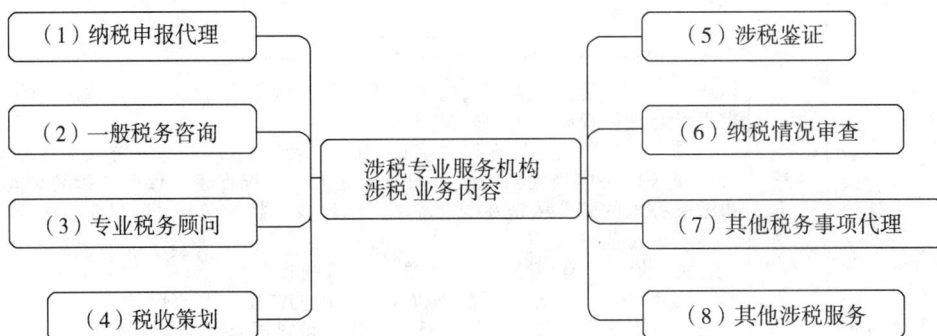

图1-8　涉税专业服务机构涉税业务内容

3.税务机关对涉税专业服务机构的监管

（1）税务机关应当对税务师事务所实施行政登记管理。

（2）税务机关对涉税专业服务机构及其从事涉税服务的人员进行实名制管理。

（3）税务机关应当建立业务信息采集制度，利用现有的信息化平台分类采集业务信息，加强内部信息共享，提高分析利用水平。

（4）税务机关对涉税专业服务机构从事涉税专业服务的执业情况进行检查，根据举报、投诉情况进行调查。

（5）税务机关应当建立信用评价管理制度，对涉税专业服务机构从事涉税专业服务情况进行信用评价，对其从事涉税服务的人员进行信用记录。

（6）税务机关应当加强对税务师行业协会的监督指导，与其他相关行业协会建立工作联系制度。

（7）税务机关应当在门户网站、电子税务局和办税服务场所公告纳入监管

的涉税专业服务机构名单及其信用情况，同时公告未经行政登记的税务师事务所名单。

（8）税务机关应当为涉税专业服务机构提供便捷的服务，依托信息化平台为信用等级高的涉税专业服务机构开展批量纳税申报、信息报送等业务提供便利化服务。

第七节　国际税收关系

国际间重复征税的问题，在学第一章的时候，了解有3种重复征税的形式即可，不必过于深究。

国际重复征税与国际税收协定

一、国际重复征税与国际税收协定（能力等级1）

（一）国际重复征税

1.税收管辖权

税收管辖权属于国家主权在税收领域中的体现，是一个主权国家在征税方面的主权范围。税收管辖权具体分类见表1-16。

表1-16　　　　　　　　　　　税收管辖权分类表

公民管辖权	是指一个国家依据纳税人的国籍行使税收管辖权，对凡是属于本国的公民取得的来自世界范围内的全部所得行使的征税权力
居民管辖权	是指一个国家对凡是属于本国的居民取得的来自世界范围的全部所得行使的征税权力
地域管辖权	又称来源地管辖权，是指一个国家对发生于其领土范围内的一切应税活动和来源于或被认为是来源于其境内的全部所得行使的征税权力

2.国际重复征税

（1）两个或两个以上国家对同一跨国纳税人的同一征税对象进行分别课税所形成的交叉重叠征税称为国际重复征税，又称为国际双重征税。

（2）国际重复征税一般包括法律性国际重复征税、经济性国际重复征税和税制性国际重复征税三种类型。国际税收中所指的国际重复征税一般属于法律性国际重复征税。

3.依据税收管辖权互相重叠的形式，国际重复征税的产生主要有以下几种情形：

（1）居民（公民）管辖权同地域管辖权的重叠；

（2）居民（公民）管辖权与居民（公民）管辖权的重叠；

（3）地域管辖权与地域管辖权的重叠。

【例1-18·2009年多选题】下列各项中，属于国际重复征税产生原因的有（　　）。

A.地域管辖权与地域管辖权的重叠

B.居民（公民）管辖权与收入管辖权的重叠

C.居民（公民）管辖权与地域管辖权的重叠

D.居民（公民）管辖权与居民（公民）管辖权的重叠

【答案】ACD

（二）国际税收协定

1.国际税收协定是指两个或两个以上的主权国家为了协调相互间在处理跨国纳

税人征税事务和其他有关方面的税收关系，本着对等原则，经由政府谈判所签订的一种书面协议或条约，也称为国际税收条约。

2.国际税收协定是以国内税法为基础的。在国际税收协定与其他国内税法的地位关系上，第一种模式是国际税收协定优于国内法，第二种模式是国际税收协定与国内税法具有同等的法律效力，当出现冲突时按照"新法优于旧法"和"特别法优于普通法"等处理法律冲突的一般性原则来协调。

3.国际税收协定的主要内容：

（1）协定适用范围；

（2）基本用语的定义；

（3）对所得和财产的课税；

（4）避免双重征税的办法；

（5）税收无差别待遇；

（6）防止国际偷漏税和国际避税。

二、国际避税反避税与国际税收合作（能力等级1）

（一）国际避税

1.避税是指纳税人通过个人或企业事务的人为安排，利用税法的漏洞、特例和缺陷，规避、减轻或者延迟其纳税义务的行为。

（1）税法漏洞是指由于各种原因税法遗漏的规定或者规定的不完善之处；

（2）税法特例是指规范的税法里因政策等需要针对某种特殊情况才做出的某种特殊规定；

（3）税法缺陷是指税法规定的错误之处。

2.国际避税是指纳税人利用两个或两个以上国家的税法和国家间的税收协定的漏洞、特例和缺陷，规避或减轻其全球总纳税义务的行为。常见的避税手法有：

（1）通过迁出或虚假迁出或不迁出高税国，进行人员流动，避免税收管辖，实现国际避税；

（2）通过把资金、货物或劳务转移或不转移出高税国，进行课税客体的流动，以实现国际避税；

（3）利用有关国家或国际税收协定关于避免国际重复征税的方法进行避税；

（4）利用国际避税地进行避税。

（二）国际反避税与国际税收合作

1.2012年6月，二十国集团财长和央行行长会议启动税基侵蚀和利润转移项目（BEPS）。

2.税基侵蚀和利润转移（BEPS）是指跨国企业利用国际税收规则存在的不足，以及各国税制差异和征管漏洞，最大限度地减少其全球总体税负，甚至达到双重不征税的效果，造成对各国税基的侵蚀。

3.2013年8月27日，中国签署《多边税收征管互助公约》，成为该公约的第56个签约方。

智能测评

扫码听分享	做题看反馈
俗话说"纲举目张",第一章就是这个"纲",理清条理,掌握主线十分重要。通过本章的学习,可以把握住税法的概念、原则、要素,这些在后面所有章节中都是通用的,只有理解了这些基础概念,后面的学习才会更加轻松。 　　扫一扫二维码,来听学习导师的分享吧!	请扫描上方的二维码进入本章测试,检测一下自己学习的效果如何。做完题目,还可以查看自己的个性化测试反馈报告。这样,在以后复习的时候就更有针对性、效率更高啦!

第二章　增值税法

本章考情概述

增值税是历年CPA税法考试最为重要的章节，考点非常密集，各类题型均会出现。2016年5月起我国全面实施"营改增"，2017年本章对于"营改增"的内容进行了全面修订，2018年又将增值税改革的后续政策充实到相关内容之中。

本章内容包括：增值税征税范围与纳税义务人、一般纳税人和小规模纳税人的登记管理、税率与征收率、增值税的计税方法、一般计税方法应纳税额的计算、简易征税方法应纳税额的计算、进口环节增值税的征收、出口货物劳务和跨境应税行为增值税的退免税和征税、增值税的税收优惠、征收管理、增值税发票的使用及管理。

增值税作为我国的第一大税种，在考试中和企业所得税并列分值最高的税种。从历年的试题来看，本章平均分值在20分左右，以单选、多选、计算、综合多题型形式进行考查。考生在复习时，需要把握增值税的税目辨析、税率和征税率、一般纳税人可选择简易计税的情形、销项税额的计算、进项税额的抵扣方法、进项税转出、营改增的特别计算、进口环节增值税、出口退税三大政策的适用范围和出口退税的计算、税收优惠、纳税义务发生时间、纳税期限、纳税地点，这些都是命题的核心知识点。此外，增值税还容易与消费税、城建税、教育费附加、企业所得税等其他税种混合命题组合考查，考生在复习时尤其需要关注跨税种的综合题。

本章核心考点解读

一、增值税的概念

按照我国增值税法的规定，增值税是对在我国境内销售货物或者提供加工、修理修配劳务（以下简称劳务），销售服务、无形资产、不动产，以及进口货物的企业单位和个人，就其销售货物、劳务、服务、无形资产、不动产（以下统称应税销售行为）的增值额和货物进口金额为计税依据而课征的一种流转税。

二、增值税的类型

增值税可以分为不同的类型，按照对购入固定资产已纳税款的处理方式不同，可以将增值税分为生产型增值税、消费型增值税和收入型增值税，详见增值税类型表（见表2-1）。

表2-1　　　　　　　　　　　增值税类型表

类型	理解	案例
生产型增值税 （2009年前）	以纳税人的销售收入（或劳务收入、服务收入）减去用于生产、经营的外购原材料、燃料、动力等物质和非物质资料价值后的余额作为法定的增值额，其购入的固定资产及其折旧均不予扣除	某企业2008年4月外购设备作为固定资产并投入使用，取得增值税专用发票注明金额100万元，增值税17万元。则该企业入账分录为： 借：固定资产117万元 　　贷：应付账款117万元

（左侧批注）流转税指纳税人在商品生产、流通环节产生的流转额或者数量以及非商品交易的营业额为征税对象的一类税收。主要包括增值税、消费税、关税等。

类型	理解	案例
消费型增值税（2009年起）	消费型增值税除了可以将用于生产、经营的外购原材料、燃料、动力等物质资料价值扣除外，还可以在购置固定资产的当期将用于生产、经营的<u>固定资产价值中所含的增值税税款全部一次性扣除</u>	某企业2010年4月外购设备作为固定资产并投入使用，取得增值税专用发票注明金额100万元，增值税17万元。则该企业入账分录为： 借：固定资产100万元 　　应交税费——增值税进项税17万元 贷：应付账款117万元
收入型增值税	以纳税人的销售收入（或劳务收入、服务收入）减去用于生产、经营的外购原材料、燃料、动力等物质和非物质资料价值以及固定资产已提折旧的价值后的余额作为法定的增值额	

【提示1】生产型增值税和消费型增值税最大的区别在于：其固定资产的进行税额能否做抵扣。

【提示2】生产型增值税转型为消费型增值税的时间：从2009年1月1日起。

【提示3】我国目前采用的是消费型增值税。

三、价内税和价外税的区别

【案例2-1】某批商品（增值税适用税率17%，消费税适用税率10%）售价117万元，这里117万元的总价就是含增值税的价格（也就是我们俗称的"含税价"）。增值税是价外税，其税额计算方法为：$\frac{117}{1+17\%} \times 17\% = 17$（万元），这样不含增值税的价格（不含税价）就是 $\frac{117}{1+17\%} = 117-17 = 100$（万元）。这里的100万元也就是销售方确认收入的金额，17万元增值税是在100万元之外的，也就是价外税。而消费税的计算，则是 $100 \times 10\% = 10$（万元），这10万元是在收入100万元里面的，也就是价内税（如图2-1所示）。

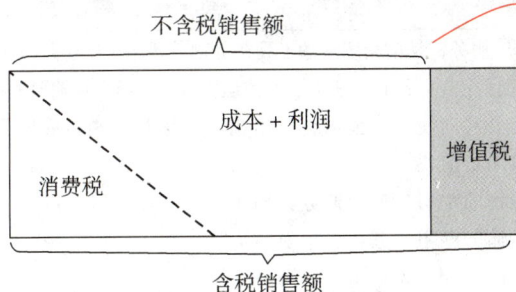

图2-1　价内税与价外税

借：银行存款117万元
贷：主营业务收入100万元
应交税费——应交增值税（销项税额）17万元
借方收到的银行存款是含税销售额，贷方的主营业务收入由成本、利润及消费税额构成，增值税销项税额在主营业务收入以外单独体现。

价内税和价外税的区别

征税范围

第一节　征税范围与纳税义务人

一、征税范围（能力等级1）

（一）征税范围的一般规定

增值税范围的一般规定（如图2-2所示）。

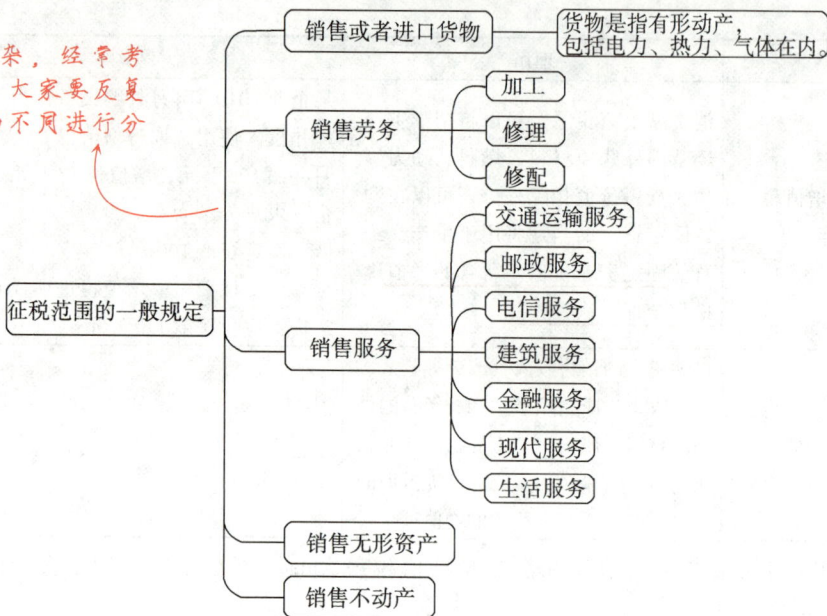

图2-2　增值税范围的一般规定

1.销售或者进口的货物

（1）货物是指有形动产，包括电力、热力、气体在内。

（2）销售货物，是指有偿转让货物的所有权。

2.销售劳务

（1）劳务是指纳税人提供的加工、修理修配劳务。

（2）单位或者个体工商户聘用的员工为本单位或者雇主提供加工、修理修配劳务，不包括在内。 员工取得的工资性质的劳务、服务收入不征收增值税。

3.销售服务

销售服务的具体征税范围见表2-2。

表2-2　　　　　　　　　　销售服务的具体征税范围

税目	要点
交通运输服务	（1）交通运输服务，是指利用运输工具将货物或者旅客送达目的地，使其空间位置得到转移的业务活动。包括陆路运输服务、水路运输服务、航空运输服务和管道运输服务
	（2）出租车公司向使用本公司自有出租车的出租车司机收取的管理费用，按照陆路运输服务缴纳增值税
	（3）水路运输的程租、期租业务，属于水路运输服务
	（4）航空运输的湿租业务，属于航空运输服务
	【提示】程租、期租、湿租属于交通运输服务，干租、光租属于有形动产的经营租赁服务
	（5）航天运输服务，按照航空运输服务缴纳增值税
	（6）无运输工具承运业务，按照交通运输服务缴纳增值税
	【解释】无运输工具承运业务，是指经营者以承运人身份与托运人签订运输服务合同，收取运费并承担承运人责任，然后委托实际承运人完成运输服务的经营活动
	（7）自2018年1月1日起，纳税人已售票但客户逾期未消费取得的运输逾期票证收入，按照"交通运输服务"缴纳增值税 新增内容

专属税种

税目	要点
邮政服务	（1）邮政服务，是指中国邮政集团公司及其所属邮政企业提供邮件寄递、邮政汇兑和机要通信等邮政基本服务的业务活动。包括邮政普遍服务、邮政特殊服务和其他邮政服务 （2）邮政普遍服务，是指函件、包裹等邮件寄递，以及邮票发行、报刊发行和邮政汇兑等业务活动 （3）邮政特殊服务，是指义务兵平常信函、机要通信、盲人读物和革命烈士遗物的寄递等业务活动 （4）其他邮政服务，是指邮册等邮品销售、邮政代理等业务活动
电信服务	（1）电信服务，是指利用有线、无线的电磁系统或者光电系统等各种通信网络资源，提供语音通话服务，传送、发射、接收或者应用图像、短信等电子数据和信息的业务活动。包括基础电信服务和增值电信服务 （2）基础电信服务，是指利用固网、移动网、卫星、互联网，提供语音通话服务的业务活动，以及出租或者出售带宽、波长等网络元素的业务活动 （3）增值电信服务，是指利用固网、移动网、卫星、互联网、有线电视网络，提供短信和彩信服务、电子数据和信息的传输及应用服务、互联网接入服务等业务活动 【提示】注意"基础电信服务"和"增值电信服务"的区分，其增值税适用税率是不一样的 （4）卫星电视信号落地转接服务，按照增值电信服务缴纳增值税
建筑服务	（1）建筑服务，是指各类建筑物、构筑物及其附属设施的建造、修缮、装饰，线路、管道、设备、设施等的安装以及其他工程作业的业务活动。包括工程服务、安装服务、修缮服务、装饰服务和其他建筑服务 （2）固定电话、有线电视、宽带、水、电、燃气、暖气等经营者向用户收取的安装费、初装费、开户费、扩容费以及类似收费，按照安装服务缴纳增值税 （3）物业服务企业为业主提供的装修服务，按照"建筑服务"缴纳增值税 （4）航道疏浚属于港口码头服务，不属于建筑服务 （5）纳税人将建筑施工设备出租给他人使用并配备操作人员的，按照"建筑服务"缴纳增值税。 【提示】这里强调的是出租时同时配备操作人员。如果只出租设备，不配备操作人员，则按照"有形动产的租赁服务"缴纳增值税
金融服务	（1）金融服务，是指经营金融保险的业务活动。包括贷款服务、直接收费金融服务、保险服务和金融商品转让 （2）"保本收益、报酬、资金占用费、补偿金"，是指合同中明确承诺到期本金可全部收回的投资收益。金融商品持有期间（含到期）取得的非保本的上述收益，不属于利息或利息性质的收入，不征收增值税 （3）各种占用、拆借资金取得的收入，包括金融商品持有期间（含到期）利息（保本收益、报酬、资金占用费、补偿金等）收入、信用卡透支利息收入、买入返售金融商品利息收入、融资融券收取的利息收入，以及融资性售后回租、押汇、罚息、票据贴现、转贷等业务取得的利息及利息性质的收入，按照贷款服务缴纳增值税 【解释】融资性售后回租，是指承租方以融资为目的，将资产出售给从事融资性售后回租业务的企业后，从事融资性售后回租业务的企业将该资产出租给承租方的业务活动 （4）以货币资金投资收取的固定利润或者保底利润，按照贷款服务缴纳增值税 【提示】金融商品持有期间（含到期）取得的非保本的收益，不属于利息或利息性质的收入，不征收增值税 （5）金融商品转让，是指转让外汇、有价证券、非货物期货和其他金融商品所有权的业务活动。其他金融商品转让包括基金、信托、理财产品等各类资产管理产品和各种金融衍生品的转让 【提示1】纳税人购入基金、信托、理财产品等各类资产管理产品持有至到期，不属于金融商品转让 【提示2】存款利息、被保险人获得的保险赔付，不征收增值税

不属于销售货物。

不属于商务辅助服务。

类似于程租、期租、湿租

融资性售后回租业务中承租方出售资产的行为，不属于增值税征收范围，不征收增值税。

融资性售后回租

续表

税目	要点
现代服务	（1）现代服务，是指围绕制造业、文化产业、现代物流产业等提供技术性、知识性服务的业务活动。包括研发和技术服务、信息技术服务、文化创意服务、物流辅助服务、租赁服务、鉴证咨询服务、广播影视服务、商务辅助服务和其他现代服务。 （2）宾馆、旅馆、旅社、度假村和其他经营性住宿场所提供会议场地及配套服务的活动，按照"会议展览服务"缴纳增值税。 （3）港口设施经营人收取的港口设施保安费按照港口码头服务缴纳增值税。 （4）租赁服务，包括融资租赁服务和经营租赁服务。 【提示1】按照标的物的不同，融资租赁服务可分为有形动产融资租赁服务和不动产融资租赁服务。融资性售后回租不按照本税目缴纳增值税。 【提示2】按照标的物的不同，经营租赁服务可分为有形动产经营租赁服务和不动产经营租赁服务。 租赁服务： 经营租赁——有形动产经营租赁／不动产经营租赁 融资租赁——直接融资租赁（有形动产融资租赁／不动产融资租赁）／融资性售后回租 【提示3】直接融资租赁按"经营租赁"缴纳增值税，适用税率区分动产与不动产；融资性售后回租按"金融服务"缴纳增值税。 （5）将建筑物、构筑物等不动产或者飞机、车辆等有形动产的广告位出租给其他单位或者个人用于发布广告，按照经营租赁服务缴纳增值税。 （6）车辆停放服务、道路通行服务（包括过路费、过桥费、过闸费等）等按照不动产经营租赁服务缴纳增值税。 （7）水路运输的光租业务、航空运输的干租业务，属于经营租赁。 （8）翻译服务和市场调查服务按照咨询服务缴纳增值税。 （9）货物运输代理服务，是指接受货物收货人、发货人、船舶所有人、船舶承租人或者船舶经营人的委托，以委托人的名义，为委托人办理货物运输、装卸、仓储和船舶进出港口、引航、靠泊等相关手续的业务活动。 【提示】注意货物运输代理服务与无运输工具承运业务的区别，前者强调的是以"委托人"的名义，后者强调的是以"承运人"的名义。 （10）纳税人提供安全保护服务，比照劳务派遣服务政策执行。 （11）纳税人提供武装守护押运服务，按照"安全保护服务"缴纳增值税。 （12）纳税人为客户办理退票而向客户收取的退票费、手续费等收入，按照"其他现代服务"缴纳增值税。 （13）纳税人对安装运行后的电梯提供的维护保养服务，按照"其他现代服务"缴纳增值税
生活服务	（1）生活服务，是指为满足城乡居民日常生活需求提供的各类服务活动，包括文化体育服务、教育医疗服务、旅游娱乐服务、餐饮住宿服务、居民日常服务和其他生活服务。 （2）提供餐饮服务的纳税人销售的外卖食品，按照"餐饮服务"缴纳增值税。 （3）纳税人在游览场所经营索道、摆渡车、电瓶车、游船等取得的收入，按照"文化体育服务"缴纳增值税。 （4）纳税人提供植物养护服务，按照"其他生活服务"缴纳增值税

属于金融服务。

租赁服务

在不动产上做广告，属于不动产经营租赁；在有形动产上做广告属于有形动产经营租赁。

如停车场收取的停车费。

只出租飞机。
只出租船舶。

以委托人的名义实质上一种代理服务；而以承运人的名义实质是交通运输服务。

新增内容

必须是游览场所内。 新增内容

4.销售无形资产　包括专利技术和非专利技术。

（1）销售无形资产，是指转让无形资产所有权或者使用权的业务活动。无形资产，是指不具实物形态，但能带来经济利益的资产，包括技术、商标、著作权、商誉、自然资源使用权和其他权益性无形资产。　包括土地的使用权、采矿权等。

（2）其他权益性无形资产，包括基础设施资产经营权、公共事业特许权、配额、经营权（包括特许经营权、连锁经营权、其他经营权）、经销权、分销权、代理权、会员权、席位权、网络游戏虚拟道具、域名、名称权、肖像权、冠名权、转会费等。

5.销售不动产

（1）销售不动产，是指转让不动产所有权的业务活动。不动产，是指不能移动或者移动后会引起性质、形状改变的财产，包括建筑物、构筑物等。

（2）转让建筑物有限产权或者永久使用权的，转让在建的建筑物或者构筑物所有权的，以及在转让建筑物或者构筑物时一并转让其所占土地的使用权的，按照销售不动产缴纳增值税。　单独转让土地使用权时，按照销售无形资产缴纳增值税。

6.增值税应税行为的判断

增值税应税行为的判断如图2-3所示。

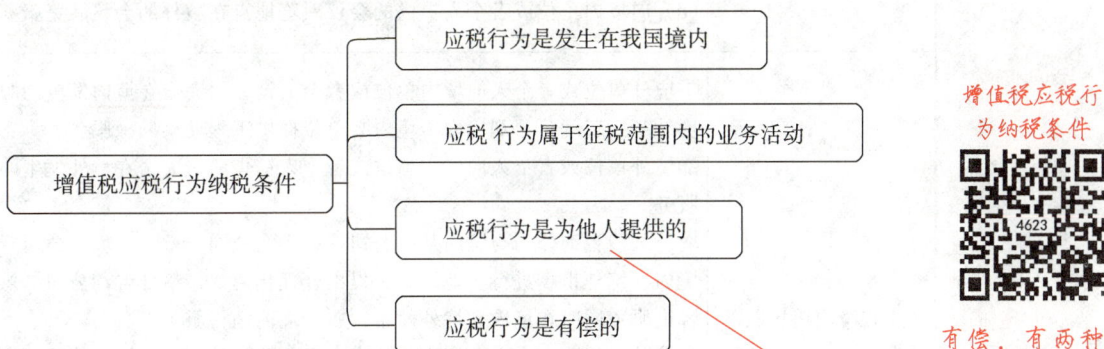

图2-3　增值税应税行为的判断

增值税应税行为纳税条件

有偿，有两种例外情形。

他人是指非本单位部门或员工。

7.发生应税行为在境内（属地原则）

（1）在境内销售服务、无形资产或者不动产（如图2-4所示）。

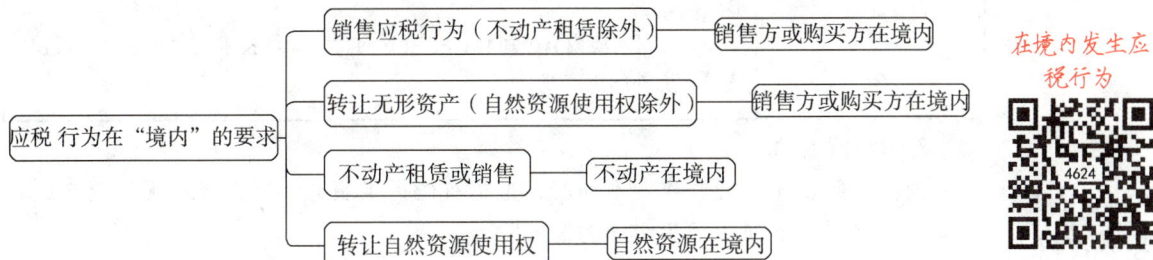

图2-4　应税行为在"境内"的要求

在境内发生应税行为

（2）特殊情况的判断（见表2-3）。　注意客观题。

表2-3　　　　　　　　　　特殊情况的判断

不属于在境内销售服务或者无形资产的情形	①境外单位或者个人向境内单位或者个人销售完全在境外发生的服务 ②境外单位或者个人向境内单位或者个人销售完全在境外使用的无形资产 境外单位向境内单位销售完全在境外使用的专利和非专利技术 ③境外单位或者个人向境内单位或者个人出租完全在境外使用的有形动产 境外单位向境内单位或者个人出租完全在境外使用的小汽车 【提示】对于上述规定的理解把握三个要点：一是应税行为的销售方为境外单位或者个人；二是境内单位或者个人在境外购买；三是所购买的应税行为必须完全在境外使用或者消费 ④财政部和国家税务总局规定的其他情形： （a）为出境的函件、包裹在境外提供的邮政服务、收派服务 （b）向境内单位或者个人提供的工程施工地点在境外的建筑服务、工程监理服务 （c）向境内单位或者个人提供的工程、矿产资源在境外的工程勘察勘探服务 （d）向境内单位或者个人提供的会议展览地点在境外的会议展览服务
属于在境内销售服务或者无形资产的情形	①境外单位或者个人向境内单位或者个人销售的完全在境内发生的服务 境外某一工程公司到境内给境内某单位提供工程勘察勘探服务 ②境外单位或者个人向境内单位或者个人销售的未完全在境外发生的服务 境外某一咨询公司与境内某一公司签订咨询合同，就这家境内公司开拓境内、境外市场进行实地调研并提出合理化建议，境外咨询公司提供的咨询服务同时在境内和境外发生，属于境内销售服务 ③境外单位或者个人向境内单位或者个人销售的完全在境内使用的无形资产 境外A公司向境内B公司转让A公司在境内的连锁经营权 ④境外单位或者个人向境内单位或者个人销售的未完全在境外使用的无形资产 境外C公司向境内D公司转让一项专利技术，该技术同时用于D公司在境内和境外的生产线

（手写批注）未完全在境外发生的情况下，一律视为在境内发生，需要缴纳增值税。

8.非经营活动

销售服务、无形资产或者不动产，是指有偿提供服务、有偿转让无形资产或者不动产，但属于下列非经营活动的情形除外：

（1）行政单位收取的符合条件的政府性基金或者行政事业性收费。

（2）单位或者个体工商户聘用的员工为本单位或者雇主提供取得工资的服务。

单位聘用的驾驶员为本单位职工开班车。

（3）单位或者个体工商户为聘用的员工提供服务。

单位提供班车接送本单位职工上下班。

（手写批注）非经营活动的情形

（手写批注）即不征收增值税。

（4）财政部和国家税务总局规定的其他情形。

【例2-1·单选题】下列业务属于在境内销售服务、无形资产或不动产的是（　　）。

A.境外单位为境内单位提供境外矿山勘探服务

B.境外单位向境内单位出租境外的厂房

C.境外单位向境内单位销售在境外的不动产

D.境外单位在境内向境外单位提供运输服务

【答案】D

【解析】在境内销售服务、无形资产或者不动产，是指：（1）服务（租赁不动产除外）或者无形资产（自然资源使用权除外）的销售方或者购买方在境内（选项D）；（2）所销售或者租赁的不动产在境内（选项B和C）；（3）所销售自然资源使用权的自然资源在境内（选项A）；（4）财政部和国家税务总局规定的其他情形。

（二）征税范围的特殊规定——常考点。

1.属于征税范围的特殊项目

（1）罚没物品征与不征增值税的处理（表2-4）。

表2-4　　　　　　　　　　罚没物品征与不征增值税的处理

罚没物品所属单位	税务处理
一般商业部门经营的商品	具备拍卖条件的，拍卖收入作为罚没收入由执罚部门和单位如数上缴财政，不予征税
	（1）不具备拍卖条件的，执罚部门按质论价所取得的变价收入作为罚没收入如数上缴财政，不予征税。 （2）国家指定销售单位将罚没物品纳入正常销售渠道销售的，应照章征收增值税
专管机关管理或专管企业经营的财物	按收兑或收购价所取得的收入作为罚没收入如数上缴财政，不予征税

（2）航空运输企业已售票但未提供航空运输服务取得的逾期票证收入，按照航空运输服务征收增值税。

（3）纳税人取得的中央财政补贴，不属于增值税应税收入，不征收增值税。

（4）融资性售后回租业务中，承租方出售资产的行为不属于增值税的征税范围，不征收增值税。

（5）药品生产企业销售自产创新药的销售额，为向购买方收取的全部价款和价外费用，其提供给患者后续免费使用的相同创新药，不属于增值税视同销售范围。

（6）根据国家指令无偿提供的铁路运输服务、航空运输服务，属于用于公益事业的服务，不征收增值税。

（7）存款利息不征收增值税。

（8）被保险人获得的保险赔付不征收增值税。

（9）房地产主管部门或者其指定机构、公积金管理中心、开发企业以及物业管理单位代收的住宅专项维修资金不征收增值税。

（10）在资产重组过程中，通过合并、分立、出售、置换等方式，将全部或者部分实物资产以及与其相关联的债权、负债和劳动力一并转让给其他单位和个人，不属于增值税的征税范围。

单用途卡

比如地铁卡。

持卡人使用单用途卡购买货物或服务时缴纳增值税。

（11）单用途商业预付卡（以下简称"单用途卡"）业务按照以下规定执行：

①单用途卡发卡企业或者售卡企业（以下统称"售卡方"）销售单用途卡，或者接受单用途卡持卡人充值取得的预收资金，不缴纳增值税。售卡方可按照《关于营改增试点若干问题征管问题的公告》（以下简称公告）第九条的规定，向购卡人、充值人开具增值税普通发票，不得开具增值税专用发票。

【解释1】单用途卡，是指发卡企业按照国家有关规定发行的，仅限于在本企业、本企业所属集团或者同一品牌特许经营体系内兑付货物或者服务的预付凭证。

【解释2】发卡企业，是指按照国家有关规定发行单用途卡的企业。售卡企业，是指集团发卡企业或者品牌发卡企业指定的，承担单用途卡销售、充值、挂失、换卡、退卡等相关业务的本集团或同一品牌特许经营体系内的企业。

②售卡方因发行或者销售单用途卡并办理相关资金收付结算业务取得的手续费、结算费、服务费、管理费等收入，应按照现行规定缴纳增值税。

③持卡人使用单用途卡购买货物或服务时，货物或者服务的销售方应按照现行规定缴纳增值税，且不得向持卡人开具增值税发票。

④销售方与售卡方不是同一个纳税人的，销售方在收到售卡方结算的销售款时，应向售卡方开具增值税普通发票，并在备注栏注明"收到预付卡结算款"，不得开具增值税专用发票。售卡方从销售方取得的增值税普通发票，作为其销售单用途卡或接受单用途卡充值取得预收资金不缴纳增值税的凭证，留存备查（如图2-5所示）。

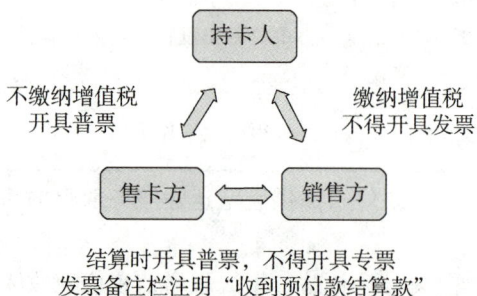

图2-5 单用途商业付款卡

多用途卡

比如斯玛特卡。

（12）支付机构预付卡（以下称"多用途卡"）业务按照以下规定执行：

①支付机构销售多用途卡取得的等值人民币资金，或者接受多用途卡持卡人充值取得的充值资金，不缴纳增值税。支付机构可按照公告第九条的规定，向购卡人、充值人开具增值税普通发票，不得开具增值税专用发票。

【解释1】支付机构，是指取得中国人民银行核发的《支付业务许可证》，获准办理"预付卡发行与受理"业务的发卡机构和获准办理"预付卡受理"业务的受理机构。

【解释2】多用途卡，是指发卡机构以特定载体和形式发行的，可在发卡机构之外购买货物或服务的预付价值。

②支付机构因发行或者受理多用途卡并办理相关资金收付结算业务取得的手续

费、结算费、服务费、管理费等收入，应按照现行规定缴纳增值税。

③持卡人使用多用途卡，向与支付机构签署合作协议的特约商户购买货物或服务，特约商户应按照现行规定缴纳增值税，且不得向持卡人开具增值税发票。

④特约商户收到支付机构结算的销售款时，应向支付机构开具增值税普通发票，并在备注栏注明"收到预付卡结算款"，不得开具增值税专用发票。支付机构从特约商户取得的增值税普通发票，作为其销售多用途卡或接受多用途卡充值取得预收资金不缴纳增值税的凭证，留存备查（如图2-6所示）。

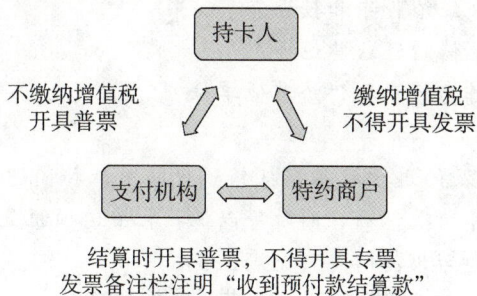

图2-6 支付机构预付卡

2.属于征税范围的特殊行为 [重点内容，必须准确记忆，每年必考。]

（1）视同销售行为

①将货物交付其他单位或者个人代销。

②销售代销货物。

③设有两个以上机构并实行统一核算的纳税人，将货物从一个机构移送至其他机构用于销售，但相关机构设在同一县（市）的除外。[同一县（市）移动货物，不视同销售。]

【解释】用于销售"是指受货机构发生以下情形之一的经营行为：一是向购货方开具发票；二是向购货方收取货款。受货机构的货物移送行为有前述两项情形之一的，应当向所在地税务机关缴纳增值税；未发生上述两项情形，则应由总机构统一缴纳增值税。

④将自产、委托加工的货物用于非应税项目（免税项目、简易计税项目）。

⑤将自产、委托加工的货物用于集体福利或者个人消费。

⑥将自产、委托加工或者购进的货物作为投资，提供给其他单位或者个体工商户。

⑦将自产、委托加工或者购进的货物分配给股东或者投资者。

⑧将自产、委托加工或者购进的货物无偿赠送其他单位或者个人。[购进的货物用于投资、分配、无偿赠送视同销售。]

⑨单位或者个体工商户向其他单位或者个人无偿销售应税服务、无偿转让无形资产或者不动产，但用于公益事业或者以社会公众为对象的除外。[无偿销售货物用于公益事业或以社会公众为对象不包括在内，照章纳税。]

⑩财政部和国家税务总局规定的其他情形。

【例2-2·单选题】下列业务不属于增值税视同销售的是（　　）。

A.单位以自建的房产抵偿建筑材料款

B.单位无偿为关联企业提供建筑服务

C.单位无偿为公益事业提供建筑服务

D.单位无偿向其他企业提供建筑服务

【答案】C

【解析】单位或者个体工商户向其他单位或者个人无偿提供服务，但用于公益事业或者以社会公众为对象的除外。因此，选项C不属于增值税视同销售。

【例2-3·2007年单选题】下列行为中，涉及的进项税额不得从销项税额中抵扣的是（　　）。

A.将外购的货物用于本单位集体福利

B.将外购的货物分配给股东和投资者

C.将外购的货物无偿赠送给其他个人

D.将外购的货物作为投资提供给其他单位

【答案】A

【解析】选项A涉及的进项税不得从销项税额中抵扣，选项B、C、D均属于视同销售行为，需要计算销项税额，同时可以抵扣相关进项税额。

（2）混合销售行为与兼营行为（见表2-5）。

混合销售行为与兼营行为

关注客观题，准确区分两个行为的不同。

表2-5　　　　　　　　　　　　混合销售行为与兼营行为的税务处理

销售行为		税务处理	说明
混合销售	一项销售行为如果既涉及服务又涉及货物，为混合销售	①从事货物的生产、批发或者零售的单位和个体工商户的混合销售行为，按照销售货物缴纳增值税； ②其他单位和个体工商户的混合销售行为，按照销售服务缴纳增值税 **按主营业收入纳税**	混合销售行为成立的行为标准有两点：一是其销售行为必须是"一项"；二是该项行为必须既涉及服务又涉及货物。 生产货物的单位，在销售货物的同时附带运输，其销售行为及提供运输的行为属于混合销售行为，所收取的货物款项及运输费用应一律按销售货物计算缴纳增值税
兼营	所谓兼营，是指纳税人的经营范围既包括销售货物和加工修理修配劳务，又包括销售服务、无形资产或者不动产。但是销售货物、加工修理修配劳务、服务、无形资产或者不动产不同时发生在同一项销售行为中	①应当分别核算适用不同税率或者征收率的销售额。 ②<u>未分别核算</u>销售额的，按以下方法适用税率或者征收率：**从高适用** （a）兼有不同税率的销售货物、加工修理修配劳务、服务、无形资产或者不动产，从高适用税率； （b）兼有不同征收率的销售货物、加工修理修配劳务、服务、无形资产或者不动产，从高适用征收率； （c）兼有不同税率和征收率的销售货物、加工修理修配劳务、服务、无形资产或者不动产，从高适用税率	某一般纳税人既有不动产销售业务，又有经纪代理业务，（两项业务不属于混合销售），如果该纳税人能够分别核算上述两项应税行为的销售额，则销售不动产适用11%的增值税税率，提供经纪代理服务适用6%的增值税税率；如果该纳税人没有分别核算上述两项应税行为的销售额，则销售不动产和提供经纪代理服务均从高适用11%的增值税税率

【提示】纳税人销售活动板房、机器设备、钢结构件等自产货物的同时提供建筑、安装服务，不属于混合销售，应分别核算货物和建筑服务的销售额，分别适用不同的税率或者征收率。

二、纳税义务人和扣缴义务人（能力等级1）

纳税义务人和扣缴义务人的规定见表2-6。

表2-6　　　　　　　　　　纳税义务人和扣缴义务人

纳税义务人	（1）在中华人民共和国境内销售货物，提供加工、修理修配劳务，销售服务、无形资产或者不动产的单位和个人，为增值税纳税人。所称单位，是指企业、行政单位、事业单位、军事单位、社会团体及其他单位。所称个人，是指个体工商户和其他个人 （2）单位以承包、承租、挂靠方式经营的，承包人、承租人、挂靠人（以下统称承包人）以发包人、出租人、被挂靠人（以下统称发包人）名义对外经营并由发包人承担相关法律责任的，以该发包人为纳税人；否则以承包人为纳税人
扣缴义务人	中华人民共和国境外的单位或者个人在境内提供应税劳务和销售服务、无形资产或者不动产的，在境内未设有经营机构的，以其境内代理人为扣缴义务人；在境内没有代理人的，以购买方为扣缴义务人

第二节　一般纳税人和小规模纳税人的登记管理

一、小规模纳税人的登记及管理（能力等级1）

（一）一般规定

（1）从事货物生产或者提供应税劳务的纳税人（生产企业），以及以从事货物生产或者提供应税劳务为主，并兼营货物批发或者零售的纳税人，年应征销售额（以下简称应税销售额）在50万元以下（含本数，下同）的。

（2）对上述规定以外的纳税人（商贸企业，不含营改增企业），年应税销售额在80万元以下的。

（3）销售服务、无形资产、不动产的纳税人（营改增企业）年应征增值税销售额标准在500万元以下的。

【解释1】年应税销售额，是指纳税人在连续不超过12个月或4个季度的经营期内累计应征增值税销售额，包括纳税申报销售额、稽查查补销售额、纳税评估调整销售额、税务机关代开发票销售额和免税销售额。

【解释2】销售服务、无形资产、不动产有扣除项目的纳税人，其应税行为年销售额按未扣除之前的销售额计算。

【解释3】纳税人偶然发生的销售无形资产、不动产的销售额，不计入应税行为年应税销售额。

【例2-4·2012年多选题】以下各项中，应计入增值税一般纳税人认定标准的"年应税销售额"的有（　　）。

A.免税销售额

B.稽查查补销售额

C.纳税评估调整销售额

D.税务机关代开发票销售额

【答案】ABCD

【解析】根据规定，一般纳税人认定标准的年应税销售额，是指纳税人在连续不超过12个月的经营期内累计应征增值税销售额，包括纳税申报销售额、稽查查补销售额、纳税评估调整销售额、税务机关代开发票销售额和免税销售额。

（二）特殊规定

（1）年应税销售额超过小规模纳税人标准的<u>其他个人</u>按小规模纳税人纳税。其他个人：个体工商户以外的其他个人。

（2）年应税销售额超过规定标准<u>但不经常发生应税行为</u>的企业、非企业性单位可选择按小规模纳税人纳税。

（3）除另有规定外，纳税人登记为一般纳税人后，不得转为小规模纳税人。

【总结】

企业认定标准见表2-7。

表2-7   认定标准

企业类型	认定标准	
	小规模纳税人	一般纳税人
生产企业（含应税劳务企业）	年销售额≤50万元	年销售额＞50万元
商贸企业	年销售额≤80万元	年销售额＞80万元
营改增企业	年销售额≤500万元	年销售额＞500万元
非企业性单位	可选择	
不经常发生应税行为的企业	可选择	
除个体工商户以外的其他个人	一律按小规模纳税人纳税	×

二、一般纳税人的登记管理（能力等级1）

（一）一般纳税人的登记条件 *划分标准：年销售额与会计核算水平。*

一般纳税人的登记条件见表2-8。

表2-8   一般纳税人的登记条件

一般规定	年应税销售额，<u>超过财政部、国家税务总局规定的小规模纳税人标准的</u>，除另有规定外，应当向主管税务机关办理一般纳税人登记
特殊规定	年应税销售额未超过规定标准的纳税人，<u>会计核算健全，能够提供准确税务资料的</u>，可向主管税务机关办理一般纳税人登记
登记机关	纳税人应当向其机构所在地主管税务机关办理一般纳税人登记手续

（二）不需办理一般纳税人登记的情况

（1）个体工商户以外的其他个人；*自然人*

（2）选择按照小规模纳税人纳税的非企业性单位；

（3）选择按照小规模纳税人纳税的<u>不经常发生应税行为</u>的企业。

一般纳税人的登记管理

（三）一般纳税人登记的程序

（1）纳税人向主管税务机关填报《增值税一般纳税人资格登记表》，如实填写固定生产经营场所等信息，并提供税务登记证件。

（2）纳税人填报内容与税务登记信息一致的，主管税务机关当场登记。

（3）纳税人填报内容与税务登记信息不一致的，或者不符合填列要求的，税务机关应当告知纳税人需要认证的内容。

（四）登记的时限

（1）纳税人在年应税销售额超过规定标准的月份（或季度）的所属申报期结束后15日内按照规定办理相关手续。

（2）未按规定时限办理的，主管税务机关应当在规定时限结束后5日内制作《税务事项通知书》，告知纳税人应当在5日内向主管税务机关办理相关手续。

（3）逾期仍不办理的，次月起按销售额依照增值税税率计算应纳税额，不得抵扣进项税额，直至纳税人办理相关手续为止。

（五）风险管理

对税收遵从度低的一般纳税人，主管税务机关可以实行纳税辅导期管理，具体办法由国家税务总局另行制定。

第三节　税率与征收率

一、增值税税率（能力等级2）

增值税税率如图2-7所示。

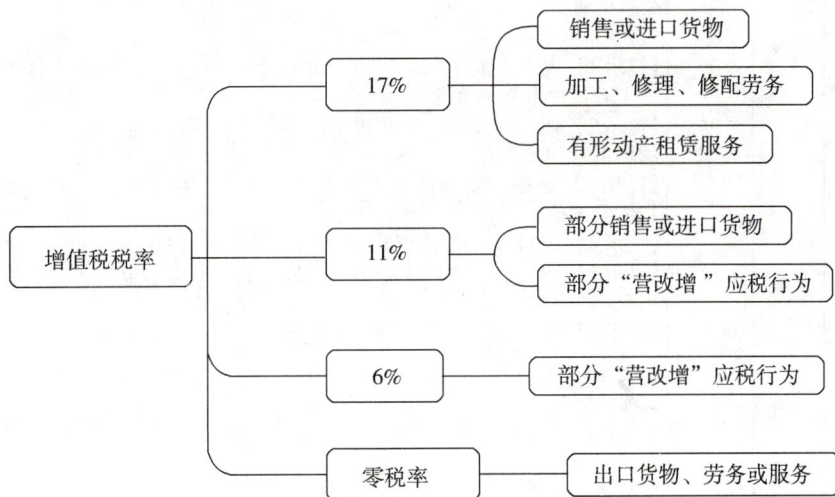

图2-7　增值税税率规定

具体规定见表2-9。

表2-9			具体规定
基本税率17%			增值税—一般纳税人销售货物、劳务、有形动产租赁服务或者进口货物，除另有规定外，税率为17% 如光租、干租
低税率	11%	货物类	1.农产品 包括农、林、牧、渔业。 （1）农产品，是指种植业、养殖业、林业、牧业、水产业生产的各种植物、动物的初级产品 （2）还包括挂面、干姜、姜黄、玉米胚芽、动物骨粒、<u>巴氏杀菌乳</u>、灭菌乳 2.食用植物油、自来水、暖气、冷气、热水、煤气、石油液化气、天然气、沼气、<u>居民用煤炭制品</u>、图书、报纸、杂志、化肥、农药、农机、农膜 不包括原煤、工业用煤。 （1）食用植物油包括棕榈油、棉籽油、茶油、毛椰子油、核桃油、橄榄油、花椒油、杏仁油、葡萄籽油、牡丹籽油 （2）石油液化气包括由石油伴生气加工压缩而成的石油液化气 （3）天然气包括西气东输项目上游中外合作开采天然气 （4）图书包括中小学课本配套产品（包括各种纸制品或图片）、国内印刷企业承印的经新闻出版主管部门批准印刷且采用国际标准书号编序的境外图书 （5）农机包括农用水泵、农用柴油机、不带动力的手扶拖拉机、三轮农用运输车、密集型烤房设备、频振式杀虫灯、自动虫情测报灯、粘虫板、卷帘机、农用挖掘机、养鸡设备系列、养猪设备系列产品、动物尸体降解处理机、蔬菜清洗机 3.饲料 饲料，是指用于动物饲养的产品或其加工品。包括豆粕、宠物饲料、饲用鱼油、矿物质微量元素舔砖、饲料级磷酸二氢钙产品 4.音像制品 音像制品，是指正式出版的录有内容的录音带、录像带、唱片、激光唱盘和激光视盘 5.电子出版物 6.二甲醚 7.食用盐 【提示1】人工合成牛胚胎的生产过程属于农业生产，纳税人销售自产人工合成牛胚胎应免征增值税 【提示2】<u>环氧大豆油、氢化植物油不属于食用植物油范围</u>，适用17%的增值税税率 【提示3】<u>麦芽、复合胶、人发不属于规定的农业产品范围</u>，应适用17%的增值税税率 【提示4】<u>调制乳</u>不属于初级农业产品，应按照17%的税率征收增值税 【提示5】<u>肉桂油、桉油、香茅油</u>不属于农业产品的范围，其增值税适用税率为17% 【提示6】<u>淀粉</u>不属于农业的产品的范围，应按照17%的税率征收增值税
		"营改增"应税行为	1.交通运输业服务 2.邮政服务 3.基础电信服务 4.建筑服务 5.不动产租赁服务 6.销售不动产 7.转让土地使用权
	6%		1.增值电信服务 2.金融服务 3.现代服务（除有形动产租赁服务适用17%的税率，<u>不动产租赁服务</u>适用11%的税率外） 4.生活服务 5.销售无形资产（除转让土地使用权适用11%的税率外）

指农机整机，而零部件仍按17%的税率。

税率相关提示

续表

零税率	1.纳税人出口货物，税率为零；但是另有规定的除外 2.境内单位和个人跨境销售国务院规定范围内的服务、无形资产，税率为零 （1）国际运输服务 【解释】国际运输服务，是指：（1）在境内载运旅客或者货物出境；（2）在境外载运旅客或者货物入境；（3）在境外载运旅客或者货物 【提示】按照国家有关规定应取得相关资质的国际运输服务项目，纳税人取得相关资质的，适用零税率政策，未取得的，适用增值税免税政策 （2）航天运输服务 （3）向境外单位提供的完全在境外消费的下列服务 ①研发服务；②合同能源管理服务；③设计服务；④广播影视节目（作品）的制作和发行服务；⑤软件服务；⑥电路设计及测试服务；⑦信息系统服务；⑧业务流程管理服务；⑨离岸服务外包业务；⑩转让技术 3.关于程租、期租、湿租业务零税率的适用 　　　　　　　　　　　程租──────出租方申请零税率 程租、期租、湿租　　　　　　　　　向境内单位或个人提供──承租方申请零税率 零税率的适用　　　　期租、湿租 　　　　　　　　　　　　　　　　　向境外单位或个人提供──出租方申请零税率 　　　　　　　　　　以无运输工具承运方式提供──境内实际承运人申请零税率 4.境内单位和个人发生的与中国香港、澳门、台湾有关的应税行为，除另有规定外，参照上述规定执行

基本都是跨境行为采用零税率。

关于程租、期租、湿租业务零税率的适用

4633

【例2-5·单选题】根据增值税规定，下列产品适用11%低税率的是（　　　）。

A.酸奶

B.鱼罐头

C.茶饮料

D.玉米胚芽

【答案】D

【解析】选项A、B、C均不适用低税率，应该适用17%的税率征收增值税。

二、增值税征收率（能力等级2）

增值税征收率如图2-8所示。

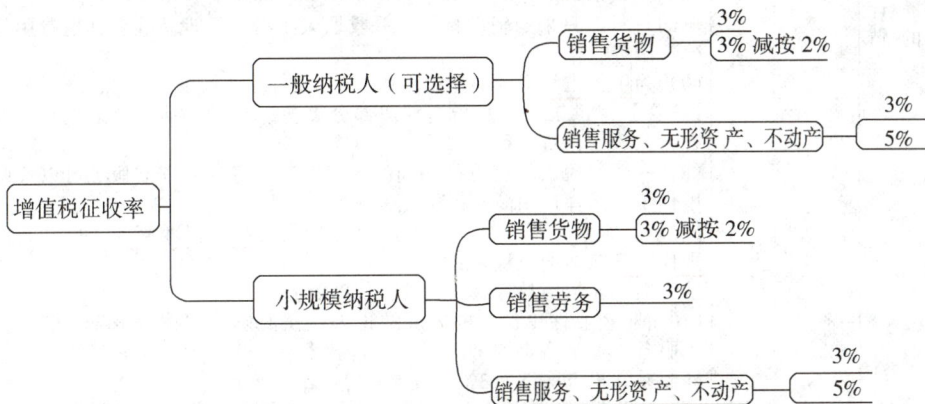

　　　　　　　　　　　　　　　　　　　　　　　　　　3%
　　　　　　　　一般纳税人（可选择）──销售货物──3%减按2%
增值税征收率　　　　　　　　　　　　　　　　　　　　　　3%
　　　　　　　　　　　　　　　　　　　销售服务、无形资产、不动产──5%
　　　　　　　　　　　　　　　　　　　3%
　　　　　　　　　　　　　　销售货物──3%减按2%
　　　　　　　　小规模纳税人──销售劳务──3%
　　　　　　　　　　　　　　　　　　　　　　　　3%
　　　　　　　　　　　　　　销售服务、无形资产、不动产──5%

图2-8　增值税征收率

增值税征收率

4634

（一）一般纳税人发生财政部和国家税务总局规定的特定的应税销售行为，也可以选择适用简易计税方法计税，但是不得抵扣进项税额。

其主要情况见表2-10。

表2-10　　　　　　　　　　　　　　　　　　　主要情况

| 销售货物可选择简易计税的情形 | 销售货物可选择简易计税的情形（3%） | (1) 县级及县级以下小型水力发电单位生产的自产电力
(2) 自产建筑用和生产建筑材料所用的沙、土、石料
(3) 以自己采掘的沙、土、石料或其他矿物连续生产的砖、瓦、石灰（不含黏土实心砖、瓦）
(4) 自己用微生物、微生物代谢产物、动物毒素、人或动物的血液或组织制成的生物制品
(5) 自产的自来水
(6) 自来水公司销售自来水
(7) 自产的商品混凝土（仅限于以水泥为原料生产的水泥混凝土）
【提示】第1～7项销售的产品强调的来源是"自产"
(8) 单采血浆站销售非临床用人体血液
(9) 寄售商店代销寄售物品（包括居民个人寄售的物品在内）
(10) 典当业销售死当物品 →典当户既不赎回也不续当。
(11) 药品经营企业销售生物制品 |
| 销售服务、无形资产、不动产可选择简易计税的情形 | 销售服务、无形资产、不动产可选择简易计税的情形 3% | (1) 公共交通运输服务。包括轮客渡、公交客运、轨道交通（含地铁、城市轻轨）、出租车、长途客运、班车
【解释】班车，是指按固定路线、固定时间运营并在固定站点停靠的运送旅客的陆路运输。不等同于单位内部的通勤班车
【提示】一般纳税人提供的铁路旅客运输服务，不得选择按照简易计税办法计算缴纳增值税
(2) 经认定的动漫企业为开发动漫产品提供的动漫脚本编撰、形象设计、背景设计、动画设计、分镜、动画制作、摄制、描线、上色、画面合成、配音、配乐、音效合成、剪辑、字幕制作、压缩转码（面向网络动漫、手机动漫格式适配）服务，以及在境内转让动漫版权（包括动漫品牌、形象或者内容的授权及再授权）
(3) 电影放映服务、仓储服务、装卸搬运服务、收派服务和文化体育服务
(4) 以纳入营改增试点之日前取得的有形动产为标的物提供的经营租赁服务
(5) 在纳入营改增试点之日前签订的尚未执行完毕的有形动产租赁合同
(6) 以清包工方式提供的建筑服务
【解释】以清包工方式提供建筑服务，是指施工方不采购建筑工程所需的材料或只采购辅助材料，并收取人工费、管理费或者其他费用的建筑服务
(7) 为甲供工程提供的建筑服务
【解释】甲供工程，是指全部或部分设备、材料、动力由工程发包方自行采购的建筑工程
(8) 一般纳税人销售电梯的同时提供安装服务，其安装服务可以按照甲供工程选择适用简易计税方法计税
【提示】纳税人对安装运行后的电梯提供的维护保养服务，按照其他现代服务缴纳增值税
(9) 提供非学历教育服务、教育辅助服务
(10) 非企业性单位中的一般纳税人提供的研发和技术服务、信息技术服务、鉴证咨询服务，以及销售技术、著作权等无形资产，可以选择简易计税方法按照3%征收率计算缴纳增值税
(11) 非企业性单位中的一般纳税人提供技术转让、技术开发和与之相关的技术咨询、技术服务，可以选择简易计税方法按照3%征收率计算缴纳增值税 |

续表

销售服务、无形资产、不动产可选择简易计税的情形	5%	(1) 销售2016年4月30日前取得的不动产　2016年4月30日前适用营业税。 (2) 房地产开发企业销售自行开发的房地产老项目 【解释】房地产老项目，是指：①《建筑工程施工许可证》注明的合同开工日期在2016年4月30日前的建筑工程项目；②未取得《建筑工程施工许可证》的，建筑工程承包合同注明的开工日期在2016年4月30日前的建筑工程项目 (3) 出租2016年4月30日前取得的不动产　2016年4月30日前适用营业税。 (4) 一般纳税人收取试点前开工的一级公路、二级公路、桥、闸通行费 (5) 一般纳税人提供人力资源外包服务 (6) 一般纳税人2016年4月30日前签订的不动产融资租赁合同，或以2016年4月30日前取得的不动产提供的融资租赁服务 (7) 纳税人转让2016年4月30日前取得的土地使用权 (8) 一般纳税人提供劳务派遣服务，可以选择差额纳税，以取得的全部价款和价外费用，扣除代用工单位支付给劳务派遣员工的工资、福利和为其办理社会保险及住房公积金后的余额为销售额，按照简易计税方法依5%的征收率计算缴纳增值税 【提示】选择差额纳税的纳税人，向用工单位收取用于支付给劳务派员工工资、福利和为其办理社会保险及住房公积金的费用，不得开具增值税专用发票，可以开具普通发票

【提示】一般纳税人发生财政部和国家税务总局规定的特定应税销售行为，一经选择适用简易计税方法计税，36个月内不得变更。

【例2-6·2009年多选题】增值税一般纳税人销售自产的下列货物，可选择按照简易办法依照3%的征收率计算缴纳增值税的有（　　）。

A.用购买的石料生产的石灰

B.用动物毒素制成的生物制品

C.以水泥为原料生产的水泥混凝土

D.县级以下小型水力发电站生产的电力

【答案】BCD

【解析】根据增值税法的规定，选项A不是用自己采掘的石料生产的石灰，所以是错误的。

【例2-7·多选题】增值税一般纳税人发生的下列业务中，可以选择按照简易方法计算缴纳增值税的有（　　）。

A.销售2016年4月30日前购进的不动产

B.增值电信服务

C.公共交通服务

D.装卸搬运服务

【答案】ACD

【解析】选项B只能采用一般计税方法。

【例2-8·2017年多选题】增值税一般纳税人发生的下列业务中，可以选择适用简易计税方法的有（　　）。

A.提供装卸搬运服务

B.提供文化体育服务

C.提供公共交通运输服务

D.提供税务咨询服务

【答案】ABC

（二）小规模纳税人除适用5%征收率外，发生的应税销售行为均为适用3%的征收率

【提示】小规模纳税人适用5%的征收率项目同一般纳税人可选择5%的征收率项目一致。

（三）其他规定

（1）提供物业管理服务的纳税人，向服务接受方收取的自来水水费，以扣除其对外支付的自来水水费后的余额为销售额，按照简易计税方法依3%的征收率计算缴纳增值税。

（2）小规模纳税人提供劳务派遣服务，可以按照有关规定，以取得的全部价款和价外费用为销售额，按照简易计税方法依3%的征收率计算缴纳增值税；也可以选择差额纳税，以取得的全部价款和价外费用，扣除代用工单位支付给劳务派遣员工的工资、福利和为其办理社会保险及住房公积金后的余额为销售额，按照简易计税方法依5%的征收率计算缴纳增值税。

个人出租住房应纳税额

（3）个人出租住房，应按照5%的征收率减按1.5%计算应纳税额

【提示】个人出租住房，按照5%的征收率减按1.5%计算应纳税额的公式为：

$$应纳税额 = \frac{含税收入}{1+5\%} \times 1.5\%$$

（4）依照3%的征收率减按2%征税的情形

适用3%的征收率的某些一般纳税人和小规模纳税人可以减按2%计征增值税：

①一般纳税人销售自己使用过的且未作进项税抵扣的固定资产，适用按简易办法依3%的征收率减按2%征收增值税。

【提示】纳税人销售自己使用过的固定资产，适用简易办法依照3%的征收率减按2%征收增值税政策的，可以放弃减税，按照简易办法依照3%的征收率缴纳增值税，并可以开具增值税专用发票。

②小规模纳税人销售自己使用过的固定资产，减按2%的征收率征收增值税。

【提示】小规模纳税人此项销售行为只能开具普通发票，不得由税务机关代开增值税专用发票。

③一般纳税人和小规模纳税人销售旧货，按照简易办法依照3%的征收率减按2%征收增值税。

【提示】上述①～③项，依照3%的征收率减按2%征收增值税的，按下列公式确定销售额和应纳税额：

$$应纳税额 = \frac{含税销售额}{1+3\%} \times 2\%$$

【总结】

具体规定见表2-11。

表2-11 具体规定

	小规模纳税人	一般纳税人
固定资产	应纳税额 = $\dfrac{\text{含税销售额}}{1+3\%} \times 2\%$	销售自己使用过的且未作进项税抵扣的固定资产和2013年8月前购进作为固定资产使用的自用的应征消费税的摩托车、汽车、游艇： 应纳税额 = $\dfrac{\text{含税销售额}}{1+3\%} \times 2\%$ 销售自己使用过的且已作进项税抵扣的固定资产和2013年8月后购进作为固定资产使用的自用的应征消费税的摩托车、汽车、游艇： 应纳税额 = $\dfrac{\text{含税销售额}}{1+17\%} \times 17\%$
旧货 （别人用旧的）	应纳税额 = $\dfrac{\text{含税销售额}}{1+3\%} \times 2\%$	
旧物 （除固定资产外自己用旧的）	应纳税额 = $\dfrac{\text{含税销售额}}{1+3\%} \times 3\%$	应纳税额 = $\dfrac{\text{含税销售额}}{1+17\%} \times 17\%$

第四节　增值税的计税方法

一、一般计税方法（能力等级2）

一般纳税人销售货物、提供应税劳务、发生应税服务适用一般计税方法计税。其计算公式是：

当期应纳增值税税额 = 当期销项税额 – 当期进项税额

二、简易计税方法（能力等级2）

（1）小规模纳税人销售货物、提供应税劳务、发生应税服务适用简易计税方法计税。简易计税方法的公式是： *指不含税销售额。*

当期应纳增值税税额 = 当期销售额 × 征收率

（2）一般纳税人销售或提供财政部和国家税务总局规定的特定的销售货物、应税劳务、应税行为，也可以选择适用简易计税方法计税，但是不得抵扣进项税额。

【提示】一般纳税人销售或提供财政部和国家税务总局规定的特定的销售货物、应税劳务、应税行为，一经选择适用简易计税方法计税，36个月内不得变更。

三、扣缴计税方法（能力等级2）

境外单位或者个人在境内提供应税服务，在境内未设有经营机构的，扣缴义务人按照下列公式计算应扣缴税额：

应扣缴税额 = $\dfrac{\text{接收方支付的价款}}{1+\text{税率}} \times \text{税率}$

第五节　一般计税方法应纳税额的计算

一、销项税额的计算（能力等级3）

（一）一般销售方式下的销售额

销售额是指纳税人发生应税销售行为时向购买方（承受劳务和服务也视为购买方）收取的全部价款和价外费用，不包括销项税额。

价外费用，包括价外向购买方收取的手续费、补贴、基金、集资费、返还利润、奖励费、违约金、滞纳金、延期付款利息、赔偿金、代收款项、代垫款项、包装费、包装物租金、储备费、优质费、运输装卸费以及其他各种性质的价外收费。但下列项目不包括在内：　一般为含税价。

（1）受托加工应征消费税的消费品所代收代缴的消费税。

（2）以委托方的名义开具发票代委托方收取的款项。

（3）同时符合以下条件代为收取的政府性基金或者行政事业性收费：

①由国务院或者财政部批准设立的政府性基金，由国务院或者省级人民政府及其财政、价格主管部门批准设立的行政事业性收费；

②收取时开具省级以上财政部门印制的财政票据；

③所收款项全额上缴财政。

（4）销售货物的同时代办保险等而向购买方收取的保险费，以及向购买方收取的代购买方缴纳的车辆购置税、车辆牌照费。

【提示1】价外费用在计税时的适用税率是主营业务商品或劳务的适用税率。

【提示2】价外费用通常为含税价，计税时需要价税分离。

【例2-9·2009年单选题】企业收取的下列款项中，应作为价外费用并入销售额计算增值税销项税额的是（　　）。

A.商业企业向供货方收取的返还收入

B.生产企业销售货物时收取的包装物租金

C.受托加工应征消费税的消费品所代收代缴的消费税

D.汽车销售公司销售汽车并向购买方收取的代购买方缴纳的车辆牌照费

【答案】B

【解析】选项A的返还收入是需要缴纳增值税的，但并不是在销项税中处理，而是冲减进项税额。选项C和D不属于价外费用，不缴增值税。

（二）特殊销售方式下的销售额　【掌握】

1.销售折扣、折扣销售、销售折让

销售折扣、折扣销售、销售折让的规定见表2-12。

表2-12　　　　　　　　　销售折扣、折扣销售、销售折让

销售折扣	销售折扣（现金折扣）是指销货方在销售货物或应税劳务后，为了鼓励购货方及早偿还货款而协议许诺给予购货方的一种折扣优待（如：10天内付款，货款折扣2%；20天内付款，折扣1%；30天内全价付款）。销售折扣发生在销货之后，是一种融资性质的理财费用，因此，销售折扣不得从销售额中减除。 【总结】销售折扣，先销售后折扣，按折扣前确认收入，折扣计入财务费用

续表

折扣销售	折扣销售（商业折扣）是指销货方在销售货物或应税劳务时，因购货方购货数量较大等原因而给予购货方的价格优惠（如：购买5件，销售价格折扣10%；购买10件，折扣20%等） 纳税人发生应税行为，如果将价款与折扣额在同一张发票金额栏里注明的，以折扣后的价款为销售额；如果将折扣额另开发票，或在同一张发票备注栏里注明，不论其在财务上如何处理，均不得从销售额中扣除 【总结】折扣销售，先折扣后销售，按折扣后确认收入
销售折让	销售折让是指货物销售后，由于其品种、质量等原因购货方未予退货，但销货方需给予购货方的一种价格折让。销售折让与销售折扣相比较，虽然都是在货物销售后发生的，但因为销售折让是由于货物的品种和质量引起销售额的减少，因此，对销售折让可以折让后的货款为销售额 【总结】销售折让，先销售后折让，折让开具红字发票冲减收入

【例2-10·单选题】甲服装厂为增值税一般纳税人，2017年4月销售给乙企业300套服装，不含税价格为700元/套。由于乙企业购买数量较多，甲服装厂给予乙企业7折的优惠，并按原价开具了增值税专用发票，折扣额在同一张发票的"备注"栏注明。甲服装厂当月的销项税额为（ ）元。

A.24 990

B.35 700

C.36 890

D.47 600

【答案】B

【解析】销项税额=700×300×17%=35 700（元）。

【例2-11·单选题】某工艺品厂为增值税一般纳税人，2017年4月2日销售给甲企业200套工艺品，每套不含税价格600元。由于部分工艺品存在瑕疵，该工艺品厂给予甲企业15%的销售折让，已开具红字专用发票。为了鼓励甲企业及时付款，该工艺品厂提出2/20，n/30的付款条件，甲企业于当月15日付款。该工艺品厂此项业务的销项税额为（ ）元。

A.16 993.20

B.17 340.00

C.19 992.00

D.20 400.00

【答案】B

【解析】销售折让是指由于货物的品种或质量等原因引起销售额的减少，即销售方给予购货方未予退货状况下的价格折让，销售折让可以从销售额中减除。销售折扣是为了鼓励购货方及时偿还货款而协议许诺给予购货方的折扣优待，销售折扣不得从销售额中减除。销项税额=600×200×（1-15%）×17%=17 340（元）。

2.以旧换新

（1）采取以旧换新方式销售货物的，应按新货物的同期销售价格确定销售额，不得扣减旧货物的收购价格。

（2）考虑到金银首饰以旧换新业务的特殊情况，对金银首饰以旧换新业务，可以按销售方实际收取的不含增值税的全部价款征收增值税。

【例2-12·单选题】某商场为增值税一般纳税人，春节期间采取以旧换新方式销售电冰箱10台，实际取得含税收入58 500元，旧冰箱作价2 340元。此项业务应申报的增值税销项税额为（　　）元。

A.8 500

B.8 160

C.8 840

D.9 547.20

【答案】C

【解析】税法规定"以旧换新"业务应按照新货物的售价计税，不得抵减旧货物的价格。增值税销项税额=（58 500+2340）÷（1+17%）×17%=8 840（元）。

3.还本销售 为了取得资金的使用时间。

还本销售是指纳税人在销售货物后，到一定期限由销售方一次或分次退还给购货方全部或部分价款。这种方式实际上是一种筹资，是以货物换取资金的使用价值，到期还本不付息的方法。

税法规定，采取还本销售方式销售货物，其销售额就是货物的销售价格，不得从销售额中减除还本支出。

4.以物易物

以物易物双方都应作购销处理，以各自发出的货物核算销售额并计算销项税额，以各自收到的货物按规定核算购货额并计算进项税额。

【提示】换出的商品需要记销项税，但是还入的商品能否抵扣进项税要看是否符合抵扣范围、取得的发票是否合规。

5.包装物押金

（1）纳税人为销售货物而出租出借包装物收取的押金，单独记账核算的，时间在1年以内，又未过期的，不并入销售额征税，但对因逾期未收回包装物不再退还的押金，应按所包装货物的适用税率计算销项税额。

（2）对销售除啤酒、黄酒外的其他酒类产品而收取的包装物押金，无论是否返还以及会计上如何核算，均应并入当期销售额征税。对销售啤酒、黄酒所收取的押金，按上述一般押金的规定处理（如图2-9所示）。

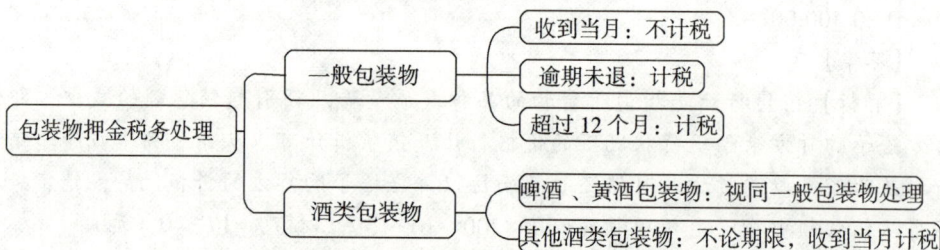

图2-9　包装物押金的处理

【提示1】包装物押金如若计税，则按照价外费用处理，注意价税分离。

【提示2】包装物押金的消费税处理同增值税一样。

【例2-13·单选题】某啤酒厂为增值税一般纳税人，2018年4月销售啤酒取得销售额800万元，已开具增值税专用发票，收取包装物押金234万元；本月逾期未退还包装物押金58.5万元。2018年4月该啤酒厂增值税销项税额为（　　　）万元。

A.116.24

B.136.00

C.144.50

D.145.95

【答案】C

【解析】啤酒包装物押金逾期才计入货物销售额中征税。销项税额=［800+58.5÷（1+17%）］×17%=144.50（万元）。

6.直销企业的税务处理

（1）直销企业先将货物销售给直销员，直销员再将货物销售给消费者的，直销企业的销售额为其向直销员收取的全部价款和价外费用。直销员将货物销售给消费者时，应按照现行规定缴纳增值税。

（2）直销企业通过直销员向消费者销售货物，直接向消费者收取货款，直销企业的销售额为其向消费者收取的全部价款和价外费用。

（三）"营改增"应税行为的销项税额的计算

1.全额征税

（1）贷款服务，以提供贷款服务取得的全部利息及利息性质的收入为销售额。

【提示】自2018年1月1日起，资管产品管理人运营资管产品提供的贷款服务以2018年1月1日起产生的利息及利息性质的收入为销售额。

（2）直接收费金融服务，以提供直接收费金融服务收取的手续费、佣金、酬金、管理费、服务费、经手费、开户费、过户费、结算费、转托管费等各类费用为销售额。

（3）发卡机构、清算机构和收单机构提供银行卡跨机构资金清算服务的增值税计税问题。

①发卡机构以其向收单机构收取的发卡行服务费为销售额，并按照此销售额向清算机构开具增值税发票。

②清算机构以其向发卡机构、收单机构收取的网络服务费为销售额，并按照发卡机构支付的网络服务费向发卡机构开具增值税发票，按照收单机构支付的网络服务费向收单机构开具增值税发票。

③清算机构从发卡机构取得的增值税发票上记载的发卡行服务费，一并计入清算机构的销售额，并由清算机构按照此销售额向收单机构开具增值税发票。

④收单机构以其向商户收取的收单服务费为销售额，并按照此销售额向商户开具增值税发票。

2.差额征税

（1）金融商品转让，按照卖出价扣除买入价后的余额为销售额。

①转让金融商品出现的正负差，按盈亏相抵后的余额为销售额。若相抵后出现负差，可结转下一纳税期与下期转让金融商品销售额相抵，但年末时仍出现负差的，不得转入下一个会计年度。

②金融商品的买入价，可以选择按照加权平均法或者移动加权平均法进行核算，选择后36个月内不得变更。

③金融商品转让，不得开具增值税专用发票。

④单位将其持有的限售股在解禁流通后对外转让的，按照以下规定确定买入价：

a.上市公司实施股权分置改革时，在股票复牌之前形成的原非流通股股份，以及股票复牌首日至解禁日期间由上述股份孳生的送、转股，以该上市公司完成股权分置改革后股票复牌首日的开盘价为买入价。

b.公司首次公开发行股票并上市形成的限售股，以及上市首日至解禁日期间由上述股份孳生的送、转股，以该上市公司股票首次公开发行（IPO）的发行价为买入价。

c.因上市公司实施重大资产重组形成的限售股，以及股票复牌首日至解禁日期间由上述股份孳生的送、转股，以该上市公司因重大资产重组股票停牌前一交易日的收盘价为买入价。

【例2-14·单选题】某企业为增值税一般纳税人，2018年1月买入A上市公司股票，买入价280万元，支付手续费0.084万元。当月卖出其中的50%，发生买卖负差10万元。2018年2月，卖出剩余的50%，卖出价200万元，支付手续费0.06万元，印花税0.2万元。该企业2018年2月应缴纳增值税（　　　　）万元。（以上价格均为含税价）

A.3

B.3.38

C.2.81

D.2.83

【答案】D

> 经纪代理服务，是指各类经纪、中介、代理服务。包括金融代理、知识产权代理、货物运输代理、代理报关、法律代理、房地产中介、职业中介、婚姻中介、代理记账、拍卖等。

【解析】金融商品转让，按照卖出价扣除买入价后的余额为销售额。转让金融商品出现的正负差，按盈亏相抵后的余额为销售额。该企业2018年2月应纳增值税=（200-280×50%-10）÷（1+6%）×6%=2.83（万元）。

（2）经纪代理服务，以取得的全部价款和价外费用，扣除向委托方收取并代为支付的政府性基金或者行政事业性收费后的余额为销售额。向委托方收取的政府性基金或者行政事业性收费，不得开具增值税专用发票。

（3）融资租赁和融资性售后回租业务。

融资租赁和融资性售后回租业务的税务处理见表2-13。

表2-13　　　　　　　　　　融资租赁和融资性售后回租业务的税务处理

类型	税务处理
①提供融资租赁服务	以取得的全部价款和价外费用，扣除支付的借款利息（包括外汇借款和人民币借款利息）、发行债券利息和车辆购置税后的余额为销售额
②提供融资性售后回租服务	以取得的全部价款和价外费用（不含本金），扣除对外支付的借款利息（包括外汇借款和人民币借款利息）、发行债券利息后的余额作为销售额。售后回租业务按贷款服务缴纳增值税，其销售额不包括"本金"，承租方与出租方也不应再就本金互相开具发票

> 融资租赁和融资性售后回租业务

类型	税务处理
③试点纳税人根据2016年4月30日前签订的有形动产融资性售后回租合同，在合同到期前提供的有形动产融资性售后回租服务	可以选择新政②业务处理
	也可继续按照有形动产融资租赁服务缴纳增值税： a.以向承租方收取的全部价款和价外费用，扣除向承租方收取的价款本金，以及对外支付的借款利息（包括外汇借款和人民币借款利息）、发行债券利息后的余额为销售额 【提示】试点纳税人提供有形动产融资性售后回租服务，向承租方收取的有形动产价款本金，不得开具增值税专用发票，可以开具普通发票 b.以向承租方收取的全部价款和价外费用，扣除支付的借款利息（包括外汇借款和人民币借款利息）、发行债券利息后的余额为销售额

（4）航空运输企业的销售额，不包括代收的机场建设费和代售其他航空运输企业客票而代收转付的价款。

（5）一般纳税人提供客运场站服务，以其取得的全部价款和价外费用，扣除支付给承运方运费后的余额为销售额。

（6）纳税人提供旅游服务，可以选择以取得的全部价款和价外费用，扣除向旅游服务购买方收取并支付给其他单位或者个人的住宿费、餐饮费、交通费、签证费、门票费和支付给其他接团旅游企业的旅游费用后的余额为销售额。

【提示】选择上述办法计算销售额的试点纳税人，向旅游服务购买方收取并支付的上述费用，不得开具增值税专用发票，可以开具普通发票。

【例2-15·2017年单选题】对下列增值税应税行为计算销项税额时，按照全额确定销售额的是（　　）。

A.贷款服务

B.金融商品转让

C.一般纳税人提供客运场站服务

D.经纪代理服务

【答案】A

【解析】选项A贷款服务，以提供贷款服务取得的全部利息及利息性质的收入为销售额。

（四）视同发生应税销售行为的销售额确定

纳税人发生应税销售行为的情形，价格明显偏低且无正当理由的，或者发生应税销售行为而无销售额的，由主管税务机关按下列顺序确定其销售额：

（1）按纳税人最近时期同类货物的平均销售价格确定。

（2）按其他纳税人最近时期同类货物的平均销售价格确定。

（3）按组成计税价格确定。组成计税价格的公式为：　外购的为购入成本；自产的为实际生产成本。

组成计税价格 = 成本×(1+ 成本利润率)

$$组成计税价格 = 成本×(1+ 成本利润率) + 消费税 = \frac{成本×(1+ 成本利润率)}{1- 消费税税率}$$

【提示】注意视同销售销售额确认的先后依次顺序。　考试时一般会给出。

（五）含税销售额的换算　属于消费税应税范围的商品，还应当包括消费税。

特别需要强调的是尽管销项税额也是销售方向购买方收取的，但是增值税采用

视同发生应税销售行为的销售额确定

4644

含税销售额的换算

4645

价外计税方式，用不含税价作为计税依据，因而销售额中不包括向购买方收取的销项税额。

$$不含税销售额 = \frac{含税销售额}{1+税率}$$

【总结】需要注意常见的含税销售额和不含税销售额的几种情况（如图2-10所示）。

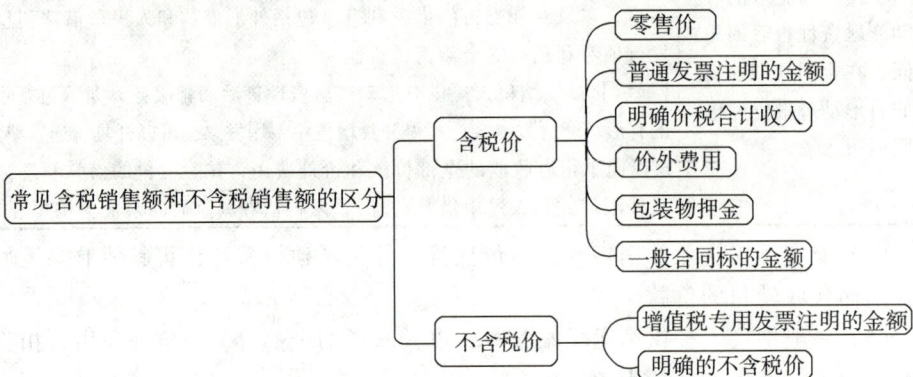

```
常见含税销售额和不含税销售额的区分
    ├─ 含税价
    │    ├─ 零售价
    │    ├─ 普通发票注明的金额
    │    ├─ 明确价税合计收入
    │    ├─ 价外费用
    │    ├─ 包装物押金
    │    └─ 一般合同标的金额
    └─ 不含税价
         ├─ 增值税专用发票注明的金额
         └─ 明确的不含税价
```

图2-10　含税销售额和不含税销售额的几种情况

二、进项税额的确认和计算（能力等级3）

（一）一般情况下的凭票抵扣

凭证抵扣如图2-11所示。

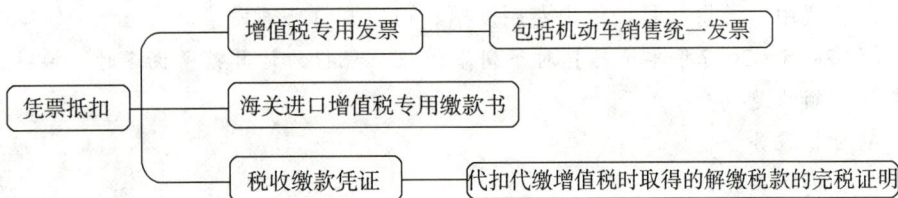

```
凭票抵扣
    ├─ 增值税专用发票 ── 包括机动车销售统一发票
    ├─ 海关进口增值税专用缴款书
    └─ 税收缴款凭证 ── 代扣代缴增值税时取得的解缴税款的完税证明
```

图2-11　凭票抵扣

（二）简并增值税税率后农产品进项税额的抵扣

1.普通农产品的进项税抵扣

根据现行增值税政策，一般纳税人购进农产品可以抵扣进项税额的凭证共有5种（如图2-12所示）。

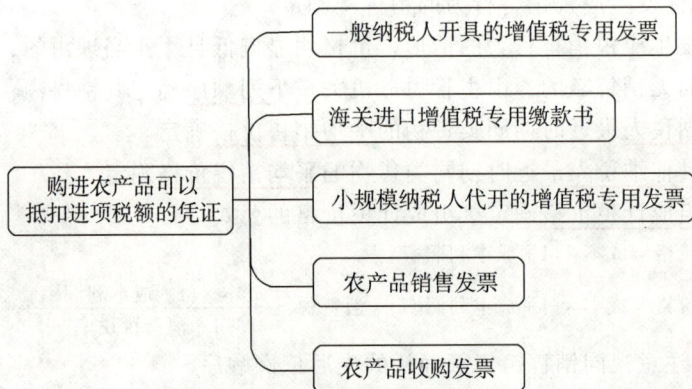

```
购进农产品可以抵扣进项税额的凭证
    ├─ 一般纳税人开具的增值税专用发票
    ├─ 海关进口增值税专用缴款书
    ├─ 小规模纳税人代开的增值税专用发票
    ├─ 农产品销售发票
    └─ 农产品收购发票
```

图2-12　一般纳税人购进农产品可以抵扣进项税额的凭证

【提示】纳税人从批发、零售环节购进适用免征增值税政策的蔬菜、部分鲜活肉蛋而取得的普通发票，不得作为计算抵扣进项税额的凭证。

（1）一般纳税人购进农产品，只用于生产销售或委托加工11%或6%税率的货物或服务的抵扣方法（见表2-14）。

表2-14　　　　　　　　　　　　　　抵扣方法

情形	案例
①取得一般纳税人开具的增值税专用发票或海关进口增值税专用缴款书的，以增值税专用发票或海关进口增值税专用缴款书上注明的增值税额为进项税额	某饲料公司为一般纳税人，2017年9月1日从国外进口一批玉米用于生产饲料，取得海关进口增值税专用缴款书注明金额20万元，增值税税额2.2万元，款项已支付。则会计处理为：（单位：万元） 借：原材料　　　　　　　　　　　　　　　　20 　　应交税费——应交增值税（进项税额）　　2.2 　　贷：银行存款　　　　　　　　　　　　　22.2
②从按照简易计税方法依照3%征收率计算缴纳增值税的小规模纳税人取得增值税专用发票的，以增值税专用发票上注明的金额和11%的扣除率计算进项税额	某餐饮企业为一般纳税人，2017年9月15日从小规模纳税人处采购农产品一批，取得对方代开的增值税专用发票注明金额10万元，增值税税额0.3万元，款项尚未支付。则会计处理为：（单位：万元） 借：原材料　　　　　　　　　　　　　　　　9.2 　　应交税费——应交增值税（进项税额）　　1.1　→ 10×11% 　　贷：应付账款　　　　　　　　　　　　　10.3
③取得（开具）农产品销售发票或收购发票的，以农产品销售发票或收购发票上注明的农产品买价和11%的扣除率计算进项税额	某房地产开发企业为一般纳税人，2017年9月20日从某农民专业合作社购入该社自产苗木一批，取得对方开具的农产品销售发票注明金额20万元，款项已支付，苗木已用于开发项目绿化工程。则会计处理为：（单位：万元） 农产品收购发票，指由农产品收购企业自行向农民个人收购免税农产品时开具的发票。收购方自开自抵。 借：开发成本　　　　　　　　　　　　　　17.8 　　应交税费——应交增值税（进项税额）　　2.2 　　贷：银行存款　　　　　　　　　　　　　20

（2）"营改增"期间，纳税人购进用于生产销售或委托受托加工17%税率货物的农产品维持原扣除力度不变。

①在购进农产品的当期，凭取得（开具）的农产品销售发票、收购发票和增值税专用发票按照11%扣除率计算当期可抵扣的进项税额。

②在生产领用当期按简并税率前的扣除率与11%之间的差额计算当期可加计扣除的农产品进项税额：

$$加计扣除农产品进项税额 = 当期生产领用农产品已按11\%抵扣税额 \times \frac{简并税率前的扣除率 - 11\%}{11\%}$$

【案例2-2】某家具厂为一般纳税人，2017年10月10日采购原木10吨，取得对方开具的增值税专用发票注明金额100万元，税额11万元，货款已支付，材料尚未使用。则会计处理为：（单位：万元）

借：原材料——家具用原木　　　　　　　　　　100
　　应交税费——应交增值税（进项税额）　　　　11
　　贷：银行存款　　　　　　　　　　　　　　111

该家具厂于2017年10月20日全部领用上述购进原木，用于生产家具。

10月加计扣除农产品进项税额=$11×\dfrac{13\%-11\%}{11\%}$=2（万元）。

则会计处理为：（单位：万元）

借：应交税费——应交增值税（进项税额） 2

　　贷：原材料——家具用原木 2

借：生产成本 98

　　贷：原材料——家具用原木 98

【提示1】纳税人购进用于生产销售或委托受托加工17%税率货物的农产品进项税本质仍按13%计算抵扣。

【提示2】2018年CPA税法教材对于纳税人购进用于生产销售或委托受托加工17%税率货物的农产品只提了"维持原扣除力度不变"，具体的分两步抵扣并没有具体说明，考生对此知识点知晓即可。

（3）纳税人购进农产品既用于生产销售或委托受托加工17%税率货物又用于生产销售其他货物服务的，应当分别核算用于生产销售或委托受托加工17%税率货物和其他货物服务的农产品进项税额。未分别核算的，统一以增值税专用发票或海关进口增值税专用缴款书上注明的增值税额为进项税额，或以农产品收购发票或销售发票上注明的农产品买价和11%的扣除率计算进项税额。

【总结】一般纳税人购进普通农产品进项税额抵扣归纳见表2-15。

表2-15　　　　　　一般纳税人购进普通农产品进项税额抵扣规定

农产品销售方	适用政策	抵扣凭证	抵扣基数	用于生产、委托加工或应税行为非17%的项目	用于生产、委托加工或应税劳务为17%的项目
农民个人自产	免税	农产品收购发票	收购价	抵扣11%	抵扣11%+加计抵扣进项（实际抵扣13%）
农业生产单位	免税	农产品销售发票	收购价		抵扣11%+加计抵扣进项（实际抵扣13%）
农产品流通企业（小规模纳税人）	免税	增值税普通发票	不得抵扣		
	征税	增值税普通发票			
		增值税专用发票	专票金额	抵扣11%	抵扣11%+加计抵扣进项（实际抵扣13%）
农产品流通企业（一般纳税人）	免税	增值税普通发票	不得抵扣		
	征税	增值税普通发票			
		增值税专用发票	专票金额	抵扣11%	抵扣11%+加计抵扣进项（实际抵扣13%）
进口农产品	征税	海关专用缴款书	完税价格	抵扣11%	抵扣11%+加计抵扣进项（实际抵扣13%）

2.烟叶的进项税抵扣

对烟叶税纳税人按规定缴纳的烟叶税，准予并入烟叶产品的买价计算增值税的进项税额，并在计算缴纳增值税时予以抵扣。即购进烟叶准予抵扣的增值税进项税额，按照规定的收购烟叶实际支付的价款总额和烟叶税及法定扣除率计算。计算公式如下：

烟叶税=收购烟叶实际支付的价款总额×烟叶税税率（20%）

准予抵扣的烟叶进项税额=（收购烟叶实际支付的价款总额+烟叶税）×扣除率（13%或11%）

=收购烟叶实际支付的价款总额×（1+20%）×13%（或11%）

【提示】烟叶收购单位收购烟叶时按照国家有关规定以现金形式直接补贴烟农的生产投入补贴（以下简称价外补贴），属于农产品买价。烟叶收购单位，应将价外补贴与烟叶收购价格在同一张农产品收购发票或者销售发票上分别注明，否则，价外补贴不得计算增值税进项税额进行抵扣。

【例2-16·单选题】某卷烟厂（增值税一般纳税人）2017年10月收购烟叶全部生产卷烟，收购凭证上注明价款50万元，并向烟叶生产者支付了收购价10%的价外补贴。该卷烟厂10月份收购烟叶可抵扣的进项税额为（   ）。

A.6.5万元

B.7.15万元

C.8.58万元

D.8.86万元

【答案】C

【解析】烟叶收购实际支付的价款=50×（1+10%）=55（万元）；烟叶税应纳税额=55×20%=11（万元）；准予抵扣进项税=（55+11）×13%=8.58（万元）。

3.农产品增值税进项税额核定扣除办法

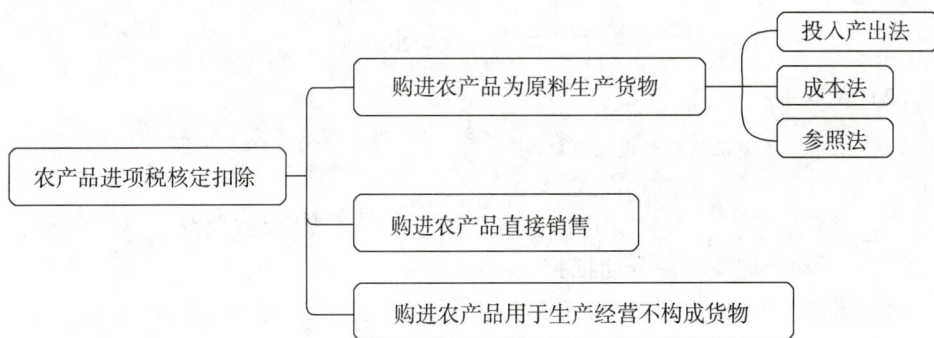

从2012年7月1日起，对以购进农产品为原料生产销售液体乳及乳制品、酒及酒精、植物油的增值税一般纳税人，其购进农产品不论是否用于生产上述产品，均开展农产品进项税额核定扣除试点（如图2-13所示）。

图2-13 农产品进项税核定扣除

（1）试点纳税人以购进农产品为原料生产货物的。

①投入产出法。

$$准予抵扣农产品进项税额=\frac{当期货物销售数量×农产品单耗数量×农产品平均单价}{1+扣除率}×扣除率$$

②成本法。

$$准予抵扣农产品进项税额=\frac{当期主营业务成本×农产品耗用率}{1+扣除率}×扣除率$$

【提示】投入产出法和成本法抵扣公式中的扣除率为销售货物的适用税率。

③参照法。

新办的试点纳税人或者试点纳税人新增产品的，试点纳税人可参照所属行业或者生产结构相近的其他试点纳税人确定农产品单耗数量或者农产品耗用率。次年，试点纳税人向主管税务机关申请核定当期的农产品单耗数量或者农产品耗用率，并据此计算确定当年允许抵扣的农产品增值税进项税额，同时对上一年增值税进项税额进行调整。核定的进项税额超过实际抵扣增值税进项税额的，其差额部分可以结转下期继续抵扣；核定的进项税额低于实际抵扣增值税进项税额的，其差额部分应按现行增值税的有关规定将进项税额做转出处理。

（2）试点纳税人购进农产品直接销售的。

$$准予抵扣农产品进项税额 = \frac{\dfrac{当期销售农产品数量}{1-损耗率} \times 农产品平均购买单价}{1+13\%} \times 13\%$$

（3）试点纳税人购进农产品用于生产经营且不构成货物实体的（包括包装物、辅助材料、燃料、低值易耗品等）。

$$准予抵扣农产品进项税额 = \frac{当期耗用农产品数量 \times 农产品平均购买单价}{1+13\%} \times 13\%$$

（4）试点纳税人购进农产品不再凭增值税扣税凭证抵扣增值税进项税额，购进除农产品以外的货物、应税劳务和应税服务，增值税进项税额仍按现行有关规定抵扣。

【案例2-3】某公司2017年9月1日—9月30日销售10 000吨巴士杀菌羊乳，其主营业务成本为6 000万元，农产品耗用率为70%，原乳单耗数量为1.06，原乳平均购买单价为4 000元/吨。*如果用于生产调制乳，则扣除率为17%。*

（1）投入产出法。

$$当期允许抵扣农产品增值税进项税额 = \frac{当期农产品耗用数量 \times 农产品平均购买单价}{1+扣除率} \times 扣除率$$

$$= \frac{10\,000 \times 1.06 \times 0.4}{1+11\%} \times 11\% = 420.18（万元）$$

（2）成本法。

$$当期允许抵扣农产品增值税进项税额 = \frac{当期主营业务成本 \times 农产品耗用率}{1+扣除率} \times 扣除率$$

$$= \frac{6\,000 \times 70\%}{1+11\%} \times 11\% = 416.22（万元）$$

不动产进项税额分期抵扣办法

（三）不动产进项税额分期抵扣办法

（1）增值税一般纳税人2016年5月1日后取得并在会计制度上按固定资产核算的不动产，以及2016年5月1日后发生的不动产在建工程，其进项税额应按照本办法有关规定分2年从销项税额中抵扣，第1年抵扣比例为60%，第2年抵扣比例为40%。

【解释1】取得的不动产，包括以直接购买、接受捐赠、接受投资入股以及抵债等各种形式取得的不动产。

【解释2】纳税人新建、改建、扩建、修缮、装饰不动产，属于不动产在建工程。

【提示】房地产开发企业自行开发的房地产项目，融资租入的不动产，以及在施工现场修建的临时建筑物、构筑物，其进项税额不适用上述分2年抵扣的规定。

（2）纳税人2016年5月1日后购进货物和设计服务、建筑服务，用于新建不动产，或者用于改建、扩建、修缮、装饰不动产并增加不动产原值超过50%的，其进项税额依照本办法有关规定分2年从销项税额中抵扣。

【解释1】不动产原值，是指取得不动产时的购置原价或作价。

【解释2】上述分2年从销项税额中抵扣的购进货物，是指构成不动产实体的材料和设备，包括建筑装饰材料和给排水、采暖、卫生、通风、照明、通讯、煤气、消防、中央空调、电梯、电气、智能化楼宇设备及配套设施。

（3）购进时已全额抵扣进项税额的货物和服务，转用于不动产在建工程的，其已抵扣进项税额的40%部分，应于转用的当期从进项税额中扣减，计入待抵扣进项税额，并于转用的当月起第13个月从销项税额中抵扣。40%的进项税额应在第13个月时才可以抵扣。

（4）纳税人销售其取得的不动产或者不动产在建工程时，尚未抵扣完毕的待抵扣进项税额，允许于销售的当期从销项税额中抵扣。

（5）已抵扣进项税额的不动产，发生非正常损失，或者改变用途，专用于简易计税方法计税项目、免征增值税项目、集体福利或者个人消费的，按照下列公式计算不得抵扣的进项税额：

不得抵扣的进项税额 =（已抵扣进项税额 + 待抵扣进项税额）× 不动产净值率

$$不动产净值率 = \frac{不动产净值}{不动产原值} \times 100\%$$

不得抵扣的进项税额小于或等于该不动产已抵扣进项税额的，应于该不动产改变用途的当期，将不得抵扣的进项税额从进项税额中扣减。

不得抵扣的进项税额大于该不动产已抵扣进项税额的，应于该不动产改变用途的当期，将已抵扣进项税额从进项税额中扣减，并从该不动产待抵扣进项税额中扣减不得抵扣进项税额与已抵扣进项税额的差额。

【案例2-4】某不动产的进项税额为100万元，已抵扣进项税额60万元，待抵扣进项税额40万元（见表2-16）。

表2-16　　　　　　　　　　　　抵扣进项税计算

第一种情况：假设净值率30%	（1）不得抵扣的进项税额 =（60+40）×30%=30（万元） （2）不得抵扣的进项税额＜已抵扣进项税额，则只需将30万元不得抵扣的进项税额从当期进项税额转出即可 （3）不得抵扣的进项税额30万元，允许抵扣的进项税=100-30=70（万元），由于已经抵扣进项税额60万元，当期进项税额转出30万元，实际已经抵扣进项税额=60-30=30（万元），加上待抵扣进项税40万元，最终允许抵扣的进项税为70万元
第二种情况：假设净值率70%	（1）不得抵扣的进项税额 =（60+40）×70%=70（万元） （2）不得抵扣的进项税额＞已抵扣进项税额，需要先将已抵扣进项税额60万元全部从当期进项税额中转出 （3）然后再将不得抵扣和已抵扣进项税额的差=70-60=10（万元），从待抵扣进项税中抵减，则待抵扣进项税额=40-10=30（万元） （4）不得抵扣的进项税为70万元，允许抵扣的进项税=100-70=30（万元），由于已经抵扣进项税额60万元已经全部在当期做了进项税额转出，实际已经抵扣进项税=60-60=0，另外待抵扣进项税额已经抵减了10万元，则待抵扣进项税额30万元到期按时抵扣，最终允许抵扣的进项税为30万元

（6）不动产在建工程发生非正常损失的，其所耗用的购进货物、设计服务和建筑服务已抵扣的进项税额应于当期全部转出；其待抵扣进项税额不得抵扣。

（7）按照规定不得抵扣进项税额的不动产，发生用途改变，用于允许抵扣进项税额项目的，按照下列公式在改变用途的次月计算可抵扣进项税额。

可抵扣进项税额 = 增值税扣税凭证注明或计算的进项税额 × 不动产净值率

依照本条规定计算的可抵扣进项税额，应取得2016年5月1日后开具的合法有效的增值税扣税凭证。

按照本条规定计算的可抵扣进项税额，60%的部分于改变用途的次月从销项税额中抵扣，40%的部分为待抵扣进项税额，于改变用途的次月起第13个月从销项税额中抵扣。

（8）纳税人注销税务登记时，其尚未抵扣完毕的待抵扣进项税额于注销清算的当期从销项税额中抵扣。

（四）关于进项税抵扣的其他规定

（1）增值税一般纳税人在资产重组过程中，将全部资产、负债和劳动力一并转让给其他增值税一般纳税人，并按程序办理注销税务登记的，其在办理注销登记前尚未抵扣的进项税额可结转至新纳税人处继续抵扣。

（2）收费公路通行费增值税抵扣规定。

具体规定见表2-17。

表2-17　　　　　　　　收费公路通行费增值税抵扣规定

种类			抵扣方法
收费公路	取得增值税电子普通发票		按照收费公路通行费增值税电子普通发票上注明的增值税税额抵扣进项税额
	未取得增值税电子普通发票	高速公路	2018年1月1日—6月30日，可凭取得的通行费发票上注明的收费金额计算抵扣： 高速公路通行费可抵扣进项税额 $= \dfrac{\text{高速公路通行费发票上注明的金额}}{1+3\%} \times 3\%$
		一级、二级公路	2018年1月1日—12月31日，可凭取得的通行费发票上注明的收费金额计算抵扣： 一级、二级公路通行费可抵扣进项税额 $= \dfrac{\text{一级、二级公路通行费发票上注明的金额}}{1+5\%} \times 5\%$
桥、闸			可凭取得的通行费发票上注明的收费金额计算抵扣： 桥、闸通行费可抵扣进项税额 $= \dfrac{\text{桥、闸通行费发票上注明的金额}}{1+5\%} \times 5\%$

（3）自2013年8月1日起，原增值税一般纳税人自用的应征消费税的摩托车、汽车、游艇，其进项税额准予从销项税额中抵扣。

（4）按照规定不得抵扣且未抵扣进项税额的固定资产、无形资产、不动产，发生用途改变，用于允许抵扣进项税额的应税项目，可在用途改变的次月按照下列公式计算可以抵扣的进项税额：40%的进项税额应在第13个月时才可以抵扣。

收费公路通行费增值税抵扣规定

一级公路是我国公路等级中的一种类型，位居高速公路之后、二级公路之前，广泛用于主干线路的建设。主要功能是连接各大地区的经济政治中心、通往重要工业区域或交通枢纽。

二级公路在实际道路建设中运用广泛。主要功能是连接具体的行政中心、交通枢纽、商业地带、住宅社区、工业矿区或旅游景点等，以较少的投资和造价修建尽可能宽敞笔直的路面是其重要特点，综合运用最为广泛。

$$可以抵扣的进项税额 = \frac{固定资产、无形资产、不动产净值}{1+适用税率} \times 适用税率$$

（5）自2018年1月1日起，纳税人租入固定资产、不动产，既用于一般计税方法计税项目，又用于简易计税方法计税项目、免征增值税项目、集体福利或者个人消费的，其进项税额准予从销项税额中全额抵扣。【新增】

（五）不得从销项税额中抵扣的进项税额

下列项目的进项税额不得从销项税额中抵扣：

（1）用于简易计税方法计税项目、免征增值税项目、集体福利或者个人消费的购进货物、加工修理修配劳务、服务、无形资产和不动产。

【提示1】其中涉及的固定资产、无形资产、不动产，仅指专用于上述项目的固定资产、无形资产（不包括其他权益性无形资产）、不动产。但是发生兼用于上述不允许抵扣项目情况的，该进项税额准予全部抵扣。 不需要分摊。

【提示2】纳税人购进其他权益性无形资产无论是专用于简易计税方法计税项目、免征增值税项目、集体福利或者个人消费，还是兼用于上述不允许抵扣项目，均可以抵扣进项税额。

（2）非正常损失的购进货物，及相关的加工修理修配劳务和交通运输服务。

【解释】非正常损失，是指因管理不善造成被盗、丢失、霉烂变质的损失，以及因违反法律法规造成货物或者不动产被依法没收、销毁、拆除的情形。

（3）非正常损失的在产品、产成品所耗用的购进货物（不包括固定资产）、加工修理修配劳务和交通运输服务。

（4）非正常损失的不动产，以及该不动产所耗用的购进货物、设计服务和建筑服务。

（5）非正常损失的不动产在建工程所耗用的购进货物、设计服务和建筑服务。

【解释】纳税人新建、改建、扩建、修缮、装饰不动产，均属于不动产在建工程。

（6）购进的旅客运输服务、贷款服务、餐饮服务、居民日常服务和娱乐服务。

【解释】一般意义上，旅客运输服务、餐饮服务、居民日常服务和娱乐服务主要接受对象是个人。对于一般纳税人购买的这些服务难以界定接受服务的对象是企业还是个人，因此，一般纳税人购进这些服务的进项税额不得从销项税额中抵扣。

（7）纳税人接受贷款服务向贷款方支付的与该笔贷款直接相关的投融资顾问费、手续费、咨询费等费用，其进项税额不得从销项税额中抵扣。

（8）财政部和国家税务总局规定的其他情形。

（9）适用一般计税方法的纳税人，兼营简易计税方法计税项目、免征增值税项目而无法划分不得抵扣的进项税额，按照下列公式计算不得抵扣的进项税额：

$$不得抵扣的进项税额 = 当期无法划分的全部进项税额 \times \frac{当期简易计税项目销售额+免征增值税项目销售额}{当期全部销售额}$$

（10）一般纳税人已抵扣进项税额的固定资产、无形资产或者不动产，发生上述规定不得抵扣进项税额情形的，按照下列公式计算不得抵扣的进项税额：

$$不得抵扣的进项税额 = 固定资产、无形资产或者不动产净值 \times 适用税率$$

【总结】运费的增值税处理（见图2-14，表2-18）。

（右侧批注）自然灾害也是属于非正常损失，但是比较特殊，其所导致的损失，其进项税额可以抵扣。包括上述（2）（3）（4）（5）所说的非正常损失。

而货物运输可以抵扣。

固定资产、无形资产或者不动产不得抵扣的进项税额计算

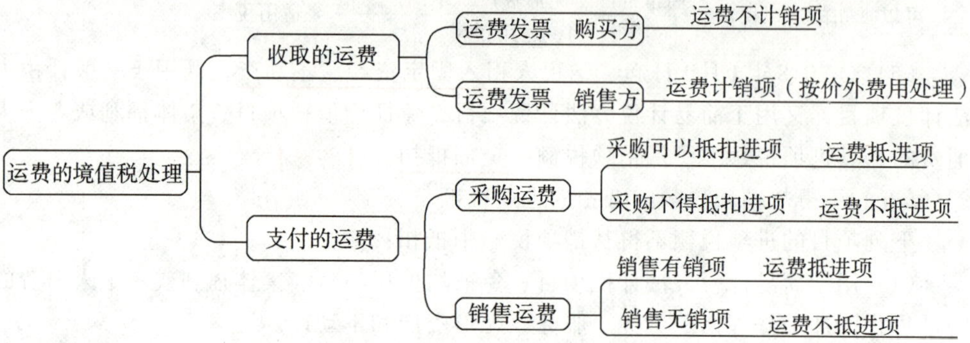

图 2-14 运费的增值税处理

表 2-18 **代垫运费的处理**

关于代垫运费的两种情形	购买方 → 销售方 → 运输方 运输发票X 购买方将运费x支付给销售方，销售方将该笔运费x转付给运输方，运输方开具运输发票x给购买方。此种交易销售方与该笔运费x无关，故不作为收入计算销项税
	运费x 运费x 购买方 ⇄ 销售方 ⇄ 运输方 销售发票x 运输发票x 购买方将运费x支付给销售方，销售方将该笔运费x转付给运输方，但运输方将运输发票x开具给销售方，此时购买方所支付的运费x的相关票据只能有销售方开具销售发票x。此种交易里，销售方从购买方收取得运费x应确认为价外费用计算销项税；销售方支付给运输方的运费x应作为运输劳务的购进按照有关规定计算抵扣进项税

关于代垫运费的两种情形

【例 2-17 · 单选题】根据增值税规定，下列进项税额不得从销项税额中抵扣的是（　　）。

A. 因自然灾害损失的产品所耗用的进项税额

B. 购进同时用于增值税应税项目和非增值税应税项目的固定资产所支付的进项税额

C. 纳税人销售其取得的不动产或者不动产在建工程时，尚未抵扣完毕的待抵扣进项税额，允许于销售的当期从销项税额中抵扣

D. 纳税人经税务机关核准恢复抵扣进项税额资格后，其在停止抵扣进项税额期间发生的进项税额

【答案】D

【解析】选项 D：纳税人经税务机关核准恢复抵扣进项税额资格后，其在停止抵扣进项税额期间发生的全部进项税额不得抵扣。

应纳税额的计算

三、应纳税额的计算（能力等级 3）

（一）计算应纳税额的时间限定

（1）计算销项税额的时间限定（详见本章第十节 征收管理中“纳税义务发生时间”的表述）。

（2）增值税专用发票进项税额抵扣的时间限定。

自2017年7月1日起，增值税一般纳税人取得的2017年7月1日及以后开具的增值税专用发票和机动车销售统一发票，应在开具之日起360日认证或登录增值税发票选择确认平台进行确认，并在规定的纳税申报期内，向主管税务机关申报抵扣进项税额。【新修订】

（3）海关进口增值税专用缴款书进项税额抵扣的时间限定。

自2013年7月1日起，增值税一般纳税人取得的2017年7月1日及以后开具的海关进口增值税专用缴款书，应自开具之日起360日内向主管税务机关报送《海关完税凭证抵扣清单》，申请稽核比对。经税务机关稽核比对相符后，其增值税额方能作为进项税额在销项税额中抵扣。

（4）未按期申报抵扣增值税扣税凭证抵扣的处理办法。

①增值税一般纳税人取得的增值税专用发票以及海关进口增值税专用缴款书，未在规定期限内到税务机关办理认证或者申报抵扣的，不得作为合法的增值税扣税凭证，不得计算进项税额抵扣。

②增值税一般纳税人，取得的增值税扣税凭证稽核比对结果相符但未按规定期限申报抵扣，属于发生真实交易且符合规定的客观原因的，经主管税务机关审核，允许纳税人继续申报抵扣其进项税。

（二）计算应纳税额时进项税额不足抵扣的处理

由于增值税实行购进扣税法，有时企业当期购进的货物很多，在计算应纳税额时会出现当期销项税额小于当期进项税额不足抵扣的情况。根据税法规定，当期进项税额不足抵扣的部分可以结转下期继续抵扣。

（三）扣减发生期进项税额的规定

关于进项税转出的计算见表2-19。

表2-19　　　　　　　　　　　　　　　　进项税转出的计算

进项税转出类型			进项税转出计算方法
凭票抵扣			成本×税率
农产品计算抵扣	简并税率前		$\dfrac{成本}{1-13\%} \times 13\%$
	简并税率后	①取得一般纳税人开具的专票，按11%抵扣进项税的	成本×11%
		②取得小规模纳税人代开专票，按11%抵扣进项税的	$\dfrac{成本 \times 11\%}{1-8\%}$
		③取得农产品销售或收购发票，按11%抵扣进项税的	$\dfrac{成本}{1-11\%} \times 11\%$
存货（在产品、产成品）			成本×外购比例×税率
固定资产、无形资产或者不动产			固定资产、无形资产或者不动产净值×适用税率

【提示】账面成本中包含运费的，其运费对应的进项税额也需做进项税转出。

【例2-18·单选题】某企业为增值税一般纳税人，2017年4月因发生自然灾害损失库存的一批包装物，成本20 000元，已抵扣进项税额。2月（简并税率前）外购的一批免税农产品因管理不善发生霉烂，账面成本43 000元（其中运费成本为2 790元），已抵扣进项税额。该加工厂当期应转出进项税额（　　）元。

A.5 422.60

B.6 315.29

C.8 822.60

D.9 618.39

【答案】B

【解析】因管理不善损失的外购农产品的进项税额不可以抵扣，但因自然灾害损失的库存包装物的进项税额可以抵扣。免税农产品和运输费的进项税额转出应使用还原转出法，同时注意扣除率的适用。应转出进项税额＝（43 000-2 790）÷（1-13%）×13%+2 790×11%=6 315.29（元）。

（四）销货退回或折让涉及销项税额和进项税额的税务处理

一般纳税人销售货物或者应税劳务，开具增值税专用发票后，发生销售货物退回或者折让、开票有误等情形，应按国家税务总局的规定开具红字增值税专用发票。未按规定开具红字增值税专用发票的，增值税额不得从销项税额中扣减。

纳税人在货物购销活动中，因货物质量、规格等原因常会发生销货退回或销售折让的情况。由于销货退回或折让不仅涉及销货价款或折让价款的退回，还涉及增值税的退回，这样，销货方和购货方应相应对当期的销项税额或进项税额进行调整。

增值税一般纳税人因销售货物退回或者折让而退还给购买方的增值税额，应从发生销售货物退回或者折让当期的销项税额中扣减；因购进货物退出或者折让而收回的增值税额，应从发生购进货物退出或者折让当期的进项税额中扣减。

（五）向供货方取得返还收入的税务处理

自2004年7月1日起，对商业企业向供货方收取的与商品销售量、销售额挂钩（如以一定比例、金额、数量计算）的各种返还收入，均应按照平销返利行为的有关规定冲减当期增值税进项税额。应冲减进项税额的计算公式调整为：

$$当期应冲减的进项税额 = \frac{当期取得的返还资金}{1+所购进货物适用增值税税率} \times 所购进货物适用增值税税率$$

【提示】商业企业向供货方收取的各种返还收入，一律不得开具增值税专用发票，由供货方开具红字专用发票冲减销项税额。

【例2-19·2006年多选题】某商场（增值税一般纳税人）与其供货企业达成协议，按销售量挂钩进行平销返利。2006年5月向供货方购进商品取得税控增值税专用发票，注明销售额120万元、进项税额20.4万元，并通过主管税务机关认证，当月按平价全部销售，月末供货方向该商场支付返利4.8万元。下列该项业务的处理符合有关规定的有（　　　）。

A.商场应按120万元计算销项税额

B.商场应按124.8万元计算销项税额

C.商场当月应抵扣的进项税额为20.4万元

D.商场当月应抵扣的进项税额为19.7万元

【答案】AD

【解析】对商业企业向供货方收取的与商品销售量、销售额挂钩（如以一定比例、金额、数量计算）的各种返还收入，均应按照平销返利行为的有关规定冲减当期增值税税金。当期商场应按平价销售时的不含税销售额价格计算销项税；返利应冲减的进项税金=4.8÷（1+17%）×17%=0.70（万元），则当期可抵扣进项税=20.4-0.70=19.7（万元）。

（六）一般纳税人注销时进项税额的处理

一般纳税人注销或取消辅导期一般纳税人资格，转为小规模纳税人时，其存货不作进项税额转出处理，其留抵税额也不予以退税。

（七）金融机构开展个人实物黄金交易业务增值税的处理

（1）金融机构从事的实物黄金交易业务，实行金融机构各省级分行和直属一级分行所属地市级分行、支行按照规定的预征率预缴增值税，由省级分行和直属一级分行统一清算缴纳的办法。

（2）各支行应按月汇总所属分理处、储蓄所上报的实物黄金销售额和本支行的实物黄金销售额，按照规定的预征率计算增值税预征税额，向主管税务机关申报缴纳增值税。

预征税额=销售额×预征率

（3）各省级分行和直属一级分行按月汇总所属地市分行或支行上报的实物黄金销售额和进项税额，按照一般纳税人方法计算增值税应纳税额，根据已预征税额计算应补税额，向主管税务机关申报缴纳。

应纳税额=销项税额-进项税额

应补税额=应纳税额-预征税额

四、纳税人转让不动产增值税征收管理暂行办法（能力等级3）

【解释】本办法所称取得的不动产，包括以直接购买、接受捐赠、接受投资入股、自建以及抵债等各种形式取得的不动产。

【提示】房地产开发企业销售自行开发的房地产项目不适用本办法。

（一）一般纳税人转让其取得的不动产

（1）一般纳税人转让其2016年4月30日前取得（不含自建）的不动产，可以选择适用简易计税方法计税，以取得的全部价款和价外费用扣除不动产购置原价或者取得不动产时的作价后的余额为销售额，按照5%的征收率计算应纳税额。纳税人应按照上述计税方法向不动产所在地主管地税机关预缴税款，向机构所在地主管国税机关申报纳税。

（2）一般纳税人转让其2016年4月30日前自建的不动产，可以选择适用简易计税方法计税，以取得的全部价款和价外费用为销售额，按照5%的征收率计算应纳税额。纳税人应按照上述计税方法向不动产所在地主管地税机关预缴税款，向机构所在地主管国税机关申报纳税。

（3）一般纳税人转让其2016年4月30日前取得（不含自建）的不动产，选择适用一般计税方法计税的，以取得的全部价款和价外费用为销售额计算应纳税额。纳税人应以取得的全部价款和价外费用扣除不动产购置原价或者取得不动产时的作价后的余额，按照5%的预征率向不动产所在地主管地税机关预缴税款，向机构所在地主管国税机关申报纳税。

（4）一般纳税人转让其2016年4月30日前自建的不动产，选择适用一般计税方法计税的，以取得的全部价款和价外费用为销售额计算应纳税额。纳税人应以取得的全部价款和价外费用，按照5%的预征率向不动产所在地主管地税机关预缴税款，向机构所在地主管国税机关申报纳税。

（5）一般纳税人转让其2016年5月1日后取得（不含自建）的不动产，适用一般计税方法，以取得的全部价款和价外费用为销售额计算应纳税额。纳税人应以取得的全部价款和价外费用扣除不动产购置原价或者取得不动产时的作价后的余额，按照5%的预征率向不动产所在地主管地税机关预缴税款，向机构所在地主管国税机关申报纳税。

（6）一般纳税人转让其2016年5月1日后自建的不动产，适用一般计税方法，以取得的全部价款和价外费用为销售额计算应纳税额。纳税人应以取得的全部价款和价外费用，按照5%的预征率向不动产所在地主管地税机关预缴税款，向机构所在地主管国税机关申报纳税。

【提示1】预缴和申报时价税分离选择适用税率或征收率，取决于计税方法是一般计税还是简易计税。

【提示2】预缴环节的预征率不区分计税方法均为5%，申报环节适用税率或征收率取决于计税方法是一般计税还是简易计税。

【提示3】预缴环节的计税依据，不区分计税方法，自建的为全额，非自建的为差额。

【提示4】申报环节的计税依据，只有非自建选择简易计税时为差额，其余均为全额。

（二）小规模纳税人转让其取得的不动产

（1）小规模纳税人转让其取得（不含自建）的不动产，以取得的全部价款和价外费用扣除不动产购置原价或者取得不动产时的作价后的余额为销售额，按照5%的征收率计算应纳税额。

（2）小规模纳税人转让其自建的不动产，以取得的全部价款和价外费用为销售额，按照5%的征收率计算应纳税额。

（3）除其他个人之外的小规模纳税人，应按照本条规定的计税方法向不动产所在地主管地税机关预缴税款，向机构所在地主管国税机关申报纳税；其他个人按照本条规定的计税方法向不动产所在地主管地税机关申报纳税。

【提示】小规模纳税人转让不动产，只有简易计税，不区分不动产取得时间，预征率和申报征收率均为5%，自建为全额计税，非自建为差额计税。

（三）个人转让其购买的住房

（1）个人转让其购买的住房，按照有关规定全额缴纳增值税的，以取得的全部价款和价外费用为销售额，按照5%的征收率计算应纳税额。

（2）个人转让其购买的住房，按照有关规定差额缴纳增值税的，以取得的全部价款和价外费用扣除购买住房价款后的余额为销售额，按照5%的征收率计算应纳税额。

（3）个体工商户应按照本条规定的计税方法向住房所在地主管地税机关预缴税款，向机构所在地主管国税机关申报纳税；其他个人应按照本条规定的计税方法向住房所在地主管地税机关申报纳税。

（四）其他个人以外的纳税人转让其取得的不动产

（1）以转让不动产取得的全部价款和价外费用作为预缴税款计算依据的，计算公式为：

$$应预缴税款 = \frac{全部价款和价外费用}{1+5\%} \times 5\%$$

（2）以转让不动产取得的全部价款和价外费用扣除不动产购置原价或者取得不动产时的作价后的余额作为预缴税款计算依据的，计算公式为：

$$应预缴税款 = \frac{全部价款和价外费用 - 不动产购置原价或者取得不动产时的作价}{1+5\%} \times 5\%$$

（3）其他个人转让其取得的不动产，按照本条规定的计算方法计算应纳税额并向不动产所在地主管地税机关申报纳税。

其他个人转让不动产在地税申报纳税；其他个人以外的纳税人在国税申报纳税。

（五）其他规定

（1）小规模纳税人转让其取得的不动产，不能自行开具增值税发票的，可向不动产所在地主管地税机关申请代开。纳税人向其他个人转让其取得的不动产，不得开具或申请代开增值税专用发票。

（2）纳税人转让其取得的不动产，向不动产所在地主管地税机关预缴的增值税税款，可以在当期增值税应纳税额中抵减，抵减不完的，结转下期继续抵减。纳税人以预缴税款抵减应纳税额，应以完税凭证作为合法有效凭证。

（3）纳税人转让不动产，按照有关规定差额缴纳增值税的，如因丢失等原因无法提供取得不动产时的发票，可向税务机关提供其他能证明契税计税金额的完税凭证等资料，进行差额扣除。纳税人以契税计税金额进行差额扣除的，按照下列公式计算增值税应纳税额：

以契税计税金额进行差额扣除的增值税应纳税额计算

①2016年4月30日及以前缴纳契税的：

$$增值税应纳税额 = \frac{全部交易价格（含增值税）- 契税计税金额（含营业税）}{1+5\%} \times 5\%$$

【总结】纳税人转让不动产的增值税政策见表2-20。

②2016年5月1日及以后缴纳契税的：

$$增值税应纳税额 = \left[\frac{全部交易价格（含增值税）}{1+5\%} - 契税计税金额（不含增值税）\right] \times 5\%$$

【提示】纳税人同时保留取得不动产时的发票和其他能证明契税计税金额的完税凭证等资料，应当凭发票进行差额扣除。 *以发票为主*

【总结】纳税人转让不动产的增值税政策表（见表2-20）。【掌握】

表2-20　　　　　　　　　　　　纳税人转让不动产的增值税政策表

【提示1】个人销售自建自用住房免征增值税。

【提示2】预缴和申报的纳税地点不同。

【提示3】一般计税在申报环节计税依据都是"全额"。

纳税人类型	不动产			预缴环节			申报环节		
	取得时间或类型	取得方式或所在地	计税方式	计税依据	预缴率	缴纳地点	计税依据	税率或征收率	申报地点
一般纳税人	2016年4月30日前	非自建	简易计税	差额	5%	不动产所在地的地税机关	差额	5%	机构所在地的国税机关
			一般计税	差额			全额	11%	
		自建	简易计税	全额			全额	5%	
			一般计税	全额			全额	11%	
	2016年5月1日后	非自建	一般计税	差额			全额	11%	
		自建	一般计税	全额			全额		
小规模纳税人		非自建		差额	5%	不动产所在地的地税机关	差额	5%	机构所在地的国税机关
		自建		全额			全额		
个体工商户	非住房	非自建	简易计税	差额	5%	不动产所在地的地税机关	差额	5%	机构所在地的国税机关
		自建		全额			全额		
	购买不足2年的住房	所有地区		全额			全额		
	购买2年以上（含2年）的住房 非普通	北上广深		差额			差额		
		其他地区		免税					
	普通	所有地区							
其他个人	非住房	非自建	简易计税				差额	5%	不动产所在地的地税机关
		自建					全额		
	购买不足2年的住房	所有地区					全额		
	购买2年以上（含2年）的住房 非普通	北上广深					差额		
		其他地区					免税		
	普通	所有地区							

五、纳税人跨县（市、区）提供建筑服务增值税征收管理暂行办法（能力等级3）

【解释1】本办法所称跨县（市、区）提供建筑服务，是指单位和个体工商户（以下简称纳税人）在其机构所在地以外的县（市、区）提供建筑服务。

【解释2】纳税人在同一直辖市、计划单列市范围内跨县（市、区）提供建筑服务的，由直辖市、计划单列市国家税务局决定是否适用本办法。

【提示】其他个人跨县（市、区）提供建筑服务，不适用本办法。

纳税人跨县（市、区）提供建筑服务，应按照财税〔2016〕36号文件规定的纳税义务发生时间和计税方法，向建筑服务发生地主管国税机关预缴税款，向机构所在地主管国税机关申报纳税。

《建筑工程施工许可证》未注明合同开工日期，但建筑工程承包合同注明的开工日期在2016年4月30日前的建筑工程项目，属于财税〔2016〕36号文件规定的可以选择简易计税方法计税的建筑工程老项目。

（一）预缴税款　*无论是一般纳税人还是小规模纳税人，都是差额征税。*

一般纳税人跨县（市、区）提供建筑服务

（1）一般纳税人跨县（市、区）提供建筑服务。

①一般纳税人跨县（市、区）提供建筑服务，适用一般计税方法计税的，以取得的全部价款和价外费用扣除支付的分包款后的余额，按照2%的预征率计算应预缴税款：

$$应预缴税款 = \frac{全部价款和价外费用 - 支付的分包款}{1 + 11\%} \times 2\%$$

②一般纳税人跨县（市、区）提供建筑服务，选择适用简易计税方法计税的，以取得的全部价款和价外费用扣除支付的分包款后的余额，按照3%的征收率计算应预缴税款：

$$应预缴税款 = \frac{全部价款和价外费用 - 支付的分包款}{1 + 3\%} \times 3\%$$

（2）小规模纳税人跨县（市、区）提供建筑服务。

小规模纳税人跨县（市、区）提供建筑服务，以取得的全部价款和价外费用扣除支付的分包款后的余额，按照3%的征收率计算应预缴税款：*注意与一般纳税人的区分。*

$$应预缴税款 = \frac{全部价款和价外费用 - 支付的分包款}{1 + 3\%} \times 3\%$$

（3）纳税人取得的全部价款和价外费用扣除支付的分包款后的余额为负数的，可结转下次预缴税款时继续扣除。

（4）纳税人应按照工程项目分别计算应预缴税款，分别预缴。

（二）征收管理

（1）纳税人按照上述规定从取得的全部价款和价外费用中扣除支付的分包款，应当取得符合法律、行政法规和国家税务总局规定的合法有效凭证，否则不得扣除。上述凭证是指：

①从分包方取得的2016年4月30日前开具的建筑业营业税发票。建筑业营业税发票在2016年6月30日前可作为预缴税款的扣除凭证。

②从分包方取得的2016年5月1日后开具的，备注栏注明建筑服务发生地所在县（市、区）、项目名称的增值税发票。

③国家税务总局规定的其他凭证。

【总结】纳税人跨县（市、区）提供建筑业服务，向建筑服务发生地主管国税部门预缴税款，向机构所在地主管国税机关申报纳税。纳税人提供建筑业服务的增值税征收管理见表2-21。 【掌握】

表2-21　　　　　　　纳税人提供建筑业服务的增值税征收管理表

旁注：总包方以扣除支付的分包款后的余额，计算预缴款项。分包方以取得的全部价款与价外费用，计算预缴款项。

纳税人资格类型		施工类型		预缴《增值税预缴税款表》	申报	发票开具	
						普通发票	专用发票
一般纳税人		总包方	一般计税	扣除支付的分包款后的余额，按照2%的预征率计算应预缴税款，$\frac{余额}{1+11\%} \times 2\%$	全额申报 11%税率 扣减预缴	自开	自开
			简易计税	扣除支付的分包款后的余额，按照3%的预征率计算应预缴税款，$\frac{余额}{1+3\%} \times 3\%$	差额申报 3%征收率 扣减预缴		
		分包方（不再分包）	一般计税	取得的全部价款与价外费用按照2%的预征率计算应预缴税款，$\frac{含税价}{1+11\%} \times 2\%$	全额申报 11%税率 扣减预缴		
			简易计税	取得的全部价款与价外费用按照3%的预征率计算应预缴税款，$\frac{含税价}{1+3\%} \times 3\%$	全额申报 3%征收率 扣减预缴		
小规模纳税人	单位 个体工商户	总包方	简易计税	扣除支付的分包款后的余额，按照3%的预征率计算应预缴税款，$\frac{余额}{1+3\%} \times 3\%$	差额申报 3%征收率 扣减预缴	自开 代开	代开
		分包方（不再分包）		取得的全部价款与价外费用按照3%的预征率计算应预缴税款，$\frac{含税价}{1+3\%} \times 3\%$	全额申报 3%征收率 扣减预缴		
	其他个人			不适用本办法	建筑服务发生地申报纳税 3%征收率	代开	代开

注：（1）接受分包的纳税人如果再次向下进行分包，则可将其归为"总包方"。

（2）纳税人提供建筑服务预缴时，计算需扣减的分包款不需分项目对应扣减，可在各项目之

72

间用当期所有的收入扣减当期所有分包款，不足扣减的可结转下期。

（2）纳税人跨县（市、区）提供建筑服务，在向建筑服务发生地主管国税机关预缴税款时，需提交以下资料：

①需填报《增值税预缴税款表》；

②与发包方签订的建筑合同原件及复印件；

③与分包方签订的分包合同原件及复印件；

④从分包方取得的发票原件及复印件。

（3）纳税人跨县（市、区）提供建筑服务，向建筑服务发生地主管国税机关预缴的增值税税款，可以在当期增值税应纳税额中抵减，抵减不完的，结转下期继续抵减。纳税人以预缴税款抵减应纳税额，应以完税凭证作为合法有效凭证。

（4）小规模纳税人跨县（市、区）提供建筑服务，不能自行开具增值税发票的，可向建筑服务发生地主管国税机关按照其取得的全部价款和价外费用申请代开增值税发票。

（5）纳税人跨县（市、区）提供建筑服务预缴税款时间，按照财税〔2016〕36号文件规定的纳税义务发生时间和纳税期限执行。

【总结】纳税人提供建筑业服务的增值税征收管理表（见表2-21）。

【案例2-5】A省某建筑企业为一般纳税人，2017年9月分别在B省和C省提供建筑服务适用一般计税，当月分别取得建筑服务收入（含税）1 665万元和2 997万元，分别支付分包款555万元（取得增值税专用发票上注明价款500万元，增值税税额55万元）和777万元（取得增值税专用发票上注明价款700万元，增值税税额77万元），支付不动产租赁费用111万元（取得增值税专用发票上注明价款100万元，增值税税额11万元），购入建筑材料支付价款1 170万元（取得增值税专用发票上注明价款1 000万元，增值税税额170万元）。该建筑企业10月份申报增值税的情况如下：

（1）该建筑企业在B省应预缴增值税税款$=\dfrac{1\,665-555}{1+11\%}\times 2\%=20$（万元）；

（2）该建筑企业在C省应预缴增值税税款$=\dfrac{2\,997-777}{1+11\%}\times 2\%=40$（万元）；

（3）该建筑企业在A省应申报缴纳增值税税款$=\dfrac{1\,665+2\,997}{1+11\%}\times 11\%-(55+77+11+170)-(20+40)$

$=89$（万元）。

六、提供不动产经营租赁服务的增值税征收管理（能力等级3）

【解释1】纳税人以经营租赁方式出租其取得的不动产（以下简称出租不动产），适用本办法。

【解释2】取得的不动产，包括以直接购买、接受捐赠、接受投资入股、自建以及抵债等各种形式取得的不动产。

【提示】纳税人提供道路通行服务不适用本办法。

（一）一般纳税人出租不动产

（1）一般纳税人出租其2016年4月30日前取得的不动产，可以选择适用简易计税方法，按照5%的征收率计算应纳税额。

不动产所在地与机构所在地不在同一县（市、区）的，纳税人应按照上述计税方法向不动产所在地主管国税机关预缴税款，向机构所在地主管国税机关申报纳税。

不动产所在地与机构所在地在同一县（市、区）的，纳税人向机构所在地主管国税机关申报纳税。

（2）一般纳税人出租其2016年5月1日后取得的不动产，适用一般计税方法计税。

不动产所在地与机构所在地不在同一县（市、区）的，纳税人应按照3%的预征率向不动产所在地主管国税机关预缴税款，向机构所在地主管国税机关申报纳税。

不动产所在地与机构所在地在同一县（市、区）的，纳税人应向机构所在地主管国税机关申报纳税。

一般纳税人出租其2016年4月30日前取得的不动产适用一般计税方法计税的，按照上述规定执行。

（二）小规模纳税人出租不动产

小规模纳税人出租不动产

（1）单位和个体工商户出租不动产（不含个体工商户出租住房），按照5%的征收率计算应纳税额。个体工商户出租住房，按照5%的征收率减按1.5%计算应纳税额。*与其他个人出租不动产处理方法一致。*

不动产所在地与机构所在地不在同一县（市、区）的，纳税人应按照上述计税方法向不动产所在地主管国税机关预缴税款，向机构所在地主管国税机关申报纳税。

不动产所在地与机构所在地在同一县（市、区）的，纳税人应向机构所在地主管国税机关申报纳税。

（2）其他个人出租不动产（不含住房），按照5%的征收率计算应纳税额，向不动产所在地主管地税机关申报纳税。其他个人出租住房，按照5%的征收率减按1.5%计算应纳税额，向不动产所在地主管地税机关申报纳税。

预缴与申报

（三）预缴与申报

（1）纳税人出租的不动产所在地与其机构所在地在同一直辖市或计划单列市但不在同一县（市、区）的，由直辖市或计划单列市国家税务局决定是否在不动产所在地预缴税款。

（2）纳税人出租不动产，按照本办法规定需要预缴税款的，应在取得租金的次月纳税申报期或不动产所在地主管国税机关核定的纳税期限预缴税款。

（3）预缴税款的计算：*注意区分价税分离的税率和预征率。*

①纳税人出租不动产适用一般计税方法计税的，按照以下公式计算应预缴税款：

$$应预缴税款 = \frac{含税价}{1 + 11\%} \times 3\%$$

②纳税人出租不动产适用简易计税方法计税的，除个人出租住房外，按照以下公式计算应预缴税款：

应预缴税款 $= \dfrac{含税价}{1 + 5\%} \times 5\%$

③个体工商户出租住房，按照以下公式计算应预缴税款：

应预缴税款 $= \dfrac{含税价}{1 + 5\%} \times 1.5\%$

④其他个人出租不动产，按照以下公式计算应纳税款。

出租住房：应预缴税款 $= \dfrac{含税价}{1 + 5\%} \times 1.5\%$

出租非住房：应预缴税款 $= \dfrac{含税价}{1 + 5\%} \times 5\%$

（四）征收管理

（1）单位和个体工商户出租不动产，按照本办法规定向不动产所在地主管国税机关预缴税款时，应填写《增值税预缴税款表》。

（2）单位和个体工商户出租不动产，向不动产所在地主管国税机关预缴的增值税款，可以在当期增值税应纳税额中抵减，抵减不完的，结转下期继续抵减。纳税人以预缴税款抵减应纳税额，应以完税凭证作为合法有效凭证。

（3）小规模纳税人中的单位和个体工商户出租不动产，不能自行开具增值税发票的，可向不动产所在地主管国税机关申请代开增值税发票。

（4）其他个人出租不动产，可向不动产所在地主管地税机关申请代开增值税发票。

（5）纳税人向其他个人出租不动产，不得开具或申请代开增值税专用发票。

（6）纳税人出租不动产，按照本办法规定应向不动产所在地主管国税机关预缴税款而自应当预缴之月起超过6个月没有预缴税款的，由机构所在地主管国税机关按照《中华人民共和国税收征收管理法》及相关规定进行处理。

（五）房地产开发企业不动产经营租赁服务的增值税处理

（1）房地产开发企业中的一般纳税人，出租自行开发的房地产老项目，可以选择适用简易计税方法，按照5%的征收率计算应纳税额。纳税人出租自行开发的房地产老项目与其机构所在地不在同一县（市）的，应按照上述计税方法在不动产所在地预缴税款后，向机构所在地主管税务机关进行纳税申报。

房地产开发企业中的一般纳税人，出租其2016年5月1日后自行开发的与机构所在地不在同一县（市）的房地产项目，应按照3%预征率在不动产所在地预缴税款后，向机构所在地主管税务机关进行纳税申报。

（2）房地产开发企业中的小规模纳税人，出租自行开发的房地产项目，按照5%的征收率计算应纳税额。纳税人出租自行开发的房地产项目与其机构所在地不在同一县（市）的，应按照上述计税方法在不动产所在地预缴税款后，向机构所在地主管税务机关进行纳税申报。

【总结】纳税人提供不动产经营性租赁服务的增值税政策见表2-22。【掌握】

75

表2-22　　　　　　　纳税人提供不动产经营性租赁服务的增值税政策表

纳税人	不动产所在地	类型	计税方式	预缴环节			申报环节		
				计税依据	预缴率	预缴地点	计税依据	税率或征收率	申报地点
一般纳税人	本地	老项目	简易计税	本地项目不预缴			全额	5%	机构所在地的国税机关
			一般计税					11%	
		新项目	一般计税					11%	
	异地	老项目	简易计税	$\frac{含税价}{1+5\%}$	5%	不动产所在地的国税机关		5%	
			一般计税	$\frac{含税价}{1+11\%}$	3%			11%	
		新项目	一般计税		3%			11%	
小规模纳税人	本地	所有项目	简易计税	本地项目不预缴			全额	5%	机构所在地的国税机关
	异地			$\frac{含税价}{1+5\%}$	5%	不动产所在地的国税机关			
个体工商户	本地	非住房	简易计税	本地项目不预缴			$\frac{含税价}{1+5\%}$	5%	机构所在地的国税机关
		住房						1.5%	
	异地	非住房		$\frac{含税价}{1+5\%}$	5%	不动产所在地的国税机关		5%	
		住房		$\frac{含税价}{1+5\%}$	1.5%			1.5%	
其他个人（自然人）	本地	非住房	简易计税	其他个人出租不动产不预缴			$\frac{含税价}{1+5\%}$	5%	不动产所在地的地税机关
		住房						1.5%	
	异地	非住房						5%	
		住房						1.5%	

只有其他个人的申报地点在地税机关。

销售额的确定

七、房地产开发企业（一般纳税人）销售自行开发的房地产项目增值税征收管理（能力等级3）

【解释1】房地产开发企业销售自行开发的房地产项目，适用本办法。

【解释2】自行开发，是指在依法取得土地使用权的土地上进行基础设施和房屋建设。

【解释3】房地产开发企业以接盘等形式购入未完工的房地产项目继续开发后，以自己的名义立项销售的，属于本办法规定的销售自行开发的房地产项目。

（一）销售额的确定

（1）房地产开发企业中的一般纳税人（以下简称一般纳税人）销售自行开发的房地产项目，适用一般计税方法计税，按照取得的全部价款和价外费用，扣除当期销售房地产项目对应的土地价款后的余额计算销售额。销售额的计算公式如下：

$$销售额 = \frac{全部价款和价外费用 - 当期允许扣除的土地价款}{1 + 11\%}$$

（2）当期允许扣除的土地价款按照以下公式计算：

$$当期允许扣除的土地价款 = \frac{当期销售房地产项目建筑面积}{房地产项目可供销售建筑面积} \times 支付的土地价款$$

①当期销售房地产项目建筑面积，是指当期进行纳税申报的增值税销售额对应的建筑面积。

②房地产项目可供销售建筑面积，是指房地产项目可以出售的总建筑面积，不包括销售房地产项目时未单独作价结算的配套公共设施的建筑面积。

③支付的土地价款，是指向政府、土地管理部门或受政府委托收取土地价款的单位直接支付的土地价款。比如小区内的花园、健身房等公共设施。

（3）在计算销售额时从全部价款和价外费用中扣除土地价款，应当取得省级以上（含省级）财政部门监（印）制的财政票据。

（4）一般纳税人应建立台账登记土地价款的扣除情况，扣除的土地价款不得超过纳税人实际支付的土地价款。

（5）一般纳税人销售自行开发的房地产老项目，可以选择适用简易计税方法按照5%的征收率计税。<u>一经选择简易计税方法计税的，36个月内不得变更为一般计税方法计税</u>。

（6）一般纳税人销售自行开发的房地产老项目适用简易计税方法计税的，以取得的全部价款和价外费用为销售额，不得扣除对应的土地价款。

（二）预缴税款

（1）一般纳税人采取预收款方式销售自行开发的房地产项目，应在收到预收款时按照3%的预征率预缴增值税。

（2）应预缴税款按照以下公式计算：

$$应预缴税款 = \frac{预收款}{1 + 适用税率或征收率} \times 3\%$$

适用一般计税方法计税的，按照11%的适用税率计算；适用简易计税方法计税的，按照5%的征收率计算。

（3）房地产开发企业一般纳税人应在取得预收款的次月纳税申报期向主管国税机关预缴税款。

（三）进项税的确定

进项税的确定

一般纳税人销售自行开发的房地产项目，兼有一般计税方法计税、简易计税方法计税、免征增值税的房地产项目而无法划分不得抵扣的进项税额的，应以《建筑工程施工许可证》注明的"建设规模"为依据进行划分。

$$不得抵扣的\atop进项税额 = {当期无法划分\atop的全部进项税额} \times \frac{简易计税、免税房地产项目建设规模}{房地产项目总建设规模}$$

（四）纳税申报

先计算应纳税额，减去预缴税款后，剩下的再申报纳税。差额为负数的，下期留抵。

（1）一般纳税人销售自行开发的房地产项目适用一般计税方法计税的，应按照《关于全面推开营业税改征增值税试点的通知》第四十五条规定的纳税义务发生时间，以当期销售额和11%的适用税率计算当期应纳税额，抵减已预缴税款后，向主管国税机关申报纳税。未抵减完的预缴税款可以结转下期继续抵减。

（2）房地产开发企业一般纳税人销售自行开发的房地产项目适用简易计税方法计税的，应按照《试点实施办法》第四十五条规定的纳税义务发生时间，以当期销售额和5%的征收率计算当期应纳税额，抵减已预缴税款后，向主管国税机关申报纳税。未抵减完的预缴税款可以结转下期继续抵减。

（五）发票开具

（1）房地产开发企业一般纳税人销售自行开发的房地产项目，自行开具增值税发票。

（2）房地产开发企业一般纳税人销售自行开发的房地产项目，其2016年4月30日前收取并已向主管地税机关申报缴纳营业税的预收款，未开具营业税发票的，可以开具增值税普通发票，不得开具增值税专用发票。

（3）房地产开发企业一般纳税人向其他个人销售自行开发的房地产项目，不得开具增值税专用发票。

【总结】房地产开发企业销售自行开发的房地产项目增值税征收管理明细见表2-23。【掌握】

表2-23　房地产开发企业销售自行开发的房地产项目增值税征收管理明细表

纳税人类型	预售房地产类型		预缴《增值税预缴税款表》	申报	发票开具	
					普通发票	专用发票
一般纳税人	自行开发老项目	简易计税	全额3%预缴 $\dfrac{含税价}{1+5\%}$	全额申报 5%征收率 扣减预缴	自开	自开
		一般计税	全额3%预缴 $\dfrac{含税价}{1+11\%}$	按面积配比扣土地价款差额申报 11%税率 扣减预缴		
	自行开发新项目		全额3%预缴 $\dfrac{含税价}{1+11\%}$	扣土地价款差额申报 11%税率 扣减预缴		
小规模纳税人	自行开发老项目		全额3%预缴 $\dfrac{含税价}{1+5\%}$	全额申报 5%征收率 扣减预缴	自开 国税代开	代开
	自行开发新项目					

注：（1）房地产企业在机构所在地国税机关预缴及申报纳税。

（2）房地产小规模纳税人企业的有相关政策本教材没有收录，表格中的关于小规模纳税人的征管政策仅供考生了解。

（3）一般纳税人在预缴环节都是"全额"，在申报环节采用一般计税是差额申报，与"转让不动产"相反。

第六节　简易计税方法应纳税额的计算

一、一般规定（能力等级3）

（1）小规模纳税人简易计税方法的应纳税额，是指按照销售额和增值税征收率计算的增值税额，不得抵扣进项税额，计算公式：

$$应纳税额 = \frac{含税销售额}{1+3\%（或5\%）} \times 3\%（或5\%）$$

（2）小规模纳税人销售自己使用过的固定资产和旧货，减按2%征收增值税，计算公式：

$$应纳税额 = \frac{含税销售额}{1+3\%} \times 2\%$$

【例2-20·2012年单选题】某汽修厂为增值税小规模纳税人，2011年12月取得修理收入为60 000元；处置使用过的举升机一台，取得收入5 000元。汽修厂12月份应缴纳增值税（　　）。

A.1 747.57元

B.1 844.66元

C.1 893.20元

D.1 980.58元

【答案】B

【解析】小规模纳税人销售自己使用过的固定资产减按2%征收率征收增值税。汽修厂12月份应缴纳增值税=60 000÷（1+3%）×3%+5 000÷（1+3%）×2%=1 844.66（元）。

（3）小规模纳纳税人一律采用简易计税方法计税，但是一般纳税人发生特定应税销售行为的，可以选择适用简易计税方法。一般纳税人可以选择简易计税方法的情形见本章第三节。36个月内不得变更。

二、资管产品的增值税处理办法（能力等级1）教材新增内容。

（1）资管产品管理人（以下称管理人）运营资管产品过程中发生的增值税应税行为（以下称资管产品运营业务），暂适用简易计税方法，按照3%的征收率缴纳增值税。

（2）资管产品管理人，包括银行、信托公司、公募基金管理公司及其子公司、证券公司及其子公司、期货公司及其子公司、私募基金管理人、保险资产管理公司、专业保险资产管理机构、养老保险公司。

（3）资管产品，包括银行理财产品、资金信托（包括集合资金信托、单一资金信托）、财产权信托、公开募集证券投资基金、特定客户资产管理计划、集合资产管理计划、定向资产管理计划、私募投资基金、债权投资计划、股权投资计划、股债结合型投资计划、资产支持计划、组合类保险资产管理产品、养老保障管理产品。

（4）税务处理的有关规定。

①管理人应分别核算资管产品运营业务和其他业务的销售额和增值税应纳税额。未分别核算的，资管产品运营业务不得适用上述规定。

②管理人可选择分别或汇总核算资管产品运营业务销售额和增值税应纳税额。

③管理人应按照规定的纳税期限，汇总申报缴纳资管产品运营业务和其他业务增值税。

④对资管产品在2018年1月1日前运营过程中发生的增值税应税行为，未缴纳增值税的，不再缴纳；已缴纳增值税的，已纳税额从资管产品管理人以后月份的增

（手写批注）指获得监管机构批准的公募基金管理公司或证券公司向特定客户募集资金或接受特定客户财产委托担任资产管理人，由托管机构担任资产托管人，为资产托管人的利益，运用委托财产进行投资的一种标准化金融产品。

值税应纳税额中抵减。

第七节　进口环节增值税的征收

一、进口环节增值税的征税范围及纳税人（能力等级3）

（一）进口环节增值税征税范围

（1）根据《增值税暂行条例》的规定，申报进入中华人民共和国海关境内的货物，均应缴纳增值税。

（2）从其他国家或地区进口的《跨境电子商务零售进口商品清单》范围内的以下商品适用于跨境电子商务零售进口税收政策：

①所有通过与海关联网的电子商务交易平台交易，能够实现交易、支付、物流电子信息"三单"比对的跨境电子商务零售进口商品；

②未通过与海关联网的电子商务交易平台交易，但快递、邮政企业能够统一提供交易、支付、物流等电子信息，并承诺承担相应法律责任进的跨境电子商务零售进口商品。

即需要征收行邮税，行邮税是行李和邮递物品进口税的简称，是海关对于入境旅客行李物品和个人邮递物品征收的进口税。

【提示】不属于跨境电子商务零售进口的个人物品以及无法提供交易、支付、物流等电子信息的跨境电子商务零售进口商品，按现行规定执行。

（二）进口环节增值税的纳税人

（1）进口货物的收货人或办理报关手续的单位和个人，为进口货物增值税的纳税义务人。也就是说，进口货物增值税纳税人的范围较宽，包括了国内一切从事进口业务的企业事业单位、机关团体和个人。

（2）对于企业、单位和个人委托代理进口应征增值税的货物，鉴于代理进口货物的海关完税凭证，有的开具给委托方，有的开具给受托方的特殊性，对代理进口货物以海关开具的完税凭证上的纳税人为增值税纳税人。在实际工作中一般由进口代理者代缴进口环节增值税。纳税后，由代理者将已纳税款和进口货物价款费用等与委托方结算，由委托者承担已纳税款。

【例2-21·2011年单选题】甲进出口公司代理乙工业企业进口设备，同时委托丙货运代理人办理托运手续，海关进口增值税专用缴款书上的缴款单位是甲进出口公司。该进口设备的增值税纳税人是（　　）。

A.甲进出口公司

B.乙工业企业

C.丙货运代理人

D.国外销售商

【答案】A

（3）跨境电子商务零售进口商品按照货物征收关税和进口环节增值税、消费税，购买跨境电子商务零售进口商品的个人作为纳税义务人，实际交易价格（包括货物零售价格、运费和保险费）作为完税价格，电子商务企业、电子商务交易平台企业或物流企业可作为代收代缴义务人。

二、进口环节增值税的适用税率（能力等级3）

（1）进口货物的税率为17%和11%，不使用征收率。

（2）跨境电子商务零售进口商品的单次交易限值为人民币2 000元，个人年度交易限值为人民币 20 000 元。在限值以内进口的跨境电子商务零售进口商品，关税税率暂设为 0%。*税收优惠。*

三、进口环节增值税应纳税额的计算（能力等级 3）

（1）纳税人进口货物，按照组成计税价格和《增值税暂行条例》规定的税率计算应纳税额。进口货物增值税组成计税价格和应纳税额的计算公式为：

$$组成计税价格 = 关税完税价格 + 关税 + 消费税 = \frac{关税完税价格 \times (1 + 关税税率)}{1 - 消费税税率}$$

$$应纳税额 = 组成计税价格 \times 税率$$

①进口货物的税率为 17% 和 11%，不使用征收率；

②进口环节按组价公式直接计算出的是应纳税额，在进口环节不能抵扣任何境外税款；*此处不区分纳税人身份，即使是小规模纳税人也如此。*

③一般纳税人进口环节增值税作为进项税额处理。

【案例 2-6】2018 年 4 月某增值税小规模纳税人从国外进口设备一台，关税完税价格 100 000 元人民币，假定关税税率 10%，则其进口环节应纳的增值税税额 =100 000×（1+10%）×17%=18 700（元）。

【案例 2-7】某具有进出口经营权的化妆品生产企业为一般纳税人，2018 年 4 月从国外进口香水精一批，关税完税价格 200 000 元人民币，假定香水精关税税率 10%，消费税税率 15%，则该企业其进口环节应纳的增值税税额 =200 000×（1+10%）÷（1-15%）×17%=44 000.00（元）。

（2）关于跨境电商零售进口的问题。

①跨境电子商务零售进口商品按照货物征收关税和进口环节增值税、消费税，以实际交易价格（包括货物零售价格、运费和保险费）作为完税价格。

②跨境电子商务零售进口商品的进口环节增值税、消费税取消免征税额，暂按法定应纳税额的 70% 征收。超过单次限值、累加后超过个人年度限值的单次交易，以及完税价格超过 2 000 元限值的单个不可分割商品，均按照一般贸易方式全额征税。

（3）国家在规定对进口货物征税的同时，对某些进口货物制定了减免税的特殊规定。*只在免税区，没有进境的货物，为了促进出口进行免税，如果进境之后，就要征税。*

如属于"来料加工、进料加工"贸易方式进口国外的原材料、零部件等在国内加工后复出口的，对进口的料、件按规定给予免税或减税，但这些进口免、减税的料件若不能加工复出口，而是销往国内的，就要予以补税。

四、进口环节增值税的管理（能力等级 1）

（1）进口货物的增值税由海关代征，纳税义务发生时间为进口报关的当天，其纳税地点应当由进口人或者代理人向报关地海关申报纳税，其纳税期限应当自海关填发海关进口增值税专用缴款书之日起 15 日内缴纳税款。

（2）跨境电子商务零售进口商品自海关放行之日起 30 日内退货的，可申请退税，并相应调整个人年度交易总额。跨境电子商务零售进口商品购买人（订购人）的身份信息应进行认证；未进行认证的，购买人（订购人）身份信息应与付款人一致。

第八节　出口货物、劳务和跨境应税行为增值税的退（免）税和征税

具体政策如图2-15所示。

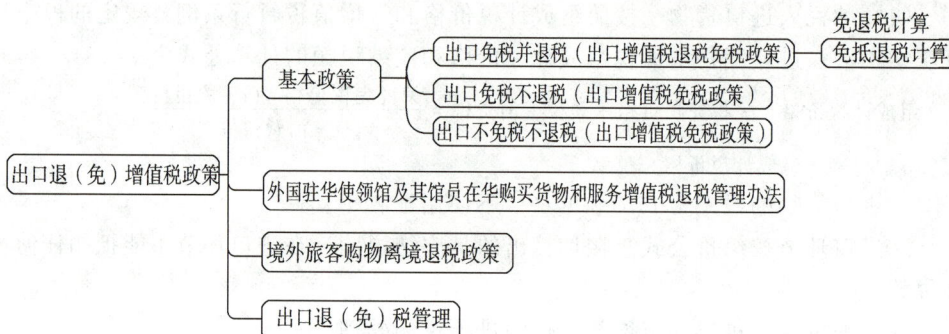

图2-15　出口退（免）增值税政策

一、出口货物、劳务和跨境应税行为退（免）增值税基本政策（能力等级2）

（1）增值税退（免）税政策（出口免税并退税）。掌握原理。

（2）增值税免税政策（出口免税不退税）。

（3）增值税征税政策（出口不免税也不退税）。

二、出口货物、劳务和跨境应税行为增值税退（免）税政策（能力等级2）

（一）适用增值税退（免）税政策的范围　又免又退。

对下列出口货物劳务，实行免征和退还增值税（增值税退（免）税）政策：

（1）出口企业出口货物。

（2）出口企业或其他单位视同出口货物。

（3）生产企业视同自产出口货物。

（4）出口企业对外提供加工修理修配劳务。是指对进境复出口货物或从事国际运输的运输工具进行的加工修理修配。

（5）融资租赁货物。

【提示】具体详见2018年CPA税法教材第95～97页。这部分范围需要考生熟悉，关注客观题。

（二）增值税退（免）税办法

增值税退（免）税办法见表2-24。

表2-24　　　　　　　　　　增值税退（免）税办法

退（免）税办法	适用企业和情况		基本政策规定
	企业	具体情况	
免抵退税	生产企业	1.出口自产货物和视同自产货物及对外提供加工修理修配劳务；2.列名生产企业出口非自产货物；3.适用一般计税方法的零税率应税服务	免征增值税，相应的进项税额抵减应纳增值税额（不包括适用增值税即征即退、先征后退政策的应纳增值税额），未抵减完的部分予以退还
免退税	外贸企业或其他单位	不具有生产能力的出口企业（以下称外贸企业）或其他单位出口货物劳务　不产生境内的销售业务。	免征增值税，相应的进项税额予以退还

82

（三）增值税出口退税率

（1）除另有规定外，出口货物的退税率为其适用税率。

（2）服务和无形资产的退税率为其规定适用的增值税税率。

（3）退税率的特殊规定。

（四）增值税退（免）税的计税依据

出口货物劳务的增值税退（免）税的计税依据，按出口货物劳务的出口发票（外销发票）、其他普通发票或购进出口货物劳务的增值税专用发票、海关进口增值税专用缴款书确定（见表2-25）。

表2-25 　　　　　　　　　　　　增值税退（免）税的计税依据

企业类型	出口类型	退（免）税计税依据
生产企业	出口货物劳务 （进料加工复出口货物除外）	出口货物劳务的实际离岸价（FOB）。实际离岸价应以出口发票上的离岸价为准，但如果出口发票不能反映实际离岸价，主管税务机关有权予以核定
	进料加工复出口货物	按出口货物离岸价扣除出口货物所含的海关保税进口料件的金额后确定
	国内购进无进项税额且不计提进行税额的免税原材料加工后出口的货物	按出口货物离岸价扣除国内购进免税原材料的金额后确定
外贸企业	出口货物 （委托加工修理修配货物除外）	为购进出口货物的增值税专用发票注明的金额，或海关进口增值税专用缴款书注明的完税价格
	出口委托加工修理修配货物	为加工修理修配费用增值税专用发票注明的金额，外贸企业应将加工修理修配使用的原材料（进料加工海关保税进口料件除外）作为销售给受托加工修理修配的生产企业，受托加工修理修配的生产企业应将原材料成本并入加工修理修配费用开具发票

【提示】 其他出口企业出口的特殊货物，详见 2018 年 CPA 税法教材第 99～100 页。

（五）增值税"免、抵、退"税和免退税的计算

（1）生产企业出口货物劳务增值税免抵退税的计算。

计算过程如下：

应纳税额 = 当期销项税额 - 当期进项税额（上期留抵税额）

内销销项税额
外销销项税额

内销进项税额
外销进项税额 - 当期免抵退税不得免征和抵扣税额

出口退（免）税的计税依据 × 征退税率之差

FOB 价 - 免税原材料成本

进料加工
保税进口料件

国内采购
免税原材料

实耗法

当期成本 = 当期进料加工出口货物 FOB 价 × 计划分配率

征税率与退税率之间的差额。

① 应纳税额 > 0 → 实际的应纳税额

② 应纳税额 < 0 → 讨论产生的原因

择其小者确认出口退税。

通过"免抵退税额"与"|应纳税额|"比较

|应纳税额| < 免抵退税额 → 应退：|应纳税额|　两者之差：免抵退税额

免抵退税额 < |应纳税额| → 应退：免抵退税额　两者之差：留底税额

（FOB 价 - 免税原材料成本）× 退税率

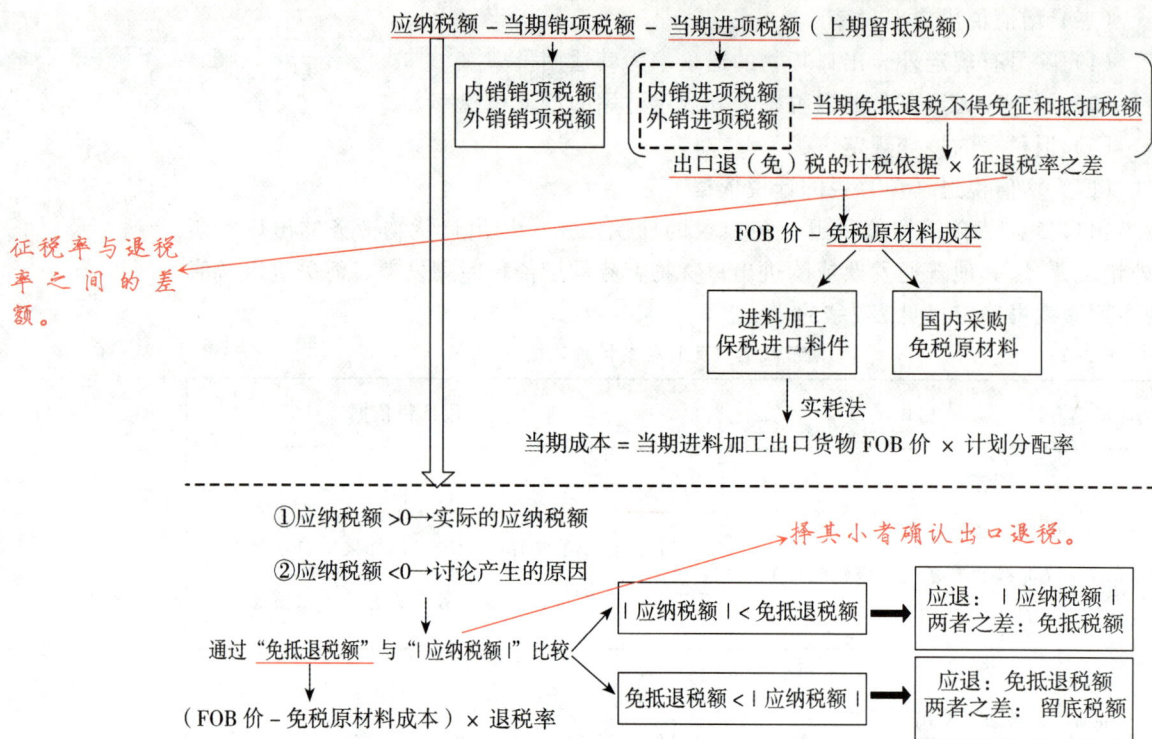

【例2-22·2016年单选题】某自营出口的生产企业为增值税一般纳税人，出口货物的征税率为17%，退税率为13%，2015年6月购进原材料一批，取得的增值税专用发票注明金额500万元，税额85万元。6月内销货物取得不含税销售额150万元，出口货物取得销售额折合人民币200万元，上月增值税抵税额10万元，该企业当期"免、抵、退"税不得免征和抵扣的税额为（　　　）。

A.8万元

B.20万元

C.26万元

D.6万元

【答案】A

【解析】不得免征和抵扣税额=出口货物离岸价×外汇人民币折合率×（出口货物适用税率-出口货物退税率）=200×（17%-13%）=8（万元）。

【例2-23·2006年单选题】某生产企业为增值税一般纳税人，2006年6月外购原材料取得防伪税控机开具的进项税额专用发票，注明进项税额137.7万元并通过主管税务机关认证。当月内销货物取得不含税销售额150万元，外销货物取得收入115万美元（美元与人民币的比价为1：8），该企业适用增值税税率17%，出口退税率为13%。该企业6月应退的增值税为（　　　）。

A.75.4万元

B.100.9万元

C.119.6万元

D.137.7万元

【答案】A

【解析】当期应纳增值税=150×17%-［137.7-115×8×（17%-13%）］=-75.4（万元），当期免抵退税=115×8×13%=119.6（万元），119.6＞75.4，则应退75.4万元。

【例2-24·单选题】某服装厂为增值税一般纳税人，增值税税率17%，退税率16%。2011年11月外购棉布一批，取得的增值税专用发票注明价款200万元，增值税34万元，货已入库。当月进口料件一批，海关核定的保税进口料件价格为25万美元，已按购进法向税务机关办理了《生产企业进料加工贸易免税证明》。当月出口服装的离岸价格75万美元，内销服装不含税销售额80万元。该服装厂上期期末留抵税额5万元。假设美元比人民币的汇率为1：6.4，服装厂进料加工复出口符合相关规定。该服装厂当期应退税额（　　）万元。

A.0

B.22.20

C.29.00

D.72.80

【答案】B

【解析】当期免抵退税不得免征和抵扣税额=（75-25）×6.4×（17%-16%）=3.2（万元），当期应纳税额=80×17%-（34-3.2）-5=-22.2（万元），免抵退税额=（75-25）×6.4×16%=51.2（万元），应退税额为22.2万元。

（2）零税率应税服务增值税退（免）税的计算。

零税率应税服务增值税退（免）税的计算同"免、抵、退"税计算方法一样，<u>唯一的区别在于零税率应税服务增值税退税率等于其本身适用税率</u>。即零税率应税服务企业的当期不得免征和抵扣税额为零。

【例2-25·单选题】某交通运输企业为增值税一般纳税人，具备提供国际运输服务的条件和资质。2015年4月该企业承接境内运输业务，收取运费价税合计444万元；当月购进柴油并取得增值税专用发票，注明价款400万元、税款68万元；当月购进两辆货车用于货物运输，取得增值税专用发票，注明价款60万元、税款10.2万元；当月对外承接将货物由境内载运出境的业务，收取价款70万美元。该运输企业当月应退增值税（　　）万元。（美元对人民币汇率1:6.3）

A.0

B.14.31

C.34.20

D.48.51

【答案】C

【解析】零税率应税服务免抵退税额=70×6.3×11%=48.51（万元）；当月增值税应纳税额=444÷（1+11%）×11%-68-10.2=-34.2（万元）。由于期末留抵税额34.2万元＜48.51万元，所以当期应退增值税为34.2万元。

（3）外贸企业出口货物劳务增值税免退税的计算。

①外贸企业出口委托加工修理修配以外的货物：

应退增值税额 = 增值税退（免）税计税依据×出口货物退税率

②外贸企业出口委托加工修理修配货物：

$$\frac{\text{出口委托加工修理修配货物}}{\text{应退增值税额}} = \frac{\text{委托加工修理修配增值税}}{\text{退（免）税计税依据}} \times \text{出口货物退税率}$$

【案例2-8】某拥有进出口经营权的外贸企业，2017年4月从国内采购一批商品，取得增值税专用发票注明价款100 000元，增值税税额17 000元。当月全部对外出口，取得国外客商支付的价款折合人民币150 000元。该批商品增值税的征税税率为17%，退税率为15%，则该批商品应退增值税额=100 000×15%=15 000（元），转入该批商品成本的进项税额=17 000-15 000=2 000（元）。

（4）融资租赁出口货物退税的计算。

融资租赁出租方将融资租赁出口货物租赁给境外承租方、将融资租赁海洋工程结构物租赁给海上石油天然气开采企业，向融资租赁出租方退还其购进租赁货物所含增值税。计算公式为：主要考核计税依据的确定。

$$\frac{\text{增值税}}{\text{应退税额}} = \frac{\text{购进融资租赁货物的增值税专用发票注明的金额或海关}}{\text{（进口增值税）专用缴款书注明的完税价格}} \times \frac{\text{融资租赁货物适用}}{\text{的增值税退税率}}$$

（5）纳税人既有增值税即征即退、先征后退项目，也有出口等其他增值税应税项目的，增值税即征即退和先征后退项目不参与出口项目免抵退税计算。

三、出口货物、劳务及应税行为增值税免税政策（能力等级3）

适用增值税免税政策的范围

（一）适用增值税免税政策的范围

【提示1】具体详见2018年CPA税法教材第105~109页。这部分范围需要考生熟悉，重点关注客观题选项。

【提示2】进料加工复出口的货物适用"免税并退税"政策，来料加工复出口的货物适用"免税不退税"政策。

【例2-26·2010年多选题】下列出口货物中，免税但不予退税的有（   ）。

A.古旧图书

B.避孕药品和用具

C.国家计划内出口的原油

D.来料加工复出口的货物

进料加工复出口：企业用外汇从国外购进原材料，经生产加工复出口的一种贸易形式。

来料加工复出口：由外商提供一定的原材料或技术设备，出口企业根据要求进行加工装配，将成品出口只收取加工费的一种贸易形式。

【答案】ABD

【解析】自1999年9月1日起国家计划内出口的原油恢复按13%的退税率退税。所以选项C不对。

（二）进项税额的处理计算

（1）适用增值税免税政策的出口货物劳务，其进项税额不得抵扣和退税，应当转入成本。

出口卷烟不得抵扣进项税的计算

（2）出口卷烟不得抵扣的进项税，依下列公式计算：

$$\text{不得抵扣的进项税额} = \text{当期全部进项税额} \times \frac{\text{出口卷烟含消费税金额}}{\text{出口卷烟含消费税金额} + \text{内销卷烟销售额}}$$

①当生产企业销售的出口卷烟在国内有同类产品销售价格时：

出口卷烟含消费税金额=出口销售数量×销售价格

"销售价格"为同类产品生产企业国内实际调拨价格。如实际调拨价格低于税务机关公示的计税价格的，"销售价格"为税务机关公示的计税价格；高于公示计税价格的，销售价格为实际调拨价格。从高原则。

②当生产企业销售的出口卷烟在国内没有同类产品销售价格时：

$$出口卷烟含消费税金额 = \frac{出口销售额 + 出口销售数量 \times 消费税定额税率}{1 - 消费税比例税率}$$

"出口销售额"以出口发票上的离岸价为准。若出口发票不能如实反映离岸价，生产企业应按实际离岸价计算，否则，税务机关有权按照有关规定予以核定调整。以实际离岸价为准。

（3）除出口卷烟外，适用增值税免税政策的其他出口货物劳务的计算，按照增值税免税政策的统一规定执行。其中，如果涉及销售额，<u>除来料加工复出口货物为其加工费收入外</u>，<u>其他均为出口离岸价</u>或销售额。

【案例2-9】某卷烟生产企业2018年1月出口免税出口计划内的甲类卷烟200箱，无内销同类价格。当月出口卷烟FOB价折合人民币250万元，内销卷烟300箱，销售额540万元。当期购进原材料和生产设备发生进项税100万元，则该卷烟企业当期应纳的增值税为多少？

$$出口卷烟含消费税金额 = \frac{250 + 200 \times 0.015}{1 - 56\%} = 575（万元）$$

$$不得抵扣的进项税 = 100 \times \frac{575}{575 + 540} = 51.57（万元）$$

$$当期应纳增值税 = 540 \times 17\% - （100 - 51.57）= 43.37（万元）。$$

四、出口货物、劳务及应税行为增值税征税政策（能力等级2）

出口货物、劳务及应税行为增值税征税政策

（一）适用增值税征税的范围

【提示】具体详见2018年CPA税法教材第110～111页。这部分范围需要考生熟悉，重点关注客观题选项。

（二）应纳税额的计算

1.一般纳税人出口货物

$$销项税额 = \frac{出口货物FOB价 - 出口货物耗用的进料加工保税进口料件金额}{1 + 适用税率} \times 适用税率$$

出口货物若已按征退税率之差计算不得免征和抵扣税额并已经转入成本的，相应的税额应转回进项税额。遵循配比原则。

【案例2-10】税务机关针对某企业违规使用出口票据行为停止某企业的出口退税权，该企业有一批FOB价30万美元的一般贸易货物（汇率1：6.7）在3个月前已在账面做免抵退税的免税和相关进项税转出处理，尚未取得退税。该批货物征税率为17%，退税率为15%，则：

该企业该业务视同内销计算销项税=30×6.7÷（1+17%）×17%=29.21（万元）

该企业转入抵扣的进项税=30×6.7×（17%-15%）=4.02（万元）

就该项业务而言，

该企业应补税=29.21-4.02=25.19（万元）

2.小规模纳税人出口应征税的货物

$$应纳税额 = \frac{出口货物FOB价}{1 + 征收率} \times 征收率$$

五、外国驻华使（领）馆及其馆员在华购买货物和服务增值税退税管理办法（能力等级2） 新教材调整了相关内容。

（一）适用范围

（1）享受退税的单位和人员，包括外国驻华使（领）馆的外交代表（领事官员）及行政技术人员，中国公民或者在中国永久居留的人员除外。

（2）实行增值税退税政策的货物与服务范围，包括按规定征收增值税、属于合理自用范围内的生活办公类货物和服务（含修理修配劳务）。

【解释】生活办公类货物和服务，是指为满足日常生活、办公需求购买的货物和服务。工业用机器设备、金融服务以及财政部和国家税务总局规定的其他货物和服务，不属于生活办公类货物和服务。

（二）下列情形不适用增值税退税政策

（1）购买非合理自用范围内的生活办公类货物和服务。

（2）购买货物单张发票销售金额（含税价格）不足800元人民币（自来水、电、燃气、暖气、汽油、柴油除外），购买服务单张发票销售金额（含税价格）不足300元人民币。

（3）个人购买除车辆和房租外的货物和服务，每人每年申报退税的销售金额（含税价格）超过18万元人民币的部分。

（4）增值税免税货物和服务。

（三）退税的计算　退税计算的依据不限于增值税专用发票。

（1）使（领）馆及其馆员购买货物和服务，增值税退税额为发票上注明的税额，发票上未注明税额的，为按照不含税销售额和增值税征收率计算的税额。

（2）购买电力、燃气、汽油、柴油，发票上未注明税额的，增值税退税额为按照不含税销售额和相关产品增值税适用税率计算的税额。

（四）退税管理

（1）享受退税的单位和人员，应按季度向外交部礼宾司报送退税凭证和资料申报退税，报送时间为每年的1月、4月、7月、10月；本年度购买的货物和服务（以发票开具日期为准），最迟申报不得迟于次年1月。逾期报送的，外交部礼宾司不予受理。

（2）外交部礼宾司受理使（领）馆退税申报后，10个工作日内，对享受退税的单位和人员的范围进行确认，对申报时限及其他内容进行审核、签章，将各使（领）馆申报资料一并转送北京市国家税务局办理退税，并履行交接手续。

六、境外旅客购物离境退税政策（能力等级2） 注意客观题中对数字的考核。

境外旅客购物离境的退税政策见表2-26。

表 2-26　　　　　　　　　　境外旅客购物离境的退税政策

要点	政策内容
离境退税	是指境外旅客在离境口岸离境时，对其在退税商店购买的退税物品退还增值税
境外旅客	是指在我国境内连续居住不超过 183 天的外国人和港澳台同胞
退税物品	是指由境外旅客本人在退税商店购买且符合退税条件的个人物品，但不包括下列物品： （1）《中华人民共和国禁止、限制进出境物品表》所列的禁止、限制出境物品 （2）退税商店销售的适用增值税免税政策的物品 （3）财政部、海关总署、国家税务总局规定的其他物品
境外旅客退税申请条件	（1）同一境外旅客同一日在同一退税商店购买的退税物品金额达到 <u>500 元人民币</u> （2）退税物品尚未启用或消费 （3）离境日距退税物品购买日不超过 <u>90 天</u> （4）所购退税物品由境外旅客本人随身携带或随行李托运出境
退税率	<u>11%</u>
退税计算	应退增值税额=离境的退税物品销售发票金额（含增值税）×退税率
退税币种	人民币
退税方式	（1）退税金额未超过 <u>10 000 元人民币</u>的，可自行选择现金退税或银行转账退税 （2）退税金额超过 10 000 元人民币的，以银行转账方式退税

七、出口货物、劳务及应税行为退（免）税管理（能力等级 2）

详见 2018 年 CPA 税法教材第 114～119 页。

出口货物、劳务及应税行为退（免）税管理

第九节　税收优惠

一、《增值税暂行条例》规定的免税项目（能力等级 2）　必考内容。

（1）农业生产者销售的自产农产品；　农产品仅指农业初级产品，销售外购农产品不免税。
（2）避孕药品和用具；
（3）古旧图书；
（4）直接用于科学研究、科学试验和教学的进口仪器、设备；
（5）外国政府、国际组织无偿援助的进口物资和设备；
（6）由残疾人的组织直接进口供残疾人专用的物品；
（7）销售的自己使用过的物品。

二、"营改增"规定的税收优惠政策（能力等级 2）

免征增值税的项目见表 2-27。

这里仅指其他个人销售自己使用过的物品，企事业单位不享受这一政策。

"营改增"规定的税收优惠政策

表 2-27　　　　　　　　　　　　免征增值税项目

基本与国家、政府、农业有关系的都享有税收优惠。←(一)免征增值税	(1)托儿所、幼儿园提供的保育和教育服务 【提示】超过规定收费标准的收费,以开办实验班、特色班和兴趣班等为由另外收取的费用以及与幼儿入园挂钩的赞助费、支教费等超过规定范围的收入,不属于免征增值税的收入 (2)养老机构提供的养老服务 (3)残疾人福利机构提供的育养服务 (4)婚姻介绍服务 (5)殡葬服务 (6)残疾人员本人为社会提供的服务 (7)医疗机构提供的医疗服务 (8)从事学历教育的学校提供的教育服务 【提示】提供教育服务免征增值税的收入,是指对列入规定招生计划的在籍学生提供学历教育服务取得的收入,具体包括:经有关部门审核批准并按规定标准收取的学费、住宿费、课本费、作业本费、考试报名费收入,以及学校食堂提供餐饮服务取得的伙食费收入。除此之外的收入,包括学校以各种名义收取的赞助费、择校费等,不属于免征增值税的范围 (9)学生勤工俭学提供的服务 (10)农业机耕、排灌、病虫害防治、植物保护、农牧保险以及相关技术培训业务,家禽、牲畜、水生动物的配种和疾病防治 (11)纪念馆、博物馆、文化馆、文物保护单位管理机构、美术馆、展览馆、书画院、图书馆在自己的场所提供文化体育服务取得的第一道门票收入 (12)寺院、宫观、清真寺和教堂举办文化、宗教活动的门票收入 (13)行政单位之外的其他单位收取的符合规定条件的政府性基金和行政事业性收费 (14)个人转让著作权 (15)个人销售自建自用住房 (16)台湾航运公司、航空公司从事海峡两岸海上直航、空中直航业务在大陆取得的运输收入 (17)纳税人提供的直接或者间接国际货物运输代理服务 (18)以下利息收入 ①2016年12月31日前,金融机构农户小额贷款。小额贷款,是指单笔且该农户贷款余额总额在10万元(含本数)以下的贷款 ②国家助学贷款 ③国债、地方政府债 ④人民银行对金融机构的贷款 ⑤住房公积金管理中心用住房公积金在指定的委托银行发放的个人住房贷款 ⑥外汇管理部门在从事国家外汇储备经营过程中,委托金融机构发放的外汇贷款 ⑦统借统还业务中,企业集团或企业集团中的核心企业以及集团所属财务公司按不高于支付给金融机构的借款利率水平或者支付的债券票面利率水平,向企业集团或者集团内下属单位收取的利息。统借方向资金使用单位收取的利息,高于支付给金融机构借款利率水平或者支付的债券票面利率水平的,应全额缴纳增值税

续表

（一）免征增值税	（19）被撤销金融机构以货物、不动产、无形资产、有价证券、票据等财产清偿债务 （20）保险公司开办的一年期以上人身保险产品取得的保费收入　【新增】 （21）再保险服务 ①境内保险公司向境外保险公司提供的完全在境外消费的再保险服务，免征增值税 ②试点纳税人提供再保险服务（境内保险公司向境外保险公司提供的再保险服务除外），实行与原保险服务一致的增值税政策。再保险合同对应多个原保险合同的，所有原保险合同均适用免征增值税政策时，该再保险合同适用免征增值税政策。否则，该再保险合同应按规定缴纳增值税 【解释】原保险服务，是指保险分出方与投保人之间直接签订保险合同而建立保险关系的业务活动 （22）下列金融商品转让收入 ①合格境外投资者（QFII）委托境内公司在我国从事证券买卖业务 ②香港市场投资者（包括单位和个人）通过沪港通买卖上海证券交易所上市A股 ③对香港市场投资者（包括单位和个人）通过基金互认买卖内地基金份额 ④证券投资基金（封闭式证券投资基金，开放式证券投资基金）管理人运用基金买卖股票、债券 ⑤个人从事金融商品转让业务 （23）金融同业往来利息收入 （24）符合条件的担保机构从事中小企业信用担保或者再担保业务取得的收入（不含信用评级、咨询、培训等收入）3年内免征增值税 （25）国家商品储备管理单位及其直属企业承担商品储备任务，从中央或者地方财政取得的利息补贴收入和价差补贴收入 （26）纳税人提供技术转让、技术开发和与之相关的技术咨询、技术服务 （27）符合条件的合同能源管理服务 （28）政府举办的从事学历教育的高等、中等和初等学校（不含下属单位），举办进修班、培训班取得的全部归该学校所有的收入 【提示】全部归该学校所有，是指举办进修班、培训班取得的全部收入进入该学校统一账户，并纳入预算全额上缴财政专户管理，同时由该学校对有关票据进行统一管理和开具。举办进修班、培训班取得的收入进入该学校下属部门自行开设账户的，不予免征增值税 （29）政府举办的职业学校设立的主要为在校学生提供实习场所、并由学校出资自办、由学校负责经营管理、经营收入归学校所有的企业，从事《销售服务、无形资产或者不动产注释》中"现代服务"（不含融资租赁服务、广告服务和其他现代服务）、"生活服务"（不含文化体育服务、其他生活服务和桑拿、氧吧）业务活动取得的收入 （30）家政服务企业由员工制家政服务员提供家政服务取得的收入 （31）福利彩票、体育彩票的发行收入 （32）军队空余房产租赁收入 （33）为了配合国家住房制度改革，企业、行政事业单位按房改成本价、标准价出售住房取得的收入

再保险又称分保，保险人在原保险合同的基础上，通过签订分保合同，将其所承担的部分保险和责任向其他保险人进行分摊的行为。

第二章

区别出让和转让：转让的主体是取得土地使用权的土地使用者；而出让的主体是国有土地所有者，即国家，由法律授权的县以上人民政府予以实施。	(34)将土地使用权转让给农业生产者用于农业生产 (35)涉及家庭财产分割的个人无偿转让不动产、土地使用权 【提示】家庭财产分割，包括下列情形：离婚财产分割；无偿赠与配偶、父母、子女、祖父母、外祖父母、孙子女、外孙子女、兄弟姐妹；无偿赠与对其承担直接抚养或者赡养义务的抚养人或者赡养人；房屋产权所有人死亡，法定继承人、遗嘱继承人或者受遗赠人依法取得房屋产权 (36)土地所有者出让土地使用权和土地使用者将土地使用权归还给土地所有者 (37)县级以上地方人民政府或自然资源行政主管部门出让、转让或收回自然资源使用权(不含土地使用权) (38)随军家属就业 (39)军队转业干部就业 (40)各党派、共青团、工会、妇联、中科协、青联、台联、侨联收取党费、团费、会费，以及政府间国际组织收取会费，属于非经营活动，不征收增值税 (41)青藏铁路公司提供的铁路运输服务免征增值税 (42)中国邮政集团公司及其所属邮政企业提供的邮政普遍服务和邮政特殊服务，免征增值税 (43)自2016年1月1日起，中国邮政集团公司及其所属邮政企业为金融机构代办保险业务取得的代理收入，在"营改增"试点期间免征增值税 (44)中国信达资产管理股份有限公司、中国华融资产管理股份有限公司、中国长城资产管理公司和中国东方资产管理公司及各自经批准分设于各地的分支机构(以下称资产公司)，在收购、承接和处置剩余政策性剥离不良资产和改制银行剥离不良资产过程中开展的以下业务，免征增值税： ①接受相关国有银行的不良债权，借款方以货物、不动产、无形资产、有价证券和票据等抵充贷款本息的，资产公司销售、转让该货物、不动产、无形资产、有价证券、票据以及利用该货物、不动产从事的融资租赁业务 ②接受相关国有银行的不良债权取得的利息 ③资产公司所属的投资咨询类公司，为本公司收购、承接、处置不良资产而提供的资产、项目评估和审计服务 (45)全国社会保障基金理事会、全国社会保障基金投资管理人运用全国社会保障基金买卖证券投资基金、股票、债券取得的金融商品转让收入，免征增值税 (46)对下列国际航运保险业务免征增值税： ①注册在上海、天津的保险企业从事国际航运保险业务 ②注册在深圳市的保险企业向注册在前海深港现代服务业合作区的企业提供国际航运保险业务 ③注册在平潭的保险企业向注册在平潭的企业提供国际航运保险业务 (47)自2017年1月1日至2019年12月31日，对新疆国际大巴扎物业服务有限公司和新疆国际大巴扎文化旅游产业有限公司从事与新疆国际大巴扎项目有关的营改增应税行为取得的收入，免征增值税【新增】 (48)2017年1月1日至2019年12月31日，对广播电视运营服务企业收取的有线数字电视基本收视维护费和农村有线电视基本收视费，免征增值税【新增】
(一)免征增值税	

（二）即征即退	（1）增值税一般纳税人销售其自行开发生产的软件产品，按照17%税率征收增值税后，对其增值税实际税负超过3%的部分实行即征即退政策
	（2）一般纳税人提供管道运输服务,对其增值税实际税负超过3%的部分实行增值税即征即退政策
	（3）经人民银行、银监会或者商务部批准从事融资租赁业务的试点纳税人中的一般纳税人,提供有形动产融资租赁服务和有形动产融资性售后回租服务,对其增值税实际税负超过3%的部分实行增值税即征即退政策。
	（4）本规定所称增值税实际税负,是指纳税人当期提供应税服务实际缴纳的增值税额占纳税人当期提供应税服务取得的全部价款和价外费用的比例
	（5）纳税人享受安置残疾人增值税即征即退优惠政策
	①纳税人,是指安置残疾人的单位和个体工商户
	②纳税人本期应退增值税额按以下公式计算： 本期应退增值税额＝本期所含月份每月应退增值税额之和 月应退增值税额＝纳税人本月安置残疾人员人数×本月月最低工资标准的4倍
	（6）增值税的退还 ①纳税人本期已缴增值税额小于本期应退税额不足退还的,可在本年度内以前纳税期已缴增值税额扣除已退增值税额的余额中退还,仍不足退还的可结转本年度内以后纳税期退还
	②年度已缴增值税额小于或等于年度应退税额的,退税额为年度已缴增值税额;年度已缴增值税额大于年度应退税额的,退税额为年度应退税额。年度已缴增值税额不足退还的,不得结转以后年度退还
	③安置残疾人单位既符合促进残疾人就业增值税优惠政策条件,又符合其他增值税优惠政策条件的,可同时享受多项增值税优惠政策,但年度申请退还增值税总额不得超过本年度内应纳增值税总额
（三）扣减增值税	（1）退役士兵创业就业 （2）重点群体创业就业

（四）金融企业发放贷款后,自结息日起90天内发生的应收未收利息按现行规定缴纳增值税,自结息日起90天后发生的应收未收利息暂不缴纳增值税,待实际收到利息时按规定缴纳增值税

（五）个人将购买不足2年的住房对外销售的,按照5%的征收率全额缴纳增值税;个人将购买2年以上（含2年）的住房对外销售的,免征增值税。上述政策适用于北京市、上海市、广州市和深圳市之外的地区

个人将购买不足2年的住房对外销售的,按照5%的征收率全额缴纳增值税;个人将购买2年以上（含2年）的非普通住房对外销售的,以销售收入减去购买住房价款后的差额按照5%的征收率缴纳增值税;个人将购买2年以上（含2年）的普通住房对外销售的,免征增值税。上述政策仅适用于北京市、上海市、广州市和深圳市

三、财政部、国家税务总局规定的其他部分征免征税项目（能力等级2）

（1）资源综合利用产品和劳务增值税优惠政策。

（2）对从事蔬菜批发、零售的纳税人销售的蔬菜免征增值税。

（3）豆粕属于征收增值税的饲料产品,除豆粕以外的其他粕类饲料产品,均免征增值税。

（旁注）是指纳税人当期提供应税服务实际缴纳的增值税额占纳税人当期提供应税服务取得的全部价款和价外费用的比例。

（旁注）增值税的退还税额不得超过本年度内应纳增值税总额。

（旁注）财政部、国家税务总局规定的其他部分征免征税项目

（旁注）蔬菜经处理、灌装、密封、杀菌或无菌包装而制成的各种蔬菜罐头不享受免征增值税优惠。

（4）制种行业增值税政策。

制种企业在下列生产经营模式下生产销售种子，属于农业生产者销售自产农业产品，应根据《增值税暂行条例》有关规定免征增值税：

①制种企业利用自有土地或承租土地，雇用农户或雇工进行种子繁育，再经烘干、脱粒、风筛等深加工后销售种子。

②制种企业提供亲本种子委托农户繁育并从农户手中收回，再经烘干、脱粒、风筛等深加工后销售种子。

（5）自2008年6月1日起，纳税人生产销售和批发、零售有机肥产品免征增值税。常考点，基本都和农业生产有关，所以享受税收优惠。

（6）按债转股企业与金融资产管理公司签订的债转股协议，债转股原企业将货物资产作为投资提供给债转股新公司的，免征增值税。

（7）自2014年3月1日起，对外购用于生产乙烯、芳烃类化工产品（以下称特定化工产品）的石脑油、燃料油（以下称2类油品），且使用2类油品生产特定化工产品的产量占本企业用石脑油、燃料油生产各类产品总量50%（含）以上的企业，其外购2类油品的价格中消费税部分对应的增值税额，予以退还：

予以退还的增值税额 = 已缴纳消费税的2类油品数量×2类油品消费税单位税额×17%

（8）为支持小微企业发展，增值税小规模纳税人销售货物、劳务、服务、无形资产月销售额不超过3万元（按季纳税9万元）的，自2018年1月1日至2020年12月31日，可享受小微企业暂免征收增值税优惠政策。

（9）境内单位和个人销售规定的服务和无形资产免征增值税，但财政部和国家税务总局规定适用增值税零税率的除外（见本章第八节的有关内容）。

（10）自2016年1月1日至2018年供暖期结束，对供热企业向居民个人（以下统称居民）供热而取得的采暖费收入免征增值税。仅限于居民个人。

向居民供热而取得的采暖费收入，包括供热企业直接向居民收取的、通过其他单位向居民收取的和由单位代居民缴纳的采暖费。

免征增值税的采暖费收入，应当按照规定单独核算。通过热力产品经营企业向居民供热的热力产品生产企业，应当根据热力产品经营企业实际从居民取得的采暖费收入占该经营企业采暖费总收入的比例确定免税收入比例。

（11）自2016年1月1日至2018年12月31日，继续对国产抗艾滋病病毒药品免征生产环节和流通环节增值税。

抗艾滋病病毒药品的生产企业和流通企业应分别核算免税药品和其他货物的销售额；未分别核算的，不得享受增值税免税政策。

（12）2017年1月1日至2019年12月31日，对广播电视运营服务企业收取的有线数字电视基本收视维护费和农村有线电视基本收视费，免征增值税。新增内容。

注意是国产设备，进口外国设备不享受。（13）为了鼓励科学研究和技术开发，促进科技进步，经国务院批准，继续对内资研发机构和外资研发中心采购国产设备全额退还增值税。

（14）原对城镇公共供水用水户在基本水价（自来水价格）外征收水资源费的试点省份，在水资源费改税试点期间，按照不增加城镇公共供水企业负担的原则，城镇公共供水企业缴纳的水资源税所对应的水费收入，不计征增值税，按"不征税自来水"项目开具增值税普通发票。

（15）自2016年5月1日至2017年6月30日，纳税人采取转包、出租、互换、转让、入股等方式将承包地流转给农业生产者用于农业生产，免征增值税。

（16）自2018年1月1日至2019年12月31日，纳税人为农户、小型企业、微型企业及个体工商户借款、发行债券提供融资担保取得的担保费收入，以及为上述融资担保（以下称"原担保"）提供再担保取得的再担保费收入，免征增值税。再担保合同对应多个原担保合同的，原担保合同应全部适用免征增值税政策。否则，再担保合同应按规定缴纳增值税。*新增内容。*

（17）自2016年5月1日起，社会团体收取的会费，免征增值税。*新增内容。*

四、增值税起征点的规定（能力等级1）

（1）增值税起征点的适用范围限于按照小规模纳税人的纳税个体工商户和其他个人。

（2）增值税起征点的幅度规定如下：

①按期纳税的，为月销售额5 000～20 000元（含本数）；

②按次纳税的，为每次（日）销售额300～500元（含本数）。

（3）纳税人销售额未达到国务院财政、税务主管部门规定的增值税起征点的，免征增值税；达到起征点的，全额计算缴纳增值税。

五、其他有关减免税规定（能力等级1）

（1）纳税人兼营免税、减税项目的，应当分别核算免税、减税项目的销售额；未分别核算销售额的，不得免税、减税。

（2）关于放弃免税权的有关政策。

①纳税人提供应税服务同时适用免税和零税率规定的，优先适用零税率。

②生产和销售免征增值税的应税销售行为的纳税人要求放弃免税权，应当以书面形式提交放弃免税权声明，报主管税务机关备案。

③放弃免税权的纳税人符合一般纳税人认定条件尚未认定为增值税一般纳税人的，应当按现行规定认定为增值税一般纳税人，其销售的货物、劳务和应税行为可开具增值税专用发票。

④纳税人一经放弃免税权，其生产销售的全部增值税应税销售行为均应按照适用税率征税，不得选择某一免税项目放弃免税权，也不得根据不同的销售对象选择部分应税销售行为放弃免税权。

⑤纳税人在免税期内购进用于免税项目的货物、劳务和应税行为所取得的增值税扣税凭证，一律不得抵扣。

⑥放弃免税后，36个月内不得再申请免税。

（3）纳税人既享受增值税即征即退、先征后退政策又享受"免、抵、退"税政策有关问题的处理。

①纳税人既有增值税即征即退、先征后退项目，也有出口等其他增值税应税项目的，增值税即征即退和先征后退项目不参与出口项目免抵退税计算。纳税人应分别核算增值税即征即退、先征后退项目和出口等其他增值税应税项目，分别申请享受增值税即征即退、先征后退和免抵退税政策。

②用于增值税即征即退或者先征后退项目的进项税额无法划分的，按照下列公

增值税起征点的规定

为支持小微企业发展，增值税小规模纳税人销售货物、劳务、服务、无形资产月销售额不超过3万元（按季纳税9万元）的，自2018年1月1日至2020年12月31日，可享受小微企业暂免征收增值税优惠政策。

增值税起征点仅适用于个人，不适用于认定为一般纳税人的个体工商户。

是全额并不是差额，包括达到起征点以前的销售额。

因为零税率进项税可以抵扣，免税不可以。

减税、免税的税收优惠不一样，为了防止纳税人全部归类为免税项目，故一定要分别核算。

三年，与"一般纳税人选择适用简易计征方法后36个月不得变更"一致。

注意与增值税出口退税结合考查。

销项税额和进项税额应分别单独核算。

式计算：

$$\begin{array}{l}无法划分进项\\税额的部分\end{array}=\begin{array}{l}当月无法划分\\的全部进项税额\end{array}\times\dfrac{当月即征即退或先征后退项目销售额}{当月全部销售额、营业额合计}$$

【例2-27·2008年单选题】下列各项中，符合增值税纳税人放弃免税权有关规定的是（　　）。

A.纳税人可以根据不同的销售对象选择部分货物放弃免税权

B.纳税人应以书面形式提出放弃免税申请，报主管税务机关审批

C.纳税人自税务机关受理其放弃免税声明的当月起12个月内不得再申请免税

D.符合条件但尚未认定为增值税一般纳税人的纳税人放弃免税权，应当认定为增值税一般纳税人

【答案】D

第十节　征收管理

一、纳税义务发生时间（能力等级2）

增值税纳税义务发生时间

选择题常考点，增值税纳税义务发生时间是计算当期销项税额的时点。

具体规定见表2-28。

表2-28　　　　　　　　　　具体规定

分类	具体规定
（一）销售货物或者提供应税劳务	（1）采取直接收款方式销售货物的，不论货物是否发出，均为收到销售款或者取得索取销售款凭据的当天。先开具发票的，为开具发票的当天 （2）采取托收承付和委托银行收款方式销售货物，为发出货物并办妥托收手续的当天 （3）采取赊销和分期收款方式销售货物，为书面合同约定的收款日期的当天，无书面合同的或者书面合同没有约定收款日期的，为货物发出的当天 （4）采取预收货款方式销售货物，为货物发出的当天，但销售生产工期超过12个月的大型机械设备、船舶、飞机等货物，为收到预收款或者书面合同约定的收款日期的当天 （5）委托其他纳税人代销货物，为收到代销单位的代销清单或者收到全部或者部分货款的当天。未收到代销清单及货款的，为发出代销货物满180天的当天 （6）销售应税劳务，为提供劳务同时收讫销售款或者取得索取销售款的凭据的当天 （7）纳税人发生视同销售货物行为，为货物移送的当天 （8）纳税人进口货物，其纳税义务发生时间为报关进口的当天
（二）发生应税行为	（1）纳税人发生应税行为并收讫销售款项或者取得索取销售款项凭据的当天。先开具发票的，为开具发票的当天 （2）纳税人提供建筑服务、租赁服务采取预收款方式的，其纳税义务发生时间为收到预收款的当天 （3）纳税人从事金融商品转让的，为金融商品所有权转移的当天 （4）纳税人发生视同销售服务、无形资产或者不动产情形的，其纳税义务发生时间为服务、无形资产转让完成的当天或者不动产权属变更的当天
（三）代扣代缴	纳税人增值税纳税义务发生的当天

【例2-28·多选题】税法规定的增值税纳税义务发生时间有（　　）。

A.以预收款方式销售货物的，为收到货款当天

B.委托他人代销货物的，为货物发出当天

C.采用赊销方式销售货物的，有合同约定的，为合同约定的收款日期的当天

D.纳税人发生视同销售货物行为，为货物移送的当天

【答案】CD

【例2-29·单选题】某配件厂为增值税一般纳税人，2018年4月采用分期收款方式销售配件，合同约定不含税销售额150万元，当月应收取60%的货款。由于购货方资金周转困难，本月实际收到货款50万元，配件厂按照实际收款额开具了增值税专用发票。当月厂房装修，购进中央空调，取得增值税专用发票，注明价款10万元。当月该配件厂应纳增值税（　　）万元。

A.3.6

B.5.1

C.13.6

D.15.3

【答案】C

【解析】采用分期收款方式销售货物，增值税纳税义务发生时间为书面合同约定的收款日期的当天。当月该配件厂应纳增值税=150×60%×17%−10×17%=13.6（万元）。

二、纳税期限（能力等级2）

（1）增值税纳税期限规定为1日、3日、5日、10日、15日、1个月或者1个季度。纳税人的具体纳税期限，由主管税务机关根据纳税人应纳税额的大小分别核定；不能按照固定期限纳税的，可以按次纳税。

（2）纳税人进口货物，应当自海关填发进口增值税专用缴款书之日起15日缴纳税款。

纳税期限

（3）以1个季度为纳税期限的规定适用于小规模纳税人、银行、财务公司、信托投资公司、信用社，以及财政部和国家税务总局规定的其他纳税人。

【例2-30·2017年单选题】下列增值税纳税人中，以1个月为纳税期限的是（　　）。

A.商业银行

B.财务公司

C.信托投资公司

D.保险公司

【答案】D

【解析】选项A、B、C以1个季度为纳税期限。

三、纳税地点（能力等级2）

纳税地点的具体规定见表2-29。

纳税地点

表2-29　　　　　　　　　　纳税地点的具体规定

固定业户的纳税地点	（1）固定业户应当向其机构所在地的主管税务机关申报纳税 （2）总机构和分支机构不在同一县（市）的，应当分别向各自所在地的主管税务机关申报纳税
非固定业户的纳税地点	非固定业户销售货物或者提供应税劳务和应税行为，应当向销售地或者劳务和应税行为发生地的主管税务机关申报纳税；未向销售地或者劳务和应税行为发生地的主管税务机关申报纳税的，由其机构所在地或者居住地的主管税务机关补征税款 *就地纳税。*
其他特殊规定	（1）其他个人提供建筑服务，销售或者租赁不动产，转让自然资源使用权，应向建筑服务发生地、不动产所在地、自然资源所在地主管税务机关申报纳税 （2）纳税人跨县（市）提供建筑服务，在建筑服务发生地预缴税款后，向机构所在地主管税务机关进行纳税申报 （3）纳税人销售不动产，在不动产所在地预缴税款后，向机构所在地主管税务机关进行纳税申报 （4）纳税人租赁不动产，在不动产所在地预缴税款后，向机构所在地主管税务机关进行纳税申报
进口货物纳税地点	应当由进口人或其代理人向报关地海关申报纳税
代扣代缴税地点	应当向扣缴义务人机构所在地或者居住地主管税务机关申报缴纳扣缴的税款

注意其他个人纳税地点与单位、个体经营者的纳税地点规定是不同的。

进口货物的增值税由海关征收。并不是纳税义务人所在地。

四、"营改增"汇总纳税管理办法（能力等级2）

（1）总机构应当汇总计算总机构及其分支机构发生《应税服务范围注释》所列业务的应交增值税，抵减分支机构发生《应税服务范围注释》所列业务已缴纳的增值税税款（包括预缴和补缴的增值税税款）后，在总机构所在地解缴入库。总机构销售货物、提供加工修理修配劳务，按照增值税暂行条例及相关规定就地申报缴纳增值税。

（2）根据用途确定可汇总的进项税：用于"营改增"项目的进项税参与汇总；用于非"营改增"项目的进项税不得汇总。

（3）分支机构发生《应税服务范围注释》所列业务，按照应征增值税销售额和预征率计算缴纳增值税。计算公式为：

应预缴的增值税=应征增值税销售额×预征率

（4）总机构汇总应缴纳的增值税为汇总的销项税额−汇总的进项税额−分支机构发生《应税服务范围注释》所列业务已缴纳的增值税税款。

"营改增"项目中根据用途确定可汇总的进项税

4686

第十一节　增值税专用发票的使用及管理

一、增值税专用发票开具范围（能力等级2）

（1）一般纳税人发生应税销售行为，应向购买方开具增值税专用发票。

（2）商业企业一般纳税人零售的烟、酒、食品、服装、鞋帽（不包括劳保专用部分）、化妆品等消费品不得开具增值税专用发票。*选择题常考点。*

（3）增值税小规模纳税人需要开具增值税专用发票的，可向主管税务机关申请

增值税专用发票开具范围

4687

代开。

（4）销售免税货物不得开具增值税专用发票，法律、法规及国家税务总局另有规定的除外。

（5）纳税人发生应税销售行为，应当向索取增值税专用发票的购买方开具增值税专用发票，并在增值税专用发票上分别注明销售额和销项税额。属于下列情形之一的，不得开具增值税专用发票：→ 未来不会再形成销项税，所以不能开具专用发票。

①应税销售行为的购买方为消费者个人的；

②发生应税销售行为适用免税规定的。

（6）自2017年6月1日起，将建筑业纳入增值税小规模纳税人自行开具增值税专用发票试点范围。月销售额超过3万元（或季销售额超过9万元）的建筑业增值税小规模纳税人提供建筑服务、销售货物或发生其他增值税应税行为，需要开具增值税专用发票的，通过增值税发票管理新系统自行开具。【新增】

（7）自2017年3月1日起，全国范围内月销售额超过3万元（或季销售额超过9万元）的鉴证咨询业增值税小规模纳税人提供认证服务、鉴证服务、咨询服务、销售货物或发生其他增值税应税行为，需要开具增值税专用发票的，可以通过增值税发票管理新系统自行开具，主管国税机关不再为其代开。【新增】

【例2-31·单选题】商业企业一般纳税人零售下列货物，可以开具增值税专用发票的是（　　）。

A.烟酒

B.食品

C.化妆品

D.办公用品

【答案】D

【解析】商业企业一般纳税人零售的烟、酒、食品、化妆品不得开具增值税专用发票，只能开具普通发票。办公用品会直接用于生产经营，可以开具增值税专用发票。

二、开具增值税专用发票后发生退货或开票有误的处理（能力等级2）

增值税一般纳税人开具增值税专用发票（以下简称专用发票）后，发生销货退回、开票有误、应税服务中止等情形但不符合发票作废条件，或者因销货部分退回及发生销售折让，需要开具红字专用发票的，按以下方法处理：

（1）购买方取得专用发票已用于申报抵扣的，购买方可在增值税发票管理新系统中填开并上传《开具红字增值税专用发票信息表》（以下简称《信息表》），在填开《信息表》时不填写相对应的蓝字专用发票信息，应暂依《信息表》所列增值税税额从当期进项税额中转出，待取得销售方开具的红字专用发票后，与《信息表》一并作为记账凭证。

（2）销售方开具专用发票尚未交付购买方，以及购买方未用于申报抵扣并将发票联及抵扣联退回的，销售方可在新系统中填开并上传《信息表》。销售方填开《信息表》时应填写相对应的蓝字专用发票信息。

（3）税务机关为小规模纳税人代开专用发票，需要开具红字专用发票的，按照一般纳税人开具红字专用发票的方法处理。

99

三、纳税人善意取得虚开的增值税专用发票处理（能力等级2）

（1）纳税人善意取得虚开的增值税专用发票，如能重新取得合法、有效的专用发票，准许其抵扣进项税款；如不能重新取得合法、有效的专用发票，不准其抵扣进项税款或追缴其已抵扣的进项税款。

（2）购货方与销售方存在真实的交易，销售方使用的是其所在省（自治区、直辖市和计划单列市）的专用发票，专用发票注明的销售方名称、印章、货物数量、金额及税额等全部内容与实际相符，且没有证据表明购货方知道销售方提供的专用发票是以非法手段获得的，对购货方不以偷税或者骗取出口退税论处。但应按有关规定不予抵扣进项税款或者不予出口退税；购货方已经抵扣的进项税款或者取得的出口退税，应依法追缴。

（3）购货方能够重新从销售方取得防伪税控系统开出的合法、有效专用发票的，或者取得手工开出的合法、有效专用发票且取得了销售方所在地税务机关已经或者正在依法对销售方虚开专用发票行为进行查处证明的，购货方所在地税务机关应依法准予抵扣进项税款或者出口退税。

【提示】虚开的增值税专用发票不论是善意取得还是恶意取得，都是属于不合规发票，不得抵扣进项税额。如果纳税人属于恶意取得，则按偷税或骗税论处。

【例2-32·多选题】下列关于对购货方善意取得虚开增值税专用发票处理的说法中，正确的有（　　）。

A.善意取得的虚开增值税专用发票可以作为进项税抵扣凭证

B.不允许重新取得合法有效的专用发票抵扣进项税额

C.已抵扣的进项税或者取得的出口退税，应当依法追缴

D.不以偷税或者骗取出口退税论处

【答案】CD

【解析】选项A，纳税人善意取得虚开的增值税专用发票，不准其抵扣进项税款或追缴其已抵扣的进项税款。选项B，如能重新取得合法、有效的专用发票，准许其抵扣进项税款。

智能测评

扫码听分享	做题看反馈
亲爱的同学们，本章是考试的重中之重。同学们学税法，必然要在记忆上下真功夫，重点对征税范围及相应的税率、视同销售情形、税收优惠项目及"营改增"相关规定进行理解。 扫一扫二维码，来听学习导师的分享吧！	学完马上测！ 请扫描上方的二维码进入本章测试，检测一下自己学习的效果如何。做完题目，还可以查看自己的个性化测试反馈报告。这样，在以后复习的时候就更有针对性、效率更高啦！

第三章　消费税法

本章导学

本章考情概述

　　本章是我国税制结构中流转税里较为重要的一章，也是 CPA 税法考试中比较重要的一章。相比增值税，消费税的纳税环节、计税依据都比较清晰，考生复习时把握度相对较高。

　　本章内容包括：消费税的纳税义务人与征税范围、税目与税率、计税依据、应纳税额的计算、征收管理。

　　从近 3 年的试题来看，消费税可以命制各种题型，平均分值在 10 分左右，每年主观题型中必考消费税的计算。考生在复习时尤其需要把握消费税的税目辨析，卷烟（包括生产环节和批发环节）、白酒的消费税计算，金银钻及其饰品的消费税计算，委托加工应税消费品代收代缴的消费税计算，消费税的抵扣，以及与增值税、城建税、企业所得税的组合考题。

第一节　纳税义务人与征税范围

一、纳税义务人（能力等级 1）

境内是指生产、委托加工和进口应征消费税的消费品的起运地或所在地在中国境内。

　　在中华人民共和国境内生产、委托加工和进口消费税暂行条例规定的消费品的单位和个人，以及国务院确定的销售《消费税暂行条例》规定的消费品的其他单位和个人，为消费税的纳税人，应当依照《消费税暂行条例》缴纳消费税。

二、征税范围（能力等级 1）

　　征税范围如图 3-1 所示。

征税范围

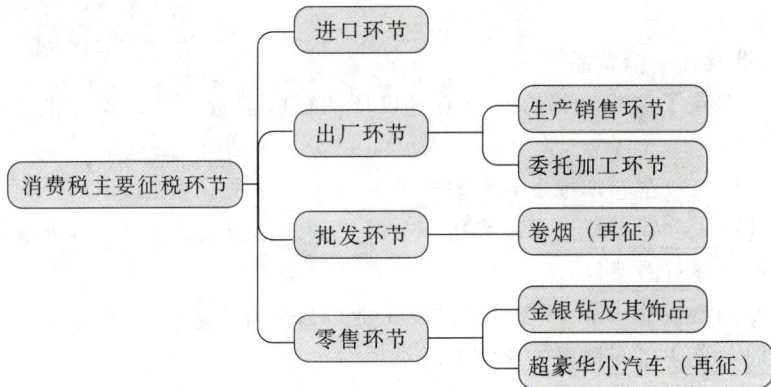

图 3-1　征税范围

　　（一）生产应税消费品

　　（1）生产应税消费品销售是消费税征收的主要环节，因消费税具有单一环节征税的特点，在生产销售环节征税以后，货物在流通环节无论再流转多少次，不用再缴纳消费税。

　　（2）生产应税消费品除了直接对外销售应征收消费税外，纳税人将生产的应税消费品换取生产资料、消费资料、投资入股、偿还债务，以及用于继续生产应税消费品以外的其他方面都应缴纳消费税。

（3）工业企业以外的单位和个人的下列行为视为应税消费品的生产行为，按规定征收消费税：

①将外购的消费品非应税产品以消费税应税产品对外销售的；

②将外购的消费品低税率应税产品以高税率应税产品对外销售的。

（二）委托加工应税消费品

（1）委托加工应税消费品是指委托方提供原料和主要材料，受托方只收取加工费和代垫部分辅助材料加工的应税消费品。由受托方提供原材料或其他情形的一律不能视同加工应税消费品。

（2）委托加工的应税消费品收回后，再继续用于生产应税消费品销售的，其加工环节缴纳的消费税款可以扣除。

（三）进口应税消费品

单位和个人进口货物属于消费税征税范围的，在进口环节也要缴纳消费税。为了减少征税成本，进口环节缴纳的消费税由海关代征。

（四）零售应税消费品

（1）自1995年1月1日起，金银首饰消费税由生产销售环节征收改为零售环节征收。改在零售环节征收消费税的金银首饰仅限于金基、银基合金首饰以及金、银和金基、银基合金的镶嵌首饰。零售环节适用税率为5%，在纳税人销售金银首饰、钻石及钻石饰品时征收。

（2）自2016年12月1日起，对零售环节的"豪华小汽车"加征消费税。其征收范围为每辆零售价格130万元（不含增值税）及以上的乘用车和中轻型商用客车，即乘用车和中轻型商用客车子税目中的超豪华小汽车。对超豪华小汽车，在生产（进口）环节按现行税率征收消费税基础上，在零售环节加征消费税，税率为10%。将超豪华小汽车销售给消费者的单位和个人为超豪华小汽车零售环节纳税人。

（五）批发环节消费品

（1）卷烟除了在生产销售环节或进口环节征收消费税外，还在批发环节再征一次。

（2）纳税人兼营卷烟批发和零售业务的，应当分别核算批发和零售环节的销售额、销售量；未分别核算批发和零售环节销售额、销售量的，按照全部销售额、销售量计征批发环节消费税。

（3）卷烟批发企业销售给卷烟批发企业以外的单位和个人的卷烟于销售时纳税，卷烟批发企业之间销售的卷烟不缴纳消费税。

（4）卷烟消费税在生产和批发两个环节征收后，批发企业在计算纳税时不得扣除已含的生产环节的消费税税款。

【例3-1·2017年单选题】下列消费品中，应在零售环节征收消费税的是（   ）。

A.钻石　　　　B.卷烟　　　　C.镀金首饰　　　　D.高档手表

【答案】A

【解析】在零售环节征收消费税的金银首饰仅限于金基、银基合金首饰以及金、银和金基、银基合金的镶嵌首饰，不包括镀金银和包金银首饰。

第二节 税目与税率

卷烟1箱250条，每条10包，每包20支，即每箱50 000支。即：卷烟在出厂环节从量计征消费税的部分为150元/箱；卷烟在批发环节从量计征消费税的部分为250元/箱。

税目辨析

一、税目辨析（能力等级2）

具体税目、税率见表3-1。

表3-1 税目、税率表

税目	税率	备注
（一）烟 1.卷烟 （1）甲类卷烟 （2）乙类卷烟 （3）批发环节 2.雪茄烟 3.烟丝	 56%+0.003元/支 36%+0.003元/支 11%+0.005元/支 36% 30%	掌握卷烟生产、进口、委托加工、批发环节的复合计税方法； 自2015年5月10日起，卷烟批发环节消费税的从价税率由5%提高至11%，并按0.005元/支加征从量税； 雪茄烟和烟丝执行比例税率
（二）酒 1.白酒 2.黄酒 3.啤酒 （1）甲类啤酒 （2）乙类啤酒 4.其他酒	 20%+0.5元/500g（或者500毫升） 240元/吨 250元/吨 220元/吨 10%	掌握白酒的复合计税方法； 注意啤酒、黄酒的税率； 饮食业、商业、娱乐业举办的啤酒屋（啤酒坊）利用啤酒生产设备生产的啤酒，应当按250元/吨的税率征收消费税； 果啤属于啤酒税目； 调味料酒不属于消费税的征税范围； 葡萄酒消费税适用“其他酒”，葡萄酒是指以葡萄为原料，经破碎（压榨）、发酵而成的酒精度数在1度（含）以上的葡萄原酒和成品酒（不含以葡萄为原料的蒸馏酒）
（三）高档化妆品	15%	包括高档美容、修饰类化妆品、高档护肤类化妆品和成套化妆品； 高档美容、修饰类化妆品和高档护肤类化妆品是指生产（进口）环节销售（完税）价格（不含增值税）在10元/毫升（克）或15元/片（张）及以上的美容、修饰类化妆品和护肤类化妆品； 不含舞台、戏剧、影视化妆用的上妆油、卸妆油、油彩
（四）贵重首饰及珠宝玉石 1.金银首饰、铂金首饰和钻石及钻石饰品 2.其他贵重首饰和珠宝玉石	5% 10%	与金、银、铂金、钻相关的首饰和饰品在零售环节纳税，税率5%； 其他与金、银、铂金、钻无关的贵重首饰及珠宝玉石在生产、进口、委托加工环节纳税，税率为10%； 对出国人员免税商店销售的金银首饰征收消费税
（五）鞭炮、烟火	15%	不含体育用的发令纸、鞭炮药引线

甲类、乙类卷烟税目复合税率的换算和运用

葡萄酒适用于“其他酒”，税率10%，以往计算题考查过。

普通护肤品不征消费税。

选择题经常会考核该类不属于消费税征税范围的知识点，需要特别记忆。

选择题经常会考核该类不属于消费税征税范围的知识点，需要特别记忆。

第三章

税目	税率	备注
（六）成品油		
1.汽油	1.52元/升	
2.柴油	1.2元/升	航空煤油的消费税暂缓征收；
3.航空煤油	1.2元/升	变压器油、导热类油等绝缘油类产品不
4.石脑油	1.52元/升	属于润滑油，不征收消费税
5.溶剂油	1.52元/升	
6.润滑油	1.52元/升	
7.燃料油	1.2元/升	
（七）小汽车 1.乘用车		含9座内乘用车、10～23座中型商用客车（按额定载客区间值下限确定）；
（1）气缸容量≤1.0升	1%	电动汽车、沙滩车、雪地车、卡丁车、高尔夫车等均不属于本税目征税范围，不征消费税；选择题常考点。
（2）1.0升＜气缸容量≤1.5升	3%	
（3）1.5升＜气缸容量≤2.0升	5%	
（4）2.0升＜气缸容量≤2.5升	9%	自2016年12月1日起，对超豪华小汽车除了在进口环节或生产环节征收消费税外，在零售环节再加征10%的消费税；"超豪华小汽车"是指每辆零售价格130万元（不含增值税）及以上的乘用车和中轻型商用客车
（5）2.5＜升气缸容量≤3.0升	12%	
（6）3.0升＜气缸容量≤4.0升	25%	
（7）气缸容量＞4.0升	40%	
2.中轻型商用客车	5%	
3.超豪华小汽车（零售环节）	10%	
（八）摩托车 1.气缸容量为250毫升 2.气缸容量在250毫升以上的	3% 10%	对最大设计车速不超过50公里/小时，发动机气缸总工作容量不超过50毫升的三轮摩托车不征收消费税 气缸容量250毫升（不含）以下的小排量摩托车不征收消费税
（九）高尔夫球及球具	10% 选择题常考点。	包括高尔夫球、高尔夫球杆、高尔夫球包（袋）、高尔夫球杆的杆头、杆身和握把
（十）高档手表	20%	包括不含增值税售价每只在10 000元以上的手表
（十一）游艇	10%	本税目只涉及机动艇
（十二）木制一次性筷子	5%	又称卫生筷子，特点是：（1）以木材为原料，（2）制成后一次性使用
（十三）实木地板	5%	含各类规格的实木地板、实木指接地板、实木复合地板及用于装饰墙壁、天棚的侧端面为榫、槽的实木装饰板，以及未经涂饰的素板
（十四）电池	4%	范围包括：原电池、蓄电池、燃料电池、太阳能电池和其他电池； 对无汞原电池、金属氢化物镍蓄电池（又称"氢镍蓄电池"或"镍氢蓄电池"）、锂原电池、锂离子蓄电池、太阳能电池、燃料电池和全钒液流电池免征消费税
（十五）涂料	4%	对施工状态下挥发性有机物含量低于420g/L（含）的涂料免征消费税

需要熟悉成品油种类，选择题中要会判断是否属于成品油，特别是航空煤油。

价格要重点记忆，只有出厂价或进口价在10 000元以上的手表才能称为高档手表，征收消费税。

以木材为原料才征收消费税，目前市场上都是竹子制成的一次性筷子，不需要缴纳消费税。

消费税税收优惠，可能考选择题。

【例3-2·2016年单选题】企业生产销售的下列产品中，属于消费税征税范围的是（　　）。

A.电动汽车　　　　　　　　　B.体育用鞭炮药引线

C.铅蓄电池　　　　　　　　　D.销售价格为9 000元的手表

【答案】C

【解析】选项A和B，不属于消费税的征税范围；选项D，每只出厂价在10 000元（不含税）以上的手表属于消费税的征税范围。

【例3-3·2012年多选题】企业生产销售的下列货物中，应当征收消费税的有（　　）。

A.食用油　　　　　B.生物柴油　　　　C.甲醇汽油　　　　D.航空煤油

【答案】BC

【解析】食用油不属于消费税的征税范围，航空煤油暂缓征收消费税。

【例3-4·2008年多选题】下列各项中，应同时征收增值税和消费税的是（　　）。

A.批发环节销售的卷烟

B.零售环节销售的金基合金首饰

C.生产环节销售的普通护肤护发品

D.进口环节取得外国政府捐赠的小汽车

【答案】AB

二、消费税的税率（能力等级2）

消费税税率的形式如图3-2所示。

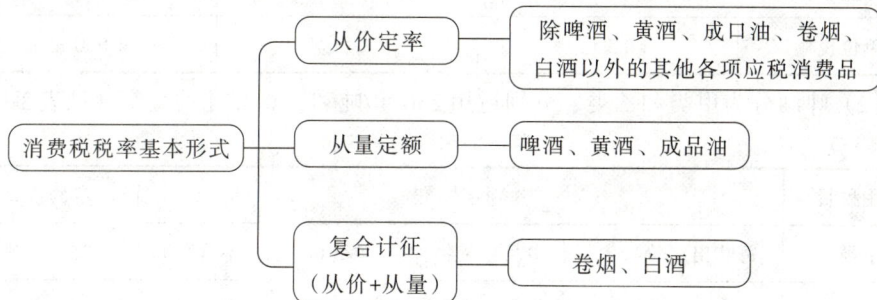

图3-2　消费税税率的形式

（一）烟的适用税率 —— **卷烟为复合计税，雪茄烟和烟丝为从价计税，执行比例税率，注意区分。**

烟的适用税率见表3-2。

表3-2　　　　　　　　　　　　烟的适用税率

税目		税率
1.卷烟		
生产销售环节 进口环节	（1）甲类卷烟：调拨价≥70元（不含增值税）/条以上	56%+0.003元/支
	（2）乙类卷烟：调拨价＜70元（不含增值税）/条以下	36%+0.003元/支
	商业批发	11%+0.005元/支
2.雪茄烟		36%
3.烟丝		30%

【总结】甲类、乙类卷烟税目复合税率的换算和运用（见表3-3）。

表3-3   甲类、乙类卷烟税目复合税率

卷烟		比例税率	定额税率		
环节	适用税目		每支	每标准条（200支）	每标准箱（5万支）
进口、生产、委托加工环节	甲类	56%	0.003元/支	0.6元/条	150元/箱
	乙类	36%			
批发环节	不区分	11%	0.005元/支	1元/条	250元/箱

（1）只有卷烟在商业批发环节缴纳消费税，雪茄烟、烟丝以及其他应税消费品在商业批发环节只缴纳增值税，不缴纳消费税。

（2）卷烟批发企业销售给卷烟批发企业以外的单位和个人的卷烟于销售时纳税，卷烟批发企业之间销售的卷烟不缴纳消费税。

（3）卷烟消费税在生产和批发两个环节征收后，批发企业在计算纳税时不得扣除已含的生产环节的消费税税款。

（二）酒的适用税率

（1）白酒同时采用比例税率和定额税率。

白酒的比例税率为20%，定额税率要把握公斤、吨与斤等不同计量标准的换算（见表3-4）。

表3-4   白酒的定额税率

计量单位	500克或500毫升	1公斤（1 000克）	1吨（1 000公斤）
单位税额	0.5元	1元	1 000元

（2）啤酒分为甲类和乙类，分别适用250元/吨和220元/吨的税率（见表3-5）。

表3-5   啤酒的定额税率

适用税目	判定标准	定额税率
甲类	每吨出厂价（含包装物及包装物押金）≥3 000元（不含税）	250元/吨
乙类	每吨出厂价（含包装物及包装物押金）＜3 000元（不含税）	220元/吨

（3）果啤属于啤酒税目。

（4）对饮食业、商业、娱乐业举办的啤酒屋（啤酒坊）利用啤酒生产设备生产的啤酒，应当征税消费税（按照甲类啤酒税率计税）。

特殊规定，一般在啤酒屋直接生产的啤酒质量都不会太差，所以按照甲类啤酒税率计税。

（5）调味料酒不属于消费税的征税范围。

（三）贵重首饰及珠宝玉石的适用税率

经国务院批准，金银首饰（包括铂金首饰）消费税在零售环节由10%的税率减按5%的税率征收。减按5%征收消费税的范围仅限于金、银和金基、银基合金首饰，以及金、银和金基、银基合金的镶嵌首饰。不在上述范围内的应税首饰仍按10%的税率征收消费税（见表3-6）。

只有金银首饰（包括铂金首饰）消费税在零售环节征税，其他首饰不在零售环节征税。

表 3-6　　　　　　　　　　贵重首饰及珠宝玉石的适用税率

分类及规定	税率	纳税环节
金、银和金基、银基合金首饰，以及金、银和金基、银基合金的镶嵌首饰、钻石及钻石饰品	5%	零售环节
与金、银和金基、银基、钻无关的其他首饰	10%	生产、进口、委托加工提货环节

第三章

第三节　计税依据

计税依据如图 3-2 所示。

计税依据

【例 3-5·2012 年多选题】下列货物中，采用从量定额方法计征消费税的有（　　）。

A.黄酒　　　　　　B.游艇　　　　　　C.润滑油　　　　　　D.雪茄烟

【答案】AC

【解析】消费税税目中，只有啤酒、黄酒、成品油采用的是从量定额税率。

一、从价计征（能力等级 3）

（一）销售额的确定　*与增值税销售额的确定方式相同，可以一同记忆。*

1.销售额的基本内容

销售额是纳税人销售应税消费品向购买方收取的全部价款和价外费用，包括消费税但不包括增值税。　*因为消费税是价内税，增值税是价外税。*

价外费用是指价外收取的基金、集资费、返还利润、补贴、违约金（延期付款利息）和手续费、包装费、包装物租金、储备费、优质费、运输装卸费、代收款项、代垫款项以及其他各种性质的价外收费。

但承运部门的运费发票开具给购货方的，纳税人将该项发票转交给购货方的代垫运费不包括在内，同时符合条件的代为收取的政府性基金或行政事业收费也不包括在销售额内。

【提示】在一般情况下，消费税的销售额与增值税的销售额为同一销售额。

包装物的计税问题

2.包装物的计税问题（同增值税）

包装物押金的税务处理如图 3-3 所示

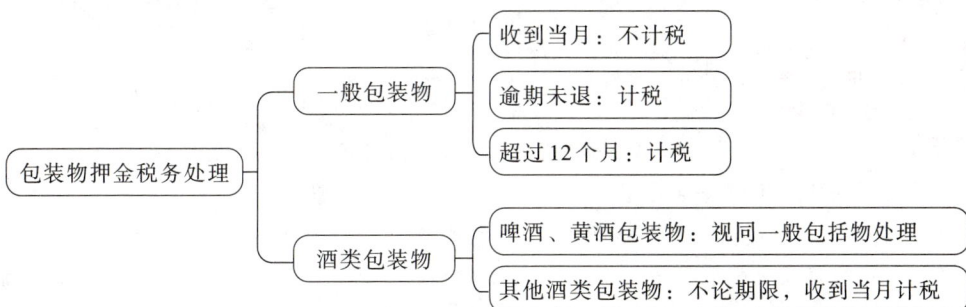

图 3-3　包装物押金的税务处理　*12 个月和逾期的期限，就短原则。*

（二）含增值税销售额的换算

计算消费税的价格中如含有增值税税金时，应换算为不含增值税的销售额。换算公式为：

$$应税消费品的销售额 = \frac{含增值税的销售额（含价外费用）}{1 + 增值税税率或征收率}$$

二、从量计征（能力等级3）

销售量是指纳税人生产、加工和进口应税消费品的数量。具体规定为：

（1）销售应税消费品的，为应税消费品的销售数量；

（2）自产自用应税消费品的，为应税消费品的移送使用数量；

（3）委托加工应税消费品的，为纳税人收回的应税消费品数量；

（4）进口的应税消费品，为海关核定的应税消费品进口征税数量。

【例3-6·2007年多选题】下列各项中，符合应税消费品销售数量规定的有（　　）。

A.生产销售应税消费品的，为应税消费品的销售数量

B.自产自用应税消费品的，为应税消费品的生产数量

C.委托加工应税消费品的，为纳税人收回的应税消费品数量

D.进口应税消费品的，为海关核定的应税消费品进口征税数量

【答案】ACD

三、从价从量复合计征（能力等级3）

现行消费税的征税范围中，只有卷烟、粮食白酒、薯类白酒采用复合计征方法。**仅有卷烟、白酒复合计征。**

应纳消费税额 = 应税销售额 × 比例税率 + 应税销售数量 × 定额税率

四、计税依据的特殊规定（能力等级3）

（1）纳税人通过自设非独立核算门市部销售的自产应税消费品，应当按照门市部对外销售额或者销售数量征收消费税。**一定是"非独立"。**

（2）纳税人用于换取生产资料和消费资料，投资入股和抵偿债务等方面的应税消费品，应当以纳税人同类应税消费品的最高销售价格作为计税依据计算消费税。

【总结】视同销售销售额的确认（如图3-4所示）。

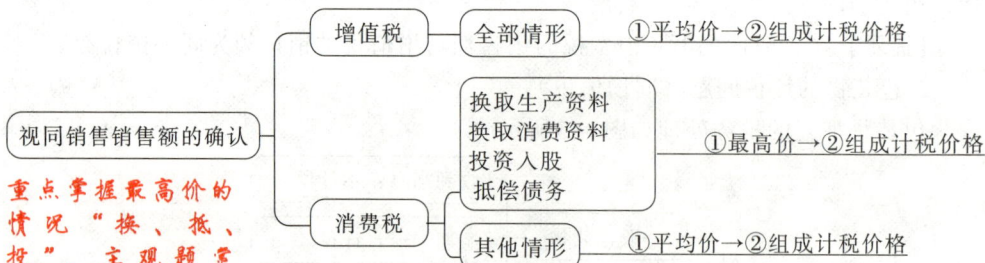

重点掌握最高价的情况"换、抵、投"，主观题常考点。

图3-4　视同销售销售额的确认

【案例3-1】2015年4月某汽车厂将自产的5辆小轿车、10台货车用于对外投资，小轿车出厂平均价格为24万元/台，最高售价25.5万元/台，货车平均售价8万元/台，最高售价8.6万元/台。（假定上述价格为不含税价，小轿车消费税税率为12%）纳税人用于投资入股应税消费品，应当以纳税人同类应税消费品的最高销售价格作为计税依据计算消费税。则该汽车厂上述业务应纳消费税=25.5×5×12%=15.3（万元）。

（3）卷烟计税价格的核定。**教材新增内容**

①卷烟消费税最低计税价格（以下简称计税价格）核定范围为卷烟生产企业在

生产环节销售的所有牌号、规格的卷烟。

②计税价格由国家税务总局按照卷烟批发环节销售价格扣除卷烟批发环节批发毛利核定并发布。计税价格的核定公式为：

某牌号、规格卷烟计税价格 = 批发环节销售价格 ×（1 - 适用批发毛利率）

$$批发环节销售价格 = \frac{\sum 该牌号规格卷烟各采集点的销售额}{\sum 该牌号规格卷烟各采集点的销售数量}$$

③未经国家税务总局核定计税价格的新牌号、新规格卷烟，生产企业应按卷烟调拨价格申报纳税。

④已经国家税务总局核定计税价格的卷烟，生产企业实际销售价格高于计税价格的，按实际销售价格确定适用税率，计算应纳税款并申报纳税；实际销售价格低于计税价格的，按计税价格确定适用税率，计算应纳税款并申报纳税。

（4）白酒最低计税价格的核定（见表3-7）。*教材新增内容*

表3-7　　　　　　　　　　白酒最低计税价格的核定　*教材新增内容*

核定范围	（1）白酒生产企业销售给销售单位的白酒，生产企业消费税计税价格低于销售单位对外销售价格（不含增值税）70%以下的，税务机关应核定消费税最低计税价格。 （2）自2015年6月1日起，纳税人将委托加工收回的白酒销售给销售单位，消费税计税价格低于销售单位对外销售价格（不含增值税）70%以下的，也应核定消费税最低计税价格
核定标准	（1）白酒生产企业销售给销售单位的白酒，生产企业消费税计税价格高于销售单位对外销售价格70%（含70%）以上的，税务机关暂不核定消费税最低计税价格。 （2）白酒生产企业销售给销售单位的白酒，生产企业消费税计税价格低于销售单位对外销售价格70%以下的，消费税最低计税价格由税务机关根据生产规模、白酒品牌、利润水平等情况在销售单位对外销售价格50%至70%范围内自行核定　*注意白酒的品牌使用费应并入白酒的销售额中缴纳消费税。*
重新核定	已核定最低计税价格的白酒，销售单位对外销售价格持续上涨或下降时间达到3个月以上、累计上涨或下降幅度在20%（含）以上的白酒，税务机关重新核定最低计税价格
计税价格的适用	（1）已核定最低计税价格的白酒，生产企业实际销售价格高于消费税最低计税价格的，按实际销售价格申报纳税； （2）实际销售价格低于消费税最低计税价格的，按最低计税价格申报纳税

税务局总不会吃亏的，都是按照高价征税。

（5）金银首饰、钻石及钻石饰品。

①经国务院批准自1995年1月1日起，金银首饰消费税由生产销售环节征收改为零售环节征收。改在零售环节征收消费税的金银首饰仅限于金基、银基合金首饰以及金、银和金基、银基合金的镶嵌首饰。零售环节适用税率为5%，在纳税人销售金银首饰、钻石及钻石饰品时征收。其计税依据是不含增值税的销售额。

【提示】镀金银、包金银首饰则是在进口或出厂环节缴纳消费税。*不够纯正，所以不能算作金银首饰。*

②对既销售金银首饰，又销售非金银首饰的生产、经营单位，应将两类商品划分清楚，分别核算销售额。凡划分不清楚或不能分别核算的，在生产环节销售的，

卷烟计税价格的核定
4702

白酒最低计税价格的核定
4703

一律从高适用税率征收消费税；在零售环节销售的，一律按金银首饰征收消费税。金银首饰与其他产品组成成套消费品销售的，应按销售额全额征收消费税。

③金银首饰连同包装物销售的，无论包装是否单独计价，也无论会计上如何核算，均应并入金银首饰的销售额，计征消费税。

④带料加工的金银首饰，应按受托方销售同类金银首饰的销售价格确定计税依据征收消费税。没有同类金银首饰销售价格的，按照委托加工组成计税价格计算纳税。

⑤纳税人采用以旧换新（含翻新改制）方式销售的金银首饰，应按实际收取的不含增值税的全部价款确定计税依据征收消费税。

【总结】关于金银首饰消费税纳税的有关要点（见表3-8）。

与金银首饰消费税纳税有关的要点

4704

表3-8　　　　　　关于金银首饰消费税纳税的有关要点

征税范围		（1）仅限于金基、银基合金首饰以及金、银和金基、银基合金的镶嵌首饰； （2）钻石和钻石饰品
纳税环节		零售环节
税率		5%
计税依据		不含增值税的销售额
特殊情况	既销售金银首饰，又销售非金银首饰	生产、经营单位，应将两类商品划分清楚，分别核算销售额。凡划分不清楚或不能分别核算的，在生产环节销售的，一律从高适用税率征收消费税；在零售环节销售的，一律按金银首饰征收消费税
	与其他产品组成成套消费品销售	按销售额全额征收消费税
	连同包装物销售	无论包装是否单独计价，也无论会计上如何核算，均应并入金银首饰的销售额，计征消费税
	带料加工	按受托方销售同类金银首饰的销售价格确定计税依据征收消费税。没有同类金银首饰销售价格的，按照委托加工组成计税价格计算纳税
	以旧换新	按实际收取的不含增值税的全部价款确定计税依据征收消费税

（6）兼营不同税率应税消费品的税务处理。

纳税人兼营不同税率的应税消费品，应当分别核算不同税率应税消费品的销售额、销售数量。未分别核算销售额、销售数量，或者将不同税率的应税消费品组成成套消费品销售的，从高适用税率。一般没有分别核算的，都要从高计征。

第四节　应纳税额的计算

一、生产销售环节应纳消费税的计算（能力等级3）

（一）直接对外销售应纳消费税的计算

（1）从价定率计算。

（2）从量定额计算。

（3）从价定率和从量定额复合计算。

例题讲解

4705

【例3-7·单选题】某酒厂为增值税一般纳税人，2018年1月销售粮食白酒4吨，取得不含税收入400 000元，包装物押金234 00元（单独记账核算），货物由该酒厂负责运输，收取运费47 970元。该酒厂上述业务应纳消费税（　　）元。

A.84 000　　　　　B.88 000　　　　　C.92 200　　　　　D.96 200

【答案】D

【解析】该酒厂上述业务应纳消费税=4×2 000×0.5+（400 000+23 400÷1.17+47 970÷1.17）×20%=96 200（元）。

（二）自产自用应纳消费税的计算

自产自用应纳消费税的计算见表3-9。

表3-9　　　　　　　　　　　　　自产自用应纳消费税的计算

用于连续生产应税消费品	不纳税	所谓"纳税人自产自用的应税消费品，用于连续生产应税消费品的"，是指作为生产最终应税消费品的直接材料，并构成最终产品实体的应税消费品。税法规定对自产自用的应税消费品，用于连续生产应税消费品的不征税，体现了税不重征且计税简便的原则
用于其他方面的应税消费品	于移送使用时纳税	用于其他方面是指纳税人用于生产非应税消费品、在建工程、管理部门、非生产机构，提供劳务，以及用于馈赠、赞助、集资、广告、样品、职工福利、奖励等方面。所谓"用于生产非应税消费品"，是指把自产的应税消费品用于生产消费税条例税目税率表所列15类产品以外的产品

体现消费税特点为单一环节纳税。

不在征税范围，就要及时纳税。

【例3-8·2017年多选题】纳税人发生的下列行为中，应征收消费税的有（　　）。

A.酒厂将自产的白酒赠送给客户

B.烟厂将自产的烟丝用于连续生产卷烟

C.汽车制造厂将自产的小汽车用于工厂内部的行政部门

D.原油加工厂将自产的柴油用于调和生产生物柴油

【答案】AC

【解析】纳税人自产自用的应税消费品，用于连续生产应税消费品的，不纳税，用于其他方面的，于移送使用时纳税。

【例3-9·单选题】根据消费税的有关规定，下列纳税人自产自用应税消费品不缴纳消费税的是（　　）。

A.炼油厂用于基建单位车辆的自产汽油

B.汽车厂用于管理部门的自产汽车

C.日化厂用于交易会样品的自产化妆品

D.卷烟厂用于生产卷烟的自制烟丝

【答案】D

【解析】纳税人自产自用的应税消费品，用于连续生产应税消费品的，不纳税，选项A、B、C要在移送使用时纳税。

（三）组成计税价格及税额的计算

纳税人自产自用的应税消费品，凡用于其他方面，应当纳税的，按照纳税人生产的同类消费品的销售价格计算纳税。

自产自用应税消费品没有同类消费品销售价格的，按照组成计税价格计算纳税。

组成计税价格及税额的计算

（1）实行从价定率办法计算纳税的组成计税价格计算公式：

$$组成计税价格=\frac{成本+利润}{1-消费税税率}=\frac{成本\times(1+成本利润率)}{1-消费税税率}$$

（2）实行复合计税办法计算纳税的组成计税价格计算公式：

$$组成计税价格=\frac{成本+利润+从量税}{1-消费税税率}=\frac{成本\times(1+成本利润率)+自产自用数量\times定额税率}{1-消费税税率}$$

【例3-10·单选题】2018年4月某化妆品厂将一批自产高档护肤类化妆品用于集体福利，生产成本35 000元；将新研制的香水用于广告样品，生产成本20 000元，成本利润率为5%，消费税税率为15%。上述货物已全部发出，均无同类产品售价。2018年4月该化妆品厂上述业务应纳消费税（　　）元。

A.11 196.43　　　　B.10 191.18　　　　C.17 575.00　　　　D.25 107.43

【答案】B

【解析】将自产应税消费品用于其他方面的消费税视同销售规定，有一些与增值税的视同销售规定一致，如用于在建工程，用于非生产机构，提供劳务，用于馈赠、赞助、集资、广告、样品、职工福利、奖励等，这些情况下，消费税与增值税同时作视同销售处理。上述业务应纳消费税=〔35 000×（1+5%）+20 000×（1+5%）〕÷（1-15%）×15%=10 191.18（元）。

二、委托加工环节应纳消费税的计算（能力等级3）

（1）委托加工的应税消费品是指由委托方提供原料和主要材料，受托方只收取加工费和代垫部分辅助材料加工的应税消费品。对于由受托方提供原材料生产的应税消费品，或者受托方先将原材料卖给委托方，然后再接受加工的应税消费品，以及由受托方以委托方名义购进原材料生产的应税消费品，不论纳税人在财务上是否作销售处理，都不得作为委托加工应税消费品，而应当按照销售自制应税消费品缴纳消费税。

（2）对于确实属于委托方提供原料和主要材料，受托方只收取加工费和代垫部分辅助材料加工的应税消费品，税法规定，由受托方在向委托方交货时代收代缴消费税。这样，受托方就是法定的代扣代缴义务人。

（3）1994年5月，国家税务总局在颁发的《关于消费税若干征税问题的通知》中，对委托个体经营者加工应税消费品纳税问题做了调整，由原定一律由受托方代收代缴税款，改为纳税人委托个体经营者加工应税消费品，一律于委托方收回后在委托方所在地缴纳消费税。

（4）对于受托方没有按规定代收代缴税款的，并不能因此免除委托方补缴税款的责任。在对委托方进行税务检查中，如果发现其委托加工的应税消费品受托方没有代收代缴税款，委托方要补缴税款。对委托方补征税款的计税依据是：

①如果在检查时，收回的应税消费品已经直接销售的，按销售额计税；

②收回的应税消费品尚未销售或不能直接销售的（如收回后用于连续生产等），按组成计税价格计税。组成计税价格的计算公式与委托加工组成计税价格公式相同。

（5）委托加工的应税消费品，受托方在交货时已代收代缴消费税，委托方收回后以不高于受托方计税价格直接销售的，不再征收消费税。委托方收回后以高于受托方计税价格直接销售的，按照有关规定申报缴纳消费税，在计税时准予扣除受托方已代收代缴的消费税。

加价销售的，征收消费税。来来不重复征税的原则，已纳消费税可以扣除。

不加价销售的，不征收消费税。

（6）按照《消费税暂行条例实施细则》的解释，"材料成本"是指委托方所提供加工材料的实际成本。"加工费"是指受托方加工应税消费品向委托方所收取的全部费用（包括代垫辅助材料的实际成本，不包括增值税税款），这是税法对受托方的要求。

【提示】对于"材料成本"，需要注意收购烟叶委托加工成烟丝所代收代缴消费税时组价公式中的材料成本的组成。

【总结】委托加工环节应税消费品应纳税额的计算要点（如图3-5所示）。

委托加工环节应税消费品应纳税额的计算要点

委托加工环节应税消费品应纳税额的计算要点

判断条件

```
            是 ┌─────────────────────────┐ 否
      ┌──────── │ 委托方：提供主要原材料   │ ────────┐
      │         │ 受托方：只收取加工费、辅料费 │         │
      ↓         └─────────────────────────┘         ↓
受托方在向委托方交货时代收代缴消费税        按照受托方自产应税消费品缴纳消费税
      计税依据                                   计税依据
①按受托方同类消费品的销售价格计算        ①按受托方同类消费品的销售价格计算

②组成计税价格                           ②组成计税价格
```

$$\text{从价定率组成计税价格} = \frac{\text{成本} + \text{利润}}{1 - \text{消费税税率}}$$

$$\text{复合计征组成计税价格} = \frac{\text{材料成本} + \text{加工费} + \text{从量税}}{1 - \text{消费税税率}}$$

$$\text{从价定率组成计税价格} = \frac{\text{材料成本} + \text{加工费}}{1 - \text{消费税税率}}$$

$$\text{复合计征组成计税价格} = \frac{\text{成本} + \text{利润} + \text{从量税}}{1 - \text{消费税税率}}$$

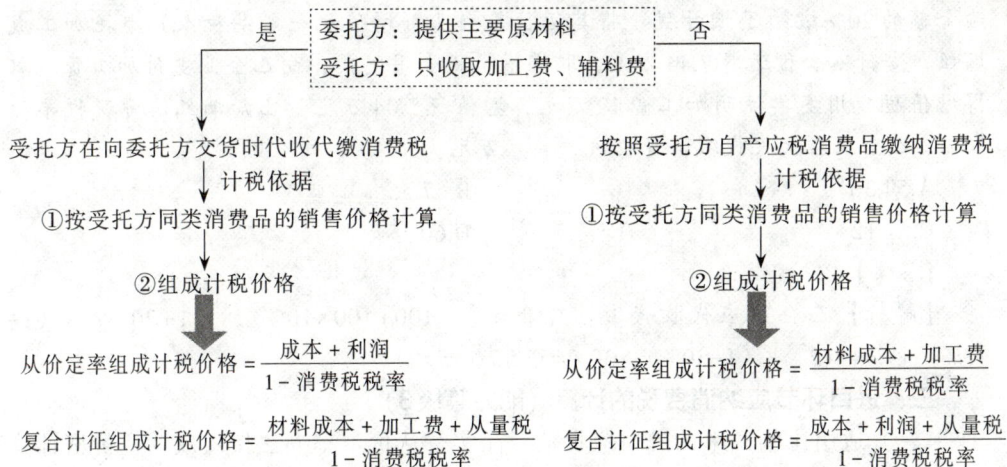

图3-5　委托加工环节应税消费品应纳税额的计算　*不要忘记从量税的部分。*

【例3-11·单选题】下列关于委托加工业务消费税处理的说法，正确的是（　　）。

A.将委托加工收回的已税消费品直接加价销售的，不征收消费税

B.纳税人委托个体经营者加工应税消费品，由委托方收回后在委托方所在地缴纳消费税

C.委托加工应税消费品的，若委托方未提供原材料成本，由委托方到所在地主管税务机关核定其材料成本

D.委托方委托加工应税消费品，受托方没有代收代缴税款的，一律由受托方补税

【答案】B

【解析】选项A：委托方将收回的应税消费品，以高于受托方的计税价格出售的，不属于直接出售，需按照规定申报缴纳消费税，在计税时准予扣除受托方已代收代缴的消费税。选项C：委托加工应税消费品的纳税人，必须在委托加工合同上如实注明（或以其他方式提供）材料成本，凡未提供材料成本的，受托方所在地主管税务机关有权核定其材料成本。选项D：在税收征管中，如果发现委托方委托加工的应税消费品，受托方没有代收代缴税款，由委托方补

缴税款。

【例3-12·2013年单选题】甲企业委托乙企业生产木制一次性筷子。甲企业提供的主要原材料实际成本为12万元，支付的不含税加工费为1万元。乙企业代垫辅料的不含税金额为0.87万元。木制一次性筷子的消费税税率为5%，乙企业代收代缴消费税的组成计税价格为（　　）。

A.12.63万元　　　　　　　　　　　B.13.55万元

C.13.68万元　　　　　　　　　　　D.14.6万元

【答案】D

【解析】本题由于受托方乙企业没有同类消费品的平均价格，所以需要计算组成计税价格，组成计税价格=（12+1+0.87）÷（1-5%）=14.6（万元）。

【例3-13·单选题】甲卷烟厂为增值税一般纳税人，2016年10月从烟农手中购进烟叶，支付买价100万元，并且按照规定支付了10%的价外补贴，同时按照收购金额的20%缴纳了烟叶税。将其运往乙企业（增值税一般纳税人）委托加工成烟丝，支付不含税运费7.44万元，取得增值税专用发票，向乙企业支付加工费，取得增值税专用发票注明加工费12万元，增值税2.04万元。已知烟丝消费税税率为30%，乙企业应代收代缴消费税（　　）万元。

A.54.36　　　　　　　　　　　B.57.55

C.67.12　　　　　　　　　　　D.60

【答案】B

【解析】乙企业应代收代缴消费税=［（100+100×10%）×（1+20%）×（1-13%）+7.44+12］÷（1-30%）×30%=57.55（万元）。

三、进口环节应纳消费税的计算（能力等级3）

（一）适用比例税率的进口应税消费品实行从价定率办法按组成计税价格计算应纳税额

$$组成计税价格 = \frac{关税完税价格 + 关税}{1 - 消费税税率} = \frac{关税完税价格 \times (1 + 关税税率)}{1 - 消费税税率}$$

应纳税额 = 组成计税价格 × 消费税税率　　组价中包含消费税和关税，不包含增值税。

（二）实行定额税率的进口应税消费品实行从量定额办法计算应纳税额

应纳税额 = 应纳进口消费品数量 × 消费税定额税率

（三）实行复合计税方法的进口应税消费品的税额计算

$$组成计税价格 = \frac{关税完税价格 + 关税 + 从量税}{1 - 消费税税率}$$

应纳税额 = 组成计税价格 × 消费税税率 + 应纳消费品进口数量 × 消费税定额税率

【提示】消费税由税务机关征收，进口的应税消费品的消费税由海关代征。

【例3-14·单选题】2015年某公司进口10箱卷烟（5万支/箱），经海关审定，关税完税价格22万元/箱，关税税率50%，消费税税率56%，定额税率150元/箱。2015年该公司进口环节应纳消费税（　　）万元。

A.100.80　　　B.288.88　　　C.420.34　　　D.1183.64

【答案】C

【解析】从价税=［22×10×（1+50%）+150×10/10 000］÷（1-56%）×56%=420.19（万元），从量税=150×10÷10 000=0.15（万元），该公司进口环节应纳消费税

=420.19+0.15=420.34（万元）。

四、已纳消费税扣除的计算（能力等级3）

为了避免重复征税，现行消费税规定，将外购应税消费品和委托加工收回的应税消费品继续生产应税消费品销售的，可以将外购应税消费品和委托加工收回应税消费品已缴纳的消费税给予扣除。

（1）扣除范围。

①外购或以委托加工收回的已税烟丝生产的卷烟；

②外购或以委托加工收回的已税高档化妆品生产的高档化妆品；

③外购或以委托加工收回的已税珠宝玉石生产的贵重首饰及珠宝玉石；

④外购或以委托加工收回的已税鞭炮焰火生产的鞭炮焰火；

⑤外购或以委托加工收回的已税杆头、杆身和握把为原料生产的高尔夫球杆；

⑥外购或以委托加工收回的已税木制一次性筷子为原料生产的木制一次性筷子；

⑦外购或以委托加工收回的已税实木地板为原料生产的实木地板；

⑧外购或以委托加工收回的汽油、柴油、石脑油、燃料油、润滑油用于连续生产应税成品油；溶剂油、航空煤油除外。

⑨外购或以委托加工收回的已税摩托车生产的摩托车（如用外购两轮摩托车改装三轮摩托车）；

⑩自2015年5月1日起，从葡萄酒生产企业购进、进口葡萄酒连续生产应税葡萄酒的，准予从葡萄酒消费税应纳税额中扣除所耗用应税葡萄酒已纳消费税税款。如本期消费税应纳税额不足抵扣的，余额留待下期抵扣。

【提示】纳税人外购、进口和委托加工收回已税化妆品用于生产高档化妆品的，其取得2016年10月1日前开具的抵扣凭证，应于2016年11月30日前按原化妆品消费税税率计提待抵扣消费税，逾期不得计提。

（2）当期准予扣除外购和委托加工应税消费品已纳消费税税款的计算公式为：

①当期准予扣除的外购应税消费品已纳税款 ＝ 当期准予扣除的外购应税消费品买价 × 外购应税消费品适用税率

当期准予扣除的外购应税消费品买价 ＝ 期初库存的外购应税消费品的买价 ＋ 当期购进的应税消费品的买价 － 期末库存的外购应税消费品的买价

②当期准予扣除的委托加工应税消费品已纳税款 ＝ 期初库存的委托加工应税消费品已纳税款 ＋ 当期收回的委托加工应税消费品已纳税款 － 期末库存的委托加工应税消费品已纳税款

（3）纳税人用外购的已税珠宝玉石生产的改在零售环节征收消费税的金银首饰（镶嵌首饰），在计税时一律不得扣除外购珠宝玉石的已纳税款。

（4）对自己不生产应税消费品，而只是购进后再销售应税消费品的工业企业，凡不能构成最终消费品直接进入消费品市场，而需进一步生产加工的（如需进一步深加工，包装，贴标，组合的珠宝玉石，化妆品，鞭炮焰火等），应当征收消费税，如属于上述可抵扣范围，同时允许扣除上述外购应税消费品的已纳税款。

【案例3-2】如图3-6所示。

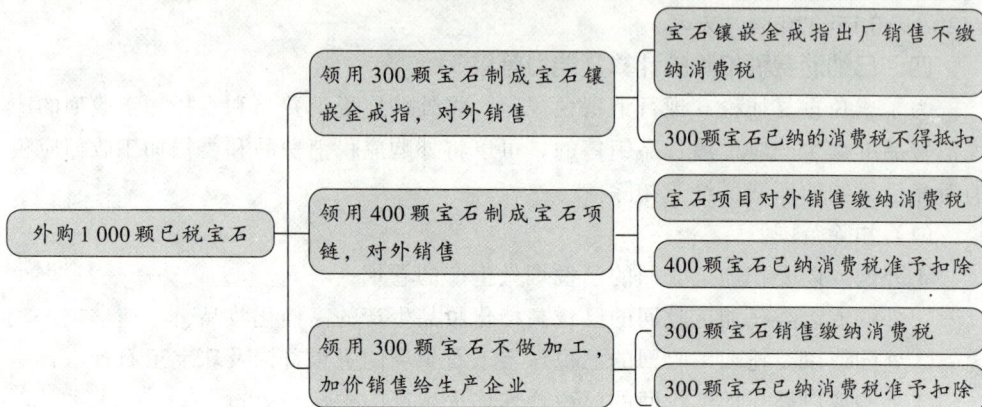

图3-6　消费税征收举例

【例3-15·2009年多选题】下列各项中，外购应税消费品已纳消费税款准予扣除的有（　　）。

A.外购已税烟丝生产的卷烟

B.外购已税汽车轮胎生产的小轿车

C.外购已税珠宝原料生产的金银镶嵌首饰

D.外购已税石脑油为原料生产的应税成品油

【答案】AD

五、批发、零售环节应纳消费税的计算（能力等级3）

（一）卷烟批发环节征收消费税的规定

具体规定见表3-10。

表3-10　　　　　　　　卷烟批发环节征收消费税的规定

纳税义务人	在我国境内从事卷烟批发业务的单位和个人
征收范围	批发销售的所有牌号规格的卷烟
计税依据	批发卷烟的不含税销售额和销售量
适用税率	11%+0.005元/支（11%+250元/箱）
征收要求	（1）纳税人应将卷烟销售额与其他商品销售额分别核算，未分别核算的，一并征收消费税； （2）纳税人销售给纳税人以外的单位和个人的卷烟于销售时纳税； （3）纳税人之间销售的卷烟不缴纳消费税； （4）卷烟消费税在生产和批发两个环节征收后，批发企业在计算纳税时不得扣除已含的生产环节的消费税税款

（适用税率建议记忆，并区别于出厂环节的卷烟。）

（常考点。）

【例3-16·单选题】卷烟批发企业甲2017年4月批发销售卷烟500箱，其中批发给另一卷烟批发企业300箱、零售专卖店150箱、个体烟摊50箱。每箱不含税批发价格为13 000元。卷烟批发环节的消费税从价税率为11%、从量税率0.005元/支，甲企业应缴纳的消费税为（　　）。

A.32 500元　　　　　B.336 000元　　　　　C.19 500元　　　　　D.32 500元

【答案】B

【解析】卷烟批发企业销售给卷烟批发企业以外的单位和个人的卷烟于销售时纳税，卷烟批发企业之间销售的卷烟不缴纳消费税。甲企业应纳消费税=13 000×

（150+50）×11%+（150+50）×250=336 000（元）。

（二）金银首饰零售环节征收消费税的规定

具体规定见表3-11。

表3-11　　　　　　金银首饰零售环节征收消费税的规定

纳税义务人	（1）在我国境内从事金银首饰零售业务的单位和个人； （2）委托加工、委托代销金银首饰的，受托方也是纳税人
征税范围	金、银和金基、银基合金首饰，以及金、银和金基、银基合金的镶嵌首饰，钻石和钻石饰品
适用税率	5%
计税依据	（1）对既销售金银首饰，又销售非金银首饰的生产、经营单位，应将两类商品划分清楚，分别核算销售额。凡划分不清楚或不能分别核算的，在生产环节销售的，一律从高适用税率征收消费税；在零售环节销售的，一律按金银首饰征收消费税。 （2）金银首饰与其他产品组成成套消费品销售的，应按销售额全额征收消费税。 （3）纳税人销售金银首饰，其计税依据为不含税的销售额： $$金银首饰的销售额 = \frac{含税销售额}{1+增值税税率或征收率}$$ （4）金银首饰连同包装物销售的，无论包装是否单独计价，也无论会计上如何核算，均应并入金银首饰的销售额，计征消费税。 （5）带料加工的金银首饰，应按受托方销售同类金银首饰的销售价格确定计税依据征收消费税；没有同类金银首饰销售价格的，按照委托加工组成计税价格计算纳税： $$组成计税价格 = \frac{材料成本 + 加工费}{1 - 金银首饰消费税税率}$$ （6）纳税人采用以旧换新（含翻新改制）方式销售的金银首饰，应按实际收取的不含增值税的全部价款确定计税依据征收消费税。 （7）生产、批发、零售单位用于馈赠、赞助、集资、广告、样品、职工福利、奖励等方面的金银首饰，应按纳税人销售同类金银首饰的销售价格确定计税依据征收消费税；没有同类金银首饰销售价格的，按照组成计税价格计算纳税： $$组成计税价格 = \frac{购进原价 \times (1 + 利润率)}{1 - 金银首饰消费税税率}$$

（红色批注）零售环节的销售额一般为含税价，要价税分离。

（红色批注）计税依据的确定

（红色批注）区别于一般的以旧换新。

【例3-17·单选题】2017年4月，某商场首饰部销售业务如下：采用以旧换新方式销售金银首饰，该批首饰市场零售价14.04万元，旧首饰作价的含税金额为5.85万元，商场实际收到8.19万元；修理金银首饰取得含税收入2.34万元；零售镀金首饰取得收入7.02万元，该商场当月应纳消费税（　　）万元。（金银首饰消费税税率5%）

A.0.35　　　　　　B.0.45　　　　　　C.0.60　　　　　　D.0.75

【答案】A

【解析】该商场当月应纳消费税=8.19÷（1+17%）×5%=0.35（万元）。

（三）超豪华小汽车在零售环节加征消费税的有关规定　（红色批注）新增内容，予以重视。

具体规定见表3-12。

（红色批注）超豪华小汽车在零售环节加征消费税的有关规定

表3-12　　　　　　超豪华小汽车在零售环节加征消费税的有关规定

征税范围	每辆零售价格130万元（不含增值税）及以上的乘用车和中轻型商用客车
纳税义务人	将超豪华小汽车销售给消费者的单位和个人
税率	10%
计算公式	应纳税额 = 零售环节不含税销售额 × 零售环节税率
特殊规定	国内汽车生产企业直接销售给消费者的超豪华小汽车，消费税税率按照生产环节税率和零售环节税率加总计算。消费税应纳税额计算公式： 应纳税额 = 不含税销售额 ×（生产环节税率 + 零售环节税率）

【提示】上述规定自2016年12月1日起执行。对于11月30日（含）之前已签订汽车销售合同，但未交付实物的超豪华小汽车，自12月1日（含）起5个工作日内，纳税人持已签订的汽车销售合同，向其主管税务机关备案。对按规定备案的不征收零售环节消费税，未备案以及未按规定期限备案的，征收零售环节消费税。

六、消费税出口退税的计算（能力等级3）

具体政策如图3-7所示。

消费税出口退税政策

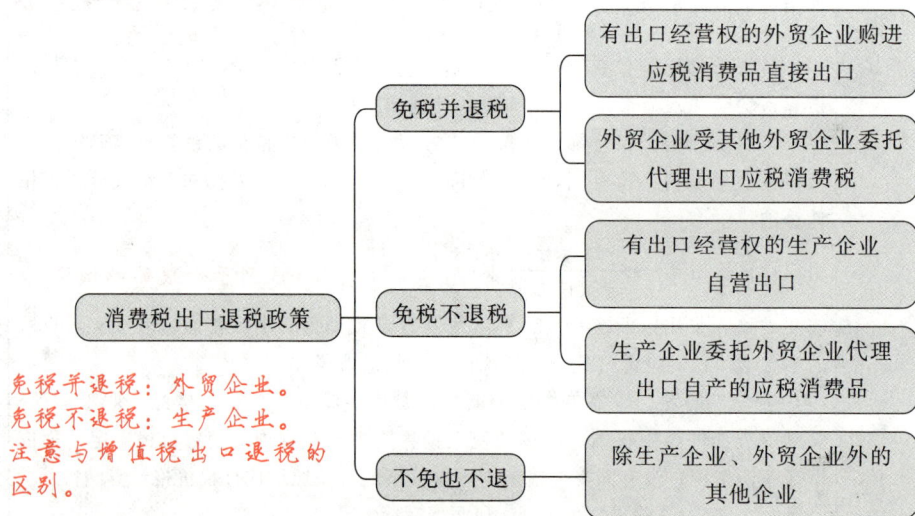

免税并退税
- 有出口经营权的外贸企业购进应税消费品直接出口
- 外贸企业受其他外贸企业委托代理出口应税消费税

免税不退税
- 有出口经营权的生产企业自营出口
- 生产企业委托外贸企业代理出口自产的应税消费品

不免也不退
- 除生产企业、外贸企业外的其他企业

图3-7　消费税出口退税政策

免税并退税：外贸企业。
免税不退税：生产企业。
注意与增值税出口退税的区别。

【提示】消费税出口退税实行"征多少退多少"原则，其出口退税率等于征收率。

【例3-18·2013年多选题】企业出口的下列应税消费品中，属于消费税出口免税并退税范围的有（　　）。

A.生产企业委托外贸企业代理出口的应税消费品

B.有出口经营权的生产企业自营出口的应税消费品

C.有出口经营权的外贸企业购进用于直接出口的应税消费品

D.有出口经营权的外贸企业受其他外贸企业委托代理出口的应税消费品

【答案】CD

【解析】选项A和B，出口的应税消费品都属于生产企业，生产企业出口应税消费品属于免税不退税范围；选项C和D，出口的应税消费品都属于外贸企业，外贸企业出口应税消费品属于免税并退税范围。

第五节　征收管理

一、纳税义务发生时间（能力等级1） 结合增值税一同理解记忆。

纳税义务发生时间见表3-13。

表3-13 纳税义务发生时间

销售应税消费品	1.纳税人采取赊销和分期收款结算方式的，其纳税义务的发生时间为销售合同规定的收款日期的当天。 2.纳税人采取预收货款结算方式的，其纳税义务的发生时间，为发出应税消费品的当天。 3.纳税人采取托收承付和委托银行收款方式销售的应税消费品，其纳税义务的发生时间，为发出应税消费品并办妥托收手续的当天。 4.纳税人采取其他结算方式的，其纳税义务的发生时间，为收讫销售款或者取得索取销售款的凭据的当天
自产自用应税消费品	为移送使用的当天
委托加工应税消费品	为纳税人提货的当天
进口应税消费品	为报关进口的当天

二、纳税地点（能力等级1）

（1）纳税人销售的应税消费品，以及自产自用的应税消费品，除国务院财政、税务主管部门另有规定外，应当向纳税人机构所在地或者居住地的主管税务机关申报纳税。

（2）委托加工的应税消费品，除受托方为个人外，由受托方向机构所在地或者居住地的主管税务机关解缴消费税税款。

（3）进口的应税消费品，由进口人或者其代理人向报关地海关申报纳税。

（4）纳税人到外县（市）销售或者委托外县（市）代销自产应税消费品的，于应税消费品销售后，<u>向机构所在地或者居住地主管税务机关申报纳税</u>。 回所在地缴纳税款。

①纳税人的总机构与分支机构不在同一县（市）的，应当分别向各自机构所在地的主管税务机关申报纳税；经财政部、国家税务总局或者其授权的财政、税务机关批准，可以由总机构汇总向总机构所在地的主管税务机关申报纳税。 一般情况，分别纳税。经过批准，总机构纳税。

②卷烟批发企业的机构所在地，总机构与分支机构不在同一地区的，由总机构申报纳税。

（5）纳税人销售的应税消费品，如因质量等原因由购买者退回时，经所在地主管税务机关审核批准后，可退还已征收的消费税税款。 相当于没有形成销售。

【例3-19·多选题】下列各项中，符合消费税纳税地点规定的有（　　）。

A.纳税人到外县市销售应税消费品的，应当向销售地税务机关申报缴纳消费税

B.委托非个体经营者加工应税消费品的，由受托方向其所在地主管税务机关解

纳税地点

缴消费税税款

C.进口应税消费品，由进口人或者其代理人向报关地海关申报纳税

D.卷烟批发企业总机构与分支机构不在同一地区的，由总机构申报纳税

【答案】BCD

智能测评

扫码听分享	做题看反馈
4717	3148
本章难度并不大，却有许多常考点，要理解消费税价内税的特征，重点理解记忆的知识点，比如复合计征的情形及税率、卷烟的批发环节加征规定、已纳消费税的扣除规定。 扫一扫二维码，来听学习导师的分享吧。	学完马上测！ 请扫描上方的二维码进入本章测试，检测一下自己学习的效果如何。做完题目，还可以查看自己的个性化测试反馈报告。这样，在以后复习的时候就更有针对性、效率更高啦！

第四章　企业所得税法

本章导学

本章考情概述

　　企业所得税是我国实体税法中非常重要的一个税，也是 CPA 税法的重点章节。之所以重要，是因为企业所得税的综合性非常强，不仅仅与其他税种的关联度较大，还与会计的关联性非常大。2018 年本章内容根据去年总局的几份文件进行了适当修订，总体基调上还是保持相对稳定。今年教材在章节税种编排时将企业所得税提前到了消费税之后，体现了该税种的重要性，考虑到税种学习的循序渐进和关联性，建议考生先复习后续小税种章节，再复习本章内容。

　　本章内容包括：企业所得税纳税义务人、征税对象与税率、应纳税所得额的计算、资产的税务处理、资产损失税前扣除的所得税处理、税收优惠、应纳税额的计算、源泉扣缴、征收管理。

　　从历年的试题来看，本章平均分值在 18～20 分。在客观题中主要考查企业所得税的政策性、记忆性的考点，相对庞杂，考生一定细心梳理把握。在主观题中，最近几年企业所得税考查的都是属于比较"中规中矩"的在会计利润总额的基础上进行的所得税清算和境外所得的抵免，也附带考查了与增值税、消费税、印花税、房产税等其他税种的组合。之前也曾命过改错题，这种题型的难度就更大了。企业所得税一章，其实涉及会计相关知识政策的部分要占 60% 左右，剩余 40% 左右的部分就是所谓的税会差异政策，会计基础较好的考生复习本章时，学习难度并不大；但对于零基础考生或是会计基础较为薄弱的考生，需要在一些知识点上举一反三。

第一节　纳税义务人、征税对象与税率

一、纳税义务人（能力等级1）

　　企业所得税的纳税义务人，是指在中华人民共和国境内的企业和其他取得收入的组织。《中华人民共和国企业所得税法》第一条规定，除个人独资企业、合伙企业不适用企业所得税法外，凡在我国境内，企业和其他取得收入的组织（以下统称企业）为企业所得税的纳税人，依照本法规定缴纳企业所得税。

二、征税对象（能力等级2）　掌握居民企业和非居民企业的划分。

（一）征税范围

征税对象

　　企业所得税的纳税人分为居民企业和非居民企业，这是根据企业纳税义务范围的宽窄进行的分类，不同的企业在向中国政府缴纳所得税时，纳税义务不同，具体见表 4-1。

表4-1 征税范围

纳税人	判定标准	征税范围、对象
居民企业	依法在中国境内成立的企业	居民企业应就来源于中国境内、境外的所得作为征税对象
	依照外国（地区）法律成立但实际管理机构在中国境内的企业	所得包括销售货物所得、提供劳务所得、转让财产所得、股息红利等权益性投资所得、利息所得、租金所得、特许权使用费所得、接受捐赠所得和其他所得
非居民企业	依照外国（地区）法律成立且实际管理机构不在中国境内，但在中国境内设立机构、场所的企业	在中国境内设立机构、场所的，应当就其所设机构、场所取得的来源于中国境内的所得，以及发生在中国境外但与其所设机构、场所有实际联系的所得，缴纳企业所得税
	在中国境内未设立机构、场所，但有来源于中国境内所得的企业	中国境内未设立机构、场所的，或者虽设立机构、场所但取得的所得与其所设机构、场所没有实际联系的，应当就其来源于中国境内的所得缴纳企业所得税

【例4-1·2008年多选题】依据企业所得税法的规定，判定居民企业的标准有（　　）。

A.登记注册地标准　　　　　　　B.所得来源地标准

C.经营行为实际发生地标准　　　D.实际管理机构所在地标准

【答案】AD

【解析】居民企业是指依法在中国境内成立，或者依照外国（地区）法律成立但实际管理机构在中国境内的企业。新企业所得税法采用了"登记注册地标准"和"实际管理机构所在地标准"两个衡量标准，对居民企业和非居民企业做了明确的界定。

（二）所得来源地的确定（如图4-1所示）

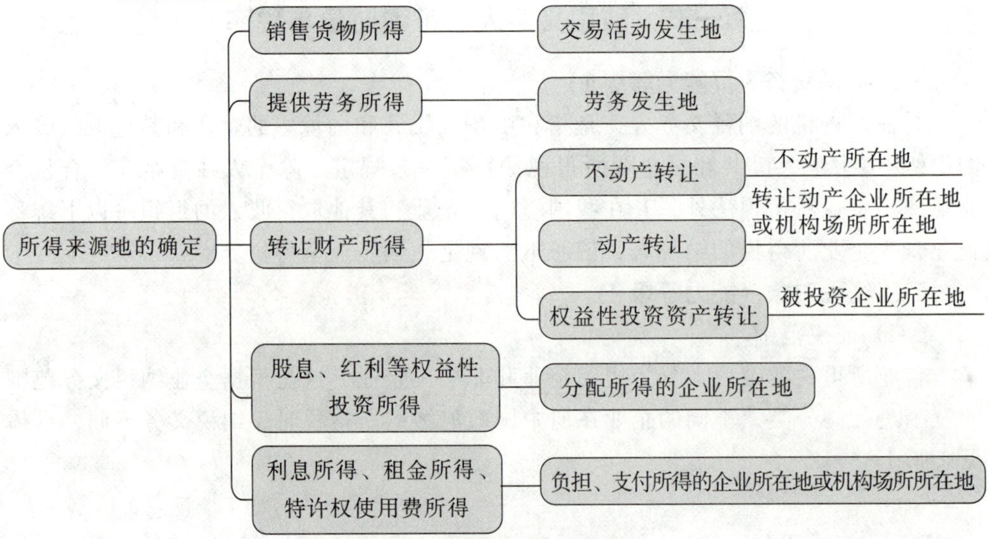

图4-1 所得来源地的确定

【例4-2·2008年单选题】依据企业所得税法的规定，下列各项中按负担所得的所在地确定所得来源地的是（　　）。

A.销售货物所得　　　　　　　　B.权益性投资所得

C.动产转让所得　　　　　　　　D.特许权使用费所得

【答案】D

【解析】销售货物所得，按照交易活动发生地确定；权益性投资所得，按照分配所得的企业所在地确定；动产转让所得，按照转让动产的企业或者机构、场所所在地确定；特许权使用费所得，按照负担、支付所得的企业或者机构、场所所在地确定，或者按照负担、支付所得的个人的住所地确定。

三、税率（能力等级2）（见表4-2）

居民企业、非居民企业税率是每年必考的内容。

表4-2　　　　　　　　　　　　　　　税率

企业所得税的税率

企业类型			税率
居民企业			基本税率25%
非居民企业	在我国境内设立机构、场所	取得所得与设立的机构、场所有联系的	
		取得所得与设立的机构、场所没有联系的	低税率20%实际减按10%
	没有在我国境内设立机构、场所	就来源于我国境内的所得	

第二节　应纳税所得额的计算

应纳税所得额是企业所得税的计税依据，按照企业所得税法的规定，应纳税所得额为企业每一个纳税年度的收入总额，减除不征税收入、免税收入、各项扣除以及允许弥补的以前年度亏损后的余额。其基本公式为：

应纳税所得额=收入总额-不征税收入-免税收入-各项扣除-以前年度亏损

允许弥补的以前年度亏损

应纳税所得额=利润总额±纳税调整

应纳税所得额调整是每年必考的内容。

一、收入总额（能力等级3）

企业的收入总额包括以货币形式和非货币形式从各种来源取得的收入，具体有：销售货物收入，提供劳务收入，转让财产收入，股息、红利等权益性投资收益，利息收入，租金收入，特许权使用费收入，接受捐赠收入，其他收入。

企业取得收入的货币形式，包括现金、存款、应收账款、应收票据、准备持有至到期的债券投资以及债务的豁免等。

纳税人以非货币形式取得的收入，包括固定资产、生物资产、无形资产、股权投资、存货、不准备持有至到期的债券投资、劳务以及有关权益等，这些非货币资产应当按照公允价值确定收入额，公允价值是指按照市场价格确定的价值。

（一）一般收入的确认（见表4-3）

表4-3 一般收入的确认

收入种类	收入的确认
1.销售货物收入 销售货物收入，同学们需要对这些收入确认准则眼熟。	（1）企业销售商品同时满足下列条件的，应确认收入的实现： ①商品销售合同已经签订，企业已将商品所有权相关的主要风险和报酬转移给购货方 ②企业对已售出的商品既没有保留通常与所有权相联系的继续管理权，也没有实施有效控制 ③收入的金额能够可靠地计量 ④已发生或将发生的销售方的成本能够可靠地核算 （2）符合上款收入确认条件，采取下列商品销售方式的，应按以下规定确认收入实现时间： ①销售商品采用托收承付方式的，在办妥托收手续时确认收入 ②销售商品采取预收款方式的，在发出商品时确认收入 ③以分期收款方式销售货物的，按照合同约定的收款日期确认收入的实现 ④销售商品采用支付手续费方式委托代销的，在收到代销清单时确认收入 ⑤销售商品需要安装和检验的，在购买方接受商品以及安装和检验完毕时确认收入。如果安装程序比较简单，可在发出商品时确认收入 （3）采用售后回购方式销售商品的，销售的商品按售价确认收入，回购的商品作为购进商品处理。有证据表明不符合销售收入确认条件的，如以销售商品方式进行融资，收到的款项应确认为负债，回购价格大于原售价的，差额应在回购期间确认为利息费用 （4）销售商品以旧换新的，销售商品应当按照销售商品收入确认条件确认收入，回收的商品作为购进商品处理 （5）企业为促进商品销售而在商品价格上给予的价格扣除属于商业折扣，商品销售涉及商业折扣的，应当按照扣除商业折扣后的金额确定销售商品收入金额 （6）债权人为鼓励债务人在规定的期限内付款而向债务人提供的债务扣除属于现金折扣，销售商品涉及现金折扣的，应当按扣除现金折扣前的金额确定销售商品收入金额，现金折扣在实际发生时作为财务费用扣除 （7）企业因售出商品的质量不合格等原因而在售价上给予的减让属于销售折让；企业因售出商品质量、品种不符合要求等原因而发生的退货属于销售退回。企业已经确认销售收入的售出商品发生销售折让和销售退回的，应当在发生当期冲减当期销售商品收入
2.劳务收入	企业在各个纳税期末，提供劳务交易的结果能够可靠估计的，应采用完工进度（完工百分比）法确认提供劳务收入 （1）提供劳务交易的结果能够可靠估计，是指同时满足下列条件： ①收入的金额能够可靠地计量 ②交易的完工进度能够可靠地确定 ③交易中已发生和将发生的成本能够可靠地核算 （2）企业提供劳务完工进度的确定，可选用下列方法： ①已完工作的测量 ②已提供劳务占劳务总量的比例 ③发生成本占总成本的比例 　【例4-3·单选题】2016年年末，某造船厂拟对一艘在建远洋客轮按照完工进度法确认其提供劳务的收入。下列测算方法，不符合企业所得税相关规定的是（　　）。 A.已完工作的测量 B.发生成本占总成本的比例 C.已提供劳务占劳务总量的比例 D.已建造时间占合同约定时间的比例 【答案】D 【解析】企业提供劳务完工进度的确定，可选用下列方法：（1）已完工作的测量；（2）已提供劳务占劳务总量的比例；（3）发生成本占总成本的比例。

续表

收入种类	收入的确认
3.转让财产收入 转让财产收入，需要注意可以扣除的成本。	转让财产收入是指企业转让固定资产、生物资产、无形资产、股权、债权等财产取得的收入 （1）企业转让股权收入，应于转让协议生效、且完成股权变更手续时，确认收入的实现 （2）转让股权收入扣除为取得该股权所发生的成本后，为股权转让所得。企业在计算股权转让所得时，不得扣除被投资企业未分配利润等股东留存收益中按该项股权可能分配的金额 【提示】股权转让所得，只需考虑转让收入与股权的成本，无需考虑该项股权对应的股息红利。 【例4-4·单选题】2017年1月甲企业将持有乙企业5%的股权以1 000万元的价格转让，转让价格中包含乙企业未分配利润中归属于该股权的20万元，股权的购置成本为800万元。甲企业应确认的股权转让所得为（　　）万元。 A.50　　　　B.180　　　　C.200　　　　D.220 【答案】C 【解析】企业计算股权转让所得时，不得扣除被投资企业未分配利润等股东留存收益中按该项股权可能分配的金额。甲企业应确认的股权转让所得=1 000-800=200（万元）。 （3）投资方企业从被清算企业分得的剩余资产，其中相当于从被清算企业累计未分配利润和累计盈余公积中应当分得的部分，应当确认为股息所得；剩余资产减除上述股息所得后的余额，超过或者低于投资成本的部分，应当确认为投资资产转让所得或者损失 （4）投资企业从被投资企业撤回或减少投资，其取得的资产中，相当于初始出资的部分，应确认为投资收回；相当于被投资企业累计未分配利润和累计盈余公积按减少实收资本比例计算的部分，应确认为股息所得；其余部分确认为投资资产转让所得 【提示】当涉及撤资、减资、清算，股权需要注销时，需要考虑该项股权对应的股息红利；而在股权转让时，并不涉及股权注销，所以仅需考虑股权转让时取得的收入和对应的成本。 【案例4-1】A公司2012年以1 000万元出资设立M公司，占M公司30%的股份。2018年1月经股东会议决议，同意A公司撤回其投资，A公司分得现金2 500万元。截至2017年年底，M公司共有未分配利润和盈余公积3 000万元，按照A公司注册资本比例计算，A公司应该享有900万元。因此A公司股权投资所得=2 500-1 000-900=600（万元）。
4.股息、红利等权益性投资收益	股息、红利等权益性投资收益是指企业因权益性投资从被投资方取得的收入 （1）股息、红利等权益性投资收益，除国务院财政、税务主管部门另有规定外，按照被投资方做出利润分配决定的日期确认收入的实现 （2）被投资企业将股权（票）溢价所形成的资本公积转为股本的，不作为投资方企业的股息、红利收入，投资方企业也不得增加该项长期投资的计税基础 （3）内地企业投资者通过沪港通投资香港联交所上市股票的股息红利所得税的处理： ①对内地企业投资者通过沪港通投资香港联交所上市股票取得的股息红利所得，计入其收入总额，依法计征企业所得税。其中，内地居民企业连续持有H股满12个月取得的股息红利所得，依法免征企业所得税 ②香港联交所上市H股公司应向中国结算提出申请，由中国结算向H股公司提供内地企业投资者名册，H股公司对内地企业投资者不代扣股息红利所得税款，应纳税款由企业自行申报缴纳 ③内地企业投资者自行申报缴纳企业所得税时，对香港联交所非H股上市公司已代扣代缴的股息红利所得税，可依法申请税收抵免

第四章

续表

收入种类	收入的确认
5.利息收入	利息收入，按照合同约定的债务人应付利息的日期确认收入的实现
6.租金收入	租金收入，按照合同约定的承租人应付租金的日期确认收入的实现。其中，如果交易合同或协议中规定租赁期限跨年度，且租金提前一次性支付的，根据《实施条例》第九条规定的收入与费用配比原则，出租人可对上述已确认的收入，在租赁期内，分期均匀计入相关年度收入
7.特许权使用费收入	特许权使用费收入，按照合同约定的特许权使用人应付特许权使用费的日期确认收入的实现
8.接受捐赠收入	接受捐赠收入，按照实际收到捐赠资产的日期确认收入的实现
9.其他收入	其他收入是指企业取得的除以上收入外的其他收入，包括企业资产溢余收入、逾期未退包装物押金收入、确实无法偿付的应付款项、已作坏账损失处理后又收回的应收款项、债务重组收入、补贴收入、违约金收入、汇兑收益等

利息收入、租金收入的时点，同学们需要引起一些必要的关注。

【提示】在一般收入的确认里，需要重点把握收入确认的条件和时间点。

【例4-5·多选题】企业所得税法规定的转让财产收入包括转让（　　）。

A.无形资产

B.存货

C.股权

D.债权

【答案】ACD

【例4-6·多选题】以下关于企业所得税收入确认时间的正确表述有（　　）。

A.股息、红利等权益性投资收益，以投资方收到分配金额作为收入的实现

B.利息收入，按照合同约定的债务人应付利息的日期确认收入的实现

C.租金收入，在实际收到租金收入时确认收入的实现

D.接受捐赠收入，在实际收到捐赠资产时确认收入的实现

【答案】BD

（二）特殊收入的确认

特殊收入的确认

特殊收入，尤其关于视同销售需要分清内部处置和外部处置对企业所得税的影响。

1.企业受托加工制造大型机械设备、船舶、飞机，以及从事建筑、安装、装配工程业务或者提供其他劳务等，持续时间超过12个月的，按照纳税年度内完工进度或者完成的工作量确认收入的实现。

2.采取产品分成方式取得收入的，按照企业分得产品的日期确认收入的实现，其收入额按照产品的公允价值确定。

3.企业发生非货币性资产交换，以及将货物、财产、劳务用于捐赠、偿债、赞助、集资、广告、样品、职工福利或者利润分配等用途的，应当视同销售货物、转让财产或者提供劳务，但国务院财政、税务主管部门另有规定的除外。

4.处置资产收入的确认（见表4-4）

表4-4　　　　　　　　　　　处置资产收入的确认

非视同销售（内部处置）	企业发生下列情形的处置资产，除将资产转移至境外以外，由于资产所有权属在形式和实质上均不发生改变，可作为内部处置资产，不视同销售确认收入，相关资产的计税基础延续计算： ①将资产用于生产、制造、加工另一产品 ②改变资产形状、结构或性能 ③改变资产用途（如自建商品房转为自用或经营） ④将资产在总机构及其分支机构之间转移 ⑤上述两种或两种以上情形的混合 ⑥其他不改变资产所有权属的用途
视同销售（确认收入）	企业将资产移送他人的下列情形，因资产所有权属已发生改变而不属于内部处置资产，应按规定视同销售确定收入： ①用于市场推广或销售 ②用于交际应酬 ③用于职工奖励或福利 ④用于股息分配 ⑤用于对外捐赠 ⑥其他改变资产所有权属的用途 【提示】企业发生上述规定情形时，属于企业自制的资产，应按企业同类资产同期对外销售价格确定销售收入；属于外购的资产，可按购入时的价格确定销售收入。

【提示】资产处置是否需要确认收入，关键把握资产所有权属是否发生改变。

【例4-7·2016年单选题】企业在境内发生处置资产的下列情形中，应视同销售确认企业所得税应税收入的是（　　）。

A.将资产用于职工奖励或福利

B.将资产用于加工另一种产品

C.将资产用于在总分支机构之间转移

D.将资产用于结构或性能改变

【答案】A

【解析】选项A：资产的所有权属发生了改变；选项B、C、D：资产的所有权属没有发生改变。

【例4-8·单选题】2016年12月甲饮料厂给职工发放自制果汁和当月外购的取暖器作为福利，其中果汁的成本为20万元，同期对外销售价格为25万元；取暖器的购进价格为10万元。根据企业所得税相关规定，该厂发放上述福利应确认的收入是（　　）万元。

A.10　　　　　　B.20　　　　　　C.30　　　　　　D.35

【答案】D

【解析】上述福利应确认的收入=25+10=35（万元）。

5.企业混合性投资业务所得税处理（见表4-5）

表4-5　　　　　　　企业混合性投资业务所得税处理

混合性投资业务定义	混合性投资业务是指兼具权益性投资和债权性投资双重特征的投资业务 （1）权益性投资取得回报，一般体现为股息收入，按照规定可以免征企业所得税；同时，被投资企业支付的股息不能作为费用在税前扣除 （2）债权性投资取得回报为利息收入，按照规定应当缴纳企业所得税；同时，被投资企业支付的利息也准予在税前扣除 （3）由于混合性投资业务兼具权益性投资和债权性投资双重特征，需要统一此类投资业务政策执行口径。因此，鉴于混合性投资业务的特点，《企业混合性投资业务企业所得税处理问题的公告》将此类投资业务归属于债权投资业务，并要求按照债权投资业务进行企业所得税处理
企业混合性投资业务的条件	（1）被投资企业接受投资后，需要按投资合同或协议约定的利率定期支付利息（或定期支付保底利息、固定利润、固定股息，下同） （2）有明确的投资期限或特定的投资条件，并在投资期满或者满足特定投资条件后，被投资企业需要赎回投资或偿还本金 （3）投资企业对被投资企业净资产不拥有所有权 （4）投资企业不具有选举权和被选举权 （5）投资企业不参与被投资企业日常生产经营活动
被投资企业支付利息的税务处理	（1）按合同或协议约定，由被投资企业定期支付利息的，投资企业应当于被投资企业应付利息的日期，根据合同或协议约定的利率，计算确定本期利息收入并计入当期应纳税所得额 （2）被投资企业应于应付利息的日期确认本期利息支出，并按税法实施条例和规定的限定利率，在当期进行税前扣除
被投资企业赎回投资的处理	投资期满或满足特定条件后，由被投资企业按投资合同或协议约定价格赎回的，应区分下列情况分别进行处理： （1）当实际赎价高于投资成本时，投资企业应将赎价与投资成本之间的差额，在赎回当期确认为债务重组收益，并计入当期应纳税所得额；被投资企业应将赎价与投资成本之间的差额，在赎回当期按规定确认为债务重组损失，并准予在税前扣除 （2）当实际赎价低于投资成本时，投资企业应将赎价与投资成本之间的差额，在赎回当期按规定确认为债务重组损失，并准予在税前扣除；被投资企业应将赎价与投资成本之间的差额，在赎回当期确认为债务重组收益，并计入当期应纳税所得额

【提示】混合性投资视同债权性投资，把握混合性投资税务处理要点，就是要明确权益性投资和债权性投资的区别。

6.非货币性资产投资企业所得税处理

（1）居民企业以非货币性资产对外投资确认的非货币性资产转让所得，可在不超过5年的期限内，分期均匀计入相应年度的应纳税所得额，按规定计算缴纳企业所得税。企业以非货币性资产对外投资而取得被投资企业的股权，应以非货币性资产的原计税成本为计税基础，加上每年确认的非货币性资产转让所得，逐年进行调整。

（2）企业在对外投资5年内转让上述股权或投资收回的，应停止执行递延纳税政策，并就递延期内尚未确认的非货币性资产转让所得，在转让股权或投资收回当年的企业所得税年度汇算清缴时，一次性计算缴纳企业所得税；企业在计算股权转让所得时，可按本通知第三条第一款规定将股权的计税基础一次调整到位。企业在对外投资5年内注销的，应停止执行递延纳税政策，并就递延期内尚未确认的非货币性资产转让所得，在注销当年的企业所得税年度汇算清缴时，一次性计算缴纳企业所得税。

【提示】非货币性资产投资的所得税处理，关键是能够正确理解会计的"账面价值"和税法的"计税基础"之间的差异。掌握了账面价值和计税基础的差异，对于后续学习企业重组的所得税处理和所得税会计至关重要。

7.企业转让上市公司限售股有关所得税处理（见表4-6）

表4-6　　　　　企业转让上市公司限售股有关所得税处理

限售股	（1）股改限售股，指上市公司股权分置改革完成后股票复牌日之前股东所持原非流通股股份，以及股票复牌日至解禁日期间由上述股份孳生的送、转股 （2）新股限售股，指2006年股权分置改革新老划断后，首次公开发行股票并上市的公司形成的限售股，以及上市首日至解禁日期间由上述股份孳生的送、转股 （3）财政部、税务总局、法制办和证监会共同确定的其他限售股
转让限售股的纳税人	转让限售股取得收入的企业（包括事业单位、社会团体、民办非企业单位等），为企业所得税的纳税义务人
转让代个人持有的限售股	因股权分置改革造成原由个人出资而由企业代持有的限售股，企业在转让时按以下规定处理： （1）企业转让上述限售股取得的收入，应作为企业应税收入计算纳税 （2）上述限售股转让收入扣除限售股原值和合理税费后的余额为该限售股转让所得 （3）企业未能提供完整、真实的限售股原值凭证，不能准确计算该限售股原值的，主管税务机关一律按该限售股转让收入的15%，核定为该限售股原值和合理税费 （4）依照规定完成纳税义务后的限售股转让收入余额转付给实际所有人时不再纳税 （5）依法院判决、裁定等原因，通过证券登记结算公司，企业将其代持的个人限售股直接变更到实际所有人名下的，不视同转让限售股 【案例4-2】甲企业代个人A持有上市公司股权分置改革后的限售股10万股，每股购置成本1.5元。限售股解禁后企业转让该10万股限售股，转让价为每股9元，转让收入为90万元，发生相关税费0.5万元，扣除成本15万元，税费后所得为74.5万元。企业应就该项所得并入当期应纳税所得额缴纳企业所得税18.625万元（74.5×25%），剩余部分70.875（90-18.625-0.5）万元转付给个人时，个人不再纳税。如果甲企业在转让该10万股限售股之前，按照法院判决、裁定，通过证券登记结算公司，将其代持的10万股个人限售股直接变更到A个人名下，也不视同甲企业转让限售股，不需要就此项业务缴纳企业所得税。但个人将10万股限售股转让后，需按规定缴纳个人所得税

关于限售股的转让，同学们需要掌握限售股成本无法估计的情况下，税会差异的处理。

企业转让上市公司限售股有关所得税处理

限售股解禁前转让	按照相关规定,限售股解禁前,不能上市流通,但不会影响持有者事实上的转让交易。对此,企业持有的限售股解禁前的转让行为,仍要缴纳企业所得税。但可以按照实质与形式相结合的原则,对于已经纳税的不重复纳税。即按以下规定处理: (1) 企业应按减持在证券登记结算机构登记的限售股取得的全部收入,计入企业当年度应税收入计算纳税 (2) 企业持有的限售股在解禁前已签订协议转让给受让方,但未变更股权登记、仍由企业持有的,企业实际减持该限售股取得的收入,前条规定纳税后,其余额转付给受让方的,受让方不再纳税 【案例4-3】甲企业持有上市公司的限售股10万股,每股购置成本1元。限售股解禁前,甲企业将10万股转让给乙企业,每股售价7元。但未办理股权变更登记,名义上仍由甲企业持有,但事实上属于乙企业。此时,企业转让股权收入应于转让协议生效、且完成股权变更手续时,确认收入的实现,应减持在证券登记结算机构登记的限售股取得的全部收入,计入企业当年度应税收入计算纳税。由于没有办理股权变更登记,甲企业不需要就转让所得60万元并入当期企业应纳税所得额缴纳企业所得税。等到限售期结束后,如甲企业按照乙企业的要求,将10万股限售股以每股9元转让,转让收入为90万元,发生相关税费0.5万元,则扣除成本10万元及税费0.5万元后所得为79.5万元。甲企业应就该项所得并入当期应纳税所得额缴纳企业所得税为19.875万元(79.5×25%),其中甲企业本身应承担其中的60×25%=15万元,剩余部分14.625万元(79.5-60-4.875)转付给乙企业时,视为归还不视为赠与,乙企业视为免税收入,不再纳税

【例4-9·单选题】2006年股权分置改革时,张某个人出资购买甲公司限售股并由乙企业代为持有,乙企业适用的企业所得税税率为25%。2016年12月乙企业转让已解禁的限售股取得收入200万元,无法提供原值凭证;相关款项已经交付给张某。该转让业务张某和乙企业合计应缴纳所得税( )万元。

A.0

B.7.5

C.42.5

D.50

【答案】C

【解析】企业未能提供完整、真实的限售股原值凭证,不能准确计算该限售股原值的,主管税务机关一律按该限售股转让收入的15%,核定为该限售股原值和合理税费。企业完成纳税义务后的限售股转让收入余额转付给实际所有人时不再纳税。应缴纳所得税=200×(1-15%)×25%=42.5(万元)。

8.企业接收政府和股东划入资产的企业所得税处理（见表4-7）

表4-7　　　　　企业接收政府和股东划入资产的企业所得税处理

企业接收政府划入资产的企业所得税处理	（1）县级以上人民政府（包括政府有关部门，下同）将国有资产明确以股权投资方式投入企业，企业应作为国家资本金（包括资本公积）处理。该项资产如为非货币性资产，应按政府确定的接收价值确定计税基础
	（2）县级以上人民政府将国有资产无偿划入企业，凡指定专门用途并按《财政部国家税务总局关于专项用途财政性资金企业所得税处理问题的通知》（财税〔2011〕70号）规定进行管理的，企业可作为不征税收入进行企业所得税处理。其中，该项资产属于非货币性资产的，应按政府确定的接收价值计算不征税收入
	（3）县级以上人民政府将国有资产无偿划入企业，属于上述（1）、（2）项以外情形的，应按政府确定的接收价值计入当期收入总额计算缴纳企业所得税。政府没有确定接收价值的，按资产的公允价值计算确定应税收入
企业接收股东划入资产的企业所得税处理	（1）企业接收股东划入资产（包括股东赠与资产、上市公司在股权分置改革过程中接收原非流通股股东和新非流通股股东赠与的资产、股东放弃本企业的股权，下同），凡合同、协议约定作为资本金（包括资本公积）且在会计上已做实际处理的，不计入企业的收入总额，企业应按公允价值确定该项资产的计税基础
	（2）企业接收股东划入资产，凡作为收入处理的，应按公允价值计入收入总额，计算缴纳企业所得税，同时按公允价值确定该项资产的计税基础

9.企业以买一赠一等方式组合销售本企业商品的，不属于捐赠，应将总的销售金额按各项商品的公允价值的比例来分摊确认各项商品的销售收入。

【案例4-4】假定A商品售价x元（不含税），B商品售价y元（不含税）。若购买A商品赠送B商品，则其所得税收入和增值税收入处理存在一定区别：

①所得税：A商品确认收入$=x \cdot \dfrac{x}{x+y}$，B商品确认收入$=x \cdot \dfrac{y}{x+y}$；

②增值税：A商品应纳增值税税额$=x \cdot 17\%$，B商品应纳增值税税额$=y \cdot 17\%$。

10.企业取得财产（包括各类资产、股权、债权等）转让收入、债务重组收入、接受捐赠收入、无法偿付的应付款收入等，不论是以货币形式，还是非货币形式体现，除另有规定外，均应一次性计入确认收入的年度计算缴纳企业所得税。

二、不征税收入和免税收入（能力等级3）

（一）不征税收入

1.财政拨款，是指各级人民政府对纳入预算管理的事业单位、社会团体等组织拨付的财政资金，但国务院和国务院财政、税务主管部门另有规定的除外。

2.依法收取并纳入财政管理的行政事业性收费、政府性基金。

3.国务院规定的其他不征税收入，是指企业取得的，由国务院财政、税务主管部门规定专项用途并经国务院批准的财政性资金。

财政性资金，是指企业取得的来源于政府及其有关部门的财政补助、补贴、贷

款贴息，以及其他各类财政专项资金，包括直接减免的增值税和即征即退、先征后退、先征后返的各种税收，但不包括企业按规定取得的出口退税款。

企业从县级以上各级人民政府财政部门及其他部门取得的应计入收入总额的财政性资金，凡同时符合条件的，可以作为不征税收入，在计算应纳税所得额时从收入总额中减除。

4.不征税收入用于支出所形成的费用，不得在计算应纳税所得额时扣除；用于支出所形成的资产，其计算的折旧、摊销不得在计算应纳税所得额时扣除。

免税收入

（二）免税收入　　免税收入是每年必考的考点，一般会产生纳税调减。

1.国债利息收入。

（1）国债利息收入免税；国债转让收入不免税。

（2）持有期间尚未兑付的国债利息收入，按以下公式计算确定：

$$国债利息收入 = 国债金额 × 年利率 × \frac{持有天数}{365}$$

【例4-10·计算题】某企业购入政府发行的年利率4.5%的一年期国债1 000万元，持有300天时，以1 040万元的价格转让。该企业该笔交易的应纳税所得额是多少？

【答案及解析】国债利息收入=国债金额×（适用年利率÷365）×持有天数=1 000×（4.5%÷365）×300=36.99（万元），国债利息收入免税，国债转让收入应计入应纳税所得额。该笔交易的应纳税所得额=1 040-36.99-1 000=3.01（万元）。

2.符合条件的居民企业之间的股息、红利等权益性收益，是指居民企业直接投资于其他居民企业取得的投资收益。

3.在中国境内设立机构、场所的非居民企业从居民企业取得与该机构、场所有实际联系的股息、红利等权益性投资收益。

【解释】第2项和第3项所称的权益性收益（投资收益）均不包括连续持有居民企业公开发行并上市流通的股票不足12个月取得的投资收益。

4.非营利组织的下列收入为免税收入：

（1）接受其他单位或者个人捐赠的收入。

（2）除《中华人民共和国企业所得税法》第七条规定的财政拨款以外的其他政府补助收入，但不包括因政府购买服务取得的收入。

（3）按照省级以上民政、财政部门规定收取的会费。

（4）不征税收入和免税收入孳生的银行存款利息收入。

（5）财政部、国家税务总局规定的其他收入。

【例4-11·2009年多选题】依据企业所得税优惠政策，下列收入中，属于免税收入的有（　　）。

A.企业购买国债取得的利息收入

B.非营利组织从事营利性活动取得的收入

C.在境内设立机构的非居民企业从居民企业取得与该机构有实际联系的红利收入

D.在中国境内设立机构的非居民企业连续持有上市公司股票不足12个月取得的投资收益

【答案】AC

【解析】非营利组织从事营利性活动取得的收入，应按规定缴纳企业所得税，不属于免税收入，B选项不正确；免税的投资收益不包括连续持有居民企业公开发行并上市流通的股票不足12个月取得的投资收益，D选项不正确。

三、扣除原则和范围（能力等级3）→企业所得税扣除是每年必考的考点，而且知识量大，难度大，是学生们学企业所得税必须越过的一道坎。

（一）税前扣除项目的原则

1.权责发生制原则，是指企业费用应在发生的所属期扣除，而不是在实际支付时确认扣除。

2.配比原则，是指企业发生的费用应当与收入配比扣除。除特殊规定外，企业发生的费用不得提前或滞后申报扣除。

3.相关性原则，企业可扣除的费用从性质和根源上必须与取得应税收入直接相关。

4.确定性原则，即企业可扣除的费用不论何时支付，其金额必须是确定的。

5.合理性原则，符合生产经营活动常规，应当计入当期损益或者有关资产成本的必要和正常的支出。

（二）扣除项目的范围

企业所得税法规定，企业实际发生的与取得收入有关的、合理的支出，包括成本、费用、税金、损失和其他支出，准予在计算应纳税所得额时扣除。在实际中，计算应纳税所得额时还应注意三方面的内容：

1.企业发生的支出应当区分收益性支出和资本性支出。收益性支出在发生当期直接扣除；资本性支出应当分期扣除或者计入有关资产成本，不得在发生当期直接扣除。

2.企业的不征税收入用于支出所形成的费用或者资产，不得扣除或者计算对应的折旧、摊销扣除。

3.除企业所得税法和本条例另有规定外，企业实际发生的成本、费用、税金、损失和其他支出，不得重复扣除。

具体见表4-8。

表4-8　　　　扣除范围

成本	成本是指企业在生产经营活动中发生的销售成本、业务支出以及其他耗费，即企业销售商品（产品、材料、下脚料、废料、废旧物资等），提供劳务，转让固定资产、无形资产（包括技术转让）的成本		
费用	费用是指企业每一个纳税年度为生产、经营商品和提供劳务等所发生的销售（经营）费用、管理费用和财务费用。已经计入成本的有关费用除外		
税金	当期直接扣除	计入税金及附加	消费税、城建税、资源税、土地增值税（房地产企业）、出口关税、教育费附加、地方教育费附加、房产税、城镇土地使用税、车船税、印花税
	分摊结转扣除	计入相关资产成本	车辆购置税、契税、进口关税、耕地占用税、不得抵扣的增值税
	不得税前扣除		可以抵扣的增值税、企业所得税
损失	损失是指企业在生产经营活动中发生的固定资产和存货的盘亏、毁损、报废损失，转让财产损失，呆账损失，坏账损失，自然灾害等不可抗力因素造成的损失以及其他损失 企业发生的损失，减除责任人赔偿和保险赔款后的余额，依照国务院财政、税务主管部门的规定扣除。企业已经作为损失处理的资产，在以后纳税年度又全部收回或者部分收回时，应当计入当期收入		
其他支出	其他支出是指除成本、费用、税金、损失外，企业在生产经营活动中发生的与生产经营活动有关的、合理的支出		

（三）扣除项目及其标准

1.工资、薪金支出

工资、薪金支出，是每年企业所得税必考的考点，同学们需要分清楚哪些属于工资、薪金支出。

（1）企业发生的合理的工资、薪金支出准予据实扣除。

（2）属于国有性质的企业，其工资、薪金，不得超过政府有关部门给予的限定数额；超过部分，不得计入企业工资、薪金总额，也不得在计算企业应纳税所得额时扣除。

（3）企业因雇用季节工、临时工、实习生、返聘离退休人员以及接受外部劳务派遣用工所实际发生的费用，应区分为工资、薪金支出和职工福利费支出，并按税法规定在企业所得税前扣除。

【提示】企业接受外部劳务派遣用工所实际发生的费用，应分为两种情况按规定在税前扣除，具体如图4-2所示：

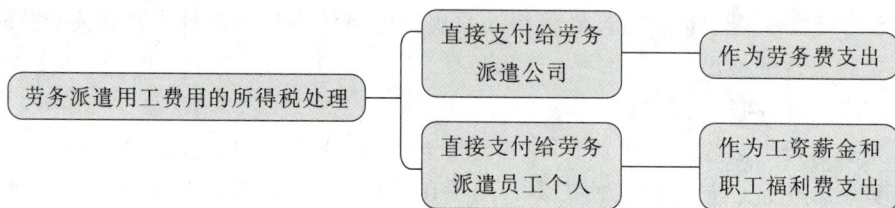

图4-2　劳务派遣用工费用的所得税处理

（4）列入企业员工工资、薪金制度，固定与工资、薪金一起发放的福利性补贴，可作为企业发生的工资、薪金支出，按规定在税前扣除。

（5）企业年度汇算清缴结束前支付汇缴年度工资、薪金税前扣除。

（6）上市公司实施股权激励计划有关企业所得税处理问题：

①对股权激励计划实行后立即可以行权的，上市公司可以根据实际行权时该股票的公允价格与激励对象实际行权支付价格的差额和数量，计算确定作为当年上市公司工资、薪金支出，依照税法规定进行税前扣除。

②对股权激励计划实行后，需待一定服务年限或者达到规定业绩条件方可行权的，上市公司等待期内会计上计算确认的相关成本费用，不得在对应年度计算缴纳企业所得税时扣除。

【例4-12·单选题】2015年6月，某上市公司对本公司20名管理人员实行股票期权激励政策，约定如在公司连续服务2年，即可以4元/股的价格购买本公司股票1 000股。2017年6月，20名管理人员全部行权，行权日股票收盘价20元/股。根据企业所得税相关规定，行权时该公司所得税前应扣除的费用金额是（　　）元。

A.300 000　　　　B.320 000　　　　C.380 000　　　　D.400 000

【答案】B

【解析】对股权激励计划实行后，需待一定服务年限或者达到规定业绩条件（以下简称等待期）方可行权的，上市公司等待期内会计上计算确认的相关成本费用，不得在对应年度计算缴纳企业所得税时扣除。在股权激励计划可行权后，上市公司方可根据该股票实际行权时的公允价格与当年激励对象实际行权支付价格的差额及数量，计算确定作为当年上市公司工资、薪金支出，依照税法规定进行税前扣除。应扣除的费用金额=（20-4）×20×1 000=320 000（元）。

2.职工福利费、工会经费、职工教育经费（见表4-9）→三项经费的扣除，是每年必考的考点，同学们必须掌握。

表4-9　　　　　　　职工福利费、工会经费、职工教育经费

项目	准予扣除的限额		超过规定比例部分的处理
职工福利费	不超过工资、薪金总额14%的部分		不得扣除
工会经费	不超过工资、薪金总额2%的部分		不得扣除
职工教育经费	一般企业	不超过工资、薪金总额2.5%的部分	
	高新技术企业	不超过工资、薪金总额8%的部分	准予在以后纳税年度结转扣除
	技术先进型服务企业		

职工福利费、工会经费、职工教育经费

【提示1】"三费"按照实发工资、薪金总额计算开支限额；作为计算基数的企业工资、薪金还要注意是否合理和据实，超过规定标准的职工工资总额不得在企业所得税前扣除，也不能作为计算"三费"的依据。

【提示2】职工教育经费的超支，属于税法与会计的暂时性差异；职工福利费、工会经费的超支，属于税法和会计的永久性差异。

【提示3】软件生产企业发生的职工教育经费中的职工培训费用，可以全额在企业所得税前扣除。软件生产企业应准确划分职工教育经费中的职工培训费支出，对于不能准确划分的，以及准确划分后职工教育经费中扣除职工培训费的余额，一律按照工资、薪金总额2.5%的比例扣除。

【提示4】核力发电企业为培养核电厂操纵员发生的培养费用，可以作为企业的发电成本在税前扣除。企业应将核电厂操纵员培养费与员工的职工教育经费严格区分，单独核算，员工实际发生的职工教育经费支出不得计入核电厂操纵员培养费直接扣除。

【提示5】关注职工福利费的构成。（详见2018年CPA税法教材第205页）

【案例4-5】某生产企业2017年计入成本、费用中的合理的实发工资为540万元，当年实际发生工会经费15万元、职工福利费80万元、职工教育经费11万元，则职工工会经费、职工福利费、职工教育经费调整应纳税所得额见表4-10：

表4-10　　　职工工会经费、职工福利费、职工教育经费纳税调整表　　　单位：万元

项目	税前扣除限额	实际发生额	可扣除额	纳税调整额
工会经费	540×2%=10.8	15	10.8	4.2
职工福利费	540×14%=75.6	80	75.6	4.4
职工教育经费	540×2.5%=13.5	11	11	0

3.社会保险费

（1）企业依照国务院有关主管部门或者省级人民政府规定的范围和标准为职工缴纳的"五险一金"，即基本养老保险费、基本医疗保险费、失业保险费、工伤保险费、生育保险费等基本社会保险费和住房公积金，准予扣除。

（2）企业为在本企业任职或受雇的全体员工支付的补充养老保险费、补充医疗保险费，分别在不超过职工工资总额5%标准内的部分，准予扣除。超过部分，不

得扣除。

（3）企业参加财产保险，按照规定缴纳的保险费，准予扣除。

（4）企业依照国家有关规定为特殊工种职工支付的人身安全保险费和符合国务院财政、税务主管部门规定可以扣除的商业保险费准予扣除。

（5）企业为投资者或者职工支付的商业保险费，不得扣除。

4.利息费用（见表4-11）

利息的扣除，同学们需要掌握利率限制以及本金限制的情形。

表4-11　　　　　　　　　　　　　　利息费用

向金融企业借款		非金融企业向金融企业借款的利息支出、金融企业的各项存款利息支出和同业拆借利息支出、企业经批准发行债券的利息支出可据实扣除
向非金融企业借款（包括向自然人借款）	非关联方	非金融企业向非关联方借款的利息支出，不超过按照金融企业同期同类贷款利率计算的数额的部分可据实扣除，超过部分不许扣除
	关联方	非金融企业从其关联方接受的债权性投资与权益性投资的比例超过规定标准而发生的利息支出，不得在计算应纳税所得额时扣除 ①其接受关联方债权性投资与其权益性投资比例为：金融企业5：1；其他企业2：1。 ②非金融企业从其关联方没有超过债权性投资与权益性投资的比例规定标准而发生的利息支出部分，不超过按照金融企业同期同类贷款利率计算的数额的部分可据实扣除，超过部分不许扣除

利息费用

【总结】利息调整要点，具体如图4-3所示：

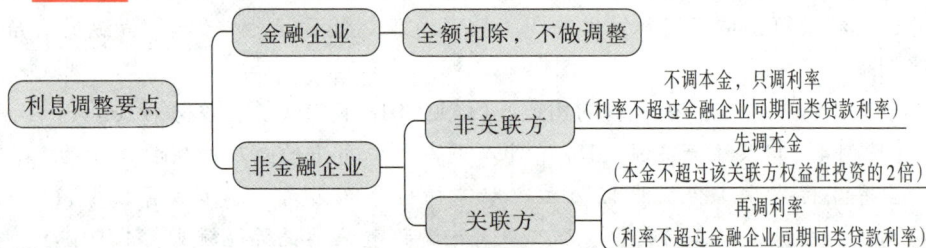

图4-3　利息调整要点

【例4-13·计算题】某公司2016年度"财务费用"账户中利息，含有以年利率8%向银行借入的9个月期的生产周转用资金300万元贷款的借款利息；也包括10.5万元的向非金融企业借入的与银行同期的生产周转用100万元资金的借款利息。该公司2016年度可在计算应纳税所得额时扣除的利息费用是多少？

【答案及解析】可在计算应纳税所得额时扣除的银行利息费用=300×8%÷12×9=18（万元）；向非金融企业借入款项可扣除的利息费用限额=100×8%÷12×9=6（万元），该企业支付的利息超过同类同期银行贷款利率，只可按照限额扣除。

【例4-14·单选题】某生产企业2016年12月31日归还关联企业一年到期借款本金1 000万元，另支付利息费用100万元。已知该关联企业对该生产企业的权益性投资额为300万元，银行同期贷款利率为8%。该生产企业在计算企业所得税应纳税所得额时利息费用调整金额为（　　）万元。

　　A.0　　　　　　　　B.20　　　　　　　　C.40　　　　　　　　D.52

【答案】D

【解析】关联方之间的借款利息先调本金，本金不超过关联方权益性投资的2倍。本题中关联方权益性投资额为300万元，关联方之间的借款本金则按照600万元处理。其次再调整利率，即2倍以内的本金利率不超过银行同期贷款利率，所以本题税前可以扣除的利息费用应为600×8%=48（万元）。实际利息支出100万元，纳税调整100-48=52（万元）。

5.借款费用

（1）企业在生产经营活动中发生的合理的<u>不需要资本化的借款费用</u>，准予扣除。

（2）企业为购置、建造固定资产、无形资产和经过12个月以上的建造才能达到预定可销售状态的存货发生借款的，在有关资产购置、建造期间发生的合理的借款费用，应予以资本化，作为资本性支出计入有关资产的成本；有关资产交付使用后发生的借款利息，可在发生当期扣除。

（3）企业通过发行债券、取得贷款、吸收保护储金等方式融资而发生的合理的费用支出，符合资本化条件的，应计入相关资本成本。不符合资本化条件的，应作为财务费用，准予在企业所得税前据实扣除。

【提示】注意借款费用资本化和费用化的会计处理和时间点。

6.汇兑损失

企业在货币交易中，以及纳税年度终了时将人民币以外的货币性资产、负债按照期末即期人民币汇率中间价折算为人民币时产生的汇兑损失，除已经计入有关资产成本以及与向所有者进行利润分配相关的部分外，准予扣除。

7.业务招待费　　业务招待费的扣除标准是每年的必考内容。

（1）企业发生的与生产经营活动有关的业务招待费支出，按照发生额的<u>60%</u>扣除，但最高<u>不得超过当年销售（营业）收入的5‰</u>。

业务招待费

（2）作为业务招待费限度的计算基数的收入范围是指当年主营业务收入和其他业务收入。但是不含营业外收入、投资收益（从事股权投资业务的企业除外）等。

（3）对从事股权投资业务的企业（包括集团公司总部、创业投资企业等），其从被投资企业所分配的股息、红利以及股权转让收入，可以按规定的比例计算业务招待费扣除限额。

（4）企业在筹建期间，发生的与筹办活动有关的业务招待费支出，可<u>按实际发生额的60%</u>计入企业筹办费，并按有关规定在税前扣除。

【提示1】业务招待费调整原则为"一个标准，一个限额"，即按照业务招待费发生额的60%，且不超过营业收入的5‰，按照孰低原则，"哪个小扣哪个"。

【提示2】业务招待费扣除计算基数的营业收入=主营业务收入+其他业务收入。

【例4-15·单选题】下列各项中，能作为业务招待费税前扣除限额计算基数的是（　　）。

　　A.让渡固定资产使用权的收入

B.因债权人原因确实无法支付的应付款项

C.转让无形资产所有权的收入

D.出售固定资产的收入

【答案】A

【例4-16·单选题】某生产企业2016年取得产品销售收入5 800万元，包装物出租收入200万元，转让商标所有权收入200万元，接受捐赠收入20万元，债务重组收益10万元，当年实际发生业务招待费100万元，该企业当年可在所得税前列支的业务招待费金额是（　　）万元。

A.60　　　　　　B.40　　　　　　C.31.15　　　　　　D.30

【答案】D

【解析】业务招待费计算限额的营业收入=主营业务收入+其他业务收入，不包括营业外收入和投资收益。则发生额的60%=100×60%=60（万元）＞营业收入的5‰=（5 800+200）×5‰=30（万元），所以税前允许扣除的业务招待费为30万元

8.广告宣传费（见表4-12）

广宣费的扣除标准是每年必考内容，同学们要把握15%的扣除标准。

表4-12　　　　　　　　　　　广告宣传费

广告宣传费

企业类型	广告宣传费扣除标准	超过规定比例部分的处理
一般企业	不超过当年销售（营业）收入15%的部分	准予在以后纳税年度结转扣除
化妆品制造或销售企业	不超过当年销售（营业）收入30%的部分	
医药制造企业		
饮料（不含酒类）制造企业		
烟草企业	不得扣除	

【提示】业务招待费的扣除限额的计算基数与广告费和业务宣传费的扣除限额的计算基数存在一定的共性。

（1）企业在筹建期间，发生的广告费与业务宣传费，可按实际发生额计入企业筹办费，并按上述规定在税前扣除。

（2）对签订广告费和业务宣传费分摊协议（以下简称分摊协议）的关联企业，其中一方发生的不超过当年销售（营业）收入税前扣除限额比例内的广告费和业务宣传费支出可以在本企业扣除，也可以将其中的部分或全部按照分摊协议归集至另一方扣除。另一方在计算本企业广告费和业务宣传费支出企业所得税税前扣除限额时，可将按照上述办法归集至本企业的广告费和业务宣传费不计算在内。

【案例4-6】A公司和B公司是关联企业，根据双方签订的广告宣传费分摊协议，A公司2017年发生的广告宣传费的40%应归集至B公司扣除。具体税务处理见表4-13：

表4-13 具体税务处理

A公司 （本企业）	假设2017年A公司销售收入为3 000万元，当年实际发生广告宣传费为600万元，其广告宣传费的扣除比例为销售收入的15%，则： （1）A公司广告宣传费的税前扣除限额为：3 000×15%＝450（万元） （2）转移到B公司扣除的广告宣传费应为：450×40%＝180（万元） （3）在A公司扣除的广告宣传费为：450-180＝270（万元） （4）结转以后年度扣除的广告宣传费为：600-450＝150（万元）
B公司 （另一方）	假设2017年B公司销售收入为6 000万元，当年实际发生广告宣传费为1 200万元，其广告费宣传费的扣除比例为销售收入的15%，则： （1）B公司广告宣传费的税前扣除限额为：6 000×15%＝900（万元） （2）A公司当年转移来的广告宣传费为：180万元 （3）B公司本年度实际扣除的广告宣传费为：900+180＝1 080（万元） （4）结转以后年度扣除的广告宣传费为：1 200-900＝300（万元）

【例4-17·单选题】2016年，某居民企业实现商品销售收入2 000万元，发生现金折扣100万元，接受捐赠收入100万元，转让无形资产所有权收入20万元。该企业当年实际发生业务招待费30万元，广告费240万元，业务宣传费80万元。当年度该企业可税前扣除的业务招待费、广告费、业务宣传费合计（　　）万元。

A.294.5　　　　　　　　B.310　　　　　　　　C.325.5　　　　　　　　D.330

【答案】B

【解析】销售商品涉及现金折扣，应按照折扣前的金额确定销售收入。业务招待费按发生额的60%扣除，但不得超过当年销售（营业）收入的5‰；广告费和业务宣传费不得超过当年销售收入的15%。可扣除业务招待费=2 000×5‰=10（万元）<30×60%=18（万元）；可扣除广告费、业务宣传费=2 000×15%=300（万元）；合计可扣除10+300=310（万元）。

【例4-18·单选题】某商贸公司2014年开始筹建，当年未取得收入，筹办期间发生业务招待费300万元、业务宣传费20万元、广告费200万元。根据企业所得税相关规定，上述支出可计入企业筹办费并在税前扣除的金额是（　　）万元。

A.200　　　　　　　　B.220　　　　　　　　C.400　　　　　　　　D.520

【答案】C

【解析】企业筹办期间发生的与筹办活动有关的业务招待费直接按实际发生额的60%计入企业筹办费；广告费和业务宣传费按实际发生额，计入筹办费。计入筹办费并在税前扣除的金额=300×60%+20+200=400（万元）。

9.环境保护专项资金

企业依照法律、行政法规有关规定提取的用于环境保护、生态恢复等方面的专项资金，准予扣除。上述专项资金提取后改变用途的，不得扣除。

10.保险费

企业参加财产保险，按照规定缴纳的保险费，准予扣除。

11.租赁费

（1）以经营租赁方式租入固定资产发生的租赁费支出，按照租赁期限均匀扣除。经营性租赁是指所有权不转移的租赁。

（2）以融资租赁方式租入固定资产发生的租赁费支出，按照规定构成融资租入固定资产价值的部分应当提取折旧费用，分期扣除。

12.劳动保护费

企业发生的合理的劳动保护支出，准予扣除。

13.公益性捐赠支出

公益性捐赠，是指企业通过公益性社会团体或者县级（含县级）以上人民政府及其部门，用于《中华人民共和国公益事业捐赠法》规定的公益事业的捐赠。

【提示】公益性捐赠支出强调的是通过"第三方"的捐赠。如果纳税人直接对外捐赠，在计算应纳税所得额时需要全额进行纳税调整。

（1）企业发生的公益性捐赠支出，在年度利润总额12%以内的部分，准予在计算应纳税所得额时扣除；超过年度利润总额12%的部分，准予结转以后三年内在计算应纳税所得额时扣除。

【提示】年度利润总额，是指企业依照国家统一会计制度的规定计算的年度会计利润。

（2）企业发生的公益性捐赠支出未在当年税前扣除的部分，准予向以后年度结转扣除，但结转扣除自捐赠发生年度的次年起计算，最长不得超过三年。企业在对公益性捐赠支出计算扣除时，应先扣除以前年度结转的捐赠支出，再扣除当年发生的捐赠支出。

【提示1】（以前年度结转的公益性捐赠支出+当年发生的公益性捐赠支出）＞企业当年年度利润总额的12%，则准予在当年税前扣除的公益性捐赠支出为当年年度利润总额的12%。

【提示2】（以前年度结转的公益性捐赠支出+当年发生的公益性捐赠支出）≤企业当年年度利润总额的12%。则准予在当年税前扣除的公益性捐赠支出为：以前年度结转的公益性捐赠支出+当年发生的公益性捐赠支出。

【案例4-7】某企业2017年结转的公益性捐赠支出为5万元，2018年实际发生的符合扣除条件的公益性捐赠支出为8万元，2018年该企业的会计利润总额为100万元。则2018年公益性捐赠支出扣除限额=100×12%=12（万元）。以前年度结转的公益性捐赠支出+当年发生的公益性捐赠支出=5+8=13（万元），大于企业当年年度利润总额的12%，则准予在当年税前扣除的公益性捐赠支出为当年年度利润总额的12%，即12万元，剩余1万元准予结转以后三年内在计算应纳税所得额时扣除。（纳税调整：先调减5万元，再调增1万元）

【案例4-8】某企业2017年结转的公益性捐赠支出为4万元，2018年实际发生的符合扣除条件的公益性捐赠支出为7万元，2018年该企业的利润总额为100万元。则2018年公益性捐赠支出扣除限额=100×12%=12（万元）。以前年度结转的公益性捐赠支出+当年发生的公益性捐赠支出=4+7=11（万元），小于企业当年年度利润总额的12%，准予在当年税前扣除的公益性捐赠支出为以前年度结转的公益性捐赠支出+当年发生的公益性捐赠支出，即11万元。（纳税调整：调减4万元）

14.有关资产的费用

企业转让各类固定资产发生的费用，允许扣除。企业按规定计算的固定资产折旧费、无形资产和递延资产的摊销费，准予扣除。

15.总机构分摊的费用

非居民企业在中国境内设立的机构、场所，就其中国境外总机构发生的与该机构、场所生产经营有关的费用，能够提供总机构出具的费用汇集范围、定额、分配依据和方法等证明文件，并合理分摊的，准予扣除。

16.资产损失

企业当期发生的固定资产和流动资产盘亏、毁损净损失，由其提供清查盘存资料，经主管税务机关审核后，准予扣除。

17.依照有关法律、行政法规和国家有关税法规定准予扣除的其他项目

如会员费、合理的会议费、差旅费、违约金、诉讼费用等。

18.手续费及佣金支出

（1）企业发生的与生产经营有关的手续费及佣金支出，不超过以下规定计算限额以内的部分，准予扣除；超过部分，不得扣除。

财产保险企业按当年全部保费收入扣除退保金等后余额的15%（含本数，下同）计算限额；人身保险企业按当年全部保费收入扣除退保金等后余额的10%计算限额。

其他企业：按与具有合法经营资格的中介服务机构或个人（不含交易双方及其雇员、代理人和代表人等）所签订服务协议或合同确认的收入金额的5%计算限额。

（2）企业应与具有合法经营资格的中介服务企业或个人签订代办协议或合同，并按国家有关规定支付手续费及佣金。

（3）除委托个人代理外，企业以现金等非转账方式支付的手续费及佣金不得在税前扣除。企业为发行权益性证券支付给有关证券承销机构的手续费及佣金不得在税前扣除。

（4）企业不得将手续费及佣金支出计入回扣、业务提成、返利、进场费等费用。

（5）电信企业在发展客户、拓展业务等过程中（如委托销售电话入网卡、电话充值卡等），需向经纪人、代办商支付手续费及佣金的，其实际发生的手续费及佣金支出，不超过企业当年收入总额5%的部分，准予在企业所得税前据实扣除。

（6）从事代理服务、主营业务为手续费和佣金的企业（如证券、期货、保险代理等企业），其为取得该类收入而实际发生的营业成本（包括手续费及佣金支出），准予在企业所得税前据实扣除。

【总结】具体如图4-4所示。

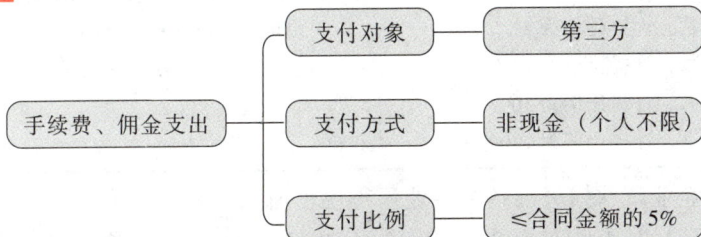

图4-4　手续费、佣金支出

19.根据《企业所得税法》第二十一条的规定，对企业依据财务会计制度规定，并实际在财务会计处理上已确认的支出，凡没有超过《企业所得税法》和有关税收

理解手续费和佣金的扣除限额，这部分内容从来没考过，有可能会成为2018年的"黑马"。

手续费及佣金支出

法规规定的税前扣除范围和标准的，可按企业实际会计处理确认的支出，在企业所得税前扣除，计算其应纳税所得额

20.企业维简费支出企业所得税税前扣除规定（见表4-14）

表4-14　　　　　企业维简费支出企业所得税税前扣除规定

企业实际发生的维简费支出	（1）属于收益性支出的，可作为当期费用税前扣除 （2）属于资本性支出的，应计入有关资产成本，并按企业所得税法的规定计提折旧或摊销费用在税前扣除
企业按照有关规定预提的维简费	不得在当期税前扣除
企业按照有关规定提取且已在当期税前扣除的维简费	（1）尚未使用的维简费，并未作纳税调整的，可不作纳税调整，应首先抵减2013年实际发生的维简费，仍有余额的，继续抵减以后年度实际发生的维简费，至余额为零时，企业方可按照第一条规定执行 （2）已作纳税调整的，不再调回，直接按照第一条规定执行
	（1）已用于资产投资并形成相关资产全部成本的，该资产提取的折旧或费用摊销额，不得税前扣除 （2）已用于资产投资并形成相关资产部分成本的，该资产提取的折旧或费用摊销额中与该部分成本对应的部分，不得税前扣除；已税前扣除的，应调整作为2013年度应纳税所得额

21.企业参与政府统一组织的工矿（含中央下放煤矿）棚户区改造、林区棚户区改造、垦区危房改造并同时符合一定条件的棚户区改造支出，准予在企业所得税前扣除

22.金融企业涉农贷款和中小企业贷款损失准备金税前扣除

自2014年1月1日起至2018年12月31日，金融企业涉农贷款和中小企业贷款（是指金融企业对年销售额和资产总额均不超过2亿元的企业的贷款）损失准备金的企业所得税税前扣除按以下规定处理，具体见表4-15：

表4-15　　　　金融企业涉农贷款和中小企业贷款损失准备金税前扣除

金融企业根据《贷款风险分类指引》，对其涉农贷款和中小企业贷款进行风险分类后，按照以下比例计提的贷款损失准备金，准予在计算应纳税所得额时扣除： （1）关注类贷款，计提比例为2% （2）次级类贷款，计提比例为25% （3）可疑类贷款，计提比例为50% （4）损失类贷款，计提比例为100%	金融企业发生的符合条件的涉农贷款和中小企业贷款损失，应先冲减已在税前扣除的贷款损失准备金，不足冲减部分可据实在计算应纳税所得额时扣除

23.金融企业贷款损失准备金企业所得税税前扣除有关政策

自2014年1月1日起至2018年12月31日，金融企业贷款（涉农贷款和中小企业贷款除外）损失准备金企业所得税税前扣除按以下规定处理，具体见表4-16：

（页边批注）金融企业关于涉农贷款和中小企业贷款的扣除，是个比较冷门的知识点，同学们把握一些贷款类的扣除比例即可。

金融企业涉农贷款和中小企业贷款损失准备金税前扣除

4733

表4-16　　金融企业贷款损失准备金企业所得税税前扣除有关政策

准予税前提取贷款损失准备金的贷款资产范围	（1）贷款（含抵押、质押、担保等贷款） （2）银行卡透支、贴现、信用垫款（含银行承兑汇票垫款、信用证垫款、担保垫款等）、进出口押汇、同业拆出、应收融资租赁款等各项具有贷款特征的风险资产 （3）由金融企业转贷并承担对外还款责任的国外贷款，包括国际金融组织贷款、外国买方信贷、外国政府贷款、日本国际协力银行不附条件贷款和外国政府混合贷款等资产
金融企业准予当年税前扣除的贷款损失准备金计算公式	准予当年税前扣除的贷款损失准备金＝本年年末准予提取贷款损失准备金的贷款资产余额×1%－截至上年年末已在税前扣除的贷款损失准备金的余额 金融企业按上述公式计算的数额如为负数，应当相应调增当年应纳税所得额
金融企业的委托贷款、代理贷款、国债投资、应收股利、上交央行准备金以及金融企业剥离的债权和股权、应收财政贴息、央行款项等不承担风险和损失的资产，不得提取贷款损失准备金在税前扣除	
金融企业发生的符合条件的贷款损失，应先冲减已在税前扣除的贷款损失准备金，不足冲减部分可据实在计算当年应纳税所得额时扣除	

四、不得扣除的项目（能力等级3）

不得扣除项目是企业所得税每年必考的内容，尤其是企业之间的费用，特别容易考。

1.向投资者支付的股息、红利等权益性投资收益款项。

2.企业所得税税款。

3.税收滞纳金，是指纳税人违反税收法规，被税务机关处以的滞纳金。

4.罚金、罚款和被没收财物的损失，是指纳税人违反国家有关法律、法规规定，被有关部门处以的罚款，以及被司法机关处以的罚金和被没收财物。

5.超过规定标准的捐赠支出。

6.赞助支出，是指企业发生的与生产经营活动无关的各种非广告性质支出。

7.未经核定的准备金支出，是指不符合国务院财政、税务主管部门规定的各项资产减值准备、风险准备等准备金支出。

8.企业之间支付的管理费、企业内营业机构之间支付的租金和特许权使用费，以及非银行企业内营业机构之间支付的利息，不得扣除。

9.与取得收入无关的其他支出。

【例4-19·2012年单选题】以下各项支出中，可以在计算企业所得税应纳税所得额时扣除的是（　　）。

A.支付给母公司的管理费

B.按规定缴纳的财产保险费

C.以现金方式支付给某中介公司的佣金

D.赴灾区慰问时直接向灾民发放的慰问金

【答案】B

【解析】选项A：企业之间支付的管理费不得在计算企业所得税应纳税所得额

时扣除；选项C：除委托个人代理外，企业以现金等非转账方式支付的手续费及佣金不得在所得税前扣除；选项D：企业通过公益性社会团体或者县级（含县级）以上人民政府及其部门发生的公益性捐赠支出，不超过年度利润总额12%的部分，准予扣除，纳税人直接的捐赠支出，不得在税前扣除。

【例4-20·2012年多选题】企业发生的下列支出中，在计算企业所得税应纳税所得额时不得扣除的有（　　）。

A.税收滞纳金　　　　　　　　　　B.企业所得税税款

C.计入产品成本的车间水电费用支出　D.向投资者支付的权益性投资收益款项

【答案】ABD

【解析】选项A、B、D：税收滞纳金、企业所得税税款、向投资者支付的权益性投资收益款项均不得在企业所得税税前扣除；选项C：计入产品成本的车间水电费用支出可以在产品销售以后结转入主营业务成本从而在税前扣除。

【例4-21·2011年多选题】下列各项中，在计算企业所得税应纳税所得额时不得扣除的有（　　）。

A.企业之间支付的管理费　　　　　B.企业内营业机构之间支付的租金

C.企业向投资者支付的股息　　　　D.银行企业内营业机构之间支付的利息

【答案】ABC

五、弥补亏损（能力等级3）（见表4-17）

同学们需要掌握亏损弥补的期限，以及相关的补亏原则。

表4-17　　　　　　　　　　　　　　弥补亏损

弥补亏损

补亏原则	1.税法规定，企业某一纳税年度发生的亏损可以用下一年度的所得弥补，下一年度的所得不足以弥补的，可以逐年延续弥补，但最长不得超过5年 2.企业在汇总计算缴纳企业所得税时，其境外营业机构的亏损不得抵减境内营业机构的盈利 【归纳总结】五年结转，先亏先补；只许外补内，不许内补外
筹办期间损益处理	1.企业筹办期间不计算为亏损年度，企业自开始生产经营的年度，为开始计算企业损益的年度 2.企业从事生产经营之前进行筹办活动期间发生筹办费用支出，不得计算为当期的亏损，企业可以在开始经营之日的当年一次性扣除，也可以按照新税法有关长期待摊费用的处理规定处理，但一经选定，不得改变
税务稽查损益调整	税务机关对企业以前年度纳税情况进行检查时调增的应纳税所得额，凡企业以前年度发生亏损、且该亏损属于企业所得税法规定允许弥补的，应允许用调增的应纳税所得额弥补该亏损。弥补该亏损后仍有余额的，按照企业所得税法规定计算缴纳企业所得税
以前年度发生应扣未扣支出的税务处理	1.对企业发现以前年度实际发生的、按照税收规定应在企业所得税前扣除而未扣除或者少扣除的支出，企业做出专项申报及说明后，准予追补至该项目发生年度计算扣除，但追补确认期限不得超过5年 2.企业由于上述原因多缴的企业所得税税款，可以在追补确认年度企业所得税应纳税款中抵扣，不足抵扣的，可以向以后年度递延抵扣或申请退税 3.亏损企业追补确认以前年度未在企业所得税前扣除的支出，或盈利企业经过追补确认后出现亏损的，应首先调整该项支出所属年度的亏损额，然后再按照弥补亏损的原则计算以后年度多缴的企业所得税税款，并按前款规定处理

【案例4-9】某居民企业适用的所得税税率为25%，执行5年弥补亏损的规定，2009年以前每年均实现盈利，2010年至2016年各年度未弥补亏损前的应纳税所得额见表4-18：

表4-18　　　　　　　　　　　　未弥补亏损前的应纳税所得额　　　　　　　　　　单位：万元

年度	2010	2011	2012	2013	2014	2015	2016
未弥补亏损前的应纳税所得额	-120	20	-30	25	30	35	50

2010年的亏损，要用2011年至2015年的所得弥补，尽管其间2012年亏损，也要占用5年抵亏期的一个抵扣年度，且先亏先补。截至2015年年底，一共结转弥补2010年的亏损110万元，2010年尚未弥补完的亏损还余10万元，该10万元则不能在2016年的应纳税所得额中弥补，因为超过了5年补亏期。2012年的亏损在2016年里结转弥补，则2016年的应纳税所得额=50-30=20（万元），应纳税额=20×25%=5（万元）。

第三节　资产的税务处理

一、固定资产的税务处理（能力等级2）（见表4-19）

表4-19　　　　　　　　　　　　固定资产的税务处理

计税基础	1.外购的固定资产，以购买价款和支付的相关费用以及直接归属于使该资产达到预定用途发生的其他支出为计税基础 2.自行建造的固定资产，以竣工结算前发生的支出为计税基础 3.融资租入的固定资产，以租赁合同约定的付款总额和承租人在签订租赁合同过程中发生的相关费用为计税基础，租赁合同未约定付款总额的，以该资产的公允价值和承租人在签订租赁合同过程中发生的相关费用为计税基础 4.盘盈的固定资产，以同类固定资产的重置完全价值为计税基础 5.通过捐赠、投资、非货币性资产交换、债务重组等方式取得的固定资产，以该资产的公允价值和支付的相关税费为计税基础 6.改建的固定资产，除已足额提取折旧的固定资产和租入的固定资产以外的其他固定资产，以改建过程中发生的改建支出增加计税基础
折旧范围	下列固定资产不得计算折旧扣除： 1.房屋、建筑物以外未投入使用的固定资产 2.以经营租赁方式租入的固定资产 3.以融资租赁方式租出的固定资产 4.已足额提取折旧仍继续使用的固定资产 5.与经营活动无关的固定资产 6.单独估价作为固定资产入账的土地 7.其他不得计算折旧扣除的固定资产
折旧方法	1.企业应当自固定资产投入使用月份的次月起计算折旧；停止使用的固定资产，应当自停止使用月份的次月起停止计算折旧 2.企业应当根据固定资产的性质和使用情况，合理确定固定资产的预计净残值。固定资产的预计净残值一经确定，不得变更 3.固定资产按照直线法计算的折旧，准予扣除

折旧范围

旁注：对固定资产的折旧年限，同学们要做到眼熟。

折旧年限	除国务院财政、税务主管部门另有规定外，固定资产计算折旧的最低年限如下： 1.房屋、建筑物，为20年 2.飞机、火车、轮船、机器、机械和其他生产设备，为10年 3.与生产经营活动有关的器具、工具、家具等，为5年 4.飞机、火车、轮船以外的运输工具，为4年 5.电子设备，为3年
折旧的所得税处理	1.企业固定资产会计折旧年限如果短于税法规定的最低折旧年限，其按会计折旧年限计提的折旧高于按税法规定的最低折旧年限计提的折旧部分，应调增当期应纳税所得额；企业固定资产会计折旧年限已期满且会计折旧已提足，但税法规定的最低折旧年限尚未到期且税收折旧尚未足额扣除，其未足额扣除的部分准予在剩余的税收折旧年限内继续按规定扣除 2.企业固定资产会计折旧年限如果长于税法规定的最低折旧年限，其折旧应按会计折旧年限计算扣除，税法另有规定除外 3.企业按会计规定提取的固定资产减值准备，不得税前扣除，其折旧仍按税法确定的固定资产计税基础计算扣除 4.企业按税法规定实行加速折旧的，其按加速折旧办法计算的折旧额可全额在税前扣除 5.石油天然气开采企业在计提油气资产折耗（折旧）时，由于会计与税法规定计算方法不同导致的折耗（折旧）差异，应按税法规定进行纳税调整
改扩建	1.企业对房屋、建筑物固定资产在未足额提取折旧前进行改扩建的，如属于推倒重置的，该资产原值减除提取折旧后的净值，应并入重置后的固定资产计税成本，并在该固定资产投入使用后的次月起，按照税法规定的折旧年限，一并计提折旧 2.如属于提升功能、增加面积的，该固定资产的改扩建支出，并入该固定资产的计税基础，并从改扩建完工投入使用后的次月起，重新按税法规定的该固定资产折旧年限计提折旧，如该改扩建后的固定资产尚可使用的年限低于税法规定的最低年限的，可以按尚可使用的年限计提折旧

【例4-22·2009年单选题】依据企业所得税的相关规定，下列表述中，正确的是（　　）。

A.企业未使用的房屋和建筑物，不得计提折旧

B.企业以经营租赁方式租入的固定资产，应当计提折旧

C.企业盘盈的固定资产，以该固定资产的原值为计税基础

D.企业自行建造的固定资产，以竣工结算前发生的支出为计税基础

【答案】D

【例4-23·单选题】以下各项中，最低折旧年限为5年的固定资产是（　　）。

A.建筑物　　　　　　　　　B.生产设备

C.家具　　　　　　　　　　D.电子设备

【答案】C

二、生物资产的税务处理（能力等级2）（见表4-20）

生物资产，同学们需要分清：林木类折旧年限为10年，畜类折旧年限为3年即可。

表4-20　　　　　　　　　　生物资产的税务处理

生物资产的
税务处理

4737

种类	消耗性生物资产	为出售而持有的、或在将来收获为农产品的生物资产，包括生长中的农田作物、蔬菜、用材林以及存栏待售的牲畜等
	生产性生物资产	为产出农产品、提供劳务或出租等目的而持有的生物资产，包括经济林、薪炭林、产畜和役畜等
	公益性生物资产	以防护、环境保护为主要目的的生物资产，包括防风固沙林、水土保持林和水源涵养林等
计税基础		1.外购的生产性生物资产，以购买价款和支付的相关税费为计税基础 2.通过捐赠、投资、非货币性资产交换、债务重组等方式取得的生产性生物资产，以该资产的公允价值和支付的相关税费为计税基础
折旧方法		1.生产性生物资产按照直线法计算的折旧，准予扣除 2.企业应当自生产性生物资产投入使用月份的次月起计算折旧；停止使用的生产性生物资产，应当自停止使用月份的次月起停止计算折旧
折旧年限		生产性生物资产计算折旧的最低年限如下： 1.林木类生产性生物资产，为10年 2.畜类生产性生物资产，为3年

【例4-24·2008年单选题】下列各项中，依据企业所得税法相关规定可计提折旧的生物资产是（　　）。

A.经济林

B.防风固沙林

C.用材林

D.存栏待售牲畜

【答案】A

【解析】防风固沙林属于公益性生物资产，用材林和存栏待售牲畜属于消耗性生物资产，经济林属于生产性生物资产。而只有生产性生物资产需要计提折旧。

【例4-25·单选题】某农场外购奶牛支付价款20万元，依据企业所得税相关规定，税前扣除方法为（　　）。

A.一次性在税前扣除

B.按奶牛寿命在税前分期扣除

C.按直线法以不低于3年折旧年限计算折旧税前扣除

D.按直线法以不低于10年折旧年限计算折旧税前扣除

【答案】C

【解析】奶牛属于产畜类生产性生物资产，应当以直线法计提折旧在税前扣除，计算折旧的最低年限为3年。

三、无形资产的税务处理（能力等级2）（见表4-21）

表4-21　　　　　　　　无形资产的税务处理

计税基础	1.外购的无形资产，以购买价款和支付的相关税费以及直接归属于使该资产达到预定用途发生的其他支出为计税基础 2.自行开发的无形资产，以开发过程中该资产符合资本化条件后至达到预定用途前发生的支出为计税基础 3.通过捐赠、投资、非货币性资产交换、债务重组等方式取得的无形资产，以该资产的公允价值和支付的相关税费为计税基础
摊销范围	下列无形资产不得计算摊销费用扣除： 1.自行开发的支出已在计算应纳税所得额时扣除的无形资产 2.自创商誉 3.与经营活动无关的无形资产 4.其他不得计算摊销费用扣除的无形资产
摊销方法	1.无形资产的摊销，采取直线法计算 2.外购商誉的支出，在企业整体转让或者清算时，准予扣除
摊销年限	1.无形资产的摊销年限不得低于10年 2.作为投资或者受让的无形资产，有关法律规定或者合同约定了使用年限的，可以按照规定或者约定的使用年限分期摊销

四、长期待摊费用的税务处理（能力等级2）

1.长期待摊费用，是指企业发生的应在1个年度以上或几个年度进行摊销的费用。在计算应纳税所得额时，企业发生的下列支出作为长期待摊费用，按照规定摊销的，准予扣除：

（1）已足额提取折旧的固定资产的改建支出。

（2）租入固定资产的改建支出。

（3）固定资产的大修理支出。

（4）其他应当作为长期待摊费用的支出。

2.企业的固定资产修理支出可在发生当期直接扣除。企业的固定资产改良支出，如果有关固定资产尚未提足折旧，可增加固定资产价值；如有关固定资产已提足折旧，可作为长期待摊费用，在规定的期间内平均摊销。

3.企业所得税法所指固定资产的大修理支出，是指同时符合下列条件的支出：

（1）修理支出达到取得固定资产时的计税基础50%以上。

（2）修理后固定资产的使用年限延长2年以上。

4.其他应当作为长期待摊费用的支出，自支出发生月份的次月起，分期摊销，摊销年限不得低于3年。

【例4-26·2009年多选题】依据企业所得税的有关规定，企业发生的下列支出中，应作为长期待摊费用的有（　　）。

A.长期借款的利息支出　　　B.租入固定资产的改建支出

C.固定资产的大修理支出　　D.已提足折旧的固定资产的改建支出

针对长期待摊费用，同学们需要把握，哪些业务要计入长期待摊费用，且长期待摊费用摊销不低于3年。

长期待摊费用的税务处理

【答案】BCD

【例4-27·单选题】2016年，某商贸公司以经营租赁方式租入临街门面，租期10年。2017年3月，公司对门面进行改建装修，发生改建费用20万元。关于装修费用的税务处理，下列说法正确的是（　　）。

A.改建费用应作为长期待摊费用处理

B.改建费用应从2017年3月进行摊销

C.改建费用可以在发生当期一次性税前扣除

D.改建费用应在3年的期限内摊销

【答案】A

【解析】租入固定资产的改建支出要作为长期待摊费用来处理，按照合同约定的剩余租赁期限分期摊销。

五、存货的税务处理（能力等级2）

1.存货的计税基础

（1）通过支付现金方式取得的存货，以购买价款和支付的相关税费为成本。

（2）通过支付现金以外的方式取得的存货，以该存货的公允价值和支付的相关税费为成本。

（3）生产性生物资产收获的农产品，以产出或者采收过程中发生的材料费、人工费和分摊的间接费用等必要支出为成本。

2.存货的成本计算方法

企业使用或者销售的存货的成本计算方法，可以在先进先出法、加权平均法、个别计价法中选用一种。计价方法一经选用，不得随意变更。

六、投资资产的税务处理（能力等级2）（见表4-22）

投资资产的税务处理，同学们要学会区分撤资和转让投资，以及相关的税会差异。

投资资产的税务处理

表4-22　　　　　　　　投资资产的税务处理

成本	1.通过支付现金方式取得的投资资产，以购买价款为成本 2.通过支付现金以外的方式取得的投资资产，以该资产的公允价值和支付的相关税费为成本
扣除方法	企业对外投资期间，投资资产的成本在计算应纳税所得额时不得扣除，企业在转让或者处置投资资产时，投资资产的成本准予扣除
投资企业撤回或减少投资的税务处理	自2011年7月1日起，投资企业从被投资企业撤回或减少投资，其取得的资产中，相当于初始出资的部分，应确认为投资收回；相当于被投资企业累计未分配利润和累计盈余公积按减少实收资本比例计算的部分，应确认为股息所得；其余部分确认为投资资产转让所得 【提示】当涉及减资、撤资、清算，股权需要注销时，需要考虑该项股权对应的股息红利；而在股权转让时，并不涉及股权注销，所以仅需考虑股权转让时取得的收入和对应的成本

七、税法规定与会计规定差异的处理（能力等级2）

1.企业不能提供完整、准确的收入及成本、费用凭证，不能正确计算应纳税所得额的，由税务机关核定其应纳税所得额。

2.企业依法清算时，以其清算终了后的清算所得为应纳税所得额，按规定缴纳企业所得税。所谓清算所得，是指企业的全部资产可变现价值或者交易价格减除资产净值、清算费用以及相关税费等后的余额。

投资方企业从被清算企业分得的剩余资产，其中相当于从被清算企业累计未分配利润和累计盈余公积中应当分得的部分，应当确认为股息所得；剩余资产减除上述股息所得后的余额，超过或者低于投资成本的部分，应当确认为投资资产转让所得或者损失。

3.企业应纳税所得额是根据税收法规计算出来的，它在数额上与依据财务会计制度计算的利润总额往往不一致。因此，税法规定：对企业按照有关财务会计规定计算的利润总额，要按照税法的规定进行必要调整后，才能作为应纳税所得额计算缴纳所得税。

4.自2011年7月1日起，企业当年度实际发生的相关成本、费用，由于各种原因未能及时取得该成本、费用的有效凭证，企业在预缴季度所得税时，可暂按账面发生金额进行核算；但在汇算清缴时，应补充提供该成本、费用的有效凭证。

第四节　资产损失税前扣除的所得税处理

一、资产损失的定义（能力等级2）

资产损失，是指企业在生产经营活动中实际发生的、与取得应税收入有关的资产损失，包括现金损失，存款损失，坏账损失，贷款损失，股权投资损失，固定资产和存货的盘亏、毁损、报废、被盗损失，自然灾害等不可抗力因素造成的损失以及其他损失。

资产是指企业拥有或者控制的、用于经营管理活动相关的资产，包括现金、银行存款、应收及预付款项（包括应收票据、各类垫款、企业之间往来款项）等货币性资产，存货、固定资产、无形资产、在建工程、生产性生物资产等非货币性资产，以及债权性投资和股权（权益）性投资。

二、资产损失扣除政策（能力等级2）（见表4-23）

表4-23　　　　　　　　　　　　资产损失扣除政策

资产类型	损失扣除
货币性资金	1.企业清查出的现金短缺减除责任人赔偿后的余额，作为现金损失在计算应纳税所得额时扣除 2.企业将货币性资金存入法定具有吸收存款职能的机构，因该机构依法破产、清算，或者政府责令停业、关闭等原因，确实不能收回的部分，作为存款损失在计算应纳税所得额时扣除
应收、预付账款	企业除贷款类债权外的应收、预付账款符合相关条件之一的，减除可收回金额后确认的无法收回的应收、预付款项，可以作为坏账损失在计算应纳税所得额时扣除
贷款类债权	企业经采取所有可能的措施和实施必要的程序之后，符合相关条件之一的贷款类债权，可以作为贷款损失在计算应纳税所得额时扣除
股权投资	企业的股权投资符合相关条件之一的，减除可收回金额后确认的无法收回的股权投资，可以作为股权投资损失在计算应纳税所得额时扣除
固定资产或存货	1.对企业盘亏的固定资产或存货，以该固定资产的账面净值或存货的成本减除责任人赔偿后的余额，作为固定资产或存货盘亏损失在计算应纳税所得额时扣除 2.对企业毁损、报废的固定资产或存货，以该固定资产的账面净值或存货的成本减除残值、保险赔款和责任人赔偿后的余额，作为固定资产或存货毁损、报废损失在计算应纳税所得额时扣除 3.对企业被盗的固定资产或存货，以该固定资产的账面净值或存货的成本减除保险赔款和责任人赔偿后的余额，作为固定资产或存货被盗损失在计算应纳税所得额时扣除 4.企业因存货盘亏、毁损、报废、被盗等原因不得从增值税销项税额中抵扣的进项税额，可以与存货损失一起在计算应纳税所得额时扣除
境外资产损失	企业境内、境外营业机构发生的资产损失应分开核算，对境外营业机构由于发生资产损失而产生的亏损，不得在计算境内应纳税所得额时扣除

【提示1】企业在计算应纳税所得额时已经扣除的资产损失，在以后纳税年

度全部或者部分收回时，其收回部分应当作为收入计入收回当期的应纳税所得额。

【提示2】企业对其扣除的各项资产损失，应当提供能够证明资产损失确属已实际发生的合法证据，包括具有法律效力的外部证据、具有法定资质的中介机构的经济鉴证证明、具有法定资质的专业机构的技术鉴定证明等。

【例4-28·单选题】以下关于企业财产损失的规定正确的是（　　）。

A.股权投资损失指的是投资额减除股权转让金额后无法收回的股权投资

B.企业在计算应纳税所得额时已经扣除的资产损失，在以后纳税年度全部或者部分收回时，其收回部分应当追溯调整原损失年度的应纳税所得额

C.应收账款与债务人达成债务重组协议但又无法追偿的，不能确认资产损失

D.对境外营业机构由于发生资产损失而产生的亏损，不得在计算境内应纳税所得额时扣除

【答案】D

三、资产损失税前扣除管理（能力等级2）

1.企业发生的资产损失，应按规定的程序和要求向主管税务机关申报后方能在税前扣除。未经申报的损失，不得在税前扣除。

2.企业以前年度发生的资产损失未能在当年税前扣除的，可以按照本办法的规定，向税务机关说明并进行专项申报扣除。其中，属于实际资产损失，准予追补至该项损失发生年度扣除，其追补确认期限一般不得超过五年。

企业因以前年度实际资产损失未在税前扣除而多缴的企业所得税税款，可在追补确认年度企业所得税应纳税款中予以抵扣，不足抵扣的，向以后年度递延抵扣。

企业实际资产损失发生年度扣除追补确认的损失后出现亏损的，应先调整资产损失发生年度的亏损额，再按弥补亏损的原则计算以后年度多缴的企业所得税税款，并按前款办法进行税务处理。

第五节　企业重组的所得税处理

一、企业重组的定义（能力等级2）

企业重组，是指企业在日常经营活动以外发生的法律结构或经济结构重大改变的交易，包括企业法律形式改变、债务重组、股权收购、资产收购、合并、分立等。

1.股权支付，是指企业重组中购买、换取资产的一方支付的对价中，以本企业或其控股企业的股权、股份作为支付的形式。

2.非股权支付，是指以本企业的现金、银行存款、应收款项、本企业或其控股企业股权和股份以外的有价证券、存货、固定资产、其他资产以及承担债务等作为支付的形式。

企业重组的所得税处理如图4-5所示。

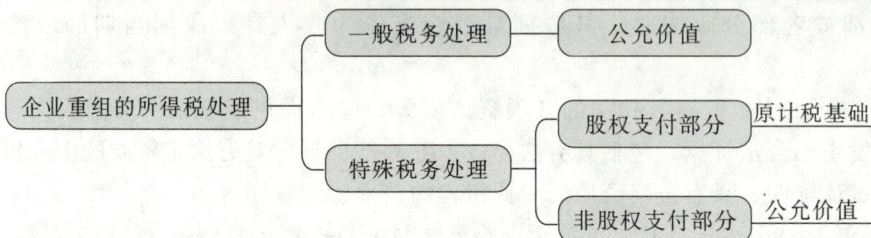

图4-5　企业重组的所得税处理

二、企业重组的一般性税务处理方法（能力等级3）

了解企业重组的一般处理方法，核心思想——交税。

（一）法律结构或经济结构改变

企业由法人转变为个人独资企业、合伙企业等非法人组织，或将登记注册地转移至中华人民共和国境外（包括中国港澳台地区），应视同企业进行清算、分配，股东重新投资成立新企业。企业的全部资产以及股东投资的计税基础均应以公允价值为基础确定。

（二）债务重组

1.以非货币资产清偿债务，应当分解为转让相关非货币性资产、按非货币性资产公允价值清偿债务两项业务，确认相关资产的所得或损失。

2.发生债权转股权的，应当分解为债务清偿和股权投资两项业务，确认有关债务清偿所得或损失。

3.债务人应当按照支付的债务清偿额低于债务计税基础的差额，确认债务重组所得；债权人应当按照收到的债务清偿额低于债权计税基础的差额，确认债务重组损失。

【案例4-10】甲企业（增值税一般纳税人）2011年12月与乙公司达成债务重组协议，甲以一批库存商品抵偿一年前发生的所欠乙公司债务25.4万元，该批库存商品的账面成本为16万元，市场不含税销售价为20万元，该批商品的增值税税率为17%，该企业适用25%的企业所得税税率。假定城市维护建设税和教育费附加不予考虑。甲企业的该项重组业务应纳企业所得税是多少？乙企业的债务重组损失是多少？

【解析】分解成两个行为的两项所得：销售货物所得=20-16=4（万元），债务清偿所得=25.4-20×（1+17%）=2（万元）；甲企业应编制如下会计分录：

借：应付账款　　　　　　　　　　　　　　　　　　　　　254 000
　　贷：主营业务收入　　　　　　　　　　　　　　　　　　　　200 000
　　　　应交税费——应交增值税（销项税额）　　　　　　　　　34 000
　　　　营业外收入——债务重组利得　　　　　　　　　　　　　20 000
借：主营业务成本　　　　　　　　　　　　　　　　　　　160 000
　　贷：库存商品　　　　　　　　　　　　　　　　　　　　　160 000

（1）甲企业因该重组事项确认应纳税所得额=20-16+2=6（万元）

（2）6万元含两方面的所得：此项债务重组利得2万元和货物销售所得4万元。

（3）乙企业的债务重组损失=25.4-20-3.4=2（万元）

（三）股权收购、资产收购

1.被收购方应确认股权、资产转让所得或损失。

2.收购方取得股权或资产的计税基础应以公允价值为基础确定。

【案例4-11】2010年9月，A公司以500万元的银行存款购买取得B公司的部分经营性资产，A公司购买B公司该部分经营性资产的账面价值为420万元，计税基础为460万元，公允价值为500万元。

【解析】（1）B公司（转让方/被收购方）的税务处理：B公司应确认资产转让所得：500-460=40（万元）；

（2）A公司（受让方/收购方）的税务处理：A公司购买该经营性资产后，应以该资产的公允价值500万元为基础确定计税基础。

（四）企业合并

1.合并企业应按公允价值确定接受被合并企业各项资产和负债的计税基础。

2.被合并企业及其股东都应按清算进行所得税处理。

3.被合并企业的亏损不得在合并企业结转弥补。

（五）企业分立

1.被分立企业对分立出去的资产应按公允价值确认资产转让所得或损失。

2.分立企业应按公允价值确认接受资产的计税基础。

3.被分立企业继续存在时，其股东取得的对价应视同对被分立企业分配进行处理。

4.被分立企业不再继续存在时，被分立企业及其股东都应按清算进行所得税处理。

5.企业分立相关企业的亏损不得相互结转弥补。

【例4-29·单选题】下列关于企业合并实施一般性税务处理的说法，正确的是（　　）。

A.被合并企业的亏损可按比例在合并企业结转弥补

B.合并企业应按照账面净值确认被合并企业各项资产的计税基础

C.被合并企业股东应按清算进行所得税处理

D.合并企业应按照协商价格确认被合并企业各项负债的计税基础

【答案】C

【解析】选项A：被合并企业的亏损不得在合并企业结转弥补。选项B、D：合并企业应按公允价值确定接受被合并企业各项资产和负债的计税基础。

【例4-30·2016年多选题】企业实施合并重组，适用企业所得税一般税务处理方法时，下列处理正确的有（　　）。

A.被合并企业的亏损不得在合并企业结转弥补

B.合并企业应按照账面价值接受被合并企业负债的计税基础

C.被合并企业及其股东都应按清算进行所得税处理

D.合并企业应按公允价值确定接受被合并企业各项资产的计税基础

【答案】ACD

【解析】选项B：合并企业应按照公允价值接受被合并企业负债的计税基础。

三、企业重组的特殊性税务处理方法（能力等级3）

（一）适用条件

1.具有合理的商业目的，且不以减少、免除或者推迟缴纳税款为主要目的。

企业重组的特殊性税务处理方法

掌握企业重组的特殊税务处理方法，核心思想——股权部分免税。

2.被收购、合并或分立部分的资产或股权比例符合下述（二）规定的比例。

3.企业重组后的连续12个月内不改变重组资产原来的实质性经营活动。

4.重组交易对价中涉及股权支付金额符合下述（二）规定的比例。

5.企业重组中取得股权支付的原主要股东，在重组后连续12个月内，不得转让所取得的股权。

企业重组特殊税务处理具体如图4-6所示。

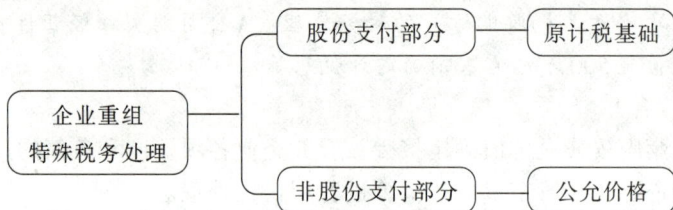

图4-6　企业重组特殊税务处理

（二）股权支付部分

理解特殊重组业务相关条件，股权支付比例85%以上是个很重要的参数。

股权支付部分

1.企业债务重组确认的应纳税所得额占该企业当年应纳税所得额50%以上，可以在5个纳税年度的期间内，均匀计入各年度的应纳税所得额。

2.股权收购。

收购企业购买的股权不低于被收购企业全部股权的50%，且收购企业在该股权收购发生时的股权支付金额不低于其交易支付总额的85%，可以选择按以下规定处理：

（1）被收购企业的股东取得收购企业股权的计税基础，以被收购股权的原有计税基础确定。

（2）收购企业取得被收购企业股权的计税基础，以被收购股权的原有计税基础确定。

3.资产收购。

受让企业收购的资产不低于转让企业全部资产的50%，且受让企业在该资产收购发生时的股权支付金额不低于其交易支付总额的85%，可以选择按以下规定处理：

（1）转让企业取得受让企业股权的计税基础，以被转让资产的原有计税基础确定。

（2）受让企业取得转让企业资产的计税基础，以被转让资产的原有计税基础确定。

4.企业合并。

企业股东在该企业合并发生时取得的股权支付金额不低于其交易支付总额的85%，以及同一控制下且不需要支付对价的企业合并，可以选择按以下规定处理：

（1）合并企业接受被合并企业资产和负债的计税基础，以被合并企业的原有计税基础确定。

（2）可由合并企业弥补的被合并企业亏损的限额＝被合并企业净资产的公允价值×截至合并业务发生当年年末国家发行的最长期限的国债利率。

（3）被合并企业股东取得合并企业股权的计税基础，以其原持有的被合并企业股权的计税基础确定。

【例4-31·单选题】2015年8月甲企业以吸收方式合并乙企业，合并业务符合特殊性业务处理条件。合并时乙企业净资产账面价值1 100万元，市场公允价值1 300万元，弥补期限内的亏损70万元，年末国家发行的最长期限的国债利率为4.5%。2015年由甲企业弥补的乙企业的亏损额为（　　）万元。

A.3.15　　　　　　　B.49.50　　　　　　C.58.50　　　　　　D.70.00

【答案】C

【解析】特殊性税务处理的吸收合并，可由合并企业弥补的被合并企业亏损的限额=被合并企业净资产的公允价值×截至合并业务发生当年年末国家发行的最长期限的国债利率。2015年由甲企业弥补的乙企业的亏损额=1 300×4.5%=58.50（万元）。此题主要注意计算的时候要用企业净资产公允价值，而不能用账面价值。

5.<u>企业分立</u>。

被分立企业所有股东按原持股比例取得分立企业的股权，分立企业和被分立企业均不改变原来的实质经营活动，且被分立企业股东在该企业分立发生时取得的股权支付金额不低于其交易支付总额的85%，可以选择按以下规定处理：

（1）分立企业接受被分立企业资产和负债的计税基础，以被分立企业的原有计税基础确定。

（2）被分立企业未超过法定弥补期限的亏损额可按分立资产占全部资产的比例进行分配，由分立企业继续弥补。

（3）被分立企业的股东取得分立企业的股权（以下简称新股），如需部分或全部放弃原持有的被分立企业的股权（以下简称旧股），新股的计税基础应以放弃旧股的计税基础确定。如不需放弃旧股，则其取得新股的计税基础可从以下两种方法中选择确定：

①直接将新股的计税基础确定为零；

②或者以被分立企业分立出去的净资产占被分立企业全部净资产的比例先调减原持有的旧股的计税基础，再将调减的计税基础平均分配到新股上。

（三）非股权支付部分　理解特殊重组业务非股权支付部分，交税的原理——同一般税务重组。

重组交易各方按上述（二）1~5项规定对交易中股权支付暂不确认有关资产的转让所得或损失的，其非股权支付仍应在交易当期确认相应的资产转让所得或损失，并调整相应资产的计税基础。

非股权支付部分

$$非股权支付应对的资产转让所得或损失 = \left(被转让资产的公允价值 - 被转让资产的计税基础\right) \times \frac{非股权支付金额}{被转让资产的公允价值}$$

【案4-12】甲公司共有股权1 000万股，为了将来有更好的发展，将80%的股权让乙公司收购，然后成为乙公司的子公司。假定收购日甲公司每股资产的计税基础为7元，每股资产的公允价值为9元。在收购对价中乙公司以股权形式支付6 480万元，以银行存款支付720万元。甲公司取得非股权支付额对应的资产转让所得计算如下：（7 200-5 600）×（720÷7 200）=1 600×10%=160（万元）。

【例4-32·单选题】甲企业持有丙企业90%的股权，共计4 500万股，2015年2月将其全部转让给乙企业。收购日甲企业每股资产的公允价值为14元，每股资产的计税基础为12元。在收购对价中乙企业以股权形式支付55 440万元，以银行存款支付7 560万元。假定符合特殊性税务处理的其他条件，甲企业转让股权应缴纳企业所得税（　　）万元。

A.250　　　　　　B.270　　　　　　C.280　　　　　　D.300

【答案】B

【解析】甲企业转让股权应缴纳企业所得税=（14-12）×4 500×［7 560÷（55 440+7 560）］×25%=270（万元）。

（四）其他

对100%直接控制的居民企业之间，以及受同一或相同多家居民企业100%直接控制的居民企业之间按账面净值划转股权或资产，凡具有合理商业目的、不以减少、免除或者推迟缴纳税款为主要目的，股权或资产划转后连续12个月内不改变被划转股权或资产原来实质性经营活动，且划出方企业和划入方企业均未在会计上确认损益的，可以选择按以下规定进行特殊性税务处理：

（1）划出方企业和划入方企业均不确认所得。

（2）划入方企业取得被划转股权或资产的计税基础，以被划转股权或资产的账面净值确定。

（3）划入方企业取得的被划转资产，应按其账面净值计算折旧扣除。

【例4-33·多选题】2017年5月，甲公司购买乙公司的部分资产，该部分资产计税基础为6 000万元，公允价值为8 000万元；乙公司全部资产的计税基础为7 000万元。甲公司向乙公司支付一部分股权（计税基础为4 500万元，公允价值为7 000万元）以及1 000万元银行存款。假定符合资产收购特殊性税务处理的其他条件，且双方选择特殊性税务处理。下列说法正确的有（　　）。

A.甲公司取得的乙公司资产的计税基础为6 250万元

B.乙公司取得的甲公司股权的计税基础为6 000万元

C.乙公司应确认资产转让所得250万元

D.乙公司暂不确认资产转让所得

【答案】AC

【解析】乙公司出售部分资产的计税基础为6 000万元，公允价值为8 000万元，如果按照一般税务处理的话，2 000万元的差价乙公司需要确认资产转让所得。由于该资产收购符合特殊税务处理条件，2 000万元的差价仅需对非股权支付比例（1 000÷8 000=12.5%）的部分确认资产转让所得，即2 000×12.5%=250（万元）。所以选项C是正确的，选项D是错误的。甲公司取得乙公司部分资产的计税基础中股权支付部分以被转让资产的原有计税基础确定，非股权支付仍应在交易当期确认相应的资产转让所得或损失，并调整相应资产的计税基础，则甲公司取得乙公司资产的计税基础=6 000×87.5%+8 000×12.5%=6 250（万元），所以选项A是正确的。在资产收购中转让企业取得受让企业股权的计税基础，以被转让资产的原有计税基础确定，所以乙公司取得甲公司股权的计税基础应当以乙公司被转让资产的原计税基础6 000万元来确定，即6 000×87.5%=5 250（万元），所以选项B是错误的。

第六节　税收优惠

一、居民企业优惠（能力等级2）（如图4-7所示）

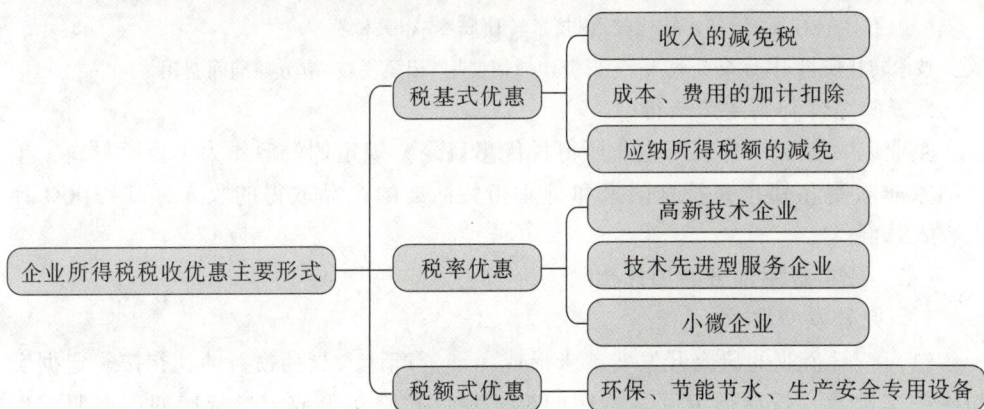

企业所得税税收优惠主要形式 ──
- 税基式优惠
  - 收入的减免税
  - 成本、费用的加计扣除
  - 应纳所得税额的减免
- 税率优惠
  - 高新技术企业
  - 技术先进型服务企业
  - 小微企业
- 税额式优惠
  - 环保、节能节水、生产安全专用设备

图4-7　企业所得税税收优惠主要形式

（一）收入部分的减免税优惠

分清基本农产品企业所得税免税，以及非基本农产品企业所得税减半征收的原理。

收入部分的减免税优惠

1.企业从事农、林、牧、渔业项目的所得

（1）免税

①蔬菜、谷物、薯类、油料、豆类、棉花、麻类、糖料、水果、坚果的种植。

②农作物新品种的选育。

③中药材的种植。

④林木的培育和种植。

⑤牲畜、家禽的饲养。

⑥林产品的采集。

⑦灌溉、农产品初加工、兽医、农技推广、农机作业和维修等农、林、牧、渔服务业项目。

⑧远洋捕捞。

（2）减半

①花卉、茶以及其他饮料作物和香料作物的种植。

②海水养殖，内陆养殖。

2.从事国家重点扶持的公共基础设施项目的投资经营的所得

自项目取得第一笔生产经营收入所属纳税年度起，第1年至第3年免征企业所得税，第4年至第6年减半征收企业所得税。

【提示】企业承包经营、承包建设和内部自建自用本条规定的项目，不得享受本条规定的企业所得税优惠。

3.从事符合条件的环境保护、节能节水项目的所得

自项目取得第一笔生产经营收入所属纳税年度起，第1年至第3年免征企业所得税，第4年至第6年减半征收企业所得税。

4.符合条件的技术转让所得

（1）一个纳税年度内，居民企业转让技术所有权所得不超过500万元的部分，免征企业所得税；超过500万元的部分，减半征收企业所得税。

符合条件的技术转让所得，免税条件，同学们必须把握500万元以下免税，500万元以上减半征收的要点。

（2）技术转让所得包括居民企业转让专利技术、计算机软件著作权、集成电路布图设计权、植物新品种、生物医药新品种、5年（含）以上非独占许可使用权，以及财政部和国家税务总局确定的其他技术。

（3）技术转让所得=技术转让收入-技术转让成本-相关税费

或：技术转让所得=技术转让收入-无形资产摊销费用-相关税费-应分摊期间费用

5.资源综合利用生产所得

企业以《资源综合利用企业所得税优惠目录》规定的资源作为主要原材料，生产国家非限制和禁止并符合国家和行业相关标准的产品取得的收入，减按90%计入收入总额。

（二）成本费用部分的加计扣除

研究开发费用

1.研究开发费用 研发费加计50%扣除，是每年几乎必考的考点，同学们必须掌握。

（1）一般企业的研究开发费，未形成无形资产计入当期损益的，在按规定据实扣除的基础上，按照研究开发费用的50%加计扣除；形成无形资产的，按照无形资产成本的150%摊销。

（2）科技型中小企业开展研发活动中实际发生的研发费用，未形成无形资产计入当期损益的，在按规定据实扣除的基础上，在2017年1月1日至2019年12月31日期间，按照实际发生额的50%，从本年度应纳税所得额中扣除；形成无形资产的，按照无形资产成本的150%在税前摊销。

（3）对企业共同合作开发的项目，由合作各方就自身承担的研发费用分别按照规定计算加计扣除。

（4）企业委托给外单位进行开发的研发费用，由委托方按照规定计算加计扣除，受托方不得再进行加计扣除。

【提示1】研发费用的具体范围包括：

①人员人工费用：直接从事研发活动人员的工资薪金、基本养老保险费、基本医疗保险费、失业保险费、工伤保险费、生育保险费和住房公积金，以及外聘研发人员的劳务费用。

②直接投入费用：

（a）研发活动直接消耗的材料、燃料和动力费用。

（b）用于中间试验和产品试制的模具、工艺装备开发及制造费，不构成固定资产的样品、样机及一般测试手段购置费，试制产品的检验费。

（c）用于研发活动的仪器、设备的运行维护、调整、检验、维修等费用，以及通过经营租赁方式租入的用于研发活动的仪器、设备租赁费。

③折旧费用：用于研发活动的仪器、设备的折旧费。

④无形资产摊销：用于研发活动的软件、专利权、非专利技术（包括许可证、专有技术、设计和计算方法等）的摊销费用。

⑤新产品设计费、新工艺规程制定费、新药研制的临床试验费、勘探开发技术的现场试验费。

⑥其他相关费用：与研发活动直接相关的其他费用，如技术图书资料费、资料翻译费、专家咨询费、高新科技研发保险费，研发成果的检索、分析、评议、论证、鉴定、评审、评估、验收费用，知识产权的申请费、注册费、代理费，差旅

费、会议费等。此项费用总额不得超过可加计扣除研发费用总额的10%。

⑦财政部和国家税务总局规定的其他费用。

【提示2】下列活动不适用税前加计扣除政策：

①企业产品（服务）的常规性升级。

②对某项科研成果的直接应用，如直接采用公开的新工艺、材料、装置、产品、服务或知识等。

③企业在商品化后为顾客提供的技术支持活动。

④对现存产品、服务、技术、材料或工艺流程进行的重复或简单改变。

⑤市场调查研究、效率调查或管理研究。

⑥作为工业（服务）流程环节或常规的质量控制、测试分析、维修维护。

⑦社会科学、艺术或人文学方面的研究。

【提示3】不适用税前加计扣除政策的行业：

①烟草制造业。

②住宿和餐饮业。

③批发和零售业。

④房地产业。

⑤租赁和商务服务业。

⑥娱乐业。

⑦财政部和国家税务总局规定的其他行业。

2.残疾人工资

残疾人工资加计扣除100%，同学们要把握，会纳税调减，且不影响3项经费的基数。

企业安置残疾人员所支付工资费用的加计扣除，是指企业安置残疾人员的，在按照支付给残疾职工工资据实扣除的基础上，按照支付给残疾职工工资的100%加计扣除。

3.固定资产加速折旧（见表4-24）

固定资产加速折旧，同学们须把握所有行业，搞科研，100万元以下可以全额扣除，5 000元以下的固定资产所有行业可以全额扣除。

表4-24

固定资产加速折旧

行业	固定资产种类		折旧方法
所有行业	1.由于技术进步，产品更新换代较快的固定资产 2.常年处于强震动、高腐蚀状态的固定资产		缩短折旧年限或采取加速折旧
	2014年1月1日后新购进的研发和生产经营共用的仪器、设备	单位价值不超过100万元	允许一次性计入当期成本费用在计算应纳税所得额时扣除
		单位价值超过100万元	缩短折旧年限或采取加速折旧
	2014年1月1日后新购进的单位价值不超过5 000元的固定资产		允许一次性计入当期成本费用在计算应纳税所得额时扣除

固定资产加速折旧

4747

行业	固定资产种类	折旧方法
生物药品制造业，专用设备制造业，铁路、船舶、航空航天和其他运输设备制造业，计算机、通信和其他电子设备制造业，仪器仪表制造业，信息传输、软件和信息技术服务业等6个行业	2014年1月1日后新购进的固定资产	缩短折旧年限或采取加速折旧
对轻工、纺织、机械、汽车四个领域重点行业企业	2015年1月1日后新购进的固定资产（包括自行建造）	缩短折旧年限或采取加速折旧
	小微企业2015年1月1日后新购进的研发和生产经营共用的仪器、设备（单位价值不超过100万元）	允许一次性计入当期成本费用在计算应纳税所得额时扣除
	单位价值超过100万元	缩短折旧年限或采取加速折旧

【提示】采取缩短折旧年限方法的，最低折旧年限不得低于规定折旧年限的60%；采取加速折旧方法的，可以采取双倍余额递减法或者年数总和法。

（三）应纳税所得额部分的税收优惠

1.创业投资企业

创业投资企业采取股权投资方式投资于未上市的中小高新技术企业2年以上的，可以按照其投资额的70%在股权持有满2年的当年抵扣该创业投资企业的应纳税所得额；当年不足抵扣的，可以在以后纳税年度结转抵扣。

2.小型微利企业

小微企业是近几年考试的热点，同学们须掌握小微企业的判断标准，以及应纳税所得额50万元以下减半征收的规定。

（1）小型微利企业的认定（见表4-25）

表4-25　　　　　　　　　　小型微利企业的认定

企业类型	年度应纳税所得额	从业人数	资产总额
工业企业	≤50万元	≤100人	≤3 000万元
其他企业		≤80人	≤1 000万元

（2）小型微利企业的优惠政策

自2017年1月1日至2019年12月31日，将小型微利企业的年应纳税所得额上限由30万元提高至50万元，对年应纳税所得额低于50万元（含50万元）的小型微利企业，其所得减按50%计入应纳税所得额，按20%的税率缴纳企业所得税。

（四）税率部分的税收优惠（见表4-26）

表4-26　　　　　　　　　　税率部分的税收优惠

高新技术企业	1.国家需要重点扶持的高新技术企业减按15%的税率征收企业所得税
	2.高新技术企业来源于境外的所得可以按照15%的优惠税率缴纳企业所得税，在计算境外抵免限额时，可按照15%的优惠税率计算境内外应纳税总额
技术先进型服务企业	对经认定的技术先进型服务企业，减按15%的税率征收企业所得税
小型微利企业	小型微利企业减按20%的税率征收企业所得税

小型微利企业的认定

高新技术企业适用15%的所得税税率，同学们需要掌握。

（五）应纳税额部分的税收优惠

企业购置并实际使用《环境保护专用设备企业所得税优惠目录》、《节能节水专用设备企业所得税优惠目录》和《安全生产专用设备企业所得税优惠目录》规定的环境保护、节能节水、安全生产等专用设备的，该专用设备的投资额的10%可以从企业当年的应纳税额中抵免；当年不足抵免的，可以在以后5个纳税年度结转抵免。

二、非居民企业优惠（能力等级2）（见表4-27）

表4-27　　　　　　　　　　　　　非居民企业优惠

优惠种类	具体规定
减按低税率	在我国未设立机构场所，或设立机构场所，但取得的所得与机构场所没有实际联系的非居民企业减按10%的税率征收企业所得税
免征企业所得税	1.外国政府向中国政府提供贷款取得的利息所得 2.国际金融组织向中国政府和居民企业提供优惠贷款取得的利息所得 3.经国务院批准的其他所得

三、特殊行业的优惠（能力等级2）（见表4-28）

表4-28　　　　　　　　　　　　　特殊行业的优惠

> 软件等集成电路企业的税收优惠，是个比较冷门的知识点，同学们浏览讲义即可。

鼓励软件产业和集成电路产业发展的优惠政策	1.集成电路线宽小于0.8微米（含）的集成电路生产企业，经认定后，在2017年12月31日前自获利年度起计算优惠期，第1年至第2年免征企业所得税，第3年至第5年按照25%的法定税率减半征收企业所得税，并享受至期满为止 2.集成电路线宽小于0.25微米或投资额超过80亿元的集成电路生产企业，经认定后，减按15%的税率征收企业所得税，其中经营期在15年以上的，在2017年12月31日前自获利年度起计算优惠期，第1年至第5年免征企业所得税，第6年至第10年按照25%的法定税率减半征收企业所得税，并享受至期满为止 3.我国境内新办的集成电路设计企业和符合条件的软件企业，经认定后，在2017年12月31日前自获利年度起计算优惠期，第1年至第2年免征企业所得税，第3年至第5年按照25%的法定税率减半征收企业所得税，并享受至期满为止 4.国家规划布局内的重点软件企业和集成电路设计企业，如当年未享受免税优惠的，可减按10%的税率征收企业所得税
关于鼓励证券投资基金发展的优惠政策	1.对证券投资基金从证券市场中取得的收入，包括买卖股票、债券的差价收入，股权的股息、红利收入，债券的利息收入及其他收入，暂不征收企业所得税 2.对投资者从证券投资基金分配中取得的收入，暂不征收企业所得税 3.对证券投资基金管理人运用基金买卖股票、债券的差价收入，暂不征收企业所得税
节能服务公司的优惠政策	对符合条件的节能服务公司实施合同能源管理项目，符合企业所得税税法有关规定的，自项目取得第一笔生产经营收入所属纳税年度起，第1年至第3年免征企业所得税，第4年至第6年按照25%的法定税率减半征收企业所得税
电网企业电网新建项目享受所得税的优惠政策	符合规定条件和标准的电网（输变电设施）新建项目可享受"三免三减半"的企业所得税优惠政策

四、其他优惠（能力等级2）　对政府债券的利息免税，同学们需要掌握。

（一）西部大开发的税收优惠

（二）对企业取得的2009年及以后发行的地方政府债券利息所得，免征企业所得税。

> 其他优惠

【提示】具体详见2018年CPA税法教材第241～242页。

第七节　应纳税额的计算

一、居民企业应纳税额的计算（能力等级3）

应纳税额＝应纳税所得额×适用税率－减免税额－抵免税额

（一）直接计算法的应纳税所得额计算公式

应纳税所得额＝收入总额－不征税收入－免税收入－各项扣除金额－弥补亏损

（二）间接计算法的应纳税所得额计算公式

应纳税所得额＝会计利润总额±纳税调整项目金额

【例4-34·2009年单选题】2008年某居民企业实现产品销售收入1 200万元，视同销售收入400万元，债务重组收益100万元，发生的成本费用总额1 600万元，其中业务招待费支出20万元。假定不存在其他纳税调整事项，2008年度该企业应缴纳企业所得税（　　）万元。

A.16.2　　　　　　B.16.8　　　　　　C.27　　　　　　D.28

【答案】D

【解析】（1 200+400）×5‰=8（万元）＜20×60%=12（万元）；应调增应纳税所得额=20-8=12（万元）；应纳税所得额=1 200+400+100-1 600+12=112（万元）；应纳所得税额=112×25%=28（万元）。

二、境外所得抵扣税额的计算（能力等级3）

1.企业取得的下列所得已在境外缴纳的所得税税额，可以从其当期应纳税额中抵免，抵免限额为该项所得依照本法规定计算的应纳税额；超过抵免限额的部分，可以在以后5个年度内，用每年度抵免限额抵免当年应抵税额后的余额进行抵补：

（1）居民企业来源于中国境外的应税所得。

（2）非居民企业在中国境内设立机构、场所，取得发生在中国境外但与该机构、场所有实际联系的应税所得。

2.居民企业从其直接或者间接控制（直接控制是指居民企业直接持有外国企业20%以上股份，间接控制是指居民企业以间接持股方式持有外国企业20%以上股份）的外国企业分得的来源于中国境外的股息、红利等权益性投资收益，外国企业在境外实际缴纳的所得税税额中属于该项所得负担的部分，可以作为该居民企业的可抵免境外所得税税额，在企业所得税税法规定的抵免限额内抵免。

3.抵免限额，是指企业来源于中国境外的所得，依照企业所得税法和本条例的规定计算的应纳税额。除国务院财政、税务主管部门另有规定外，该抵免限额应当分国（地区）不分项计算，计算公式为：

抵免限额＝境内外所得依照所得税法规定计算的应纳税总额×$\dfrac{来源于某国的应纳税所得额}{境内外应纳税所得总额}$

该公式可以简化成：

抵免限额＝来源于某国的(税前)应纳税所得额×国内税率

【归纳总结】缴多不退，缴少补足。

【提示】境外所得不影响应纳税所得额；境外所得如需补税，应在应纳税额中进行调整。

三、居民企业核定征收应纳税额的计算（能力等级3）(见表4-29)

表4-29　　　　　　　居民企业核定征收应纳税额的计算

（一）核定征收企业所得税的范围	1.依照法律、行政法规的规定可以不设置账簿的 2.依照法律、行政法规的规定应当设置但未设置账簿的 3.擅自销毁账簿或者拒不提供纳税资料的 4.虽设置账簿，但账目混乱或者成本资料、收入凭证、费用凭证残缺不全，难以查账的 5.发生纳税义务，未按照规定的期限办理纳税申报，经税务机关责令限期申报，逾期仍不申报的 6.申报的计税依据明显偏低，又无正当理由的
（二）核定征收的办法	1.具有下列情形之一的，核定其应税所得率： （1）能正确核算（查实）收入总额，但不能正确核算（查实）成本费用总额的： 应纳税额 = 应税收入 × 应税所得率 × 适用税率 （2）能正确核算（查实）成本费用总额，但不能正确核算（查实）收入总额的： $$应纳税额 = \frac{成本（费用）支出}{1 - 应税所得率} × 应税所得率 × 适用税率$$ （3）通过合理方法，能计算和推定纳税人收入总额或成本费用总额的 2.纳税人不属于以上情形的，核定其应纳所得税额 3.纳税人的生产经营范围、主营业务发生重大变化，或者应纳税所得额或应纳税额增减变化达到20%的，应及时向税务机关申报调整已确定的应纳税额或应税所得率 4.税务机关采用下列方法核定征收企业所得税： （1）参照当地同类行业或者类似行业中经营规模和收入水平相近的纳税人的税负水平核定 （2）按照应税收入额或成本费用支出额定率核定 （3）按照耗用的原材料、燃料、动力等推算或测算核定 （4）按照其他合理方法核定

【例4-35·多选题】居民纳税人在计算企业所得税时，应核定其应税所得率的情形是（　　）。

A.能正确核算（查实）收入总额，但不能正确核算（查实）成本费用总额的

B.能正确核算（查实）成本费用总额，但不能正确核算（查实）收入总额的

C.通过合理方法，能计算和推定纳税人收入总额或成本费用总额的

D.无法计算和推定纳税人收入总额和成本费用总额的

【答案】ABC

【例4-36·2011年单选题】某批发兼零售的居民企业，2010年度自行申报营业收入总额350万元、成本费用总额370万元，当年亏损20万元。经税务机关审核，该企业申报的收入总额无法核实，成本费用核算正确。假定对该企业采取核定征收企业所得税，应税所得率为8%，该居民企业2010年度应缴纳企业所得税（　　）。

A.7.00万元　　　　　B.7.40万元　　　　　C.7.61万元　　　　　D.8.04万元

【答案】D

【解析】应纳所得税=370÷（1-8%）×8%×25%=8.04（万元）。

四、非居民企业应纳税额的计算（能力等级3）

对于在中国境内未设立机构、场所的，或者虽设立机构、场所但取得的所得与其所设机构、场所没有实际联系的非居民企业的所得，按照下列方法计算应纳税所得额：

1.股息、红利等权益性投资收益和利息、租金、特许权使用费所得，以收入全额为应纳税所得额。

2.转让财产所得，以收入全额减除财产净值后的余额为应纳税所得额。

3.其他所得，参照前两项规定的方法计算应纳税所得额。

【提示】转让财产差额征税，其余所得全额纳税。

五、非居民企业所得税核定征收办法（能力等级3）（见表4-30）

表4-30　　　　　　　　　非居民企业所得税核定征收办法

核定方法	适用状况及计算公式
1.按收入总额核定应纳税所得额	适用于能够正确核算收入或通过合理方法推定收入总额，但不能正确核算成本费用的非居民企业： 应纳税额＝收入总额×核定利润率×适用税率
2.按成本费用核定应纳税所得额	适用于能够正确核算成本费用，但不能正确核算收入总额的非居民企业： 应纳税额＝$\dfrac{\text{成本（费用）总额}}{1-\text{核定利润率}}$×核定利润率×适用税率
3.按经费支出换算收入核定应纳税所得额	适用于能够正确核算经费支出总额，但不能正确核算收入总额和成本费用的非居民企业： 应纳税额＝$\dfrac{\text{经费支出}}{1-\text{核定利润率}}$×核定利润率×适用税率

六、房地产开发企业所得税预缴税款的处理（能力等级3）

在未完工前采取预售方式销售取得的预售收入，按照规定的预计利润率分季（或月）计算出预计利润额，计入利润总额预缴，开发产品完工、结算计税成本后按照实际利润再行调整。预计利润率暂按以下标准，具体如图4-8所示。

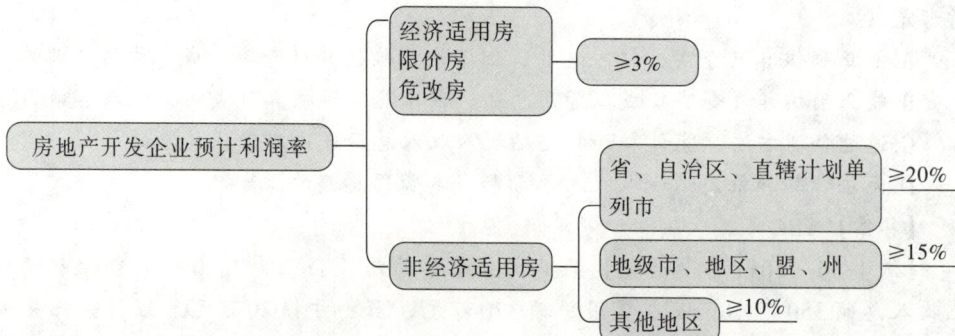

图4-8　房地产开发企业预计利润率

第八节　源泉扣缴

一、扣缴义务人（能力等级2）

1.对非居民企业在中国境内未设立机构、场所的，或者虽设立机构、场所但取

旁注：
非居民企业应纳税额的计算，同学们要区分差额和全额的有关规定。

非居民企业核定征税，是个比较重要的考点，同学们须掌握什么时候需要核定征收，以及核定征收的方法——按收入核定以及按成本核定和按经费核定的方法。

非居民企业所得税核定征收办法

4751

源泉扣缴，同学们需要掌握，其实就是扣缴义务人的概念。

得的所得与其所设机构、场所没有实际联系的所得应缴纳的所得税，实行源泉扣缴，以支付人为扣缴义务人。税款由扣缴义务人在每次支付或者到期应支付时，从支付或者到期应支付的款项中扣缴。

2.对非居民企业在中国境内取得工程作业和劳务所得应缴纳的所得税，税务机关可以指定工程价款或者劳务费的支付人为扣缴义务人。

3.企业所得税法实施条例规定的支付人自行委托代理人或指定其他第三方代为支付相关款项，或者因担保合同或法律规定等原因由第三方保证人或担保人支付相关款项的，仍由委托人、指定人或被保证人、被担保人承担扣缴义务。

二、扣缴方法（能力等级2）

1.扣缴义务人扣缴税款时，按前述第七节非居民企业计算方法计算税款。

2.应当扣缴的所得税，扣缴义务人未依法扣缴或者无法履行扣缴义务的，由企业在所得发生地缴纳。企业未依法缴纳的，税务机关可以从该企业在中国境内其他收入项目的支付人应付的款项中，追缴该企业的应纳税款。

3.税务机关在追缴该企业应纳税款时，应当将追缴理由、追缴数额、缴纳期限和缴纳方式等告知该企业。

4.扣缴义务人与非居民企业签订与企业所得税法规定的所得有关的业务合同时，凡合同中约定由扣缴义务人实际承担应纳税款的，应将非居民企业取得的不含税所得换算为含税所得计算并解缴应扣税款。

5.扣缴义务人每次代扣的税款，应当自代扣之日起7日内缴入国库，并向所在地的税务机关报送扣缴企业所得税报告表。

第九节　征收管理

一、纳税地点（能力等级2）（见表4-31）

居民企业与非居民企业的纳税地点，同学们浏览即可。

表4-31　　　　　　　　　　　　　　　纳税地点

企业类型	纳税地点
居民企业	除税收法律、行政法规另有规定外，居民企业以企业登记注册地为纳税地点；但登记注册地在境外的，以实际管理机构所在地为纳税地点
非居民企业	1.非居民企业在中国境内设立机构、场所的，应当就其所设机构、场所取得的来源于中国境内的所得，以及发生在中国境外但与其所设机构、场所有实际联系的所得，以机构、场所所在地为纳税地点 2.非居民企业在中国境内设立两个或者两个以上机构、场所的，经税务机关审核批准，可以选择由其主要机构、场所汇总缴纳企业所得税 3.非居民企业在中国境内未设立机构、场所的，或者虽设立机构、场所但取得的所得与其所设机构、场所没有实际联系的所得，以扣缴义务人所在地为纳税地点

【提示1】居民企业在中国境内设立不具有法人资格的营业机构的，应当汇总计算并缴纳企业所得税。

【提示2】除国务院另有规定外，企业之间不得合并缴纳企业所得税。

二、纳税期限与纳税申报（能力等级2）

1.企业所得税按年计征，分月或者分季预缴，年终汇算清缴，多退少补。

2.企业所得税的纳税年度，自公历1月1日起至12月31日止。企业在一个纳税年度的中间开业，或者由于合并、关闭等原因终止经营活动，使该纳税年度的实际经营期不足12个月的，应当以其实际经营期为1个纳税年度。企业清算时，应当以清算期间作为1个纳税年度。

3.自年度终了之日起5个月内，向税务机关报送年度企业所得税纳税申报表，并汇算清缴，结清应缴应退税款。

4.企业在年度中间终止经营活动的，应当自实际经营终止之日起60日内，向税务机关办理当期企业所得税汇算清缴。

5.按月或按季预缴的，应当自月份或者季度终了之日起15日内，向税务机关报送预缴企业所得税纳税申报表，预缴税款。企业在报送企业所得税纳税申报表时，应当按照规定附送财务会计报告和其他有关资料。

三、跨地区经营汇总纳税企业所得税征收管理（能力等级3）

1.居民企业在中国境内跨地区（指跨省、自治区、直辖市和计划单列市，下同）设立不具有法人资格的营业机构、场所（以下称分支机构）的，该居民企业为汇总纳税企业（以下称企业），除另有规定外，适用本办法。

2.总机构和具有主体生产经营职能的二级分支机构，就地分期预缴企业所得税。三级及以下分支机构不就地预缴企业所得税，其经营收入、职工工资和资产总额统一计入二级分支机构。

3.上年度认定为小型微利企业的，其分支机构不就地预缴企业所得税。

4.新设立的分支机构，设立当年不就地预缴企业所得税。撤销的分支机构，撤销当年剩余期限内应分摊的企业所得税款由总机构缴入中央国库。企业在中国境外设立的不具有法人资格的营业机构，不就地预缴企业所得税。

5.总机构和分支机构应分期预缴的企业所得税，50%在各分支机构间分摊预缴，50%由总机构预缴。

6.总机构根据统一计算的企业当期实际应纳所得税额，在每月或季度终了后10日内，按照各分支机构应分摊的比例，将本期企业全部应纳所得税额的50%在各分支机构之间进行分摊并通知到各分支机构；各分支机构应在每月或季度终了之日起15日内，就其分摊的所得税额向其所在地主管税务机关申报预缴。

总机构应按照上一年度分支机构的经营收入、职工工资和资产总额三个因素计算各分支机构应分摊所得税款的比例，三因素的权重依次为35%、35%、30%，计算公式如下：

$$某分支机构分摊比例 = \frac{该分支机构营业收入}{各分支机构营业收入之和} \times 35\% + \frac{该分支机构工资总额}{各分支机构工资总额之和} \times 35\% + \frac{该分支机构资产总额}{各分支机构资产总额之和} \times 30\%$$

以上公式中分支机构仅指需要就地预缴的分支机构，该税款分摊比例按上述方法一经确定后，当年不作调整。

（手写批注）跨地区经营汇总纳税企业所得税的计算，同学们要把握先五五分成，再按35%、35%、30%的比例原则去处理。

跨地区经营汇总纳税企业所得税征收管理

7.企业应由总机构统一计算企业应纳税所得额和应纳所得税额，并分别由总机构、分支机构按月或按季就地预缴。

四、合伙企业所得税的征收管理（能力等级3）

合伙企业所得税的处理，同学们要把握，先把利润分配给每个合伙人，然后按各自的纳税原则去处理即可。

合伙企业所得税的征收管理

（一）纳税义务人

合伙企业以每一个合伙人为纳税义务人。合伙企业合伙人是自然人的，缴纳个人所得税；合伙人是法人和其他组织的，缴纳企业所得税。

（二）"先分后税"的原则

合伙企业生产经营所得和其他所得采取"先分后税"的原则。具体应纳税所得额的计算按照《关于个人独资企业和合伙企业投资者征收个人所得税的规定》（财税［2000］91号）及《财政部　国家税务总局关于调整个体工商户个人独资企业和合伙企业个人所得税税前扣除标准有关问题的通知》（财税［2008］65号）的有关规定执行。生产经营所得和其他所得包括合伙企业分配给所有合伙人的所得和企业当年留存的所得（利润）。

（三）确定应纳税所得额的原则

1.合伙企业的合伙人以合伙企业的生产经营所得和其他所得，按照合伙协议约定的分配比例确定应纳税所得额。

2.合伙协议未约定或者约定不明确的，以全部生产经营所得和其他所得，按照合伙人协商决定的分配比例确定应纳税所得额。

3.协商不成的，以全部生产经营所得和其他所得，按照合伙人实缴出资比例确定应纳税所得额。

4.无法确定出资比例的，以全部生产经营所得和其他所得，按照合伙人数量平均计算每个合伙人的应纳税所得额。

5.合伙协议不得约定将全部利润分配给部分合伙人。

（四）亏损处理

合伙企业的合伙人是法人和其他组织的，合伙人在计算其缴纳企业所得税时，不得用合伙企业的亏损抵减其盈利。

【例4-37·单选题】2015年8月，某商贸公司和张某、李某成立合伙企业，根据企业所得税和个人所得税相关规定，下列关于该合伙企业所得税征收管理的说法，错误的是（　　）。

A.商贸公司需要就合伙所得缴纳企业所得税

B.商贸公司可使用合伙企业的亏损抵减其盈利

C.张某、李某需要就合伙所得缴纳个人所得税

D.合伙企业生产经营所得采取"先分后税"的原则

【答案】B

【解析】合伙企业的合伙人是法人和其他组织的，合伙人在计算其缴纳企业所得税时，不得用合伙企业的亏损抵减其盈利。

五、居民企业报告境外投资和所得信息的管理（能力等级3）（见表4-32）

表4-32   居民企业报告境外投资和所得信息的管理

项目	要求
适用企业	1.居民企业发生规定的境外投资或取得境外所得 2.非居民企业在境内设立机构、场所，取得发生在境外，但与其所设机构、场所有实际联系的所得
境外股权投资或处置行为判断标准	按照中国会计制度确认境外股权投资或处置行为发生的时间和数量
需要填报《受控外国企业信息报告表》的情形	1.居民企业应该按照规定，将其控制的境外企业未分配利润中应归属于本企业的部分计入本企业当期收入 2.居民企业因属于设立在国家税务总局指定的非低税率国家（地区）；或者主要取得积极经营活动所得；或者年度利润总额低于500万元人民币，而无需将其控制的境外企业未分配利润中应归属于本企业的部分计入本企业当期收入

居民企业的报告原则，是个比较冷门的考点，同学们掌握需要填报受控外国企业信息报告表的情况即可。

居民企业报告境外投资和所得信息的管理

4754

智能测评

扫码听分享	做题看反馈
4755	3149
《企业所得税法》是税法考试的三大重难点章之一，在其他科目诸如会计、财管等中都会涉及，理解是重点。首先要理解应纳税所得额的计算方法，把握住资产的税务处理方法，弄懂什么是税会差异。对于税收优惠项目，要对一些比例数据重点记忆。 扫一扫二维码，来听学习导师的分享吧！	学完马上测！ 请扫描上方的二维码进入本章测试，检测一下自己学习的效果如何。做完题目，还可以查看自己的个性化测试反馈报告。这样，在以后复习的时候就更有针对性、效率更高啦！

本章节内容繁杂、考点较多，需要反复记忆、对比理解，结合做题熟练掌握，特别要注意细节。个人所得有经营性和非经营性之分，对于工资薪金、劳务报酬、稿酬等非经营性所得，因为

第五章　个人所得税法

是按照所得项目分项计算的，具有非关联性，易于得分。对于承包承租、个体工商户生产经营类所得，计算过程往往与交易环节的其他税种相联系，需要十分仔细。

本章导学

本章考情概述

　　本章属于CPA税法较为重要的一章，从历年的试题来看，本章平均分值在10分左右。对于记忆性的考点，如税目辨析、税收优惠、年所得12万元的申报，在客观题中较易拿分。在主观计算题中，个人所得税各项所得尽管知识点较多，但各项所得相对独立，对几个特别计算掌握了计税依据，也是不易丢分的，这就需要考生在复习时更加的细心和耐心。个人所得税中几项经营性所得，易与增值税、城建税、教育费附加、房产税、印花税等税种组合，考生在复习时也需要予以关注。

　　本章内容包括：个人所得税纳税义务人与征税范围、税率与应纳税所得额的确定、应纳税额的计算、税收优惠、境外所得的税额扣除、征收管理。

第一节　纳税义务人与征税范围

一、纳税义务人（能力等级2）　*掌握两个判定标准，住所和居住时间。*

纳税义务人

　　个人所得税的纳税义务人，包括中国公民、个体工商户、个人独资企业、合伙企业投资者、在中国有所得的外籍人员（包括无国籍人员，下同）和中国香港、中国澳门、中国台湾同胞。上述纳税义务人依据住所和居住时间两个标准，区分为居民和非居民，分别承担不同的纳税义务，见表5-1。

表5-1　　　　　　　　　　　　　　　　　纳税义务人分类

居民纳税义务人	1.居民纳税义务人负有无限纳税义务。其所取得的应纳税所得，无论是来源于中国境内还是来源中国境外任何地方，都要在中国缴纳个人所得税 2.根据《个人所得税法》规定，居民纳税义务人是指在中国境内有住所，或者无住所而在中国境内居住满1年的人 3.所谓在中国境内居住满1年，是指在一个纳税年度（即公历1月1日起至12月31日止，下同）内，在中国境内居住满365日。在计算居住天数时，对临时离境应视同在华居住，不扣减其在华居住的天数。这里所说的临时离境，是指在一个纳税年度内，一次不超过30日或者多次累计不超过90日的离境
非居民纳税义务人	1.非居民纳税义务人，是指不符合居民纳税义务人判定标准（条件）的纳税义务人，非居民纳税义务人承担有限纳税义务，即仅就其来源于中国境内的所得，向中国缴纳个人所得税 2.非居民纳税义务人，是指习惯性居住地不在中国境内，而且不在中国居住，或者在一个纳税年度内，在中国境内居住不满1年的个人

是指年初到年尾一个完整的纳税年度，而不是满365天的任意起止时间，此处考试容易设置陷阱。

注意临时离境是指一次小于等于30天，多次累计小于等于90天。

　　【案例5-1】某在我国无住所的外籍人员2015年5月3日来华工作，2016年9月30日结束工作离华，则该外籍人员是我国的非居民纳税人。这是因为该外籍人员在2015年和2016年两个纳税年度中都未在华居住满365日，则为我国非居民纳税人。

二、征税范围（能力等级2）

（一）税目辨析（见表5-2）

考查客观题，要能准确判断和区分不同的征税范围。

征税范围的税目辨析

4758

工资、薪金所得建立在收入者与支付单位之间的任职受雇关系上，这种任职受雇关系在现实中主要体现为劳动关系或人事关系。

表5-2 税目辨析

1. 工资、薪金所得	（1）工资、薪金所得，是指个人因任职或者受雇而取得的工资、薪金、奖金、年终加薪、劳动分红、津贴、补贴以及与任职或者受雇有关的其他所得
	（2）年终加薪、劳动分红不分种类和取得情况，一律按工资、薪金所得征税
	（3）根据我国目前个人收入的构成情况，规定对于一些不属于工资、薪金性质的补贴、津贴或者不属于纳税人本人工资、薪金所得项目的收入，不予征税。这些项目包括： 注意记忆不予征税项目，可能考查客观题。 ①独生子女补贴； ②执行公务员工资制度未纳入基本工资总额的补贴、津贴差额和家属成员的副食品补贴； ③托儿补助费； ④差旅费津贴、误餐补助
	（4）公司职工取得的用于购买企业国有股权的劳动分红，按"工资、薪金所得"项目计征个人所得税
	注意区分出租车的所有权。
	（5）出租汽车经营单位对出租车驾驶员采取单车承包或承租方式运营，出租车驾驶员从事客货营运取得的收入，按"工资、薪金所得"征税
	【提示】在这里出租车的车辆所有权属于出租车公司所有
2. 个体工商户的生产、经营所得	（1）个体工商户从事工业、手工业、建筑业、交通运输业、商业、饮食业、服务业、修理业及其他行业取得的所得
	（2）个人经政府有关部门批准，取得执照，从事办学、医疗、咨询以及其他有偿服务活动取得的所得
	（3）个人因从事彩票代销业务而取得所得，应按照"个体工商户的生产、经营所得"项目计征个人所得税
	（4）从事个体出租车运营的出租车驾驶员取得的收入，按"个体工商户的生产、经营所得"项目缴纳个人所得税 结合工资、薪金所得中的出租车收入对比记忆。
	【提示】在这里出租车的车辆所有权属于个人所有
	（5）个体工商户和从事生产、经营的个人，取得与生产、经营活动无关的其他各项应税所得，应分别按照其他应税项目的有关规定，计算征收个人所得税。如取得银行存款的利息所得、对外投资取得的股息所得，应按"股息、利息、红利"项目的规定单独计征个人所得税
	（6）个人独资企业、合伙企业的个人投资者以企业资金为本人、家庭成员及其相关人员支付与企业生产经营无关的消费性支出及购买汽车、住房等财产性支出，视为企业对个人投资者的利润分配，并入投资者个人的生产经营所得，依照"个体工商户的生产、经营所得"项目计征个人所得税 注意区分企业类型，征收个税的税目是不同的。
	【提示】关注企业类型属于"个人独资企业、合伙企业"。如果企业类型属于"有限责任公司、股份有限公司"则该种行为按照"利息、股息、红利所得"计征个人所得税

续表

个人承包经营状况	所得税辨析
承包后企业变更工商登记为个人独资企业或个体工商户的	按照个体工商户的生产、经营所得计征个人所得税
承包后不改变原企业工商登记的	承包、承租人取得固定的承包所得、与该企业生产经营成果无关的，应按"工资、薪金所得"计征个人所得税
	承包、承租人取得的承包所得与该企业生产经营有关的，应按"对企事业单位承包经营、承租经营所得"计征个人所得税

3.对企事业单位的承包经营、承租经营所得

按照登记和分配的不同情况，区分承包经营、承租经营所得应纳的个人所得税及企业所得税。

【提示1】企事业单位承包、承租经营所得，取决于承包所得是否与被承包企业的经营成果有关。有关的按照"对企事业单位的承包经营、承租经营所得"计征个人所得税；无关的按照"工资、薪金所得"计征个人所得税

【提示2】若个人取得的承包收入与被承包企业的经营成果有关，其在承包期内每月从被承包企业取得工资，应当与承包收入合并，全部按照"对企事业单位的承包经营、承租经营所得"计征个人所得税

4.劳务报酬所得

这里仅指非雇员。

(1) 劳务报酬所得，是指个人从事设计、装潢、安装、制图、化验、测试、医疗、法律、会计、咨询、讲学、新闻、广播、翻译、审稿、书画、雕刻、影视、录音、录像、演出、表演、广告、展览、技术服务、介绍服务、经纪服务、代办服务以及其他劳务报酬的所得

(2) 自2004年1月20日起，对商品营销活动中，企业和单位对其营销业绩突出的非雇员以培训班、研讨会、工作考察等名义组织旅游活动，通过免收差旅费、旅游费对个人实行的营销业绩奖励（包括实物、有价证券等），应根据所发生费用的全额作为该营销人员当期的劳务收入，按照"劳务报酬所得"项目征收个人所得税，并由提供上述费用的企业和单位代扣代缴

【提示】如果是企业"雇员"，则按照"工资、薪金所得"项目计征个人所得税

5.稿酬所得

稿酬所得，是指个人因其作品以图书、报刊形式出版、发表而取得的所得。将稿酬所得独立划归一个征税项目，而对不以图书、报刊形式出版、发表的翻译、审稿、书画所得归为劳务报酬所得，主要是考虑了出版、发表作品的特殊性

【提示】稿酬所得务必强调的是"出版""发表"而取得的收入

6.特许权使用费所得

(1) 特许权使用费所得，是指个人提供专利权、商标权、著作权、非专利技术以及其他特许权的使用权取得的所得。提供著作权的使用权取得的所得，不包括稿酬所得

(2) 个人提供或转让商标权、著作权、专有技术或技术秘密、技术诀窍取得的所得，应当依法缴纳个人所得税

(3) 对于作者将自己的文字作品手稿原件或复印件公开拍卖（竞价）取得的所得，属于提供著作权的使用权取得的所得，故应按"特许权使用费所得"项目征收个人所得税

【提示】只有拍卖"自己的""文字作品手稿原件或复印件"才属于特许权使用费所得，除此以外的拍卖均按"财产转让所得"计征个人所得税

第五章

续表

7.利息、股息、红利所得	（1）利息、股息、红利所得，是指个人拥有债权、股权而取得的利息、股息、红利所得 （2）除个人独资企业、合伙企业以外的其他企业的个人投资者，以企业资金为本人、家庭成员及其相关人员支付的与企业生产经营无关的消费性支出及购买汽车、住房等财产性支出，视为企业对个人投资者的红利分配，依照"利息、股息、红利所得"项目计征个人所得税 【提示】企业属于"个人独资企业、合伙企业"的，上述行为则按"个体工商户的生产经营所得"项目计征个人所得税 （3）纳税年度内个人投资者从其投资企业（个人独资企业、合伙企业除外）借款，在该纳税年度终了后既不归还又未用于企业生产经营的，其未归还的借款可视为企业对个人投资者的红利分配，依照"利息、股息、红利所得"项目计征个人所得税
8.财产租赁所得	（1）财产租赁所得，是指个人出租建筑物、土地使用权、机器设备、车船以及其他财产取得的所得 （2）个人取得的财产转租收入，属于"财产租赁所得"的征税范围，由财产转租人缴纳个人所得税
9.财产转让所得	财产转让所得，是指个人转让有价证券、股权、建筑物、土地使用权、机器设备、车船以及其他财产取得的所得 （1）股票转让所得：鉴于我国证券市场发育还不成熟，股份制还处于试点阶段，对股票转让所得的计算、征税办法和纳税期限的确认等都需要在深入的调查研究后，结合国际通行的做法，做出符合我国实际的规定。因此，国务院决定，<u>对股票转让所得暂不征收个人所得税</u> （2）量化资产股份转让： ①个人在形式上取得企业量化资产（取得的仅作为分红依据，不拥有所有权的企业量化资产）：不征个人所得税； ②个人在实质上取得企业量化资产（以股份形式取得的拥有所有权的企业量化资产）：缓征个人所得税； ③个人转让量化资产：按"财产转让所得"项目计征个人所得税； ④个人取得量化资产的分红（以股份形式取得企业量化资产参与企业分配而获得的股息、红利）：按"利息、股息、红利所得"项目计征个人所得税 【提示】对于量化资产的征税问题，记住三句话：<u>①取得不征税；②持有获得的收益按利息、股息、红利所得计征个人所得税；③转让按照财产转让所得计征个人所得税</u> （3）作者将自己的文字作品手稿原件或复印件拍卖取得的所得，按照"特许权使用费"所得项目缴纳个人所得税。个人拍卖别人作品手稿或个人拍卖除文字作品原稿及复印件外的其他财产，都应按照"财产转让所得"项目缴纳个人所得税
10.偶然所得	（1）偶然所得，是指个人得奖、中奖、中彩以及其他偶然性质的所得 （2）个人因参加企业的有奖销售活动而取得的赠品所得，应按"偶然所得"项目计征个人所得税
11.其他所得	具体体现：个人为单位或他人提供担保获得报酬；企业在业务宣传、广告等活动中，随机向本单位以外的个人赠送礼品，个人由此取得的礼品所得；企业在年会、座谈会、庆典以及其他活动中向本单位以外的个人赠送礼品，个人由此取得的礼品所得等

（左侧批注）量化资产，是指如果原所在企业原来是集体所有制，后来进行股份制改造，作为企业的一员，自然会得到一些企业的股份，然而这些股份不能以现金的方式发给企业员工，而是把企业的所得资产，如地皮、厂房、设备等，划分成股，然后分配给每名职工。

（二）所得来源地的确定

下列所得，不论支付地点是否在中国境内，均为来源于中国境内的所得：

1.因任职、受雇、履约等而在中国境内提供劳务取得的所得；　~~都是与中国境内有关的所得。~~

2.将财产出租给承租人在中国境内使用而取得的所得；

3.转让中国境内的建筑物、土地使用权等财产或者在中国境内转让其他财产取得的所得；

4.许可各种特许权在中国境内使用而取得的所得；

5.从中国境内的公司、企业以及其他经济组织或者个人取得的利息、股息、红利所得。

（三）关于在境内无住所的纳税人征税范围的规定

在中国境内无住所，但是居住一年以上五年以下的个人，其来源于中国境外的所得，经主管税务机关批准，可以只就由中国境内公司、企业以及其他经济组织或者个人支付的部分缴纳个人所得税；居住超过五年的个人，从第六年起，应当就其来源于中国境外的全部所得缴纳个人所得税。

在中国境内无住所，但是在一个纳税年度中在中国境内连续或者累计居住不超过90日的个人，其来源于中国境内的所得，由境外雇主支付并且不由该雇主在中国境内的机构、场所负担的部分，免予缴纳个人所得税。

个人所得税的纳税人分类及征税范围具体见表5-3。

表5-3　　　　　　　　个人所得税的纳税人分类及征税范围

纳税人分类		境内所得		境外所得	
		境内支付	境外支付	境内支付	境外支付
非居民纳税人	居住不超过90日	纳税	免税	不征税	不征税
	居住超过90日	纳税	纳税	不征税	不征税
居民纳税人	居住5年以下	纳税	纳税	纳税	免税
	居住5年以上	纳税	纳税	纳税	纳税

第二节　税率和应纳税所得额的确定

一、税率（能力等级3）

个人所得税的税率见表5-4。

表5-4　　　　　　　　个人所得税税率表

所得项目	税率	说明
工资、薪金所得	七级超额累进税率	见教材表5-1
个体工商户的生产、经营所得	五级超额累进税率	个人独资企业和合伙企业的个人投资者取得的生产经营所得，也适用5%～35%的五级超额累进税率。见教材表5-2
对企事业单位的承包经营、承租经营所得		

所得来源地的确定

关于在境内无住所的纳税人征税范围的规定

工资、薪金所得的七级超额累进税率

个体工商户的生产、经营所得的五级超额累进税率

所得项目	税率	说明
稿酬所得	14%	稿酬所得，适用比例税率，税率为20%，并按应纳税额减征30%，故其实际税率为14%
劳务报酬所得	三级超额累进税率	劳务报酬所得，适用比例税率，税率为20%。对劳务报酬所得一次收入畸高的，可以实行加成征收。见教材表5-3 *20%、30%、40%。*
特许权使用费所得		
利息、股息、红利所得		
财产租赁所得	20%	对个人出租住房取得的所得减按10%的税率征收个人所得税 *个人所得税税率的特例，需要特别记忆。*
财产转让所得		
偶然所得		
其他所得		

【提示】除了五级超额累进税率表和七级超额累进税率表外，其余税率需要考生在考前予以记忆。

二、应纳税所得额的规定（能力等级3） *重点，需熟练掌握。*

（一）每次收入的确定和费用减除标准（见表5-5） *区分按月、按年、按次计征收入。*

每次收入的确定和费用减除标准

表5-5　　　　　　　　　　　每次收入的确定和费用减除标准

收入所得	计征方法	费用减除标准
工资、薪金所得	按月计征	以每月收入额减除费用3 500元后的余额为应纳税所得额
个体工商户的生产经营所得	按年计征	以每一纳税年度的收入总额，减除成本、费用以及损失后的余额，为应纳税所得额
对企事业单位的承包经营、承租经营所得	按年计征	以每一纳税年度的收入总额，减除必要费用后的余额，为应纳税所得额 所说的减除必要费用，是指按月减除3 500元

收入所得	计征方法	费用减除标准
劳务报酬所得	只有一次性收入的，以取得该项收入为一次；属于同一事项连续取得收入的，以1个月内取得的收入为一次，计征个人所得税	每次收入不超过4 000元的，减除费用为800元 4 000元以上的，减除20%的费用，其余额为应纳税所得额
稿酬所得	以每次出版、发表取得的收入为一次。具体又可细分为： 1.同一作品再版取得的所得，应视作另一次稿酬所得计征个人所得税； 2.同一作品先在报刊上连载，然后再出版，或先出版，再在报刊上连载的，应视为两次稿酬所得征税，即连载作为一次，出版作为另一次； 3.同一作品在报刊上连载取得收入的，以连载完成后取得的所有收入合并为一次，计征个人所得税； 4.同一作品在出版和发表时，以预付稿酬或分次支付稿酬等形式取得的稿酬收入，应合并计算为一次，计征个人所得税； 5.同一作品出版、发表后，因添加印数而追加稿酬的，应与以前出版、发表时取得的稿酬合并计算为一次，计征个人所得税	
特许权使用费所得	以某项使用权的一次转让所取得的收入为一次；如果该次转让取得的收入是分笔支付的，则应将各笔收入相加为一次的收入，计征个人所得税	
财产租赁所得	以1个月内取得的收入为一次，计征个人所得税	
财产转让所得	以1个月内取得的收入为一次，计征个人所得税	以转让财产的收入额减除财产原值和合理费用后的余额，为应纳税所得额
利息、股息、红利所得	以支付利息、股息、红利时取得的收入为一次，计征个人所得税	以每次收入额为应纳税所得额
偶然所得	以每次收入为一次，计征个人所得税	
其他所得		

【例5-1·单选题】依据个人所得税的相关规定，计算财产转让所得时，下列各项准予扣除的是（　　）。

A.定额800元　　　　　　B.定额800元或定率20%

C.财产净值　　　　　　D.财产原值和合理费用

【答案】D

（二）附加减除费用适用的范围和标准（见表5-6）　可能考查客观题。

表5-6　　　　　　　附加减除费用适用的范围和标准

附加减除费用适用的范围	1.在中国境内的外商投资企业和外国企业中工作取得工资、薪金所得的外籍人员
	2.应聘在中国境内的企事业单位、社会团体、国家机关中工作取得工资、薪金所得的外籍专家
	3.在中国境内有住所而在中国境外任职或者受雇取得工资、薪金所得的个人
	4.华侨和中国香港、中国澳门、中国台湾同胞
	5.财政部确定的取得工资、薪金所得的其他人员
附加减除费用标准	上述适用范围内的人员每月工资、薪金所得从2011年9月1日起，在减除3 500元费用的基础上，再减除1 300元

应纳税所得额的其他规定

（三）应纳税所得额的其他规定

1.个人将其所得通过中国境内的社会团体、国家机关向教育和其他社会公益事业以及遭受严重自然灾害地区、贫困地区捐赠，捐赠额未超过纳税义务人申报的应纳税所得额30%的部分，可以从其应纳税所得额中扣除。

注意捐赠渠道的限定，区分捐赠对象，哪些是可以全额扣除的，哪些是有30%的限定的。

个人通过非营利的社会团体和国家机关向农村义务教育、公益性青少年活动场所、红十字的捐赠，准予在缴纳个人所得税前的所得额中全额扣除。

2.个人的所得（不含偶然所得和经国务院财政部门确定征税的其他所得）用于资助非关联的科研机构和高等学校研究开发新产品、新技术、新工艺所发生的研究开发经费，经主管税务机关确定，可以全额在下月（工资、薪金所得）或下次（按次计征的所得）或当年（按年计征的所得）计征个人所得税时，从应纳税所得额中扣除，不足抵扣的，不得结转抵扣。　根据个人所得的不同类别，区分下月、下次、当年。

【总结】（见表5-7）

表5-7　　　　　　　个人所得税相关内容总结

扣除分类	所得类别	扣除方法	公益性捐赠	适用税率
定额扣除	工资、薪金所得	-3 500元/月 或 -4 800元/月	不超过应纳税所得额的30%　三个定向捐赠全额扣除：①红十字②农村义务教育③公益性青少年活动场所	7级超额累进税率
	对企事业单位的承包经营、承租经营所得	-3 500元/月·n		5级超额累进税率
核算扣除	个体工商户的生产、经营所得	-生产成本、费用、合理损耗		
	财产转让所得	-财产原值、合理费用		20%
定额定率扣除	劳务报酬所得	≤4 000，定额扣减800≥4 000，定率扣减20%		3级超额累进税率
	稿酬所得			20%减征30%
	特许权使用费所得			20%（个人出租居住用房减按10%）
	财产租赁所得			
不得扣除	利息、股息、红利所得			
	偶然所得			
	其他所得			

【例5-2·单选题】郑某为某上市公司独立董事（未在该公司任职），2016年12月份取得董事费80 000元，通过国家机关向农村义务教育捐款30 000元。2016年12月份郑某应缴纳个人所得税（　　）元。

A.8 200　　　　　　B.10 000　　　　　　C.11 440　　　　　　D.13 000

【答案】A

【解析】纳税人通过非营利的社会团体和国家机关向农村义务教育的捐款，准予在缴纳个人所得税前的所得额中全额扣除，应缴纳个人所得税=［80 000×（1-20%）-30 000］×30%-2 000=8 200（元）。

应熟练掌握不同情况下应纳税额的计算，重点。

第三节　应纳税额的计算

一、工资、薪金所得应纳税额的计算（能力等级3）

工资、薪金税率表考试中会给出，计算时要注意扣减费用，并正确辨别需要附加减除费用的情形。

工资、薪金所得应纳税额的计算公式为：

应纳税额 =（每月应税工资薪金收入额 - 3 500或4 800）× 适用税率 - 速算扣除数

工资、薪金所得税率表见表5-8。

表5-8　　　　　　　　　　　工资、薪金所得税率表

级数	全月含税应纳税所得额	全月不含税应纳税所得额	税率	速算扣除数
1	不超过1 500元的	不超过1 455元的	3%	0
2	超过1 500~4 500元的部分	超过1 455~4 155元的部分	10%	105
3	超过4 500~9 000元的部分	超过4 155~7 755元的部分	20%	555
4	超过9 000~35 000元的部分	超过7 755~27 255元的部分	25%	1 005
5	超过35 000~55 000元的部分	超过27 255~41 255元的部分	30%	2 755
6	超过55 000~80 000元的部分	超过41 255~57 505元的部分	35%	5 505
7	超过80 000元的部分	超过57 505元的部分	45%	13 505

【案例5-2】假定某纳税人2017年1月含税工资收入4 200元，该纳税人不适用附加减除费用的规定。计算其当月应纳个人所得税税额。应纳税所得额 = 4 200-3 500 = 700（元），应纳税额=700×3% = 21（元）。

【案例5-3】假定某外商投资企业中工作的美国专家（假设为非居民纳税人），2017年2月份取得由该企业发放的含税工资收入10 400元人民币。请计算其应纳个人所得税税额。应纳税所得额=10 400-4 800 = 5 600（元），应纳税额 = 5 600×20%-555 = 565（元）

（一）对个人取得全年一次性奖金等计算征收个人所得税的方法（见表5-9）

对个人取得全年一次性奖金等计算征收个人所得税的方法

表5-9　　　　　　对个人取得全年一次性奖金等计算征收个人所得税的方法

当月工资≥3 500元 *分别计算。*	（1）工资单独计算个人所得税： 工资应纳税额 =（当月工资 - 3 500）× 适用税率 - 速算扣除数 （2）年终奖单独计算个人所得税： ① $\dfrac{税前年终奖全额}{12}$ = X，X → 确定适用税率A%，速算扣除数a； ②年终奖应纳税额 = 税前年终奖全额 × A% - a
当月工资＜3 500元 *合并计算。*	当月工资与年终奖合并计算个人所得税： ① $\dfrac{当月工资 + 税前年终奖全额 - 3 500}{12}$ = X，X → 确定适用税率A%，速算扣除数a； ②应纳税额 =（当月工资 + 税前年终奖全额 - 3 500）× A% - a

【案例5-4】中国公民赵某2015年1月份取得当月工薪收入4 800元和2014年的年终奖金36 000元。赵某1月份应纳个人所得税3 534元。计算过程：（4 800-3 500）×3%+36000×10%-105=39+3 495=3 534（元）。

【案例5-5】中国公民钱某2015年1月份的工资为3 000元，当月一次性取得上年奖金9 000元。计算过程：首先，判断适用税率和速算扣除数：（3 000+9 000-3 500）÷12=708.33（元）；税率3%。其次，计算税额＝（9 000-3 500+3 000）×3%=255（元）。

【提示1】在一个纳税年度内，对每一个纳税人，该计税办法只允许采用一次。

【提示2】雇员取得除全年一次性奖金以外的其他各种名目奖金，如半年奖、季度奖、加班奖、先进奖、考勤奖等，一律与当月工资、薪金收入合并，按税法规定缴纳个人所得税。此处情形较多，计算较为复杂，容易搞混清，需要同学们专

（二）雇主为雇员承担全年一次性奖金部分税款有关个人所得税计算方法 门进行区别记忆，结合例子熟练掌握。

1.雇主为雇员定额负担税款（见表5-10）

雇主为雇员承担全年一次性奖金部分税款有关个人所得税计算方法

表5-10　　　　　　　　　　雇主为雇员定额负担税款

当月工资≥3 500元	（1）工资单独计算个人所得税： 工资应纳税额＝（当月工资－3 500）×适用税率－速算扣除数 （2）年终奖单独计算个人所得税： ① $\dfrac{\text{部分税后年终奖} + \text{定额负担的税款}}{12}$ ＝X，X→确定适用税率A%，速算扣除数a； ②年终奖应纳税额＝(部分税后年终奖＋定额负担的税款)×A%－a
当月工资<3 500元	当月工资与年终奖合并计算个人所得税： ① $\dfrac{\text{当月工资} + \text{部分税后年终奖} + \text{定额负担的税款} - 3500}{12}$ ＝X，X→确定适用税率A%，速算扣除数a； ②应纳税额＝(当月工资＋部分税后年终奖＋定额负担的税款－3 500)×A%－a

2.雇主为雇员按一定比例负担税款（见表5-11）

表5-11　　　　　　　　　　雇主为雇员按一定比例负担税款

当月工资≥3 500元	（1）工资单独计算个人所得税： 工资应纳税额=(当月工资－3 500)×适用税率－速算扣除数 （2）年终奖单独计算个人所得税： ① $\dfrac{\text{部分税后年终奖}}{12}$ ＝X，X→确定适用税率A%，速算扣除数a ②确定应纳税所得额R= $\dfrac{\text{部分税后年终奖} - \text{速算扣除数a} \cdot \text{负担税款的比例}}{1 - \text{适用税率A%} \cdot \text{负担税款的比例}}$ ③ $\dfrac{R}{12}$ ＝Y，Y→确定适用税率B%，速算扣除数b ④年终奖应纳税额=R·B%－b
当月工资<3 500元	当月工资与年终奖合并计算个人所得税： ① $\dfrac{\text{部分税后年终奖}}{12}$ ＝X，X→确定适用税率A%，速算扣除数a ②确定应纳税所得额R= $\dfrac{\text{当月工资} + \text{部分税后年终奖} - 3500 - \text{速算扣除数a} \cdot \text{负担税款的比例}}{1 - \text{适用税率A%} \cdot \text{负担税款的比例}}$ ③ $\dfrac{R}{12}$ ＝Y，Y→确定适用税率B%，速算扣除数b ④年终奖应纳税额=R·B%－b

4766

【提示】雇主为雇员负担的个人所得税税款，应属于个人工资、薪金的一部分。凡单独作为企业管理费列支的，在计算企业所得税时不得税前扣除。

【案例5-6】中国公民张某2012年1月份工资为3 000元，当月一次性取得上年奖金9 000元，其应纳税款由企业负担200元。则：

【解析】①张某的应纳税所得额=9 000+200－（3 500－3 000）=8 700（元）；

②张某的应纳税额，查找适用税率：8 700÷12=725，适用3%的税率，应纳税额=8700×3%=261（元）；

在261元税款中，由张某个人实际负担61元，企业负担200元。

【案例5-7】中国公民肖某2012年1月份取得当月工薪收入4 800元和2011年的年终奖金36 000元，单位为其承担年终奖应纳税款的60%。则：

【解析】①工资、薪金应纳税额=（4 800－3 500）×3%=39（元）

②年终奖的税额计算：

第一次找税率：36 000÷12=3 000，适用10%的税率，速算扣除数105。

应纳税所得额=（36 000-105×60%）÷（1-10%×60%）=35 937÷0.94=38 230.85（元）

第二次找税率：38 230.85÷12=3 185.90（元），适用10%的税率，速算扣除数105。

应纳税额=38 230.85×10%-105=3 823.09-105=3 718.09（元）

【案例5-8】中国公民李某2012年2月份取得当月含税工薪收入5 000元和不含税的2011年的年终奖金30 000元。李某2月份应纳个人所得税3 261.67元。

【解析】计算过程：

当月工资应纳个人所得税=（5 000-3 500）×3%=45（元）

税后年终奖应纳个人所得税：

第一步：30 000÷12=2 500（元），第一次查找税率为10%，速算扣除数105元。

第二步：（30 000-105）÷（1-10%）=33 216.67（元）

第三步：33 216.67÷12=2 768.06（元），第二次查找税率为10%，速算扣除数105元。

第四步：33 216.67×10%-105=3 216.67（元）

当月共纳个人所得税=45+3 216.67=3 261.67（元）

（三）在外商投资企业、外国企业和外国驻华机构工作的中方人员取得的工资、薪金所得的征税问题

1.在外商投资企业、外国企业和外国驻华机构工作的中方人员取得的工资、薪金收入，凡是由雇佣单位和派遣单位分别支付的，支付单位应按税法规定代扣代缴个人所得税。同时，按税法规定，纳税义务人应以每月全部工资、薪金收入减除规定费用后的余额作为应纳税所得额。

2.为了有利于征管，对雇佣单位和派遣单位分别支付工资、薪金的，采取由支付者中的一方减除费用的方法，即只由雇佣单位在支付工资、薪金时，按税法规定减除费用，计算扣缴个人所得税；派遣单位支付的工资、薪金不再减除费用，以支付金额直接确定适用税率，计算扣缴个人所得税。

3.对外商投资企业、外国企业和外国驻华机构发放给中方工作人员的工资、薪金所得，应全额征税。但对可以提供有效合同或有关凭证，能够证明其工资、薪金

就是说在雇佣方和派遣方均代扣代缴了个人所得税的基础上，自己还要到税务机关申报纳税，并根据计算多退少补。

所得的一部分按照有关规定上缴派遣（介绍）单位的，可扣除其实际上缴的部分，按其余额计征个人所得税。

【总结】双工资，雇佣方减除法定扣除后代扣代缴个人所得税；派遣方不减除法定扣除直接代扣代缴个人所得税；由于存在累进税率，双方工资需合并申报缴纳个人所得税，多退少补。

【例5-3·计算题】张某为一外商投资企业雇佣的中方人员，假定2017年5月，该外商投资企业支付给张某的薪金为7 500元，同月，张某还收到其所在的派遣单位发给的工资3 900元。请问：该外商投资企业、派遣单位应如何扣缴个人所得税？张某实际应缴的个人所得税为多少？

【答案与解析】（1）外商投资企业应为张某扣缴的个人所得税：扣缴税额＝（每月收入额-3 500）×适用税率-速算扣除数＝（7 500-3 500）×10%-105＝295（元）；（2）派遣单位应为张某扣缴的个人所得税：扣缴税额＝每月收入额×适用税率-速算扣除数＝3 900×10%-105＝285（元）；（3）张某实际应缴的个人所得税：应纳税额＝（每月收入额-3 500）×适用税率-速算扣除数＝（7 500＋3 900-3 500）×20%-555＝1 025（元）；因此，在张某到某税务机关申报时，还应补缴445元（1 025-295-285）个人所得税税款。

（四）在中国境内无住所的个人取得工资薪金所得的征税问题

1.关于工资、薪金所得来源地的确定。

要明确工资薪金的来源地与支付地是可能存在差异的。其次，在中国境内无住所的个人，我国对其实施税收管辖权的范围，随着其居住时间的增长而扩大。

在中国境内无住所的个人，我国对其实施税收管辖权的范围，随着其居住时间的增长而扩大。从不足90天（协定期间183天），到1年，再到5年，随时间段的增长，应税所得来源的范围不断扩大。具体规则见表5-12。

在中国境内无住所的个人取得工资薪金所得的征税问题

表5-12　　　　在中国境内无住所的个人取得工资薪金所得的征税问题

纳税人分类		境内所得		境外所得	
		境内支付	境外支付	境内支付	境外支付
非居民纳税人	居住不超过90日	纳税	免税	不征税	不征税
	居住超过90日	纳税	纳税	不征税	不征税
居民纳税人	居住5年以下	纳税	纳税	纳税	免税
	居住5年以上	纳税	纳税	纳税	纳税

既然是非居民纳税人，所以隐含了90日以上1年以下。

既然是居民纳税人，所以隐含了1年以上5年以下。

注意是免税而不是不征税，因为对于非居民纳税人，本应就其来源于中国境内的所得（而不管是境内支付还是境外支付）纳税，但规定居住不超过90天的，可以就境外支付的境内所得免税。

道理同上，对于居民纳税人，负有无限纳税义务，但规定对于居住不满5年的可以对境外支付的境外所得免税。

2.2004年7月1日开始实施的计税公式，更好地体现了非居民纳税人的来自境外所得不在我国纳税的原则。明确了境内所得与境外所得在计算上的划分方法。

（1）在中国境内无住所而在一个纳税年度内在中国境内连续或累计居住不超过90日或在税收协定规定的期间在中国境内连续或累计居住不超过183日的个人，负有纳税义务的，应适用下述公式：

$$应纳税额 = (当月境内外工资应纳税所得额 \times 税率 - 扣除数) \times \frac{当月境内支付工资}{当月境内外支付工资总额} \times \frac{当月境内工作天数}{当月天数}$$

（2）在中国境内无住所而在一个纳税年度内在中国境内连续或累计居住超过90日或在税收协定规定的期间在中国境内连续或累计居住超过183日但不满1年的个人，负有纳税义务的，应适用下述公式：

$$应纳税额 = (当月境内外工资应纳税所得额 \times 税率 - 扣除数) \times \frac{当月境内工作天数}{当月天数}$$

（3）在中国境内无住所但在境内居住满1年而不超过5年的个人，负有纳税义务的应适用下述公式：

$$应纳税额 = (当月境内外工资应纳税所得额 \times 税率 - 扣除数) \times (1 - \frac{当月境外支付工资}{当月境内外支付工资总额} \times \frac{当月境外工作天数}{当月天数})$$

（4）在中国境内无住所的个人在华实际居住天数和实际工作天数的判定（见表5-13）：注意区分工作天数和居住天数。

表5-13　　在中国境内无住所的个人在华实际居住天数和实际工作天数的判定

实际居住天数的判定	入境、离境、往返或多次往返境内外的当天，均按1天计算其在华实际居住天数
实际工作天数的判定	入境、离境、往返或多次往返境内外的当天，均按0.5天计算其在华实际工作天数

3.高管人员执行职务期间，我国境内支付的所得，不分其实际居住在境内或境外，均在我国申报纳税。

4.不满1个月的工资、薪金所得应纳税款的计算：

属于前述情况中的个人，凡应仅就不满1个月期间的工资、薪金所得申报纳税的，均应按全月工资、薪金所得计算实际应纳税额。其计算公式如下：

$$应纳税额 = (当月工资应纳税所得额 \times 税率 - 扣除数) \times \frac{当月实际在中国天数}{当月天数}$$

如果属于上述情况的个人取得的是日工资、薪金，应以日工资、薪金乘以当月天数换算成月工资、薪金后，按上述公式计算应纳税额。

（五）对个人因解除劳动合同取得经济补偿金的征税方法

经济补偿金征税问题。
单位炒了个人的"鱿鱼"所支付的补偿金，在扣除一定的免税额度后，按照该个人在该单位每工作满1年即应得到1个月补偿的规定，确定个人应得补偿的月份数（不超过12个月）、平均每月补偿金额，减除计生费扣除后计算应纳税额。

1.企业依照国家有关法律规定宣告破产，企业职工从该破产企业取得的一次性安置费收入，免征个人所得税。注意是平均工资。

2.个人因与用人单位解除劳动关系而取得的一次性补偿收入（包括用人单位发放的经济补偿金、生活补助费和其他补助费用），其收入在当地上年职工平均工资3倍数额以内的部分，免征个人所得税；超过3倍数额部分的一次性补偿收入，可

对个人因解除劳动合同取得经济补偿金的征税方法

4768

181

视为一次取得数月的工资、薪金收入，允许在一定期限内平均计算。

方法：以超过3倍数额部分的一次性补偿收入，除以个人在本企业的工作年限数（超过12年的按12年计算），以其商数作为个人的月工资、薪金收入，按照税法规定计算缴纳个人所得税。

3.个人领取一次性补偿收入时按照国家和地方政府规定的比例实际缴纳的住房公积金、医疗保险费、基本养老保险费、失业保险费，可以在计征其一次性补偿收入的个人所得税时予以扣除。三险一金可以扣除。

【总结】（见表5-14） 注意对公式的理解记忆。

表5-14 对个人因解除劳动合同取得经济补偿金的征税方法

经济补偿金≤当地上年平均工资3倍	免税
经济补偿金＞当地上年平均工资3倍	①$\dfrac{经济补偿金－当地上年平均工资3倍}{本单位的工作年限数}=X$ ②应纳税额＝[（X－3 500）×税率－扣除数]×本单位的工作年限数 本企业的工作年限数超过12年的按12年计算

【例5-4·计算题】2017年5月，某单位增效减员，与在本单位工作了10年的张某和工作了16年的李某解除劳动关系，张某和李某各取得一次性补偿收入14万元，当地上年职工平均工资3万元，则张某和李某对该项收入应纳的个人所得税分别是多少？

【答案与解析】首先计算免征额=30 000×3=90 000（元）；按其工作年限平摊其应税收入，即其工作多少年，就将应税收入看作多少个月的工资，最后再推回全部应纳税额：张某视同月应纳税所得额=（140 000-90 000）÷10-3 500=1 500（元），张某应纳个人所得税=1 500×3%×10=45×10=450（元）。李某按其工作年限平摊其应税收入，即其工作多少年，就将应税收入看作多少个月的工资，但最多不能超过12个月，则李某视同月应纳税所得额=（140 000-90 000）÷12-3 500=666.67（元）；李某应纳个人所得税=（666.67×3%）×12=20×12=240（元）。

（六）关于企业减员增效和行政事业单位、社会团体在机构改革过程中实行内部退养办法人员取得收入征税问题

关注内退收入征税问题。由于内部退养不属于法定退休，其基本工资、薪金和一次性收入都属于个人所得税的征税范围，但出于照顾，可以将一次性收入折算成办理内部退养手续后至法定离退休年龄之间的期间平均所得水平，均摊后与工资、薪金所得合并减除生计费后查找税率。

实行内部退养的个人在其办理内部退养手续后至法定离退休年龄之间从原任职单位取得的工资、薪金，不属于离退休工资，应按"工资、薪金所得"项目计征个人所得税。

个人在办理内部退养手续后从原任职单位取得的一次性收入，应按办理内部退养手续后至法定离退休年龄之间的所属月份进行平均，并与领取当月的"工资、薪金"所得合并后减除当月费用扣除标准，以余额为基数确定适用税率，再将当月工资、薪金加上取得的一次性收入，减去费用扣除标准，按适用税率计征个人所得税。

内部退养办法人员取得收入征税问题

【总结】（如图5-1所示）

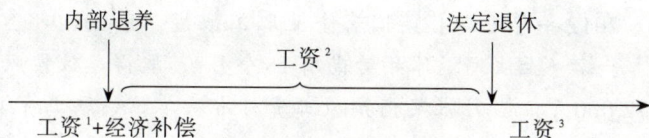

图5-1　内部退养和法定退休时间轴

（1）$\dfrac{经济补偿}{内退到法定退休之间的月份数}+工资^1-3\,500=X$，$X\rightarrow$确定适用税率A%，速算扣除数a；

关键是这一步的计算，即办理内退手续当月。

（2）办理内退手续当月的应纳税额=（工资^1+经济补偿-3 500）×A%-a；

（3）在办理内退手续后到法定退休年龄之间取得的工资^{2}不属于免税收入，照章按月纳税；

（4）办理法定退休手续后取得的工资^{3}视同退休工资，予以免税。

【例5-5·计算题】李某于2017年5月办理内退手续（比正常退休提前3年），取得单位发给的一次性收入36 000元。当月及未来正式退休前，每月从原单位领取基本工资3 800元，则其取得一次性收入当月应纳的个人所得税是多少？

【答案与解析】将一次性收入按其办理内退手续当月至法定离退休年龄之间的所属月份进行平均：36 000÷（3年×12个月）=1 000（元）。与当月工资、薪金合并找适用税率：1 000（平均结果）+3 800（当月工资）-3 500=1 300（元）；适用3%的税率。当月应纳个人所得税=（36 000+3 800-3 500）×3%=1 089（元）。次月起直至正式退休，每月取得3 800元工资收入应纳税额=（3 800-3 500）×3%=9（元）。

（七）个人提前退休取得补贴收入征收个人所得税规定

关注提前退休征税问题。提前退休属于特殊情形下的正式退休，退休工资法定免税，一次性补贴不属于免税范畴，需要将一次性收入折算成办理提前退休手续至法定离退休年龄之间的期间平均所得水平，单独减去费用扣除标准、查找税率计税。

个人提前退休取得补贴收入征收个人所得税规定

1.机关、企事业单位对未达到法定退休年龄、正式办理提前退休手续的个人，按照统一标准向提前退休工作人员支付一次性补贴，不属于免税的离退休工资收入，应按照"工资、薪金所得"项目征收个人所得税。

2.个人因办理提前退休手续而取得的一次性补贴收入，应按照办理提前退休手续至法定退休年龄之间所属月份平均分摊计算个人所得税。

【总结】（如图5-2所示）

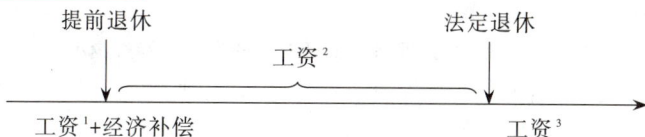

图5-2　提前退休和法定退休时间轴

（1）办理提前退休手续当月的工资^{1}和经济补偿应当分别独立缴纳税款：

工资^{1}的应纳税额=（工资^1-3 500）×税率-扣除数

$$经济补偿的应纳税额=\left[\left(\dfrac{经济补偿}{提前退休到法定退休月份数}-3\,500\right)\times税率-扣除数\right]\times提前退休到法定退休月份数$$

注意是分别缴纳税款，都需要扣除3 500元，与内退收入合并计算缴纳税款结合记忆。

（2）办理提前退休手续取得的工资^{2}视同退休工资，与工资^{3}一起免征个人所

得税。

【例5-6·2012年单选题】某国有企业职工张某，于2012年2月因健康原因办理了提前退休手续（至法定退休年龄尚有18个月），取得单位按照统一标准支付的一次性补贴72 000元。当月张某仍按原工资标准从单位领取工资4 500元。则张某2012年2月应缴纳的个人所得税合计为（   ）。

A.30元　　　　B.270元　　　　C.300元　　　　D.320元

【答案】C

【解析】个人因办理提前退休手续而取得的一次性补贴收入，应按照办理提前退休手续至法定退休年龄之间所属月份平均分摊计算个人所得税。张某取得的一次性补贴应纳税额=（72 000÷18-3 500）×3%×18= 270（元）；张某当月取得的工资应纳税额=（4 500-3 500）×3%=30（元）；张某2012年2月应缴纳的个人所得税合计=270+30=300（元）。

（八）个人股票期权所得个人所得税的征税方法　股票期权征税问题。

1.企业员工股票期权（以下简称股票期权）是指上市公司按照规定的程序授予本公司及其控股企业员工的一项权利，该权利允许被授权员工在未来时间内以某一特定价格购买本公司一定数量的股票。

2.对于公司雇员取得不可公开交易的股票期权与可公开交易的股票期权的计税规定不同。教材收录的是不可公开交易的股票期权的个人所得税的计算。

3.取得股票期权形式的工资、薪金所得可与当月取得的工资收入分别缴税。

4.如果取得不公开交易的期权，主要涉税情况如图5-3所示：

个人股票期权所得个人所得税的征税方法

重要主观题考点，主要区别在于前者授权时不征税，行权时按工资、薪金征税；后者授权时按工资、薪金征税，行权时不征税；行权前转让的话，前者按工资、薪金征税，后者按财产转让征税。

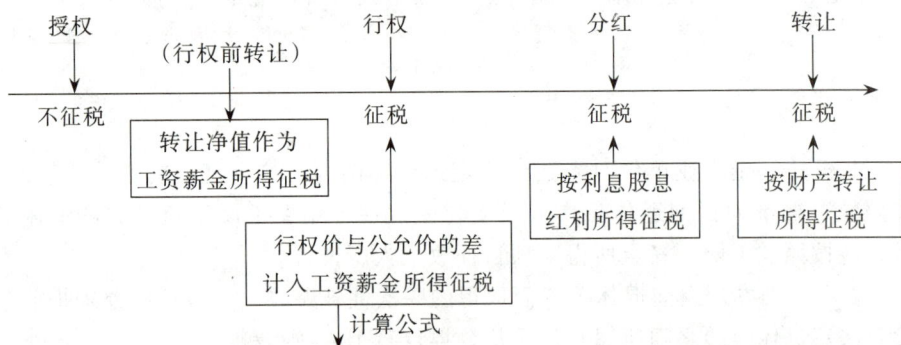

$$\text{股票期权形式的工资薪金应纳税额}=\left[\frac{(\text{公允价}-\text{行权价})\times\text{股票数}}{\text{授权日到行权日的月份数}}\times\text{税率}-\text{扣除数}\right]\times\frac{\text{授权日到}}{\text{行权日的月份数}}$$

图5-3　个人取得不公开交易的期权的涉税情况图

税额计算公式中的规定月份数是指员工取得来源于中国境内的股票期权形式的工资薪金所得的境内工作期间月份数，长于12个月的，按12个月计算。上述境内工作期间月份数，包括为取得和行使股票期权而在中国境内工作期间的月份数。

5.如果取得公开交易期权，主要涉税情况如图5-4所示：

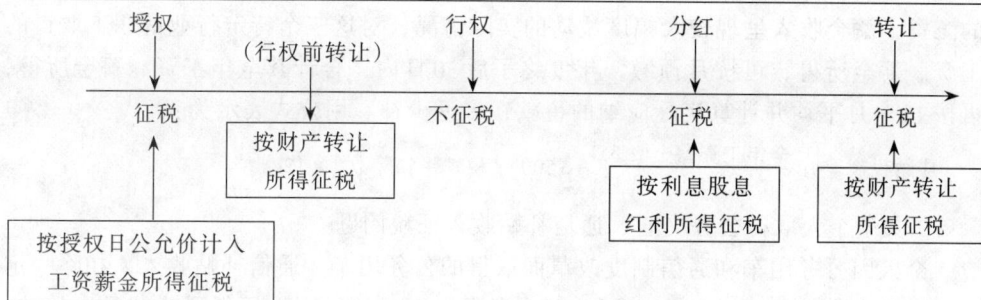

图5-4　个人取得公开交易的期权的涉税情况图

【例5-7·单选题】根据个人所得税不公开交易股票期权的相关规定，下列税务处理中，正确的是（　　）。

A.行权后分得的股息按"工资、薪金所得"税目缴纳个人所得税

B.行权后股票期权转让净收入应按"财产转让所得"税目缴纳个人所得税

C.行权时的行权价与实际购买价之间的差额按"财产转让所得"税目缴纳个人所得税

D.行权时的行权价与施权价之间的差额按"股息、红利所得"税目缴纳个人所得税

【答案】B

【解析】选项A：按照"利息、股息、红利所得"项目缴纳个人所得税；选项C、D：按照"工资、薪金所得"项目缴纳个人所得税。

【例5-8·单选题】2013年12月，宋某被授予本公司不公开交易的股票期权，施权价1元/股，股票3万股。2015年3月份行权，股票当日收盘价7元/股。宋某应就该项所得缴纳个人所得税（　　）元。

A.20 460　　　　　　B.22 440　　　　　　C.26 400　　　　　　D.32 940

【答案】D

【解析】本题考查的是个人股票期权所得个人所得税应纳税额的计算，考点在于股票期权持有期间超过12个月的，规定月份数按12个月计算。本题是从2013年12月到2015年3月，共计16个月，按12个月计算。所以宋某就该项所得应缴纳的个人所得税=[（7-1）×30 000/12×25%-1 005]×12=32 940（元）。

（九）关于工资薪金所得的其他规定

1.企事业单位将自建住房以低于购置或建造成本价格销售给职工的个人所得税的征税规定

（1）根据有关规定，国家机关、企事业单位及其他组织在住房制度改革期间，按照所在地县级以上人民政府的房改成本价格向职工出售公有住房，职工因支付的房改成本低于房屋建造成本价格或市场价格而取得的差价收益，免征个人所得税。

（2）除上述符合规定的情形外，根据有关规定，单位低于购置或建造成本出售住房给职工，职工因此而少支出的差价部分，属于个人所得税应税所得，应按照"工资、薪金所得"项目缴纳个人所得税。

（3）对职工取得的上述应税所得，比照取得全年一次性奖金的征税办法，计算征收个人所得税。

2.特定行业职工取得的工资、薪金所得的计税方法

为了照顾采掘业、远洋运输业、远洋捕捞业因季节、产量等因素的影响，职工

的工资、薪金收入呈现较大幅度波动的实际情况，对这三个特定行业的职工取得的工资、薪金所得，可按月预缴，年度终了后30日内，合计其全年工资、薪金所得，再按12个月平均并计算实际应纳的税款，多返少补。用公式表示为：

$$应纳税额 = \left[\left(\frac{全年工资薪金收入}{12} - 3\,500 \right) \times 税率 - 扣除数 \right] \times 12$$

3.关于个人取得公务交通、通信补贴收入征税问题

个人因公务用车和通信制度改革而取得的公务用车、通信补贴收入，扣除一定标准的公务费用后，按照"工资、薪金所得"项目计征个人所得税。按月发放的，并入当月"工资、薪金所得"计征个人所得税；不按月发放的，分解到所属月份并与该月份"工资、薪金所得"合并后计征个人所得税。

4.关于失业保险费（金）征税问题

城镇企事业单位及其职工个人按照《失业保险条例》规定的比例，实际缴付的失业保险费，均不计入职工个人当期工资、薪金收入，免予征收个人所得税；超过《失业保险条例》规定的比例缴付失业保险费的，应将其超过规定比例缴付的部分计入职工个人当期的工资、薪金收入，依法计征个人所得税。

5.企业年金个人所得税征收管理的规定

自2014年1月1日起，企业年金职业年金个人所得税的计算征收按以下规定执行，具体见表5-15。标准内，年金单位缴费部分暂不征税；标准外要征。

表5-15　　　　企业年金个人所得税征收管理的规定

年金缴费	（1）企业和事业单位（以下统称单位）根据国家有关政策规定的办法和标准，为在本单位任职或者受雇的全体职工缴付的企业年金或职业年金（以下统称年金）单位缴费部分，在计入个人账户时，个人暂不缴纳个人所得税 （2）个人根据国家有关政策规定缴付的年金个人缴费部分，在不超过本人缴费工资计税基数的4%标准内的部分，暂从个人当期的应纳税所得额中扣除 （3）超过本通知第一条第1项和第2项规定的标准缴付的年金单位缴费和个人缴费部分，应并入个人当期的工资、薪金所得，依法计征个人所得税。税款由建立年金的单位代扣代缴，并向主管税务机关申报解缴 （4）企业年金个人缴费工资计税基数为本人上一年度月平均工资。月平均工资按国家统计局规定列入工资总额统计的项目计算。月平均工资超过职工工作地所在设区城市上一年度职工月平均工资300%以上的部分，不计入个人缴费工资计税基数 职业年金个人缴费工资计税基数为职工岗位工资和薪级工资之和。职工岗位工资和薪级工资之和超过职工工作地所在设区城市上一年度职工月平均工资300%以上的部分，不计入个人缴费工资计税基数
年金收益	年金基金投资运营收益分配计入个人账户时，个人暂不缴纳个人所得税 年金收益暂不征税。
年金领取	（1）个人达到国家规定的退休年龄，在本通知实施之后按月领取的年金，全额按照"工资、薪金所得"项目适用的税率，计征个人所得税；在本通知实施之后按年或按季领取的年金，平均分摊计入各月，每月领取额全额按照"工资、薪金所得"项目适用的税率，计征个人所得税 （2）对单位和个人在本通知实施之前开始缴付年金缴费，个人在本通知实施之后领取年金的，允许其从领取的年金中减除在本通知实施之前缴付的年金单位缴费和个人缴费且已经缴纳个人所得税的部分，就其余额按照本通知第三条第1项的规定征税。在个人分期领取年金的情况下，可按本通知实施之前缴付的年金缴费金额占全部缴费金额的百分比减计当期的应纳税所得额，减计后的余额，按照本通知第三条第1项的规定，计算缴纳个人所得税 （3）对个人因出境定居而一次性领取的年金个人账户资金，或个人死亡后，其指定的受益人或法定继承人一次性领取的年金个人账户余额，允许领取人将一次性领取的年金个人账户资金或余额按12个月分摊到各月，就其每月分摊额，按照本通知第三条第1项和第2项的规定计算缴纳个人所得税。对个人除上述特殊原因外一次性领取年金个人账户资金或余额的，则不允许采取分摊的方法，而是就其一次性领取的总额，单独作为一个月的工资、薪金所得，按照本通知第三条第1项和第2项的规定，计算缴纳个人所得税 （4）个人领取年金时，其应纳税款由受托人代表委托人委托托管人代扣代缴。年金账户管理人应及时向托管人提供个人年金缴费及对应的个人所得税纳税明细。托管人根据受托人指令及账户管理人提供的资料，按照规定计算扣缴个人当期领取年金待遇的应纳税款，并向托管人所在地主管税务机关申报解缴

6.个人兼职和退休人员再任职取得收入个人所得税的征税方法

个人兼职取得的收入应按照"劳务报酬所得"应税项目缴纳个人所得税；退休人员再任职取得的收入，在减除按个人所得税法规定的费用扣除标准后，按"工资、薪金所得"应税项目缴纳个人所得税。

【例5-9·单选题】王先生2012年2月达到规定退休年龄而退休，每月领取退休工资2 700元，3月份被一家公司聘用为管理人员，月工资4 500元。2012年3月王先生应缴纳个人所得税（　　）元。

A.0　　　　　　　　B.30　　　　　　　　C.125　　　　　　　　D.265

【答案】B

【解析】正式退休金免纳个人所得税，再任职收入按照工资、薪金所得纳税。3月王先生应纳个人所得税=（4 500-3 500）×3%=30（元）。

7.关于股权奖励技术人员个人所得税规定

（1）自2016年1月1日起，全国范围内的高新技术企业转化科技成果，给予本企业相关技术人员的股权奖励，个人一次缴纳税款有困难的，可根据实际情况自行制定分期缴税计划，在不超过5个公历年度内（含）分期缴纳，并将有关资料报主管税务机关备案。

（2）个人获得股权奖励时，应按照"工资、薪金所得"项目，参照"个人股票期权所得税"的有关规定确定应纳税额，股权奖励的计税价格参照获得股权时的公平市场价格确定。

（3）技术人员转让奖励的股权（含奖励股权孳生的送转股）并取得现金收入的，该现金收入应优先用于缴纳尚未缴清的税款。

（4）技术人员在转让奖励的股权之前企业依法宣告破产，技术人员进行相关权益处置后没有取得收益或资产，或取得的收益和资产不足以缴纳其取得股权尚未缴纳的应纳税款的部分，税务机关可不予追征。

二、个体工商户的生产、经营所得应纳税额的计算（能力等级3）

个体工商户的生产、经营所得应纳税额的计算公式为：

应纳税额=（全年收入总额-成本、费用以及损失）×税率-扣除数

（一）对个体工商户个人所得税计算征收的有关规定（见表5-16）

表5-16　　　　　对个体工商户个人所得税计算征收的有关规定

计税基本规定	1.个体工商户的生产、经营所得，以每一纳税年度的收入总额，减除成本、费用、税金、损失、其他支出以及允许弥补的以前年度亏损后的余额，为应纳税所得额
	2.个体工商户发生的支出应当区分收益性支出和资本性支出。收益性支出在发生当期直接扣除；资本性支出应当分期扣除或者计入有关资产成本，不得在发生当期直接扣除
	3.个体工商户的下列支出不得扣除： （1）个人所得税税款 （2）税收滞纳金 （3）罚金、罚款和被没收财物的损失 （4）不符合扣除规定的捐赠支出 （5）赞助支出 （6）用于个人和家庭的支出 （7）与取得生产经营收入无关的其他支出 （8）国家税务总局规定不准扣除的支出
	4.个体工商户在生产经营活动中，应当分别核算生产经营费用和个人、家庭费用。对于生产经营与个人、家庭生活混用难以分清的费用，其40%视为与生产经营有关的费用，准予扣除
	5.个体工商户纳税年度发生的亏损，准予向以后年度结转，用以后年度的生产经营所得弥补，但结转年限最长不得超过五年
	6.个体工商户使用或者销售存货，按照规定计算的存货成本，准予在计算应纳税所得额时扣除
	7.个体工商户转让资产，该项资产的净值，准予在计算应纳税所得额时扣除

扣除项目及标准	1.个体工商户实际支付给从业人员的、合理的工资薪金支出，准予扣除。个体工商户业主的工资、薪金支出不得税前扣除 2.个体工商户按照国务院有关主管部门或省级人民政府规定的范围和标准为其业主和从业人员缴纳的基本养老保险费、基本医疗保险费、失业保险费、生育保险费、工伤保险费和住房公积金，准予扣除 个体工商户为从业人员缴纳的补充养老保险费、补充医疗保险费，分别在不超过从业人员工资总额5%标准内的部分据实扣除；超过部分，不得扣除 个体工商户业主本人缴纳的补充养老保险费、补充医疗保险费，以当地（地级市）上年度社会平均工资的3倍为计算基数，分别在不超过该计算基数 <u>5%标准内</u> 的部分据实扣除；超过部分，不得扣除 3.除个体工商户依照国家有关规定为特殊工种从业人员支付的人身安全保险费和财政部、国家税务总局规定可以扣除的其他商业保险费外，个体工商户业主本人或者为从业人员支付的商业保险费，不得扣除 4.个体工商户在生产经营活动中发生的合理的不需要资本化的借款费用，准予扣除 个体工商户为购置、建造固定资产、无形资产和经过12个月以上的建造才能达到预定可销售状态的存货发生借款的，在有关资产购置、建造期间发生的合理的借款费用，应当作为资本性支出计入有关资产的成本，并依照本办法的规定扣除 5.个体工商户在生产经营活动中发生的下列利息支出，准予扣除：注意限制条件，考试中易考。 （1）向金融企业借款的利息支出 （2）向非金融企业和个人借款的利息支出，<u>不超过按照金融企业同期同类贷款利率计算的数额的部分</u> 6.个体工商户在货币交易中，以及纳税年度终了时将人民币以外的货币性资产、负债按照期末即期人民币汇率中间价折算为人民币时产生的汇兑损失，除已经计入有关资产成本的部分外，准予扣除 这里有几个比例数据，同企业所得税一致，是考试的重要考点，还要注意 7.个体工商户向当地工会组织拨缴的工会经费，实际发生的职工福利费支出、哪些是允许以后年度结转扣除的。职工教育经费支出分别在工资薪金总额的2%、14%、2.5%的标准内据实扣除。职工教育经费的实际发生数额超出规定比例当期不能扣除的数额，准予在以后纳税年度结转扣除 个体工商户业主本人向当地工会组织缴纳的工会经费，实际发生的职工福利费支出、职工教育经费支出，以当地（地级市）上年度社会平均工资的3倍为计算基数，在本条第一款规定比例内据实扣除 8.个体工商户发生的与生产经营活动有关的业务招待费，按照实际发生额的60%扣除，但最高不得超过当年销售（营业）收入的5‰ 同企业所得税。 业主自申请营业执照之日起至开始生产经营之日止所发生的业务招待费，按照实际发生额的60%计入个体工商户的开办费 9.个体工商户每一纳税年度发生的与其生产经营活动直接相关的广告费和业务宣传费不超过当年销售（营业）收入15%的部分，可以据实扣除；超过部分，准予在以后纳税年度结转扣除 同企业所得税。 10.个体工商户代其从业人员或者他人负担的税款，不得税前扣除 11.个体工商户按照规定缴纳的摊位费、行政性收费、协会会费等，按实际发生数额扣除 12.个体工商户根据生产经营活动的需要租入固定资产支付的租赁费，按照以下方法扣除： （1）以经营租赁方式租入固定资产发生的租赁费支出，按照租赁期限均匀扣除 （2）以融资租赁方式租入固定资产发生的租赁费支出，按照规定构成融资租入固定资产价值的部分应当提取折旧费用，分期扣除 13.个体工商户参加财产保险，按照规定缴纳的保险费，准予扣除 14.个体工商户发生的合理的劳动保护支出，准予扣除 15.个体工商户自申请营业执照之日起至开始生产经营之日止所发生的符合本办法规定的费用，除为取得固定资产、无形资产的支出，以及应计入资产价值的汇兑损益、利息支出外，作为开办费，个体工商户可以选择在开始生产经营的当年一次性扣除，也可自生产经营月份起在不短于3年的期限内摊销扣除，但一经选定，不得改变 16.个体工商户通过公益性社会团体或者县级以上人民政府及其部门，用于《中华人民共和国公益事业捐赠法》规定的公益事业的捐赠，捐赠额不超过其应纳税所得额30%的部分可以据实扣除。个体工商户直接对受益人的捐赠不得扣除 17.个体工商户研究开发新产品、新技术、新工艺所发生的开发费用，以及研究开发新产品、新技术而购置单台价值在10万元以下的测试仪器和试验性装置的购置费准予直接扣除；单台价值在10万元以上（含10万元）的测试仪器和试验性装置，按固定资产管理，不得在当期直接扣除

【例5-10·单选题】下列关于个体工商户的生产、经营所得的计税方法，正确的是（　　）。

A.为业主缴纳的补充养老保险、补充医疗保险，分别不超过其工资总额5%标准内的部分据实扣除

B.生产经营费用，个人家庭费用难以分清的，60%视为生产经营费用准予扣除

C.公益性捐赠，不超过其应纳税所得额12%的部分可以据实扣除

D.个体工商户代其从业人员或者他人负担的税款，不得税前扣除

【答案】D

【解析】选项A，业主本人缴纳的补充养老保险费、补充医疗保险费，以当地上年度社会平均工资的3倍为计算基数，分别在不超过该计算基数5%标准内的部分据实扣除。选项B，对于生产经营与个人、家庭生活混用难以分清的费用，其40%视为与生产经营有关的费用，准予扣除。选项C，公益性捐赠，捐赠额不超过其应纳税所得额30%的部分可以据实扣除。

（二）个人独资企业和合伙企业应纳个人所得税的计算（见表5-17）

表5-17 个人独资企业和合伙企业应纳个人所得税的计算

第一种：查账征税	1.自2011年9月1日起，个人独资企业和合伙企业投资者的生产经营所得依法计征个人所得税时，个人独资企业和合伙企业投资者本人的费用扣除标准统一确定为42000元/年，即3500元/月。投资者的工资不得在税前扣除 2.投资者及其家庭发生的生活费用不允许在税前扣除。投资者及其家庭发生的生活费用与企业生产经营费用混合在一起，并且难以划分的，全部视为投资者个人及其家庭发生的生活费用，不允许在税前扣除 3.企业生产经营和投资者及其家庭生活共用的固定资产，难以划分的，由主管税务机关根据企业的生产经营类型、规模等具体情况，核定准予在税前扣除的折旧费用的数额或比例 4.企业向其从业人员实际支付的合理的工资、薪金支出，允许在税前据实扣除 5.企业拨缴的工会经费，发生的职工福利费、职工教育经费支出分别在工资、薪金总额2%、14%、2.5%的标准内据实扣除 6.每一纳税年度发生的广告费和业务宣传费用不超过当年销售（营业）收入15%的部分，可据实扣除；超过部分，准予在以后纳税年度结转扣除 7.每一纳税年度发生的与其生产经营业务直接相关的业务招待费支出，按照发生额的60%扣除，但最高不得超过当年销售（营业）收入的5‰ 8.企业计提的各种准备金不得扣除 9.投资者兴办两个或两个以上企业，并且企业性质全部是独资的，年度终了后，汇算清缴时，应纳税款的计算按以下方法进行：汇总其投资兴办的所有企业的经营所得作为应纳税所得额，以此确定适用税率，计算出全年经营所得的应纳税额，再根据每个企业的经营所得占所有企业经营所得的比例，分别计算出每个企业的应纳税额和应补缴税额。计算公式如下： （1）应纳税所得额 = $\sum$各个企业的经营所得 （2）应纳税额 = 应纳税所得额 × 税率 - 扣除数 （3）本企业应纳税额 = 应纳税额 × $\dfrac{\text{本企业的经营所得}}{\sum \text{各个企业的经营所得}}$ （4）本企业应补缴的税款 = 本企业应纳税额 - 本企业预缴的税款
第二种：核定征收	1.核定征收方式，包括定额征收、核定应税所得率征收以及其他合理的征收方式。实行核定应税所得率征收方式的，应纳所得税额的计算公式如下： 应纳税额 = 应纳税所得额 × 税率 - 扣除数 应纳税所得额 = 收入总额 × 应税所得率 = $\dfrac{\text{成本费用支出额}}{1 - \text{应税所得率}}$ × 应税所得率 2.实行核定征税的投资者，不能享受个人所得税的优惠政策 3.实行查账征税方式的个人独资企业和合伙企业改为核定征税方式后，在查账征税方式下认定的年度经营亏损未弥补完的部分，不得再继续弥补

三、对企事业单位的承包经营、承租经营所得应纳税额的计算（能力等级3）

对企事业单位的承包经营、承租经营所得，其个人所得税应纳税额的计算公式为：

应纳税额＝(纳税年度收入总额－必要费用)×税率－扣除数

1.对企事业单位的承包经营、承租经营所得，以每一纳税年度的收入总额，减除必要费用后的余额为应纳税所得额。在一个纳税年度中，承包经营或者承租经营期限不足1年的，以其实际经营期为纳税年度。

2.对企事业单位的承包经营、承租经营所得适用的税率和速算扣除数，同个体工商户的生产、经营所得适用的税率和速算扣除数。

四、劳务报酬所得应纳税额的计算（能力等级3）

（一）基本计算

劳务报酬所得，只有一次性收入的，以取得该项收入为一次；属于同一事项连续取得收入的，以1个月内取得的收入为一次。对劳务报酬所得，其个人所得税应纳税额的计算公式为：

1.每次收入不足4 000元的：

应纳税额＝(每次收入额－800)×20%

2.每次收入在4 000元以上的：

应纳税额＝每次收入额×(1－20%)×税率－扣除数

【提示】劳务报酬所得所适用的累进税率需要考生记忆。

【案例5-9】某艺人一次取得表演收入40 000元，扣除20%的费用后，应纳税所得额为32 000元。其个人所得税应纳税额＝每次收入额×（1－20%）×适用税率－速算扣除数＝40 000×（1－20%）×30%－2 000＝7 600（元）。

（二）为纳税人代付税款的计算方法（税后劳务报酬所得应纳税额的计算）

如果单位或个人为纳税人代付税款的，应当将单位或个人支付给纳税人的不含税支付额（或称纳税人取得的税后收入额）换算为应纳税所得额，然后按规定计算应代付的个人所得税税款。其计算公式为：

1.税后劳务报酬收入额不超过3 360元的：

$$应纳税额＝\frac{税后收入额－800}{1－20\%}×20\%$$

2.税后劳务报酬收入额超过3 360元的：

$$应纳税额＝\frac{(税后收入额－扣除数)×(1－20\%)}{1－税率×(1－20\%)}×税率－扣除数$$

不含税劳务报酬个人所得税税率表见表5-18。

表5-18　　　　　　　　　　不含税劳务报酬个人所得税税率表

级数	不含税劳务报酬收入额	税率	速算扣除数	换算系数
1	未超过3 360元的部分	20%	0	无
2	超过3 360～21 000元的部分	20%	0	84%
3	超过21 000～49 500元的部分	30%	2 000	76%
4	超过49 500元的部分	40%	7 000	68%

【案例5-10】高级工程师赵某为泰华公司进行一项工程设计，按照合同规定，公司应支付赵某的劳务报酬为48 000元，与其报酬相关的个人所得税由公司代付。不考虑其他税收的情况下，公司应代付个人所得税的应纳税所得额=[（48 000-2 000）×（1-20%）]÷76%＝48 421.05（元），应代付个人所得税＝48 421.05×30%-2 000＝12 526.32（元）。

【例5-11·单选题】王某根据劳务合同的规定，取得税后劳务报酬30 000元。在不考虑其他税费的情况下，王某该项劳务报酬应缴纳个人所得税（　　）元。

A.3 823.5　　　　　B.4 794.5　　　　　C.5 032.12　　　　　D.6 842.11

【答案】D

【解析】应纳税所得额=[（30 000-2 000）×（1-20%）]÷[1-30%×（1-20%）]=29 473.68（元），王某应缴纳个人所得税=29 473.68×30%-2 000=6 842.11（元）。

五、稿酬所得应纳税额的计算（能力等级3）

1.稿酬所得，以每次出版、发表取得的收入为一次。具体又可细分为：

稿酬所得的"次"的规定属于经常性的考点，关注客观题。

（1）同一作品再版取得的所得，应视为另一次稿酬所得计征个人所得税；

（2）同一作品先在报刊上连载，然后再出版，或先出版，再在报刊上连载的，应视为两次稿酬所得征税。即连载作为一次，出版作为另一次；注意连载和再版的区分。

（3）同一作品在报刊上连载取得收入的，以连载完成后取得的所有收入合并为一次，计征个人所得税；

（4）同一作品在出版和发表时，以预付稿酬或分次支付稿酬等形式取得的稿酬收入，应合并计算为一次，计征个人所得税；

（5）同一作品出版、发表后，因添加印数而追加稿酬的，应与以前出版、发表时取得的稿酬合并计算为一次，计征个人所得税。

2.稿酬所得应纳税额的计算公式为：

（1）每次收入不足4 000元的：

应纳税额＝（每次收入额－800）×20%×（1－30%）

（2）每次收入在4 000元以上的：

应纳税额＝每次收入额×（1－20%）×20%×（1－30%）

【案例5-11】某作家取得一次未扣除个人所得税的稿酬收入20 000元，其应缴纳的个人所得税税额＝应纳税所得额×适用税率×（1-30%）＝20 000×（1-20%）×20%×（1-30%）＝2 240（元）。

【例5-12·2011年单选题】作家李先生从2010年3月1日起在某报刊连载一小说，每期取得报社支付的收入300元，共连载110期（其中3月份30期）。9月份将连载的小说结集出版，取得稿酬48 600元。下列各项关于李先生取得上述收入缴纳个人所得税的表述中，正确的是（　　）。

A.小说连载每期取得的收入应由报社按劳务报酬所得代扣代缴个人所得税60元

B.小说连载取得收入应合并为一次，由报社按稿酬所得代扣代缴个人所得税3 696元

C.3月份取得的小说连载收入应由报社按稿酬所得于当月代扣代缴个人所得税

1 800元

D.出版小说取得的稿酬缴纳个人所得税时允许抵扣其在报刊连载时已缴纳的个人所得税

【答案】B

【解析】小说连载取得收入应合并为一次，由报社按稿酬所得代扣代缴个人所得税，代扣代缴的个人所得税税额=300×110×（1-20%）×20%×（1-30%）=3 696（元）。

【例5-13·2008年单选题】作家马某2007年2月初在杂志上发表一篇小说，取得稿酬3 800元，自2月15日起又将该小说在晚报上连载10天，每天稿酬450元。马某当月需缴纳个人所得税（　　）。

A.420元　　　　B.924元　　　　C.929.6元　　　　D.1 320元

【答案】B

【解析】杂志发表与晚报连载视为两次稿酬；应纳个人所得税=（3 800-800）×20%×（1-30%）+450×10×（1-20%）×20%×（1-30%）=924（元）。

【例5-14·2005年单选题】王某的一篇论文被编入某论文集出版，取得稿酬5 000元，当年因添加印数又取得追加稿酬2 000元。上述王某所获稿酬应缴纳的个人所得税为（　　）。

A.728元　　　　B.784元　　　　C.812元　　　　D.868元

【答案】B

【解析】王某所获稿酬应缴纳的个人所得税=（5 000+2 000）×（1-20%）×20%×（1-30%）=784（元）。

六、特许权使用费所得应纳税额的计算（能力等级3）

特许权使用费所得，以某项使用权的一次转让所取得的收入为一次。如果该次转让取得的收入是分笔支付的，则应将各笔收入相加为一次的收入，计征个人所得税。特许权使用费所得应纳税额的计算公式为：

1.每次收入不足4 000元的：

应纳税额=(每次收入额-800)×20%

注意特许权使用费所得没有加成或减征的规定。

2.每次收入在4 000元以上的：

应纳税额=每次收入额×(1-20%)×20%

【提示】注意本所得的税目辨析，尤其是拍卖"自己的""文字作品手稿原件或复印件"取得的收入，按照特许权使用费所得计征个人所得税。

【例5-15·多选题】以下按照特许权使用费所得计征个人所得税的项目是（　　）。

A.作家转让著作权的使用权所得（不包括稿酬所得）

B.作家拍卖自己文字作品的手稿复印件所得

C.作家拍卖写作用过的金笔所得

D.作家取得作品稿酬所得

【答案】AB

七、利息、股息、红利所得应纳税额的计算（能力等级3）

利息、股息、红利所得应纳税额的计算公式为：

应纳税额 = 每次收入额 × 20%

（一）企业为股东个人购买汽车个人所得税的征税方法

企业为股东购买车辆并将车辆所有权办到股东个人名下，其实质为企业对股东进行了红利性质的实物分配，应按照"利息、股息、红利所得"项目征收个人所得税。

上述企业为个人股东购买的车辆，不属于企业的资产，不得在企业所得税前扣除折旧。　*股东不能私自动用公司的资金购买自己的资产。*

（二）使用企业资金为个人购房个人所得税征税方法

个人取得符合条件的房屋或其他财产，不论所有权人是否将财产无偿或有偿交付企业使用，其实质均为企业对个人进行了实物性质的分配，应依法计征个人所得税：

1.对个人独资企业、合伙企业的个人投资者或其家庭取得上述所得，视为企业对个人投资者的利润分配，按照"个体工商户的生产、经营所得"项目计征个人所得税；

2.对除个人独资企业、合伙企业以外的其他企业的个人投资者或其家庭取得上述所得，视为企业对个人投资者的利润分配，按照"利息、股息、红利所得"项目计征个人所得税；　*区分是否为个人独资企业、合伙企业。*

3.对企业其他人员取得的上述所得，按照"工资、薪金所得"项目计征个人所得税。

【例5-16·多选题】以下按照"利息、股息、红利所得"项目征收个人所得税的有（　　）。

A.个人对外借款取得的利息

B.合伙企业的个人投资者以企业资金为本人购买住房

C.股份有限公司的个人投资者以企业资金为本人购买汽车

D.国家发行的金融债券利息

【答案】AC

（三）关于沪港股票市场交易互联互通机制试点个人所得税的规定

1.对内地个人投资者通过沪港通投资香港联交所上市股票取得的转让差价所得，自2014年11月17日起至2019年12月4日止，暂免征收个人所得税。→*客观题常考点。*

2.对内地企业投资者通过沪港通投资香港联交所上市股票取得的转让差价所得，计入其收入总额，依法征收企业所得税。

3.对内地个人投资者通过沪港通投资香港联交所上市H股取得的股息红利，H股公司应向中国证券登记结算有限责任公司（以下简称中国结算）提出申请，由中国结算向H股公司提供内地个人投资者名册，H股公司按照20%的税率代扣个人所得税。内地个人投资者通过沪港通投资香港联交所上市的非H股取得的股息红利，由中国结算按照20%的税率代扣个人所得税。个人投资者在国外已缴纳的预提税，可持有效扣税凭证到中国结算的主管税务机关申请税收抵免。对内地证券投资基金通过沪港通投资香港联交所上市股票取得的股息红利所得，按照上述规定计征个人

利息、股息、红利所得应纳税额的计算

关于沪港股票市场交易互联互通机制试点个人所得税的规定

所得税。

【例5-17·2016年单选题】某内地个人投资者于2015年6月通过沪港通投资在香港联交所上市的H股股票，取得股票转让差价所得和股息、红利所得。下列有关对该投资者股票投资所得计征个人所得税的表述中，正确的是（　　）。

A.股票转让差价所得按照10%的税率征收个人所得税

B.股息红利所得由H股公司按照10%的税率代扣代缴个人所得税

C.取得的股息红利由中国证券登记结算有限责任公司按照20%的税率代扣代缴个人所得税

D.股票转让差价所得暂免征收个人所得税

【答案】D

【解析】股票转让差价暂免征收个人所得税；内地个人投资者通过沪港通投资香港联交所上市H股取得的股息红利，H股公司应向中国证券登记结算有限责任公司提出申请，由中国结算向H股公司提出内地个人投资者名册，H股公司按照20%的税率代扣个人所得税。

（四）个人投资者收购企业股权后，将企业原有盈余积累转增股本有关个人所得税问题

1名或多名个人投资者以股权收购方式取得被收购企业100%股权，股权收购前，被收购企业原账面金额中的"资本公积、盈余公积、未分配利润"等盈余积累未转增股本，而在股权交易时将其一并计入股权转让价格并履行了所得税纳税义务。股权收购后，企业将原账面金额中的盈余积累向个人投资者（新股东，下同）转增股本，有关个人所得税问题区分以下情形处理：

1.新股东以不低于净资产价格收购股权的，企业原盈余积累已全部计入股权交易价格，新股东取得盈余积累转增股本的部分，不征收个人所得税。

2.新股东以低于净资产价格收购股权的，企业原盈余积累中，对于股权收购价格减去原股本的差额部分已经计入股权交易价格，新股东取得盈余积累转增股本的部分，不征收个人所得税；对于股权收购价格低于原所有者权益的差额部分未计入股权交易价格，新股东取得盈余积累转增股本的部分，应按照"利息、股息、红利所得"项目征收个人所得税。

【案例5-12】甲企业原账面资产总额8 000万元，负债3 000万元，所有者权益5 000万元，其中：实收资本（股本）1 000万元，资本公积、盈余公积、未分配利润等盈余积累合计4 000万元。假定多名自然人投资者（新股东）向甲企业原股东购买该企业100%股权，股权收购价4 500万元，新股东收购企业后，甲企业将资本公积、盈余公积、未分配利润等盈余积累4 000万元向新股东转增实收资本。在新股东4 500万元的股权收购价格中，除了实收资本1 000万元外，实际上相当于以3 500万元购买了原股东4 000万元的盈余积累，即：4 000万元盈余积累中，有3 500万元计入了股权交易价格，剩余500万元未计入股权交易价格。甲企业向新股东转增实收资本时，其中所转增的3 500万元不征收个人所得税，所转增的500万元应按"利息、股息、红利所得"项目缴纳个人所得税。

（五）关于企业转增股本个人所得税规定

1.自2016年1月1日起，全国范围内的中小高新技术企业以未分配利润、盈余

（左侧手写旁注）个人投资者收购企业股权后，将企业原有盈余积累转增股本有关个人所得税问题

（右下手写旁注）同高新技术企业技术人员纳税一致。

公积、资本公积向个人股东转增股本时，个人股东一次缴纳个人所得税确有困难的，可根据实际情况自行制定分期缴税计划，在不超过5个公历年度内（含）分期缴纳，并将有关资料报主管税务机关备案。

2.个人股东获得转增的股本，应按照"利息、股息、红利所得"项目，适用20%税率征收个人所得税。

3.股东转让股权并取得现金收入的，该现金收入应优先用于缴纳尚未缴清的税款。

4.在股东转让该部分股权之前，企业依法宣告破产，股东进行相关权益处置后没有取得收益或收益小于初始投资额的，主管税务机关对其尚未缴纳的个人所得税可以不予追征。

八、财产租赁所得应纳税额的计算（能力等级3） *按次收取，以1个月为一次。*

财产租赁所得应纳税额的计算

1.在确定财产租赁的应纳税所得额时，纳税人在出租财产过程中缴纳的<u>税金</u>（不包括本次出租缴纳的增值税）和教育费附加，可持完税（缴款）凭证，从其财产租赁收入中扣除。 *比如印花税、土地增值税等。*

2.准予扣除的项目除了规定费用和有关税、费外，还准予扣除能够提供有效、准确凭证，证明由纳税人负担的该出租财产实际开支的修缮费用。<u>允许扣除的修缮费用，以每次800元为限。一次扣除不完的，准予在下一次继续扣除，直到扣完为止。</u>

3.个人出租财产取得的财产租赁收入，在计算缴纳个人所得税时，应依次扣除以下费用：

（1）财产租赁过程中缴纳的税费；

（2）由纳税人负担的该出租财产实际开支的修缮费用；

（3）税法规定的费用扣除标准。

【提示】注意扣除顺序，法定扣除需在最后扣除。

4.应纳税所得额的计算公式为：

（1）<u>每次（月）收入不超过4000元的：</u>

应纳税所得额＝每次（月）收入额准予扣除项目－修缮费用(800元为限)－800(法定扣除)

（2）<u>每次（月）收入超过4000元的：</u>

应纳税所得额＝[每次（月）收入额准予扣除项目－修缮费用(800元为限)]×(1－20%)

5.个人将承租房屋转租取得的租金收入，属于个人所得税应税所得，应按"财产租赁所得"项目计算缴纳个人所得税。

（1）取得转租收入的个人向房屋出租方支付的租金及增值税税额，凭房屋租赁合同和合法支付凭据允许在计算个人所得税时，从该项转租收入中扣除。

（2）有关财产租赁所得个人所得税前扣除税费的<u>扣除次序</u>调整为：

①财产租赁过程中缴纳的税费；

②向出租方支付的租金；

③由纳税人负担的租赁财产实际开支的修缮费用；

④税法规定的费用扣除标准。

6.财产租赁所得适用20%的比例税率。但对个人按市场价格出租的居民住房取得的所得，自2001年1月1日起<u>暂减按10%</u>的税率征收个人所得税。 *税率的个例，需要重点掌握。*

九、财产转让所得应纳税额的计算（能力等级3）

财产转让所得应纳税额的计算公式为：

应纳税额=(收入总额－财产原值－合理费用)×20%

（一）个人住房转让所得应纳税额的计算

个人住房转让应以实际成交价格为转让应税收入（不含增值税）。纳税人申报的住房成交价格明显低于市场价格且无正当理由的，征收机关依法有权根据有关信息核定其转让收入，但必须保证各税种计税价格一致。

对转让住房收入计算个人所得税应纳税所得额时，纳税人可凭原购房合同、发票等有效凭证，经税务机关审核后，允许从其转让收入中减除房屋原值、转让住房过程中缴纳的税金及有关合理费用，具体见表5-19。

个人住房转让所得应纳税额的计算

注意3个扣除项目。

表5-19   个人住房转让所得应纳税额的计算

扣除项目	要求
房屋原值的确定	1.商品房：购置该房屋时实际支付的房价款及缴纳的相关税费 2.自建住房：实际发生的建造费用及建造和取得产权时实际交纳的相关税费 3.经济适用房（含集资合作建房、安居工程住房）：原购房人实际支付的房价款及相关税费，以及按规定缴纳的土地出让金 4.已购公有住房：原购公有住房标准面积按当地经济适用房价格计算的房价款，加上原购公有住房超标准面积实际支付的房价款以及按规定向财政部门（或原产权单位）缴纳的所得收益及相关税费 5.城镇拆迁安置住房其原值分别为： （1）房屋拆迁取得货币补偿后购置房屋的，为购置该房屋实际支付的房价款及缴纳的相关税费 （2）房屋拆迁采取产权调换方式的，所调换房屋原值为《房屋拆迁补偿安置协议》注明的价款及缴纳的相关税费 （3）房屋拆迁采取产权调换方式，被拆迁人除取得所调换房屋，又取得部分货币补偿的，所调换房屋原值为《房屋拆迁补偿安置协议》注明的价款和缴纳的相关税费，减去货币补偿后的余额 （4）房屋拆迁采取产权调换方式，被拆迁人取得所调换房屋，又支付部分货币的，所调换房屋原值为《房屋拆迁补偿安置协议》注明的价款，加上所支付的货币及缴纳的相关税费
转让住房过程中缴纳的税费	纳税人在转让住房时实际缴纳的城市维护建设税、教育费附加、土地增值税、印花税等税费； 计算转让所得时可扣除的税费不包括本次转让缴纳的增值税
合理费用的确定	纳税人按照规定实际支付的住房装修费用、住房贷款利息、手续费、公证费等费用 1.支付的住房装修费用。纳税人能提供实际支付装修费用的税务统一发票，并且发票上所列付款人姓名与转让房屋产权人一致的，经税务机关审核，其转让的住房在转让前实际发生的装修费用，可在以下规定比例内扣除： （1）已购公有住房、经济适用房：最高扣除限额为房屋原值的15% （2）商品房及其他住房：最高扣除限额为房屋原值的10%。纳税人原购房为装修房，即合同注明房价款中含有装修费（铺装了地板、装配了洁具、厨具等）的，不得再重复扣除装修费用 2.支付的住房贷款利息。纳税人出售以按揭贷款方式购置住房的，其向贷款银行实际支付的住房贷款利息，凭贷款银行出具的有效证明据实扣除

均不含增值税。

重点记住装修费用和按揭利息是可以扣除的。

（二）个人转让股权应纳税额的计算（见表5-20）

表5-20　　　　　　　　　　　　个人转让股权应纳税额的计算

股权转让的情形 **需要记忆。**	1.出售股权 2.公司回购股权 3.发行人首次公开发行新股时，被投资企业股东将其持有的股份以公开发行方式一并向投资者发售 4.股权被司法或行政机关强制过户 5.以股权对外投资或进行其他非货币性资产交易 6.以股权抵偿债务 7.其他股权转移行为
股权转让所得	个人转让股权，以股权转让收入减除股权原值和合理费用后的余额为应纳税所得额，按"财产转让所得"项目缴纳个人所得税。合理费用是指股权转让时按照规定支付的有关税费
股权转让纳税人	个人股权转让所得个人所得税，以股权转让方为纳税人，以受让方为扣缴义务人
股权转让收入的确认	1.股权转让收入是指转让方因股权转让而获得的现金、实物、有价证券和其他形式的经济利益 2.转让方取得与股权转让相关的各种款项，包括违约金、补偿金以及其他名目的款项、资产、权益等，均应当并入股权转让收入 3.纳税人按照合同约定，在满足约定条件后取得的后续收入，应当作为股权转让收入
税务机关可以核定股权转让收入的情形	1.申报的股权转让收入明显偏低且无正当理由的 2.未按照规定期限办理纳税申报，经税务机关责令限期申报，逾期仍不申报的 3.转让方无法提供或拒不提供股权转让收入有关资料的 4.其他应核定股权转让收入的情形
视为股权转让收入明显偏低的情形	1.申报的股权转让收入低于股权对应的净资产份额的。其中，被投资企业拥有土地使用权、房屋、房地产企业未销售房产、知识产权、探矿权、采矿权、股权等资产的，申报的股权转让收入低于股权对应的净资产公允价值份额的 2.申报的股权转让收入低于初始投资成本或低于取得该股权所支付的价款及相关税费的 3.申报的股权转让收入低于相同或类似条件下同一企业同一股东或其他股东股权转让收入的 4.申报的股权转让收入低于相同或类似条件下同类行业的企业股权转让收入的 5.不具有合理性的无偿让渡股权或股份 6.主管税务机关认定的其他情形
股权转让收入明显偏低，视为有正当理由的情形	1.能出具有效文件，证明被投资企业因国家政策调整，生产经营受到重大影响，导致低价转让股权 2.继承或将股权转让给其能提供具有法律效力身份关系证明的配偶、父母、子女、祖父母、外祖父母、孙子女、外孙子女、兄弟姐妹以及对转让人承担直接抚养或者赡养义务的抚养人或者赡养人 3.相关法律、政府文件或企业章程规定，并有相关资料充分证明转让价格合理且真实的本企业员工持有的不能对外转让股权的内部转让 4.股权转让双方能够提供有效证据证明其合理性的其他合理情形

属于对违反了公平交易原则或不配合税收管理的纳税人实施的一种税收保障措施。

续表

税务机关应**依次**按照有关方法核定股权转让收入	1.净资产核定法 2.类比法 3.其他合理方法
股权原值的确认	1.以现金出资方式取得的股权，按照实际支付的价款和与取得股权直接相关的合理税费之和确认股权原值 2.以非货币性资产出资方式取得的股权，按照税务机关认可或核定的投资入股时非货币性资产价格和与取得股权直接相关的合理税费之和确认股权原值 3.通过无偿让渡方式取得股权，具备本办法第十三条第二项所列情形的，按取得股权发生的合理税费与原持有人的股权原值之和确认股权原值 4.被投资企业以资本公积、盈余公积、未分配利润转增股本，个人股东已依法缴纳个人所得税的，以转增额和相关税费之和确认其新转增股本的股权原值 5.除以上情形外，由主管税务机关按照避免重复征收个人所得税的原则合理确认股权原值。
其他规定	1.被投资企业应当在董事会或股东会结束后5个工作日内，向主管税务机关报送与股权变动事项相关的董事会或股东会决议、会议纪要等资料 2.个人在上海证券交易所、深圳证券交易所转让从上市公司公开发行和转让市场取得的上市公司股票，转让限售股，以及其他有特别规定的股权转让，不适用本办法

（三）个人取得拍卖收入征收个人所得税

1.作者将自己的文字作品手稿原件或复印件拍卖取得的所得，按照"特许权使用费所得"项目适用20%税率缴纳个人所得税。

2.个人拍卖除文字作品原稿及复印件外的其他财产，应以其转让收入额减除财产原值和合理费用后的余额作为应纳税所得额，按照"财产转让所得"项目适用20%税率缴纳个人所得税。

3.对个人财产拍卖所得征收个人所得税时，以该项财产最终拍卖成交价格为其转让收入额。

（1）财产原值，是指售出方个人取得该拍卖品的价格（以合法有效凭证为准）。具体为：

①通过商店、画廊等途径购买的，为购买该拍卖品时实际支付的价款；

②通过拍卖行拍得的，为拍得该拍卖品实际支付的价款及交纳的相关税费；

③通过祖传收藏的，为其收藏该拍卖品而发生的费用；

④通过赠送取得的，为其受赠该拍卖品时发生的相关税费；

⑤通过其他形式取得的，参照以上原则确定财产原值。

（2）拍卖财产过程中缴纳的税费，是指在拍卖财产时纳税人实际缴纳的相关税金及附加。

（3）有关合理费用，是指拍卖财产时纳税人按照规定实际支付的拍卖费（佣金）、鉴定费、评估费、图录费、证书费等费用。

4.纳税人如不能提供合法、完整、准确的财产原值凭证，不能正确计算财产原值的，按转让收入额的3%征收率计算缴纳个人所得税；拍卖品为经文物部门认定是海外回流文物的，按转让收入额的2%征收率计算缴纳个人所得税。

【例5-18·单选题】关于计算个人所得税时可扣除的财产原值，下列表述正确的是（　　）。

A.拍卖受赠获得的物品，原值为该拍卖品的市场价值

B.拍卖通过拍卖行拍得的物品，原值为该物品的评估价值

C.拍卖祖传的藏品，原值为该拍卖品的评估价值

D.拍卖从画廊购买的油画，原值为购买拍卖品时实际支付的价款

【答案】D

【解析】拍卖受赠获得的物品，原值为受赠该拍卖品时发生的相关税费；拍卖通过拍卖行拍得的物品，原值为拍得该物品的实际价款及相关税费；拍卖祖传的藏品，原值为收藏该拍卖品发生的费用。

（四）个人因购买和处置债权取得所得征收个人所得税的方法

1.根据《个人所得税法》及有关规定，个人通过招标、竞拍或者其他方式购置债权以后，通过相关司法或行政程序主张债权而取得的所得，应按照"财产转让所得"项目缴纳个人所得税。

2.个人通过上述方式取得"打包"债权，只处置部分债权的，其应纳税所得额按以下方式确定：

（1）以每次处置部分债权的所得，作为一次财产转让所得征税；

（2）其应税收入按照个人取得的货币资产和非货币资产的评估价值或市场价值的合计数确定；

（3）所处置债权成本费用（即财产原值），按下列公式计算：

$$当次处置债权成本费用 = 个人购置"打包债权"的实际支出 \times \frac{当次处置债权账面价值}{"打包"债权账面价值}$$

（4）人购买和处置债权过程中发生的拍卖招标手续费、诉讼费、审计评估费以及缴纳的税金等合理税费，在计算个人所得税时允许扣除。

【例5-19·单选题】赵某购买某"打包"债权实际支出为40万元，2017年5月处置该债权的40%，处置收入25万元，在债权处置过程中发生评估费用2万元。赵某处置"打包"债权应缴纳个人所得税（　　）万元。

A.1.20　　　　B.1.40　　　　C.1.56　　　　D.1.80

【答案】B

【解析】赵某处置"打包"债权应缴纳个人所得税=（25-40×40%-2）×20%=1.40（万元）。

（五）个人转让限售股征收个人所得税规定

1.自2010年1月1日起，对个人转让限售股取得的所得，按照"财产转让所得"项目，适用20%的比例税率征收个人所得税。

2.个人转让限售股，以每次限售股转让收入，减除股票原值和合理税费后的余额，作为应纳税所得额。即：

应纳税所得额 = 限售股转让收入 -（限售股原值 + 合理税费）

应纳税额 = 应纳税所得额 × 20%

3.如果纳税人未能提供完整、真实的限售股原值凭证的，不能准确计算限售股原值的，主管税务机关一律按限售股转让收入的15%核定限售股原值及合理税费。

4.纳税人同时持有限售股及该股流通股的，其股票转让所得，<u>按照限售股优先原则</u>，即：转让股票视同为先转让限售股，按规定计算缴纳个人所得税。

5.对个人在上海证券交易所、深圳证券交易所转让从上市公司公开发行和转让市场取得的上市公司股票所得，继续免征个人所得税。→注意这个特殊免税规定，容易混淆。

例题解析

【例5-20·单选题】钱某在某上市公司任职，任职期间该公司授予钱某限售股3万股，该批限售股已于2015年年初解禁，钱某在8月份之前陆续买进该公司股票2万股，股票平均买价为5.4元/股，但限售股授予价格不明确。2015年8月钱某以8元/股的价格卖出公司股票4万股。在不考虑股票买卖过程中其他相关税费的情况下，钱某转让4万股股票应缴纳个人所得税（　　）元。

A.27 200　　　　　B.32 400　　　　　C.37 600　　　　　D.40 800

【答案】D

【解析】转让限售股中存在限售股成本不明确的，按转让收入的15%确定限售股原值和合理税费，以转让收入减去原值和合理税费后的余额乘以20%税率，计算个人所得税。钱某转让的这4万股股票中，按照转让限售股优先原则，有3万股是限售股，1万股是上市公司的股票。个人转让上市公司的股票是免征个人所得税的，所以钱某应纳个人所得税=8×30 000×（1-15%）×20%=40 800（元）。

（六）关于企业改组改制过程中个人取得的量化资产征税问题

有所有权的量化资产取得及持有期间暂缓征收，处置时再征收。←

1.对职工个人以股份形式取得的量化资产仅作为分红依据，不拥有所有权的企业量化资产，不征收个人所得税。

2.对职工个人以股份形式取得的<u>拥有所有权的企业量化资产，暂缓征收个人所</u>得税；待个人将股份转让时，就其转让收入额，减除个人取得该股份时实际支付的费用支出和合理转让费用后的余额，按"财产转让所得"项目计征个人所得税。

3.对职工个人以股份形式取得的企业量化资产参与企业分配而获得的股息、红利，应按"利息、股息、红利所得"项目征收个人所得税。

例题解析

【例5-21·2012年多选题】某国有企业职工王某，在企业改制为股份制企业的过程中以23 000元的成本取得了价值30 000元拥有所有权的量化股份。3个月后，获得了企业分配的股息3 000元。此后，王某以40 000元的价格将股份转让。假如不考虑转让过程中的税费，以下有关王某个人所得税计征的表述中，正确的有（　　）。

A.王某取得量化股份时暂缓计征个人所得税

B.对王某取得的3 000元股息，应按"利息、股息、红利所得"计征个人所得税

C.对王某转让量化股份取得的收入应以17 000元为计税依据，按"财产转让所得"项目计征个人所得税

D.对王某取得的量化股份价值与支付成本的差额7 000元，应在取得当月与当月工资、薪金合并，按"工资、薪金所得"项目计征个人所得税

【答案】ABC

【解析】选项A、D：对职工个人以股份形式取得的拥有所有权的企业量化资产，暂缓征收个人所得税；选项B：对职工个人以股份形式取得的企业量化资产参与企业分配而获得的股息、红利所得按"利息、股息、红利所得"项目征收个人所得税；选项C：待个人将股份转让时，就其转让收入额，减除个人取得该股份时实

际支付的费用支出和合理转让费用后的余额，按"财产转让所得"项目计征个人所得税，所以个人转让股权时，应缴纳个人所得税的财产转让所得=40 000-23 000=17 000（元）。

（七）个人以非货币性资产投资的个人所得税规定

1.个人以非货币性资产投资，属于个人转让非货币性资产和投资同时发生。对个人转让非货币性资产的所得，应按照"财产转让所得"项目，依法计算缴纳个人所得税。

2.个人以非货币性资产投资，应按评估后的公允价值确认非货币性资产转让收入。非货币性资产转让收入减除该资产原值及合理税费后的余额为应纳税所得额。个人以非货币性资产投资，应于非货币性资产转让、取得被投资企业股权时，确认非货币性资产转让收入的实现。

3.个人应在发生上述应税行为的次月15日内向主管税务机关申报纳税。纳税人一次性缴税有困难的，可合理确定分期缴纳计划并报主管税务机关备案后，自发生上述应税行为之日起不超过5个公历年度内（含）分期缴纳个人所得税。

4.个人在以非货币性资产投资交易过程中取得现金补价的，现金部分应优先用于缴税；现金不足以缴纳的部分，可分期缴纳。个人在分期缴税期间转让其持有的上述全部或部分股权，并取得现金收入的，该现金收入应优先用于缴纳尚未缴清的税款。

十、偶然所得和其他所得应纳税额的计算（能力等级3）

1.偶然所得应纳税额的计算公式为：

应纳税额 = 每次收入额×20%

2.其他所得应纳税额的计算公式为：

应纳税额 = 每次收入额×20%

【案例5-13】陈某在参加商场的有奖销售过程中，中奖所得共计价值20 000元。陈某领奖时告知商场，从中奖收入中拿出4 000元通过教育部门向某希望小学捐赠。根据税法有关规定，陈某的捐赠额可以全部从应纳税所得额中扣除（因为4 000÷20 000=20%，小于捐赠扣除比例30%）。应纳税所得额=偶然所得-捐赠额=20 000-4 000=16 000（元），应纳税额（即商场代扣税款）=应纳税所得额×适用税率=16 000×20%=3 200（元），陈某实际可得金额=20 000-4 000-3 200=12 800（元）。

（一）个人取得有奖发票奖金征免个人所得税

个人取得单张有奖发票奖金所得不超过800元（含800元）的，暂免征收个人所得税；个人取得单张有奖发票奖金所得超过800元的，应全额按照《个人所得税法》规定的"偶然所得"项目征收个人所得税。

（二）企业向个人支付不竞争款项征收个人所得税

不竞争款项是指资产购买方企业与资产出售方企业自然人股东之间在资产购买交易中，通过签订保密和不竞争协议等方式，约定资产出售方企业自然人股东在交易完成后一定期限内，承诺不从事有市场竞争的相关业务，并负有相关技术资料的保密义务，资产购买方企业则在约定期限内，按一定方式向资产出售方企业自然人股东所支付的款项。

鉴于资产购买方企业向个人支付的不竞争款项，属于个人因偶然因素取得的一次性所得，为此，资产出售方企业自然人股东取得的所得，应按照"偶然所得"项目计算缴纳个人所得税。

（三）企业促销展业赠送礼品个人所得税的规定

自2011年6月9日起，企业和单位（包括企业、事业单位、社会团体、个人独资企业、合伙企业和个体工商户等，以下简称企业）在营销活动中以折扣折让、赠品、抽奖等方式，向个人赠送现金、消费券、物品、服务等（以下简称礼品）有关个人所得税的具体规定见表5-21。

不征税的三种情况都是与企业销售直接挂钩的礼品赠送。

表5-21　　　　　　企业促销展业赠送礼品个人所得税的规定

企业在销售商品（产品）和提供服务的过程中向个人赠送礼品，属于下列情形之一的，不征收个人所得税	（1）企业通过价格折扣、折让方式向个人销售商品（产品）和提供服务
	（2）企业在向个人销售商品（产品）和提供服务的同时给予赠品，如通信企业对个人购买手机赠话费、入网费，或者购话费赠手机等
	（3）企业对累积消费达到一定额度的个人按消费积分反馈礼品
企业向个人赠送礼品，属于下列情形之一的，取得该项所得的个人应依法缴纳个人所得税，税款由赠送礼品的企业代扣代缴	（1）企业在业务宣传、广告等活动中，随机向本单位以外的个人赠送礼品，对个人取得的礼品所得，按照"其他所得"项目，全额适用20%的税率缴纳个人所得税
	（2）企业在年会、座谈会、庆典以及其他活动中向本单位以外的个人赠送礼品，对个人取得的礼品所得，按照"其他所得"项目，全额适用20%的税率缴纳个人所得税
	（3）企业对累积消费达到一定额度的顾客，给予额外抽奖机会，个人的获奖所得，按照"偶然所得"项目，全额适用20%的税率缴纳个人所得税
	【提示】企业赠送的礼品是自产产品（服务）的，按该产品（服务）的市场销售价格确定个人的应税所得；是外购商品（服务）的，按该商品（服务）的实际购置价格确定个人的应税所得

征税的三种情况中，赠送礼品与销售不直接挂钩，带有随机的特点；重点记忆，考试常考，区分是在销售过程中还是其他情形中。

（四）房屋赠与个人所得税计算方法

无偿赠予不动产情形，是要按视同销售计缴增值税的，注意做综合题时要全面考虑。

1.以下情形的房屋产权无偿赠与，对当事人双方不征收个人所得税：

（1）房屋产权所有人将房屋产权无偿赠与配偶、父母、子女、祖父母、外祖父母、孙子女、外子孙女、兄弟姐妹；

（2）房屋产权所有人将房屋产权无偿赠与对其承担直接抚养或者赡养义务的抚养人或者赡养人；

（3）房屋产权所有人死亡，依法取得房屋产权的法定继承人、遗嘱继承人或者受遗赠人。

2.除上述情形以外，房屋产权所有人将房屋产权无偿赠与他人的，受赠人因无偿受赠房屋取得的受赠所得，按照"其他所得"项目缴纳个人所得税，税率为20%。*受赠人无偿受赠情形注意关注减除受赠人支付的税费，注意不含增值税。*

房屋赠与个人所得税计算方法

3.对受赠人无偿受赠房屋计征个人所得税时，其应纳税所得额为房地产赠与合同上标明的赠与房屋价值减除赠与过程中受赠人支付的相关税费后的余额。赠与合同标明的房屋价值明显低于市场价格或房地产赠与合同未标明赠与房屋价值的，税务机关可依据受赠房屋的市场评估价格或采取其他合理方式确定受赠人的应纳税所得额。

4.受赠人转让受赠房屋的，以其转让受赠房屋的收入减除原捐赠人取得该房屋的实际购置成本以及赠与和转让过程中受赠人支付的相关税费后的余额，为受赠人的应纳税所得额，<u>依法计征个人所得税</u>。受赠人转让受赠房屋价格明显偏低且无正当理由的，税务机关可以依据该房屋的市场评估价格或其他合理方式确定的价格核定其转让收入。

（红色批注：受赠人转让情形注意关注减除原捐赠人的取得成本。）

【例5-22·单选题】下列行为应计算缴纳个人所得税的是（　　）。

A.房屋产权所有人将房屋产权无偿赠与兄弟

B.房屋产权所有人将房屋产权无偿赠与赡养人

C.房屋产权所有人死亡，依法取得房屋产权的受遗赠人

D.房屋产权所有人将房屋产权无偿赠与侄女

【答案】D

【解析】房屋产权所有人将房屋产权无偿赠与配偶、父母、子女、祖父母、外祖父母、孙子女、外子孙女、兄弟姐妹的当事人双方不征收个人所得税。

【例5-23·单选题】方某接受房产赠与，手续齐全、合法，赠与合同上注明该房产原值25万元，方某支付相关税费2.5万元。经税务机关评估，该房产市场价格为35万元。方某获赠房产应缴纳个人所得税（　　）万元。

A.2　　　　　　　B.1.5　　　　　　C.7　　　　　　D.6.5

【答案】D

【解析】对受赠人无偿受赠房屋计征个人所得税时，其应纳税所得额为房地产赠与合同上标明的赠与房屋价值减除赠与过程中受赠人支付的相关税费后的余额；赠与合同上标明的房屋价值明显偏低于市场价值的，税务机关可依据受赠房屋的市场评估价格确定受赠人的应纳税所得额。方某获赠房产应缴纳个人所得税=（35-2.5）×20%=6.5（万元）。

第四节　税收优惠

一、免征个人所得税的优惠（能力等级2）

（红色批注：需重点掌握。）

1.省级人民政府、国务院部委和中国人民解放军军以上单位，以及外国组织、国际组织颁发的科学、教育、技术、文化、卫生、体育、环境保护等方面的奖金。

2.<u>国债和国家发行的金融债券利息</u>。

3.<u>按照国家统一规定发给的补贴、津贴</u>。

4.福利费，抚恤金、救济金。

5.保险赔款。

6.军人的转业费、复员费。

7.按照国家统一规定发给干部、职工的安家费、退职费、退休工资、离休工资、离休生活补助费。

8.依照我国有关法律规定应予免税的各国驻华使馆、领事馆的外交代表、领事官员和其他人员的所得。

9.中国政府参加的国际公约以及签订的协议中规定免税的所得。

10.对乡、镇（含乡、镇）以上人民政府或经县（含县）以上人民政府主管部

（红色批注：免征个人所得税的优惠）

门批准成立的有机构、有章程的见义勇为基金或者类似性质组织，奖励见义勇为者的奖金或奖品，经主管税务机关核准，免征个人所得税。

11.企业和个人按照省级以上人民政府规定的比例提取并缴付的住房公积金、医疗保险金、基本养老保险金、失业保险金，不计入个人当期的工资、薪金收入，免予征收个人所得税。超过规定的比例缴付的部分计征个人所得税。个人领取原提存的住房公积金、医疗保险金、基本养老保险金时，免予征收个人所得税。

12.对个人取得的教育储蓄存款利息所得以及国务院财政部门确定的其他专项储蓄存款或者储蓄性专项基金存款的利息所得，免征个人所得税。

13.储蓄机构内从事代扣代缴工作的办税人员取得的扣缴利息税手续费所得，免征个人所得税。

14.生育妇女按照县级以上人民政府根据国家有关规定制定的生育保险办法，取得的生育津贴、生育医疗费或其他属于生育保险性质的津贴、补贴，免征个人所得税。

15.对工伤职工及其近亲属按照《工伤保险条例》规定取得的工伤保险待遇，免征个人所得税。

16.外籍个人以非现金形式或实报实销形式取得的住房补贴、伙食补贴、搬迁费、洗衣费，外籍个人按合理标准取得的境内、外出差补贴，外籍个人取得的探亲费、语言训练费、子女教育费等，经当地税务机关审核批准为合理的部分，可以享受免征个人所得税优惠的探亲费，仅限于外籍个人在我国的受雇地与其家庭所在地（包括配偶或父母居住地）之间搭乘交通工具，且每年不超过两次的费用。

常考客观题，注意关键字"非现金""实报实销"。

17.个人举报、协查各种违法、犯罪行为而获得的奖金。

18.个人办理代扣代缴税款手续，按规定取得的扣缴手续费。

19.个人转让自用达5年以上并且是唯一的家庭居住用房取得的所得。

房产中介经常说的"满五唯一"。

20.对按《国务院关于高级专家离休退休若干问题的暂行规定》和《国务院办公厅关于杰出高级专家暂缓离休审批问题的通知》精神，达到离休、退休年龄，但确因工作需要，适当延长离休、退休年龄的高级专家（指享受国家发放的政府特殊津贴的专家、学者），其在延长离休、退休期间的工资、薪金所得，视同退休工资、离休工资免征个人所得税。

特别记忆。

21.外籍个人从外商投资企业取得的股息、红利所得。

22.凡符合下列条件之一的外籍专家取得的工资、薪金所得可免征个人所得税：

（1）根据世界银行专项贷款协议由世界银行直接派往我国工作的外国专家。

（2）联合国组织直接派往我国工作的专家。

（3）为联合国援助项目来华工作的专家。

（4）援助国派往我国专为该国无偿援助项目工作的专家。

（5）根据两国政府签订文化交流项目来华工作2年以内的文教专家，其工资、薪金所得由该国负担的。

（6）根据我国大专院校国际交流项目来华工作2年以内的文教专家，其工资、薪金所得由该国负担的。

（7）通过民间科研协定来华工作的专家，其工资、薪金所得由该国政府机构负担的。

23.股权分置改革中非流通股股东通过对价方式向流通股股东支付的股份、现金等收入，暂免征收流通股股东应缴纳的个人所得税。

24.对被拆迁人按照国家有关城镇房屋拆迁管理办法规定的标准取得的拆迁补偿款，免征个人所得税。

25.自2006年6月1日起，对保险营销员佣金中的展业成本，免征个人所得税；对佣金中的劳务报酬部分，扣除实际缴纳的税金及附加后，依照税法有关规定计算征收个人所得税。保险营销员的佣金由展业成本和劳务报酬构成，所谓"展业成本"即营销费。根据目前保险营销员展业的实际情况，佣金中展业成本的比例暂定为40%。

【提示】保险营销员佣金的应纳所得税额=［佣金×（1-40%）-税金及附加-法定扣除］×劳务报酬三级累进税率-法定扣除数。

26.证券经纪人从证券公司取得的佣金收入，应按照"劳务报酬所得"项目缴纳个人所得税。证券经纪人佣金收入由展业成本和劳务报酬构成，对展业成本部分不征收个人所得税，证券经纪人展业成本的比例暂定为每次收入额的40%。

27.个人从公开发行和转让市场取得的上市公司股票，持股期限超过1年的，股息、红利所得暂免征收个人所得税。个人从公开发行和转让市场取得的上市公司股票，持股期限在1个月以内（含1个月）的，其股息、红利所得全额计入应纳税所得额；持股期限在1个月以上至1年（含1年）的，暂减按50%计入应纳税所得额；上述所得统一适用20%的税率计征个人所得税。全国中小企业股份转让系统挂牌公司股息、红利差别化个人所得税政策也按此政策执行。

28.经国务院财政部门批准免税的所得。

二、减征个人所得税的优惠（能力等级2）

1.残疾、孤老人员和烈属的所得。

2.因严重自然灾害造成重大损失的。

3.其他经国务院财政部门批准减税的。

【例5-24·多选题】下列项目不得享受个人所得税减免税优惠的有（　　）。

A.外籍个人以实报实销形式取得的住房补贴和伙食补贴

B.外籍个人取得搬迁费的现金补贴

C.个人取得的保险赔款

D.个人取得的企业债券利息收入

【答案】BD

【例5-25·2009年多选题】下列有关个人所得税税收优惠的表述中，正确的有（　　）。

A.国债利息和保险赔款免征个人所得税

B.个人领取原提存的住房公积金免征个人所得税

C.残疾、孤老人员和烈属的所得可以减征个人所得税

D.外籍个人按合理标准取得的境内、外出差补贴暂免个人所得税

【答案】ABCD

本节建议多看例题，进行理解掌握！

第五节　境外所得的税额扣除

　　纳税人从中国境外取得的所得，准予其在应纳税额中扣除已在境外缴纳的个人所得税税额。但是，扣除额不得超过该纳税人境外所得依照我国税法规定计算的应纳税额。计算境外税款扣除限额的方法采用的是分国分项计算、分国加总的方法，不同于企业所得税的分国不分项的计算。

　　【总结】分国分项分国加总，缴多不退缴少补足。

例题讲解

　　【案例5-14】某纳税人在2012纳税年度从A、B两国取得应税收入。其中，在A国一公司任职，取得工资、薪金收入69 600元（平均每月5 800元），因提供一项专利技术使用权，一次性取得特许权使用费收入30 000元，该两项收入在A国缴纳个人所得税5 000元；因在B国出版著作，获得稿酬收入15 000元，并在B国缴纳该项收入的个人所得税1 720元。其抵扣计算方法如下：

　　1.A国所纳个人所得税的抵减。

　　按照我国税法规定的费用减除标准和税率，计算该纳税义务人从A国取得的应税所得应纳税额，该应纳税额即为抵减限额。

　　（1）工资、薪金所得。该纳税义务人从A国取得的工资、薪金收入，应每月减除费用4 800元，其余额按九级超额累进税率表的适用税率计算应纳税额。

　　每月应纳税额=（5 800-4 800）×3%=30（元）

　　全年应纳税额=30×12=360（元）

　　（2）特许权使用费所得。该纳税义务人从A国取得的特许权使用费收入，应减除20%的费用，其余额按20%的比例税率计算应纳税额，应为：

　　应纳税额=30 000×（1-20%）×20%=4 800（元）

　　根据计算结果，该纳税义务人从A国取得应税所得在A国缴纳的个人所得税税额的抵减限额为5 160元（360+4 800）。其在A国实际缴纳个人所得税5 000元，低于抵减限额，可以全额抵扣，并需在中国补缴差额部分的税款，计160元（5 160-5 000）。

　　2.B国所纳个人所得税的抵减。

　　按照我国税法的规定，该纳税义务人从B国取得的稿酬收入，应减除20%的费用，就其余额按20%的税率计算应纳税额并减征30%，计算结果为：

　　应纳税额=15 000×（1-20%）×20%×（1-30%）=1 680（元）

　　即其抵扣限额为1 680元。该纳税义务人的稿酬所得在B国实际缴纳个人所得税1 720元，超出抵减限额40元，不能在本年度扣除，但可在以后5个纳税年度的该国减除限额的余额中补减。

　　综合上述计算结果，该纳税义务人在本纳税年度中的境外所得，应在中国补缴个人所得税160元。其在B国缴纳的个人所得税未抵减完的40元，可按我国税法规定的前提条件补减。具体计算见表5-22。

表5-22　　　　　　　　　　　　　境外所得的税额扣除　　　　　　　　　　　单位：元

国别	所得项目	计算限额（分国分项）	抵免限额（分国加总）	境外已纳税款	缴多不退缴少补足
A国	工资、薪金所得	（5 800-4 800）×3%×12=360	5 160	5 000	补缴160
	特许权使用费所得	30 000×（1-20%）×20%=4 800			
B国	稿酬所得	15 000×（1-20%）×14%=1 680	1 680	1 720	40不退

【例5-26·单选题】2016年张某将其一项专利权转让给A国一家企业，取得转让收入120 000元，按A国税法缴纳了个人所得税15 000元；同年在A国提供劳务，取得劳务报酬200 000元，按A国税法缴纳了个人所得税55 000元。2016年张某应就来源于A国所得在国内缴纳个人所得税（　　　）元。

A.2 800　　　　　　B.4 200　　　　　　C.6 200　　　　　　D.7 000

【答案】C

【解析】转让专利权抵免限额=120 000×（1-20%）×20%=19 200（元），需要在我国补税=19 200-15 000=4 200（元）；提供劳务抵免限额=200 000×（1-20%）×40%-7 000=57 000（元），应在我国补税=57 000-55 000=2 000（元）；共应在我国缴纳个人所得税=4 200+2 000=6 200（元）。

【例5-27·单选题】中国公民李某2016年在国内取得一次性服装设计收入30 000元；在A国和B国各取得一次性服装设计收入80 000元，已在A国缴纳了个人所得税15 000元、在B国缴纳了个人所得税20 000元。李某上述收入在中国境内应缴纳个人所得税（　　　）元。

A.4 800　　　　　　B.5 200　　　　　　C.8 800　　　　　　D.7 400

【答案】C

【解析】在A国取得的所得应缴纳的个人所得税=80 000×（1-20%）×40%-7 000=18 600（元）>15 000元，在A国取得的所得在中国境内应补缴的个人所得税=18 600-15 000=3 600（元）；18 600元<20 000元，在B国取得的所得在中国境内不用补税。李某上述收入在中国境内应缴纳的个人所得税=30 000×（1-20%）×30%-2 000+3 600=8 800（元）。

第六节　征收管理

一、自行申报纳税（能力等级2）

1.自行申报纳税的具体情形和主要要求（见表5-23）

表5-23　　　　　　　　自行申报纳税的具体情形和主要要求

需要自行申报的情况	要求
（1）年所得12万元以上的	无论取得的各项所得是否已足额缴纳了个人所得税，均应当于纳税年度终了后向主管税务机关办理纳税申报 年所得12万元以上的纳税人，不包括在中国境内无住所，且在一个纳税年度中在中国境内居住不满1年的个人
（2）从中国境内两处或者两处以上取得工资、薪金所得的 （3）从中国境外取得所得的 （4）取得应税所得，没有扣缴义务人的	均应当于取得所得后向主管税务机关办理纳税申报 从中国境外取得所得的纳税人，是指在中国境内有住所，或者无住所而在一个纳税年度中在中国境内居住满1年的个人
（5）国务院规定的其他情形	其纳税申报办法根据具体情形另行规定

这三种情形注意记忆，考查客观题。

自行申报纳税的具体情形和主要要求

2.自行申报纳税的内容（见表5-24）

表5-24　　　　　　　　　　　　自行申报纳税的内容

构成12万元的所得	工资、薪金所得；个体工商户的生产、经营所得；对企事业单位的承包经营、承租经营所得；劳务报酬所得；稿酬所得；特许权使用费所得；利息、股息、红利所得；财产租赁所得；财产转让所得；偶然所得；经国务院财政部门确定征税的其他所得
不包含在12万元中的所得 **注意记忆！**	（1）免税所得 （2）个人所得税法实施条例第六条规定可以免税的来源于中国境外的所得 （3）如按照国家规定单位为个人缴付和个人缴付的基本养老保险费、基本医疗保险费、失业保险费、住房公积金
各项所得的年所得的计算方法	（1）工资、薪金所得：按照未减除费用及附加减除费用的收入额计算 （2）劳务报酬所得、特许权使用费所得：不得减除纳税人在提供劳务或让渡特许权使用权过程中缴纳的有关税费 （3）财产租赁所得：不得减除纳税人在出租财产过程中缴纳的有关税费；对于纳税人一次取得跨年度财产租赁所得的，全部视为实际取得所得年度的所得 （4）个人转让房屋所得：采取核定征收个人所得税的，按照实际征收率（1%、2%、3%）分别换算为应税所得率（5%、10%、15%），据此计算年所得 （5）个人储蓄存款利息所得、企业债券利息所得：全部视为纳税人实际取得所得年度的所得 （6）对个体工商户、个人独资企业投资者，按照征收率核定个人所得税的，将征收率换算为应税所得率，据此计算应纳税所得额。合伙企业投资者按照上述方法确定应纳税所得额后，合伙人应根据合伙协议规定的分配比例确定其应纳税所得额，合伙协议未规定分配比例的，按合伙人数平均分配确定其应纳税所得额。对于同时参与两个以上企业投资的，合伙人应将其投资所有企业的应纳税所得额相加后的总额作为年所得 （7）股票转让所得：以1个纳税年度内，个人股票转让所得与损失盈亏相抵后的正数为申报所得数额，盈亏相抵为负数的，此项所得按"零"填写

【例5-28·2009年多选题】下列各项中，纳税人应当自行申报缴纳个人所得税的有（　　　）。

A.年所得12万元以上的

B.从中国境外取得所得的

C.取得应税所得没有扣缴义务人的

D.从中国境内两处或者两处以上取得工资、薪金所得的

【答案】ABCD

【例5-29·2013年单选题】年所得在12万元以上的个人自行申报纳税时，应当填写《个人所得税纳税申报表》，填写该表时应对各项所得计算年所得。下列关于年所得计算的表述中，正确的是（　　　）。

A.股票转让所得不计算填报年所得

B.工资、薪金所得按照已减除费用及附加费用后的收入额计算年所得

C.劳务报酬所得允许减除纳税人在提供劳务时缴纳的有关税费后计算年所得

D.纳税人一次取得跨年度财产租赁所得，应全部视为实际取得所得年度的所得

【答案】D

【解析】选项A：以1个纳税年度内，个人股票转让所得与损失盈亏相抵后的正数为申报所得数额，盈亏相抵为负数的，此项所得按"零"填写。选项B：工资、薪金所得按照未减除费用及附加减除费用的收入额计算。选项C：劳务报酬所得，不得减除纳税人在提供劳务或让渡特许权使用权过程中缴纳的有关税费。

【例5-30·2008年多选题】下列各项中，计算个人所得税自行申报的年所得时允许扣除的项目有（　　　）。

A.财产保险赔款

B.国家发行的金融债券利息

C.国际组织颁发的环境保护奖金

D.商场购物取得的中奖所得

【答案】ABC

会考客观题，要重点记忆几个时间！

3.自行申报纳税的纳税期限（见表5-25）

表5-25　　　　　　　　　　自行申报纳税的纳税期限

自行申报纳税的纳税期限

纳税人情况		纳税期限	
年所得12万元以上的纳税人		年度终了后3个月内向主管税务机关办理纳税申报	
个体户	账册健全	次月15日内预缴	年度终了后3个月内汇算清缴，多退少补
	账册不健全	各地税务机关依照《征管法》及其实施细则的有关规定确定	
承包承租	年终一次取得收入	取得收入之日起30日内申报纳税	
	年内分次取得收入	取得每次所得后的15日内申报预缴	年度终了后3个月内汇算清缴，多退少补
境外所得		年度终了后30日内向中国主管税务机关申报纳税	
个人独资企业和合伙企业	按年计算分月或季预缴	每月或每季度终了后15日内预缴	年度终了后3个月内汇算清缴，多退少补
	年度中间合并、分立、终止	在停止生产经营之日起60日内，向主管税务机关办理个人所得税汇算清缴。以其实际经营期为一个纳税年度	
	年度中间开业	以其实际经营期为一个纳税年度	

二、代扣代缴（能力等级2）

1.扣缴义务人：凡支付个人应纳税所得的企业（公司）事业单位、机关、社团组织、军队、驻华机构、个体户等单位或个人，为个人所得税的扣缴义务人。

2.代扣代缴的范围包括个人所得税法中的工资薪金所得、对企事业单位承包经营承租经营所得、劳务报酬所得、稿酬所得、特许权使用费所得、利息股息红利所得、财产租赁所得、财产转让所得、偶然所得、经国务院和财政部批准征税的其他所得。

3.代扣代缴期限：扣缴义务人每月所扣的税款，应当在次月15日内缴入国库。

三、关于律师事务所从业人员有关个人所得税征税的问题（能力等级2）

1.作为律师事务所雇员的律师与律师事务所按规定的比例对收入分成，律师事务所不负担律师办理案件支出的费用（如交通费、资料费、通信费及聘请人员等费用），律师当月的分成收入按有关规定扣除办理案件支出的费用后，余额与律师事务所发给的工资合并，按"工资、薪金所得"应税项目计征个人所得税。

2.律师从其分成收入中扣除办理案件支出费用的标准，自2013年1月1日至2015年12月31日在律师当月分成收入的35%比例内确定。

3.兼职律师从律师事务所取得工资、薪金性质的所得，律师事务所在代扣代缴其个人所得税时，不再减除个人所得税法规定的费用扣除标准，以收入全额（取得分成收入的为扣除办理案件支出费用后的余额）直接确定适用税率，计算扣缴个人所得税。

4.律师以个人名义再聘请其他人员为其工作而支付的报酬，应由该律师按"劳务报酬所得"应税项目负责代扣代缴个人所得税。

四、个人财产对外转移提交税收证明或者完税证明的规定（能力等级2）

1.税务机关对申请人缴纳税款情况进行证明。

税务机关在为申请人开具税收证明时，应当按其收入或财产的不同类别、来源，由收入来源地或者财产所在地国家税务局、地方税务局分别开具。

2.申请人拟转移的财产已取得完税凭证的，可直接向外汇管理部门提供完税凭证，不需向税务机关另外申请税收证明。

申请人拟转移的财产总价值在人民币15万元以下的，可不需向税务机关申请税收证明。

【例5-31·2014年多选题】李某2014年4月拟将部分个人财产转移至境外投资，他向一会计师事务所咨询完税凭证开具事宜，下列意见中正确的有（ ）。

A.应向户籍所在地的地方税务局申请开具完税证明

B.申请人有未完税事项的，提供保证金后可开具税收证明

C.拟转移财产已取得完税凭证的，不需再向税务机关申请税收证明

D.拟转移财产总价值在人民币15万元以下的，可不需向税务机关申请税收证明

【答案】CD

【解析】选项A：税务机关在为申请人开具税收证明时，应当按其收入或财产的不同类别、来源，由收入来源地或者财产所在地国家税务局、地方税务局分别开具。选项B：申请人有未完税事项的，允许补办申报纳税后开具税收证明。

五、关于推广实施商业健康保险个人所得税政策有关征管问题

自2017年7月1日起，将商业健康保险个人所得税试点政策推广到全国范围实施，具体见表5-26。

分成收入+工资-办案支出-费用扣除标准。

个人财产对外转移提交税收证明或者完税证明的规定

4797

关于推广实施商业健康保险个人所得税政策有关征管问题

4798

表 5-26　　　　关于推广实施商业健康保险个人所得税政策有关征管问题

1.政策内容	（1）对个人购买符合规定的商业健康保险产品的支出，允许在当年（月）计算应纳税所得额时予以税前扣除，扣除限额为 2 400 元/年（200 元/月） （2）单位统一为员工购买符合规定的商业健康保险产品的支出，应分别计入员工个人工资、薪金，视同个人购买，按上述限额予以扣除 （3）2 400 元/年（200 元/月）的限额扣除为个人所得税法规定减除费用标准之外的扣除
2.适用对象	适用商业健康保险税收优惠政策的纳税人，是指： （1）取得工资、薪金所得，连续性劳务报酬所得的个人 【解释】取得连续性劳务报酬所得，是指个人连续 3 个月以上（含 3 个月）为同一单位提供劳务而取得的所得 （2）取得个体工商户的生产经营所得、对企事业单位的承包承租经营所得的个体工商户业主、个人独资企业投资者、合伙企业合伙人和承包承租经营者
3.商业健康保险产品的规范和条件	符合规定的商业健康保险产品，是指保险公司参照个人税收优惠型健康保险产品指引框架及示范条款开发的、符合下列条件的健康保险产品： （1）健康保险产品采取具有保障功能并设立有最低保证收益账户的万能险方式，包含医疗保险和个人账户积累两项责任。被保险人个人账户由其所投保的保险公司负责管理维护 （2）被保险人为 16 周岁以上、未满法定退休年龄的纳税人群。保险公司不得因被保险人既往病史拒保，并保证续保 （3）医疗保险保障责任范围包括被保险人医保所在地基本医疗保险基金支付范围内的自付费用及部分基本医疗保险基金支付范围外的费用，费用的报销范围、比例和额度由各保险公司根据具体产品特点自行确定 （4）同一款健康保险产品，可依据被保险人的不同情况，设置不同的保险金额，具体保险金额下限由保监会规定 （5）健康保险产品坚持"保本微利"原则，对医疗保险部分的简单赔付率低于规定比例的，保险公司要将实际赔付率与规定比例之间的差额部分返还到被保险人的个人账户 根据目标人群已有保障项目和保障需求的不同，符合规定的健康保险产品共有三类，分别适用于：（1）对公费医疗或基本医疗保险报销后个人负担的医疗费用有报销意愿的人群；（2）对公费医疗或基本医疗保险报销后个人负担的特定大额医疗费用有报销意愿的人群；（3）未参加公费医疗或基本医疗保险，对个人负担的医疗费用有报销意愿的人群
4.征管要求	（1）单位统一组织为员工购买或者单位和个人共同负担购买符合规定的商业健康保险产品，单位负担部分应当实名计入个人工资、薪金明细清单，视同个人购买，并自购买产品次月起，在不超过 200 元/月的标准内按月扣除。一年内保费金额超过 2 400 元的部分，不得税前扣除。以后年度续保时，按上述规定执行。个人自行退保时，应及时告知扣缴单位。个人相关退保信息保险公司应及时传递给税务机关 （2）取得工资、薪金所得或连续性劳务报酬所得的个人，自行购买符合规定的商业健康保险产品的，应当及时向代扣代缴单位提供保单凭证。扣缴单位自个人提交保单凭证的次月起，在不超过 200 元/月的标准内按月扣除。一年内保费金额超过 2 400 元的部分，不得税前扣除。以后年度续保时，按上述规定执行。个人自行退保时，应及时告知扣缴义务人 （3）个人自行购买符合规定的商业健康保险产品的，应及时向扣缴义务人提供保单凭证，扣缴义务人应当依法为其税前扣除，不得拒绝。个人从中国境内两处或者两处以上取得工资、薪金所得，且自行购买商业健康保险的，只能选择在其中一处扣除。个人未续保或退保的，应于未续保或退保当月告知扣缴义务人终止商业健康保险税前扣除 （4）个体工商户业主、企事业单位承包承租经营者、个人独资和合伙企业投资者自行购买符合条件的商业健康保险产品的，在不超过 2 400 元/年的标准内据实扣除。一年内保费金额超过 2 400 元的部分，不得税前扣除。以后年度续保时，按上述规定执行 （5）保险公司销售符合规定的商业健康保险产品，及时为购买保险的个人开具发票和保单凭证，并在保单凭证上注明税优识别码。个人购买商业健康保险未获得税优识别码的，其支出金额不得税前扣除

【提示】2018年CPA税法考试大纲明确收录了《财政部 国家税务总局 保监会关于实施商业健康保险个人所得税政策试点的通知》（财税〔2015〕126号），但是2018年CPA税法教材并未收录此文件内容，在此特别进行补充。

简单了解即可，不需要特别掌握。

智能测评

扫码听分享	做题看反馈
4799	3150
亲爱的同学，本章是税法考试的三大重点章之一。个人所得税要记的税率不多，一些难记的税率考试一般会给出，最大的难点在"应纳税额计算中的特殊问题"这一节中提到的37个方面。建议学习中先看懂规定，再结合做题熟悉计算方法，最后再梳理出计算心得。 　　扫一扫二维码，来听学习导师的分享吧！	学完马上测！ 　　请扫描上方的二维码进入本章测试，检测一下自己学习的效果如何。做完题目，还可以查看自己的个性化测试反馈报告。这样，在以后复习的时候就更有针对性、效率更高啦！

第六章　城市维护建设税法和烟叶税法

本章属于相对简单的章节，但是十分容易疏忽遗漏。多在客观题中考查，主观题也会涉及。其实是易于得分的，大家加深印象进行掌握，不要在考试中犯低级错误。

本章考情概述

　　城市维护建设税和教育费附加属于流转税的附加税（费）种，独立性不强，计税依据清晰，考点明确，属于CPA税法的非重点章节。

　　本章内容包括：城市维护建设税、烟叶税、教育费附加和地方教育费附加。

　　从历年的试题来看，本章平均分值在2～3分，在客观题中主要考查城市维护建设税和教育费附加的计税依据和烟叶税的基本概念性知识点，在主观题中城市维护建设税和教育费附加在增值税和消费税的考题中附带考查，关注适用税率的选择即可。

第一节　城市维护建设税法

一、纳税义务人与征税范围（能力等级1）

　　城市维护建设税是对从事经营活动，缴纳增值税、消费税的单位和个人征收的一种附加税。　*只要缴纳增值税、消费税，就要交城建税。*

二、税率（能力等级2）

（一）一般情况（如图6-1所示）

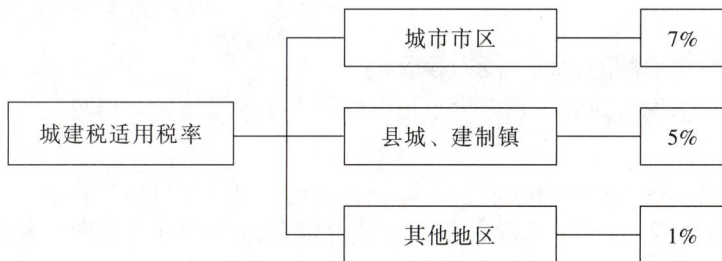

针对企业所在地不同，适用税率也是不一样的，需要了解。

图6-1　一般情况下城建税适用税率

（二）特殊情况

　　1.撤县建市后，城市维护建设税适用税率为7%；　*作为城市市区，按7%缴纳。*

　　2.开采海洋石油资源的中外合作油（气）田所在地在海上，其城市维护建设税适用1%的税率；

　　3.由受托方代扣代缴、代收代缴"两税"的单位和个人，其代扣代缴、代收代缴的城建税按受托方所在地适用税率执行；　*委托加工的加工所在地。*

　　4.流动经营等无固定纳税地点的单位和个人，在经营地缴纳"两税"的，其城建税的缴纳按经营地适用税率执行；　*销售地或劳务发生地。*

　　5.铁道部（现为中国铁路总公司）税率统一为5%。

三、计税依据（能力等级2）　*高频考点，需要熟练掌握。*

注意是实际缴纳税额，而不是应纳税额。

　　1.城建税的计税依据，是指纳税人实际缴纳的"两税"税额。

　　2.纳税人违反"两税"有关税法而加收的滞纳金和罚款，是税务机关对纳税人违法行为的经济制裁，不作为城建税的计税依据，但纳税人在被查补"两税"和被处以罚款时，应同时对其偷漏的城建税进行补税、征收滞纳金和罚款。　*滞纳金和罚款不计算城建税。*

3.城建税以"两税"税额为计税依据并同时征收，如果要免征或者减征"两税"，也就要同时免征或者减征城建税。 *退税退的是进项，而不是实际缴纳税额，所以对已缴纳的城建税不予退还。*

4.对出口产品退还增值税、消费税的，不退还已缴纳的城建税。

5.自2005年1月1日起，经国家税务总局正式审核批准的当期免抵的增值税税额应纳入城市维护建设税和教育费附加的计征范围，分别按规定的税（费）率征收城市维护建设税和教育费附加。

【总结】城建税、教育费附加：进口不征、出口不退、免抵要缴。

进项不是实纳税额。   视同实际缴纳。

【例6-1·2012年多选题】下列各项中，应作为城市维护建设税计税依据的有（   ）。

A.纳税人被查补的"两税"税额

B.纳税人应缴纳的"两税"税额

C.经税务局审批的当期免抵增值税税额

D.缴纳的进口产品增值税税额和消费税税额

【答案】AC

【解析】城市维护建设税的计税依据是纳税人实际缴纳的"两税"税额，所以选项A正确，选项B错误；经国家税务总局正式审核批准的当期免抵的增值税税额应纳入城市维护建设税的计征范围，按规定的税率征收城市维护建设税，所以选项C正确；城市维护建设税有"进口不征、出口不退"的特点，所以选项D错误。

四、应纳税额的计算（能力等级2）

城建税纳税人的应纳税额大小是由纳税人实际缴纳的"两税"税额决定的，其计算公式为：

应纳税额 = 纳税人实际缴纳的增值税、消费税税额之和×适用税率

【例6-2·2009年单选题】位于市区的某企业2009年3月份共缴纳增值税、消费税和关税562万元，其中关税102万元，进口环节缴纳的增值税和消费税260万元。该企业3月份应缴纳的城市维护建设税为（   ）。

A.14万元　　　　B.18.2万元　　　　C.32.2万元　　　　D.39.34万元

【答案】A

【解析】该企业应缴纳的城建税＝（562-102-260）×7%=14（万元）。

【例6-3·2009年单选题】位于市区的某生产企业为增值税一般纳税人，自营出口自产货物。2018年4月应纳增值税为-320万元，出口货物"免抵退"税额为380万元；本月税务检查时发现，2017年销售货物收入未入账，被查补增值税5万元，并处以滞纳金和罚款，2018年4月该企业应纳城市维护建设税（   ）万元。

A.0　　　　　　B.4.55　　　　　　C.22.40　　　　　　D.26.95

【答案】B

【解析】该企业应纳增值税-320万元，免抵退税的限额为380万元，则应退320万元，差额60万元为免抵税额。该企业位于市区，城建税适用税率为7%，则当期应纳城建税额＝（60+5）×7%=4.55（万元）。

五、税收优惠（能力等级1） *客观题可能会涉及，需要熟悉税收减免的几种情形。*

税收优惠

城建税原则上不单独减免，但因城建税具附加税性质，当主税发生减免时，城建税相应发生税收减免。城建税的税收减免具体有以下几种情况：

1.城建税按减免后实际缴纳的"两税"税额计征，即随"两税"的减免而减免。

2.对于因减免税而需进行"两税"退库的，城建税也可同时退库。

3.海关对进口产品代征的增值税、消费税，不征收城建税。

4.对"两税"实行先征后返、先征后退、即征即退办法的，除另有规定外，对随"两税"附征的城市维护建设税和教育费附加，一律不退（返）还。

5.对国家重大水利工程建设基金免征城市维护建设税。

【例6-4·2011年多选题】下列各项中，符合城市维护建设税征收管理规定的有（　　）。

A.海关对进口产品代征增值税时，应同时代征城市维护建设税

B.对增值税实行先征后返的，应同时返还附征的城市维护建设税

C.对出口产品退还增值税的，不退还已经缴纳的城市维护建设税

D.纳税人延迟缴纳增值税而加收的滞纳金，不作为城市维护建设税的计税依据

【答案】CD

六、纳税环节（能力等级1）

城建税的纳税环节，是指《城市维护建设税暂行条例》规定的纳税人应当缴纳城建税的环节。城建税的纳税环节，实际就是纳税人缴纳"两税"的环节。

七、纳税地点（能力等级1）（见表6-1）　*注意客观题。*

纳税地点

表6-1　　　　　　　　　　　城建税纳税地点

一般情况	纳税人缴纳"两税"的地点，就是该纳税人缴纳城建税的地点
特殊情况	1.代扣代缴、代收代缴"两税"的单位和个人，同时也是城市维护建设税的代扣代缴、代收代缴义务人，其城建税的纳税地点在代扣代收地 2.跨省开采的油田，下属生产单位与核算单位不在一个省内的，其生产的原油，在油井所在地缴纳增值税，其应纳税款由核算单位按照各油井的产量和规定税率，计算汇拨各油井缴纳。所以，各油井应纳的城建税，应由核算单位计算，随同增值税一并汇拨油井所在地，由油井在缴纳增值税的同时，一并缴纳城建税 3.纳税人跨地区提供建筑服务、销售和出租不动产的，应在建筑服务发生地、不动产所在地预缴增值税时，以预缴增值税税额为计税依据，并按预缴增值税所在地的城市维护建设税适用税率和教育费附加征收率就地计算缴纳城市维护建设税和教育费附加　*预缴增值税所在地为城建税申报地。* 　　预缴增值税的纳税人在其机构所在地申报缴纳增值税时，以其实际缴纳的增值税税额为计税依据，并按机构所在地的城市维护建设税适用税率和教育费附加就地计算 4.对流动经营等无固定纳税地点的单位和个人，应随同"两税"在经营地按适用税率缴纳

八、纳税期限（能力等级1）

由于城建税是由纳税人在缴纳"两税"时同时缴纳的，所以其纳税期限分别与"两税"的纳税期限一致。

第二节 烟叶税法

非考核重点，注意客观题即可。

烟叶税是以纳税人收购烟叶的收购金额为计税依据征收的一种税（见表6-2）。

表6-2 烟叶税法

纳税义务人	在中华人民共和国境内收购烟叶的单位
征税范围	晾晒烟叶、烤烟叶
计税依据	收购烟叶实际支付的价款总额
税率	20%
计算公式	应纳税额＝收购烟叶实际支付的价款总额×20%
纳税义务发生时间	纳税人收购烟叶的当天
纳税期限	自纳税义务发生之日起30日内
纳税地点	烟叶收购地
征管机关	烟叶收购地的县级地方税务局

需要熟悉烟叶税的征税范围，其他类型的烟叶不征烟叶税。

收购金额包括烟叶收购价款和价外补贴，简单记忆公式即可：收购金额＝收购价款×（1+10%）

烟叶税的计算

附加费的计算

与城建税计税依据、缴纳时间相同。

【提示】《中华人民共和国烟叶税法》自2018年7月1日起实施，2018年CPA税法教材在对烟叶税法的部分并未作出修订。但是教材增值税一章中关于烟叶进项税额的计算抵扣则按照新政进行了修订，故此处知识点按照新政来进行介绍和学习。

第三节 教育费附加和地方教育费附加

非考核重点，可与城建税一同记忆。

一、教育费附加和地方教育费附加的征收范围及计征依据（能力等级1）

教育费附加和地方教育费附加是对缴纳增值税、消费税的单位和个人，就其实际缴纳的税额为计算依据征收的一种附加费。

教育费附加和地方教育费附加对缴纳增值税、消费税的单位和个人征收，以其实际缴纳的增值税、消费税为计征依据，分别与增值税、消费税同时缴纳。

二、教育费附加和地方教育费附加计征比率（能力等级1）

现行教育费附加征收比率为3%，地方教育费附加征收率统一为2%。

三、教育费附加和地方教育费的计算（能力等级1）

应纳教育费附加或地方教育费附加＝实际缴纳的增值税、消费税税额之和×征收比率

四、教育费附加和地方教育费附加的减免规定（能力等级1）

1.对海关进口的产品征收的增值税、消费税，不征收教育费附加。

2.对由于减免增值税和消费税而发生退税的，可同时退还已征收的教育费附加。但对出口产品退还增值税、消费税的，不退还已征的教育费附加。

3.对国家重大水利工程建设基金，免征教育费附加。

需要了解附加费的三类减免规定，总结为"进口不征、出口不退、免抵要交"。

【例6-5·2012年单选题】位于市区的某公司2011年12月应缴纳增值税170万元，实际缴纳增值税210万元（包括缴纳以前年度欠缴的增值税40万元）。当月因享受增值税先征后退政策，获得增值税退税60万元。则该公司当月应缴纳的城市维护建设税和教育费附加合计为（　　）。

A.15万元　　　　B.17万元　　　　C.21万元　　　　D.53万元

【答案】C

【解析】对纳税人被查补的两税，应同时对其偷漏的城市维护建设税和教育费附加补征。该公司当月应缴纳的城市维护建设税和教育费附加合计=210×（7%+3%）=21（万元）。

智能测评

扫码听分享	做题看反馈
虽然本章是非重点章，但同学们几个关键税率要牢记，要知道退、免、不征的相关规定，考试中会在主观题中附带考，如果遗漏可真是"牵一发动全身"，直接影响全部答案的准确性。 　　扫一扫二维码，来听学习导师的分享吧。	学完马上测！ 　　请扫描上方的二维码进入本章测试，检测一下自己学习的效果如何。做完题目，还可以查看自己的个性化测试反馈报告。这样，在以后复习的时候就更有针对性、效率更高啦！

第六章

第七章　关税法和船舶吨税法

由于中美贸易摩擦，关税预计会在2018年考试中，扮演一个比较重要的角色。

本章考情概述

本章为非CPA税法非重点重点章节，难度不大，考试分值也不高，但是涉及到进口环节关税完税价格的考点与进口环节增值税和消费税关联度较大。由于关税并不适用《税收征管法》，其中涉及到的关税溢征、追征和补征，需要与《税收征管法》的部分进行比较区别。

本章内容包括：关税的征税对象与纳税义务人、关税进出口税则、关税完税价格与应纳税额的计算、关税减免规定、关税征收管理、船舶吨税。

从历年的试题来看，本章平均分值在3分左右，在考查的知识点中，考生需要重点关注关税的税率运用，完税价格的构成，关税的税收优惠及关税的溢征、追征和补征，进口环节增值税和消费税的计算，会附带考查关税完税价格的构成。

第一节　关税的征税对象与纳税义务人

一、征税对象（能力等级1）

关税是海关依法对进出境货物、物品征收的一种税。

关税的征税对象是准许进出境的货物和物品。货物是指贸易性商品；物品是指入境旅客随身携带的行李物品、个人邮递物品、各种运输工具上的服务人员携带进口的自用物品、馈赠物品以及其他方式进境的个人物品。

二、纳税义务人（能力等级1）

进口货物的收货人、出口货物的发货人、进出境物品的所有人，是关税的纳税义务人。

1. 对于携带进境的物品，推定其携带人为所有人；　*注意选择题。*

2. 对分离运输的行李，推定相应的进出境旅客为所有人；

3. 对以邮递方式进境的物品，推定其收件人为所有人；

4. 以邮递或其他运输方式出境的物品，推定其寄件人或托运人为所有人。

熟悉"推定人"的判断，对纳税义务人的判断，不能只从表明上去理解，需要更细化的理解，比如邮递方式等特殊纳税义务人。

第二节　关税进出口税则

一、进出口税则及税则归类（能力等级1）

进出口税则是一国政府根据国家关税政策和经济政策，通过一定的立法程序制定公布实施的进出口货物和物品应税的关税税率表。

税则归类，就是按照税则的规定，将每项具体进出口商品按其特性在税则中找出其最适合的某一个税号，以便确定其适用的税率，计算关税税负。税则归类一般按以下步骤进行：

1. 了解需要归类的具体进出口商品的构成、材料属性、成分组成、特性、用途和功能。

2. 查找有关商品在税则中拟归的类、章及税号。对于原材料性质的货品，应首先考虑按其属性归类；对于制成品，应首先考虑按其用途归类。

3.将考虑采用的有关类、章及税号进行比较，筛选出最为合适的税号。

4.通过以上方法也难以确定的税则归类商品，可运用归类总规则的有关条款来确定其税号。如进口地海关无法解决的税则归类问题，<u>应报海关总署明确</u>。

二、税率（能力等级2）

（一）进口关税税率　*注意客观题。*

1.税率设置与适用　*注意区分进口关税税率的种类。*

在我国加入WTO之后，为履行我国在加入WTO关税减让谈判中承诺的有关义务，享有WTO成员应有的权利，自2002年1月1日起，我国进口税则设有<u>最惠国税率、协定税率、特惠税率、普通税率、关税配额税率</u>等税率。对进口货物在一定期限内可以实行暂定税率。

（1）最惠国税率适用于原产于与我国共同适用最惠国待遇条款的WTO成员或地区的进口货物，或原产于与我国签订有相互给予最惠国待遇条款的双边贸易协定的国家或地区进口的货物，以及原产于我国境内的进口货物；

（2）协定税率适用于原产于我国参加的含有关税优惠条款的区域性贸易协定有关缔约方的进口货物；

（3）特惠税率适用于原产于与我国签订有特殊优惠关税协定的国家或地区的进口货物；

（4）普通税率适用于原产于上述国家或地区以外的其他国家或地区的进口货物；

（5）按照普通税率征税的进口货物，<u>经国务院关税税则委员会</u>特别批准，可以适用最惠国税率；　*注意批准部门。*

（6）适用最惠国税率、协定税率、特惠税率的国家或者地区名单，由国务院关税税则委员会决定，报<u>国务院</u>批准后执行。　*了解关税税率的运用，尤其是滑准税需要重点关注。*

2.税率种类（见表7-1）

表7-1　　　　　　　　　　　　　　税率种类　　　　　　　　　　　　　　　*税率种类*

种类	解释
从价税	以进口货物的完税价格作为计税依据，以应征税额占货物完税价格的百分比作为税率
从量税	是以进口商品的重量、长度、容量、面积等计量单位为计税依据
复合税	是对某种进口商品同时使用从价和从量计征的一种计征关税的方法
选择税	是对一种进口商品同时定有从价税和从量税两种税率，但征税时选择其税额较高的一种征收
滑准税	是一种关税税率随进门商品价格由高到低而由低到高设置计征关税的方法

【例7-1·2009年单选题】关税税率随进口商品价格由高到低而由低到高设置，这种计征关税的方法称为（　　　）。

A.从价税　　　　　B.从量税　　　　　C.复合税　　　　　D.滑准税

【答案】D

3.暂定税率与关税配额税率

根据经济发展需要，国家对部分进口原材料、零部件、农药原药和中间体、乐器及生产设备实行暂定税率。暂定税率优先适用于优惠税率或最惠国税率，按普通税率征税的进口货物不适用暂定税率。

同时，对部分进口农产品和化肥产品实行关税配额，即一定数量内的上述进口商品适用税率较低的配额内税率，超出该数量的进口商品适用税率较高的配额外税率。

（二）出口关税税率

我国出口税则为一栏税率，即出口税率。国家仅对少数资源性产品及易于竞相杀价、盲目进口、需要规范出口秩序的半制成品征收出口关税。

（三）特别关税

特别关税包括报复性关税、反倾销税与反补贴税、保障性关税。征收特别关税的货物、适用国别、税率、期限和征收办法，由国务院关税税则委员会决定，海关总署负责实施。

【例7-2·多选题】以下关于关税税率的表述错误的有（   ）。

A.进口税率的选择适用是根据货物的不同启运地而确定的

B.适用最惠国税率、协定税率、特惠税率的国家或地区的名单，由国务院税则委员会决定

C.我国进口商品绝大部分采用从价定率的征税方法

D.原产地不明的货物不予征税

【答案】AD

【例7-3·2016年单选题】下列机构中，有权决定税收特别关税的货物、适用国别、税率、期限的征税办法的是（   ）。

A.财政部   B.海关总署

C.国务院关税税则委员会   D.商务部

【答案】C

【解析】特别关税包括报复性关税、反倾销税与反补贴税、保障性关税。征收特别关税的货物、适用国别、税率、期限和征收办法，由国务院关税税则委员会决定，海关总署负责实施。*（注意客观题）关于税率的运用，由于教材是按最新规定编写的，此处又是以前历年的题写，考生须予以掌握。*

（四）税率的运用

1.进出口货物，应当适用海关接受该货物申报进口或者出口之日实施的税率。

2.进口货物到达前，经海关核准先行申报的，应当适用装载该货物的运输工具申报进境之日实施的税率。

3.进口转关运输货物，应当适用指运地海关接受该货物申报进口之日实施的税率；货物运抵指运地前，经海关核准先行申报的，应当适用装载该货物的运输工具抵达指运地之日实施的税率。

4.出口转关运输货物，应当适用启运地海关接受该货物申报出口之日实施的税率。

5.经海关批准，实行集中申报的进出口货物，应当适用每次货物进出口时海关接受该货物申报之日实施的税率。

6.因超过规定期限未申报而由海关依法变卖的进口货物，其税款计征应当适用装载该货物的运输工具申报进境之日实施的税率。

7.因纳税义务人违反规定需要追征税款的进出口货物，应当适用违反规定的行为发生之日实施的税率；行为发生之日不能确定的，适用海关发现该行为之日实施的税率。

8.已申报进境并放行的保税货物、减免税货物、租赁货物或者已申报进出境并

放行的暂时进出境货物，有下列情形之一需缴纳税款的，应当适用海关接受纳税义务人再次填写报关单申报办理纳税及有关手续之日实施的税率：

（1）保税货物经批准不复运出境的；

（2）保税仓储货物转入国内市场销售的；

（3）减免税货物经批准转让或者移作他用的；

（4）可暂不缴纳税款的暂时进出境货物，经批准不复运出境或者进境的；

（5）租赁进口货物，分期缴纳税款的。

9.补征或者退还进出口货物税款，应当按照上述规定确定适用的税率。

【提示】关税税率的运用是每年必考考点，考生务必对此知识点熟练掌握。

第三节　关税完税价格与应纳税额的计算

一、原产地规定（能力等级1）（见表7-2）

理解原产地规定，把握"全部产地生产标准"以及"实质加工标准"。　原产地规定

确定进境货物原产地的主要原因之一，是便于正确运用进口税则的各栏税率，对产自不同国家或地区的进口货物适用不同的关税税率。我国原产地规定基本上采用了"全部产地生产标准""实质性加工标准"两种国际上通用的原产地标准。

表7-2　　　　　　　　　原产地规定（能力等级1）

全部产地生产标准	全部产地生产标准是指进口货物"完全在一个国家内生产或制造"，生产或制造国（地）即为该货物的原产国。完全在一国（地）生产或制造的进口货物包括： （1）在该国（地）领土或领海内开采的矿产品 （2）在该国（地）领土上收获或采集的植物产品 （3）在该国（地）领土上出生或由该国饲养的活动物及从其所得产品 （4）在该国（地）领土上狩猎或捕捞所得的产品 （5）在该国（地）的船只上卸下的海洋捕捞物，以及由该国船只在海上取得的其他产品 （6）在该国（地）加工船加工上述第（5）项所列物品所得的产品 （7）在该国（地）收集的只适用于作再加工制造的废碎料和废旧物品 （8）在该国（地）完全使用上述（1）～（7）项所列产品加工成的制成品
实质性加工标准	（1）实质性加工标准是适用于确定有两个或两个以上国家（地区）参与生产的产品的原产国（地）的标准，其基本含义是：经过几个国家（地区）加工、制造的进口货物，以最后一个对货物进行经济上可以视为实质性加工的国家（地区）作为有关货物的原产国（地区） （2）"实质性加工"是指产品加工后，在进出口税则中四位数税号一级的税则归类已经有了改变，或者加工增值部分所占新产品总值的比重已超过30%及以上

【例7-4·2012年多选题】下列有关进口货物原产地的确定，符合我国关税相关规定的有（　　　）。

A.从俄罗斯船只上卸下的海洋捕捞物，其原产地为俄罗斯

B.在澳大利亚开采并经新西兰转运的铁矿石，其原产地为澳大利亚

C.由台湾提供棉纱，在越南加工成衣，经澳门包装转运的西服，其原产地为越南

D.在南非开采并经香港加工的钻石，加工增值部分占该钻石总值比重为20%，其原产地为香港

【答案】ABC

【解析】我国原产地规定基本上采用了"全部产地生产标准"和"实质性加工标准"两种国际上通用的原产地标准。选项A、B符合全部产地生产标准，选项C

符合实质性加工标准，选项D不符合实质性加工标准，应适用全部产地生产标准，原产地属于南非。

二、关税的完税价格（能力等级3） （非常重要）

（一）一般进口货物的完税价格（如图7-1所示）

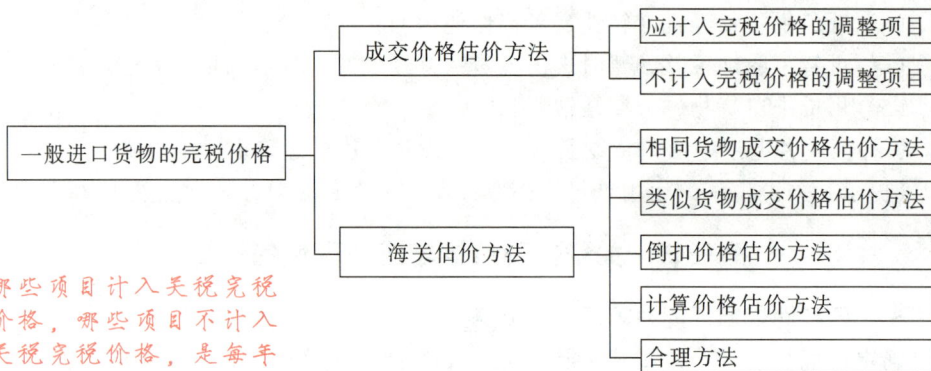

关税的完税价格

图7-1 一般进口货物的完税价格

哪些项目计入关税完税价格，哪些项目不计入关税完税价格，是每年几乎必考的考点。

1.成交价格估价方法（见表7-3）

进口货物的成交价格，是指卖方向中华人民共和国境内销售该货物时买方为进口该货物向卖方实付、应付的，并且按照相关规定调整后的价款总额，包括直接支付的价款和间接支付的价款。

表7-3　　　　　　　　　　　成交价格估价方法

进口货物的成交价格应当符合的条件	（1）对买方处置或者使用进口货物不予限制，但是法律、行政法规规定实施的限制、对货物销售地域的限制和对货物价格无实质性影响的限制除外
	（2）进口货物的价格不得受到使该货物成交价格无法确定的条件或者因素的影响
	（3）卖方不得直接或者间接获得因买方销售、处置或者使用进口货物而产生的任何收益，或者虽然有收益但是能够按照规定做出调整
	（4）买卖双方之间没有特殊关系，或者虽然有特殊关系但是按照规定未对成交价格产生影响
	①有下列情形之一的，应当认为买卖双方存在特殊关系：
	（a）买卖双方为同一家族成员的
	（b）买卖双方互为商业上的高级职员或者董事的
	（c）一方直接或者间接地受另一方控制的
	（d）买卖双方都直接或者间接地受第三方控制的
	（e）买卖双方共同直接或者间接地控制第三方的
	（f）一方直接或者间接地拥有、控制或者持有对方5%以上（含5%）公开发行的有表决权的股票或者股份的
	（g）一方是另一方的雇员、高级职员或者董事的
	（h）买卖双方是同一合伙的成员的
	【提示】买卖双方在经营上相互有联系，一方是另一方的独家代理、独家经销或者独家受让人，如果符合前款的规定，也应当视为存在特殊关系
	②买卖双方之间存在特殊关系，但是纳税义务人能证明其成交价格与同时或者大约同时发生的下列任何一款价格相近的，应当视为特殊关系未对进口货物的成交价格产生影响：
	（a）向境内无特殊关系的买方出售的相同或者类似进口货物的成交价格
	（b）按照本办法第二十三条的规定所确定的相同或者类似进口货物的完税价格
	（c）按照本办法第二十五条的规定所确定的相同或者类似进口货物的完税价格

特殊关系可能造成成交价格不合理。

续表

应计入完税价格的调整项目	（1）货物的货价、货物运抵我国境内输入地点起卸前的运输及其相关费用、保险费
	（2）由买方负担的除购货佣金以外的佣金和经纪费
	【解释】"购货佣金"是指买方购买进口货物向自己的采购代理人支付的劳务费用。"经纪费"是指买方为购买货物向代表买卖双方利益的经纪人支付的劳务费用
	（3）由买方负担的与该货物视为一体的容器费用
	（4）由买方负担的包装材料和包装劳务费用
	（5）与该货物的生产和向我国境内销售有关的，由买方以免费或者低于成本的方式提供并可以按适当比例分摊的料件、工具、模具、消耗材料及类似货物的价款，以及在境外开发、设计等相关服务的费用
	（6）与该货物有关并作为卖方向我国销售该货物的一项条件，应当由买方直接或间接支付的特许权使用费
	（7）卖方直接或间接从买方对该货物进口后转售、处置或使用所得中获得的收益
不计入完税价格的调整项目	（1）买方为购买进口货物向自己代购代理人支付的购货佣金
	（2）厂房、机械、设备等货物进口后的基建、安装、装配、维修和技术服务的费用
	（3）货物运抵境内输入地点之后的运输费用、保险费和其他相关费用
	（4）进口关税及其他国内税收
	（5）为在境内复制进口货物而支付的费用
	（6）境内外技术培训及境外考察费用
	（7）符合下列条件的利息费用不计入完税价格： ①利息费用是买方为购买进口货物而融资所产生的 ②有书面的融资协议的 ③利息费用单独列明的 ④纳税义务人可以证明有关利率不高于在融资当时当地此类交易通常应当具有的利率水平，且没有融资安排的相同或者类似进口货物的价格与进口货物的实付、应付价格非常接近的

【提示】进口货物的成交价格应当符合的条件是今年教材新修订的内容，考生需要重点关注。

【例7-5·2008年多选题】下列未包含在进口货物价格中的项目，应计入关税完税价格的有（　　）。

A.由买方负担的购货佣金

B.由买方负担的包装材料和包装劳务费

C.由买方支付的进口货物在境内的复制权费

D.由买方负担的与该货物视为一体的容器费用

【答案】BD

【例7-6·单选题】某贸易公司2017年4月进口一批货物，买卖双方合同中规定货物成交价格为500万元，货物报关前发生的运费和保险费共7万元，货物进口后发生安装费10万元，技术培训费2万元，购货佣金3万元，以上金额均为人民币。该货物的关税完税价格为（　　）万元。

A.510　　　　　　B.519　　　　　　C.507　　　　　　D.522

【答案】C

【解析】进口货物的完税价格包括货物的货价、货物运抵我国境内输入地点起卸前的运输及其相关费用、保险费。不包括：（1）买方为购买进口货物向自己代购代理人支付的购货佣金。（2）厂房、机械、设备等货物进口后的基建、安装、装配、维修和技术服务的费用。（3）货物运抵境内输入地点之后的运输费用、保险费和其他相关费用。（4）进口关税及其他国内税收。（5）为在境内复制进口货物而支付的费用。（6）境内外技术培训及境外考察费用。所以该货物的关税完税价格=500+7=507（万元）。

2.进口货物海关估价方法（见表7-4）

表7-4   进口货物海关估价方法

进口货物海关估价方法，算是一个比较冷门的考点，曾经有1年，在倒扣价格法出过多选题，学习过程中需要额外注意。

相同或类似货物成交价格法	相同或类似货物成交价格方法，即以与被估的进口货物同时或大约同时（在海关接受申报进口之日的前后各45天以内）进口的相同或类似货物的成交价格为基础，估定完税价格
倒扣价格方法	（1）倒扣价格方法是以被估的进口货物、相同或类似进口货物作境内销售的价格为基础估定完税价格。按该价格销售的货物应当同时符合五个条件，即在被估货物进口时或大约同时销售；按照进口时的状态销售；在境内第一环节销售；合计的货物销售总量很大；向境内无特殊关系方销售 （2）以该方法估定完税价格时，下列各项应当扣除： ①货物的同等级或同种类货物，在境内销售时的利润和一般货物及通常支付的佣金 ②货物运抵境内输入地点之后的运费、保险费、装卸费及其他相关费用 ③进口关税、进口环节税和其他与进口或销售上述货物相关的国内税
计算价格方法	计算价格方法即按下列各项的总和计算出的价格估定完税价格。有关项为： ①生产该货物所使用的原材料价格和进行装配或其他相关的费用 ②与向境内出口销售同等级或同种类货物的利润、一般费用相符的利润和一般费用 ③货物运抵境内输入地点起卸前的运输及相关费用、保险费
合理方法	使用其他合理方法时，应当根据《完税价格办法》现定的估价原则，以在境内获得的数据资料为基础估定完税价格。但不得使用以下价格： ①境内生产的货物在境内的销售价格 ②可供选择的价格中较高的价格 ③货物在出口地市场的销售价格 ④以计算价格方法规定的有关各项之外的价值或费用计算的价格 ⑤出口到第三国或地区的货物的销售价格 ⑥最低限价或武断虚构的价格

（二）进口货物完税价格中的运费及相关费用、保险费的计算

进口货物完税价格中的运费及相关费用、保险费的计算

关于关税完税价格中，运费以及保费的计算，是每年几乎必考的考点，且具有极强的关联性，在这块计算务必要做对，否则会导致后面一连串的错误。

1.进口货物的运输及其相关费用，应当按照由买方实际支付或者应当支付的费用计算。如果进口货物的运输及其相关费用无法确定，海关应当按照该货物进口同期的正常运输成本审查确定。

2.运输工具作为进口货物，利用自身动力进境的，海关在审查确定完税价格时，不再另行计入运输及其相关费用。

3.进口货物的保险费，应当按照实际支付的费用计算。如果进口货物的保险费无法确定或者未实际发生，海关应当按照"货价加运费"两者总额的3‰计算保险费，其计算公式如下：（主观题中经常涉及，注意计算比例）

保险费=（货价+运费）×3‰

4.邮运进口的货物，应当以邮费作为运输及其相关费用、保险费。

【例7-7·单选题】某企业海运进口一批货物，海关审定货价折合人民币5000万元，运费折合人民币20万元，保险费无法查明，该批货物进口关税税率为5%，则应纳关税（　　）万元。

A.250　　　　　　B.251　　　　　　C.251.75　　　　　　D.260

【答案】C

【解析】按照海关有关法规规定，进口货物保险费无法确定或未实际发生，按"货价加运费"两者总额的3‰计算保险费。完税价格=（5 000+20）×（1+3‰）=5 035.06（万元）；关税=5 035.06×5%=251.75（万元）。

（三）出口货物的完税价格

1.出口货物的完税价格，由海关以该货物向境外销售的成交价格为基础审查确定，并应包括货物运至我国境内输出地点装载前的运输及其相关费用、保险费，但其中包含的出口关税税额，应当扣除。

2.出口货物的成交价格，是指该货物出口销售到我国境外时买方向卖方实付或应付的价格。出口货物的成交价格中含有支付给境外的佣金的，如果单独列明，应当扣除。

$$出口货物完税价格 = \frac{FOB价 - 单独列明的支付给境外的佣金}{1 + 出口税率}$$

（出口货物关税完税价格，是一个不太常考的知识点，同学们对比进口货物的关税完税价格理解即可。）

3.出口货物的成交价格不能确定时，完税价格由海关依次使用下列方法估定：

（1）同时或大约同时向同一国家或地区出口的相同货物的成交价格；

（2）同时或大约同时向同一国家或地区出口的类似货物的成交价格；

（3）根据境内生产相同或类似货物的成本、利润和一般费用、境内发生的运输及其相关费用、保险费计算所得的价格；

（4）按照合理方法估定的价格。

【例7-8·2010年单选题】下列各项中，应计入出口货物完税价格的是（　　）。

A.出口关税税额

B.单独列明的支付给境外的佣金

C.货物在我国境内输出地点装载后的运输费用

D.货物运至我国境内输出地点装载前的保险费

【答案】D

三、应纳税额的计算（能力等级3）

（关税的计算，是几乎每年必考的一个知识点，重点掌握从价计征的应纳税额的计算。）

（一）从价税应纳税额的计算

关税税额 = 应税进(出)口货物数量 × 单位完税价格 × 税率

（二）从量税应纳税额的计算

关税税额 = 应税进(出)口货物数量 × 单位货物税额

（应纳税额的计算）

（三）复合税应纳税额的计算

关税税额=应税进（出）口货物数量×单位完税价格×税率+应税进（出）口货物数量×单位货物税额

（四）滑准税应纳税额的计算

关税税额 = 应税进(出)口货物数量×单位完税价格×滑准说税率

四、跨境电子商务零售进口税收政策（能力等级1）（见表7-5）

跨境电子商务
零售进口
税收政策

跨境电子商务零售进口政策，同学们须把握几个数字，数额单次没到2000，增值税、消费税按70%征收，关税税率为0。超过2000，按全额征收关税以及增值税和消费税。

表7-5　　　　　　　　　　　**跨境电子商务零售进口税收政策**

跨境电商零售的纳税人、扣缴义务人	（1）跨境电子商务零售进口商品按照货物征收关税和进口环节增值税、消费税，购买跨境电子商务零售进口商品的个人作为纳税义务人 （2）电子商务企业、电子商务交易平台企业或物流企业可作为代收代缴义务人
完税价格	实际交易价格（包括货物零售价格、运费和保险费）作为完税价格 【提示】这里的实际交易价格要达到海关认可的价格水平，特别优惠价格不能作为完税价格。海关总署在发文明确交易价格规定时建议，从事跨境电商的各企业可根据政策分析并结合自身经营情况、经营模式对跨境商品价格进行适时、适当调整。从法理角度来讲，增值税是价外税，作为完税价格的零售价格应该是不含增值税但含关税、消费税的价格，但是由于跨境电商零售进口监管措施调整的过渡期延长至2017年12月31日，现实中跨境电商的货物零售报价比较复杂，有完全不含进口税、含全部进口税、不含进口增值税三种情形，如果报价是完全不含进口税的价格，就需要组价计算完税价格；如果报价是不含增值税的零售价，即是已经组好的完税价格了，就不需要再组价计算了
适用范围	跨境电子商务零售进口税收政策适用于从其他国家或地区进口的、《跨境电子商务零售进口商品清单》范围内的以下商品： （1）所有通过与海关联网的电子商务交易平台交易，能够实现交易、支付、物流电子信息"三单"比对的跨境电子商务零售进口商品 （2）未通过与海关联网的电子商务交易平台交易，但快递、邮政企业能够统一提供交易、支付、物流等电子信息，并承诺承担相应法律责任进境的跨境电子商务零售进口商品 【提示】不属于跨境电子商务零售进口的个人物品以及无法提供交易、支付、物流等电子信息的跨境电子商务零售进口商品，按现行规定执行
计征限额	（1）跨境电子商务零售进口商品的单次交易限值为人民币2 000元，个人年度交易限值为人民币20 000元 （2）在限值以内进口的跨境电子商务零售进口商品，关税税率暂设为0%；进口环节增值税、消费税取消免征税额，暂按法定应纳税额的70%征收 （3）超过单次限值、累加后超过个人年度限值的单次交易，以及完税价格超过2 000元限值的单个不可分割商品，均按照一般贸易方式全额征税
计征规定	（1）境电子商务零售进口商品自海关放行之日起30日内退货的，可申请退税，并相应调整个人年度交易总额 （2）跨境电子商务零售进口商品购买人（订购人）的身份信息应进行认证；未进行认证的，购买人（订购人）身份信息应与付款人一致

【案例7-1】2017年"双十一"，国内某跨境电商交易平台接受了中国公民赵女士的一笔订单，订单内容和不含税实际交易价格（包括不含国内税货物零售价、运保费）见表7-6：

表7-6　　　　　　案例订单内容和不含税实际交易价格

商品名称	不含国内税实际交易价格（人民币）
电饭煲1个	600元
高档化妆品1套	850元
高档手提包1只	9 000元

假定上述商品进口关税税率均为10%，消费税税率为15%，则该电商交易平台应扣缴赵女士的税款为：

赵女士本次订单未超过20 000元年度限额，但超过2 000元的单次限额，3件商品中2件未超过单次限额，1件超过限额。

（1）电饭煲免征关税，不属于消费税征税范围，只需缴纳增值税：

应扣缴电饭煲的增值税=600×17%×70%=71.4（元）

（2）高档化妆品免征关税，但需要缴纳消费税和增值税：

应扣缴高档化妆品的消费税=$\frac{850}{1-15\%}$×15%×70%=105（元）

应扣缴高档化妆品的增值税=$\frac{850}{1-15\%}$×17%×70%=119（元）

（3）高档手提包应缴纳关税和增值税：

应扣缴高档手提包的关税=9 000×10%=900（元）

应扣缴高档手提包的增值税=（9 000+900）×17%=1 683（元）

第四节　关税减免规定

一、法定减免税（能力等级2）

关税的税收优惠，同学们需要掌握，经常会在这里出题。

1.关税税额在人民币50元以下的一票货物，可免征关税。

2.无商业价值的广告品和货样，可免征关税。

3.外国政府、国际组织无偿赠送的物资，可免征关税。

4.进出境运输工具装载的途中必需的燃料、物料和饮食用品，可予免税。

5.在海关放行前损失的货物，可免征关税。

【提示】这种损失主要是由于不可抗拒力因素导致的损失。

6.在海关放行前遭受损坏的货物，可以根据海关认定的受损程度减征关税。

【提示】在这里所指的损坏主要是人为因素导致的损失。

7.我国缔结或者参加的国际条约规定减征、免征关税的货物、物品，按照规定予以减免关税。

8.法律规定减征、免征的其他货物。

二、特定减免税（能力等级2）

1.科教用品

2.残疾人专用品

3.扶贫、慈善性捐赠物资

法定减免税

4.其他还有加工贸易产品、边境贸易进口物资等的减免关税规定

三、暂时免税（能力等级2）

暂时进境或者暂时出境的下列货物，在进境或者出境时纳税义务人向海关缴纳相当于应纳税款的保证金或者提供其他担保的，可以暂不缴纳关税，并应当自进境或者出境之日起6个月内复运出境或者复运进境；经纳税义务人申请，海关可以根据海关总署的规定延长复运出境或者复运进境的期限：

1.在展览会、交易会、会议及类似活动中展示或者使用的货物；

2.文化、体育交流活动中使用的表演、比赛用品；

3.进行新闻报道或者摄制电影、电视节目使用的仪器、设备及用品；

4.开展科研、教学、医疗活动使用的仪器、设备及用品；

5.在本款第1项至第4项所列活动中使用的交通工具及特种车辆；

6.货样；

7.供安装、调试、检测设备时使用的仪器、工具；

8.盛装货物的容器；

9.其他用于非商业目的的货物。

四、临时减免税（能力等级2）

临时减免税是指以上法定和特定减免税以外的其他减免税，即由国务院根据《海关法》对某个单位、某类商品、某个项目或某批进出口货物的特殊情况，给予特别照顾，一案一批，专文下达的减免税。

第五节　关税征收管理

一、纳税义务发生时间（能力等级1）

1.进口货物自运输工具申报进境之日起14日内；

2.出口货物在货物运抵海关监管区后装货的24小时以前。

> 关税的征收管理里的一些数字，考生需要记忆，比如进口货物申报是14日，出口货物申报是24小时。

二、纳税地点（能力等级1）

应由进出口货物的纳税义务人向货物进（出）境地海关申报，海关根据税则归类和完税价格计算应缴纳的关税和进口环节代征税，并填发税款缴款书。

三、纳税期限（能力等级2）

1.纳税义务人应当自海关填发税款缴款书之日起15日内，向指定银行缴纳税款。

2.关税纳税义务人因不可抗力或者在国家税收政策调整的情形下，不能按期缴纳税款的，经海关总署批准，可以延期缴纳税款，但最长不得超过6个月。

3.纳税义务人未在关税缴纳期限内缴纳税款，即构成关税滞纳。征收关税滞纳金。滞纳金自关税缴纳期限届满滞纳之日起，至纳税义务人缴纳关税之日止，按滞纳税款万分之五的比例按日征收，周末或法定节假日不予扣除。具体计算公式为：

关税滞纳金金额 = 滞纳关税税额 × 0.5‰ × 滞纳天数

4.如纳税义务人自缴纳税款期限届满之日起3个月仍未缴纳税款，经直属海关关长或者其授权的隶属海关关长批准，海关可以采取强制扣缴、变价抵缴等强制措施。

四、关税的溢征和补征、追征（能力等级1）（见表7-7）关税的溢征、补征和追征，需要和税务局的有关情况进行对比记忆。

关税的溢征和补征、追征

表7-7　　　　　　　　　　关税的溢征和补征、追征

情况	关税规定
溢征	海关发现应立即退回 纳税人发现自纳税之日起1年内书面申请退税并加算银行同期活期存款利息
补征	海关发现自缴纳税款或货物放行之日起1年内补征
追征	海关发现在3年内追征，按日加收万分之五的滞纳金

【提示】关税的溢征、补征和追征的年限，与税收征管法中关于税款的溢征、补征和追征的年限规定不同，需要考生注意区别记忆（见表7-8）。

表7-8　　　　关税的溢征、补征和追征的年限规定，与税收征管法中
关于税款的溢征、补征和追征的年限规定

情况	关税规定	征管法规定
溢征	①海关发现应立即退回 ②纳税人发现自纳税之日起1年内书面申请退税，并加算银行同期存款利息	①税务机关发现应立即退回 ②纳税人发现自纳税之日起3年内书面申请退税，并加算银行同期存款利息
补征	海关发现自缴纳税款或货物放行之日起1年内补征	税务机关发现在3年内补征
追征	①海关发现在3年内追征 ②按日加收万分之五的滞纳金	①一般计算失误情况，税务机关发现在3年内追征 ②特殊计算失误情况（累计金额在10万元以上的），追征期延长至5年 ③偷、抗、骗税的无追征期限制 ④按日加收万分之五的滞纳金

第六节　船舶吨税法

一、征税范围和税率（能力等级1）（见表7-9）

（一）征税范围

自中华人民共和国境外港口进入境内港口的船舶，应当缴纳船舶吨税。

（二）税率

1.优惠税率

中华人民共和国籍的应税船舶，船籍国（地区）与中华人民共和国签订含有相互给予船舶税费最惠国待遇条款的条约或者协定的应税船舶，适用优惠税率。

2.普通税率

其他应税船舶，适用普通税率。

3.船舶吨税按船舶净吨位和执照标明的使用期确定税额标准，按照30日、90日、1年的三类期限具体划分普通税率和优惠税率。

4.拖船和非机动驳船分别按照相同净吨位船舶税率的50%计征税款。

表7-9　　　　　　　　　　船舶吨税法的征税范围和税率

税目 （按船舶净吨位划分）	税率（元/净吨）						备注
	普通税率 （按执照期限划分）			优惠税率 （按执照期限划分）			
	1年	90日	30日	1年	90日	30日	
不超过2 000净吨	12.6	4.2	2.1	9.0	3.0	1.5	拖船和非机动驳船分别按相同净吨位船舶税率的50%计征税款
超过2 000净吨，但不超过10 000净吨	24.0	8.0	4.0	17.4	5.8	2.9	
超过10 000净吨，但不超过50 000净吨	27.6	9.2	4.6	19.8	6.6	3.3	
超过50 000净吨	31.8	10.6	5.3	22.8	7.0	3.8	

船舶吨税的应纳税额是定额税，同学们须记忆其计算公式。

二、应纳税额的计算（能力等级2）

1.吨税按照船舶净吨位和吨税执照期限征收，应纳税额按照船舶净吨位乘以适用税率计算。计算公式为：

应纳税额 = 船舶净吨位 × 定额税率

2.应税船舶在进入港口办理入境手续时，应当向海关申报纳税领取吨税执照，或者交验吨税执照。应税船舶负责人在每次申报纳税时，可以按照《吨税税目税率表》选择申领一种期限的吨税执照。应税船舶负责人缴纳吨税或者提供担保后，海关按照其申领的执照期限填发吨税执照。

3.应税船舶在吨税执照期限内，因税目税率调整或者船籍改变而导致适用税率变化的，吨税执照继续有效。应税船舶在离开港口办理出境手续时，应当交验吨税执照。

应纳税额的计算

三、税收优惠（能力等级1）（见表7-10）

船舶吨税的税收优惠，考生需要理解记忆。

表7-10　　　　　　　　　　税收优惠

直接优惠	1.应纳税额在人民币50元以下的船舶 2.自境外以购买、受赠、继承等方式取得船舶所有权的初次进口到港的空载船舶 3.吨税执照期满后24小时内不上下客货的船舶 4.非机动船舶（不包括非机动驳船） 5.捕捞、养殖渔船 6.避难、防疫隔离、修理、终止运营或者拆解，并不上下客货的船舶 7.军队、武装警察部队专用或征用的船舶 8.依照法律规定应当予以免税的外国驻华使领馆、国际组织驻华代表机构及其有关人员的船舶 9.国务院规定的其他船舶
延期优惠	在吨税执照期限内，应税船舶发生下列情形之一的，海关按照实际发生的天数批注延长吨税执照期限： 1.避难、防疫隔离、修理，并不上下客货 2.军队、武装警察部队征用 3.应税船舶因不可抗力在未设立海关地点停泊的，船舶负责人应当立即向附近海关报告，并在不可抗力原因消除后，向海关申报纳税

四、征收管理（能力等级1）

→ 船舶吨税的征收管理，同学们须记住是海关征收即可。

征收管理

1.吨税由海关负责征收。

2.吨税纳税义务发生时间为应税船舶进入港口的当日。

3.应税船舶在吨税执照期满后尚未离开港口的，应当申领新的吨税执照，自上一次执照期满的次日起续缴吨税。

4.应税船舶负责人应当自海关填发吨税缴款凭证之日起15日内向指定银行缴清税款。未按期缴清税款的，自滞纳税款之日起，按日加收滞纳税款0.5‰的滞纳金。

5.应税船舶到达港口前，经海关核准先行申报并办结出入境手续的，应税船舶负责人应当向海关提供与其依法履行吨税缴纳义务相适应的担保；应税船舶到达港口后，向海关申报纳税。下列财产、权利可以用于担保：

（1）人民币、可自由兑换的货币；

（2）汇票、本票、支票、债券、存单；

（3）银行、非银行金融机构的保函；

（4）海关依法认可的其他财产、权利。

智能测评

扫码听分享	做题看反馈
亲爱的同学，本章重点掌握关税完税价格的确定和应纳税额的计算，结合增值税进出口环节征税规定学习理解，对于哪些价格中含关税、哪些不含关税，要区别理解，通过做题验证对知识点的理解。 　　扫一扫二维码，来听学习导师的分享吧。	学完马上测！ 　　请扫描上方的二维码进入本章测试，检测一下自己学习的效果如何。做完题目，还可以查看自己的个性化测试反馈报告。这样，在以后复习的时候就更有针对性、效率更高啦！

第八章　资源税法和环境保护税法

本章导学

4820

本章考情概述

资源税是CPA税法小税种中比较重要的一个税，从历年考题来看，既涉及客观题，也在主观题中与增值税组合命题。资源税的计税依据、原煤和洗选煤的资源税计算、纳税义务发生时间和纳税地点都是比较常见的考点。环境保护税是2018年CPA税法新收录的一个税种，肯定会在今年考试命题中有所涉猎，并不排除单独命制主观题的可能性，考生还是需要重点关注环保税的税目、计税依据、税收优惠和征收管理。

本章内容包括：资源税、环境保护税。

第一节　资源税法

纳税义务人与
扣缴义务人

4821

【掌握】
注意区分资源税的纳税义务人与扣缴义务人，尤其是对于独立矿山、联合企业以及其他企业的区分。

一、纳税义务人与扣缴义务人（能力等级2）

1.资源税的纳税义务人是指在中华人民共和国领域及管辖海域开采应税资源的矿产品或生产盐的单位和个人。

【例8-1·2005年多选题】下列各项中，属于资源税纳税人的有（　　）。

A.开采原煤的国有企业

B.进口铁矿石的私营企业

C.开采石灰石的个体经营者

D.开采天然原油的外商投资企业

【答案】ACD

2.收购未税矿产品的单位为资源税的扣缴义务人，由扣缴义务人在收购矿产品时代扣代缴资源税。收购未税矿产品的单位是指独立矿山、联合企业和其他单位。其他单位也包括收购未税矿产品的个体户。如图8-1所示。

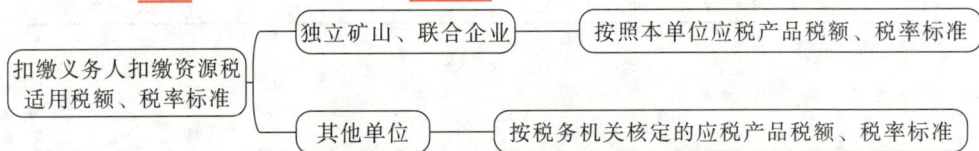

扣缴义务人扣缴资源税适用税额、税率标准 —— 独立矿山、联合企业 —— 按照本单位应税产品税额、税率标准

—— 其他单位 —— 按税务机关核定的应税产品税额、税率标准

图8-1　扣缴义务人扣缴资源税适用税额、税率标准

【例8-2·2012年单选题】2012年2月，某采选矿联合企业到异地收购未税镍矿石。在计算代扣代缴资源税时，该矿石适用的税率是（　　）。

A.税务机关核定的单位税额

B.镍矿石收购地适用的单位税额

C.镍矿石原产地适用的单位税额

D.该联合企业适用的镍矿石单位税额

【答案】D

【解析】独立矿山、联合企业收购未税矿产品，按照本单位应税产品税额、税率标准，依据收购的数量代扣代缴资源税。

二、税目、税率（能力等级2）

（一）税目（见表8-1）

表8-1   税目

税目	具体规定
1.原油	是指开采的天然原油，不包括人造石油
2.天然气	是指专门开采或者与原油同时开采的天然气，不包括煤矿生产的天然气
3.煤炭	包括原煤和以未税原煤加工的洗选煤 【解释】洗选煤是指经过筛选、破碎、水洗、风洗等物理化学工艺，去灰去矸后的煤炭产品，包括精煤、中煤、煤泥等，不包括煤矸石
4.其他非金属矿原矿	分为普通非金属矿原矿、贵重非金属矿原矿，具体包括宝石、玉石、石墨、大理石、花岗岩、石灰石、石棉等子目
5.黑色金属矿原矿	具体包括铁矿石、锰矿石、铬矿石等子目
6.有色金属矿原矿	是指稀土矿和其他有色金属矿原矿
7.盐	具体包括海盐原盐、湖盐原盐、井矿盐和卤水
8.水资源	水资源税的征税对象为地表水和地下水

【提示】纳税人在开采主矿产品的过程中伴采的其他应税矿产品，凡未单独规定适用税额的，一律按主矿产品或视同主矿产品税目征收资源税。

【例8-3·2009年多选题】下列各项中，应征收资源税的有（　　　）。

A.进口的天然气

B.专门开采的天然气

C.煤矿生产的天然气

D.与原油同时开采的天然气

【答案】BD

（二）税率（见表8-2）

表8-2   税率

税目		税率幅度	计税依据
能源类矿产品	原油	6%~10%	原矿
	天然气	6%~10%	原矿
	煤炭	2%~10%	原矿
金属矿	稀土矿 轻稀土	地区差别比例税率	精矿
	稀土矿 中重稀土	27%	精矿
	钨矿	6.5%	精矿
	钼矿	11%	精矿
	铁矿	1%~6%	精矿
	金矿	1%~4%	金锭
	铜矿	2%~8%	精矿
	铝土矿	3%~9%	原矿
	铅锌矿	2%~6%	精矿
	镍矿	2%~6%	精矿
	锡矿	2%~6%	精矿
	未列举名称的其他金属矿产品	税率不超过20%	原矿或精矿

第八章

税目		税率幅度	计税依据
非金属矿	石墨	3%~10%	精矿
	硅藻土	1%~6%	精矿
	高岭土	1%~6%	原矿
	萤石	1%~6%	精矿
	石灰石	1%~6%	原矿
	硫铁矿	1%~6%	精矿
	磷矿	3%~8%	原矿
	氯化钾	3%~8%	精矿
	硫酸钾	6%~12%	精矿
	井矿盐	1%~6%	氯化钠初级产品
	湖盐	1%~6%	氯化钠初级产品
	提取地下卤水晒制的盐	3%~15%	氯化钠初级产品
	煤层（成）气	1%~2%	原矿
	粘土、砂石	每吨或立方米0.1元~5元	原矿
	未列举名称的其他非金属矿产品	从量税率每吨或立方米不超过30元；从价税率不超过20%	原矿或精矿
海盐		1%~5%	氯化钠初级产品

【解释】氯化钠初级产品是指井矿盐、湖盐原盐、提取地下卤水晒制的盐和海盐原盐，包括固体和液体形态的初级产品。

1.未列举名称的其他金属矿产品和其他非金属矿产品，由省、自治区、直辖市人民政府决定征收或暂缓征收资源税，并报财政部和国家税务总局备案。

2.纳税人开采或者生产不同税目应税产品的，应当分别核算不同税目应税产品的销售额或者销售数量；未分别核算或者不能准确提供不同税目应税产品的销售额或者销售数量的，从高适用税率。

三、计税依据（能力等级3）

（一）从价定率征收的计税依据

1.销售额是指纳税人销售应税产品向购买方收取的全部价款和价外费用，不包括增值税销项税额和运杂费用。

【解释】运杂费用是指应税产品从坑口或洗选（加工）地到车站、码头或购买方指定地点的运输费用、建设基金以及随运销产生的装卸、仓储、港杂费用。

2.运杂费用应与销售额分别核算，凡未取得相应凭证或不能与销售额分别核算的，应当一并计征资源税。

计税依据

【掌握】
资源税的征收分为从价征收和从量征收，且大部分已经是从价征收。

3.纳税人将其开采的应税产品<u>直接出口</u>的，按其<u>离岸价格</u>（不含增值税）计算销售额征收资源税。

（二）从量定额征收的计税依据

【提示】目前仅剩极少数的矿产品，例如粘土、砂石的资源税从量计征。

1.实行<u>从量定额征收</u>的以<u>销售数量</u>为计税依据。

2.销售数量，<u>包括纳税人开采或者生产应税产品的实际销售数量</u>和视同销售的自用数量。

四、应纳税额的计算（能力等级3）

（一）从价定率应纳税额的计算

应纳税额=销售额×适用税率

【例8-4·2016年单选题】某油田开采企业2016年3月销售天然气90万立方米，取得不含增值税收入1 350 000元，另向购买方收取手续费1 695元，延期付款利息为2 260元，假设天然气的资源税税率为10%，该企业2016年3月销售天然气应缴纳的资源税为（　　　　）。

A.135 150元　　　　　　　　　　B.135 338.03元

C.135 350元　　　　　　　　　　D.135 000元

【答案】C

【解析】手续费和延期付款利息应该作为价外费用计算纳税，含税收入要换算成不含税收入。应纳资源税=［1350 000+（1 695+2 260）/（1+13%）］×10%=135 350（元）。2016年时天然气适用税率为13%，2017年7月起增值税简并税率，如果本题的时间条件改在2017年7月后，则按11%价税分离。

（二）从量定额应纳税额的计算

应纳税额=课税数量×单位税额

代扣代缴应纳税额=收购未税矿产品的数量×适用的单位税额

（三）关于原矿销售额与精矿销售额的换算或折算 ← *理解原矿精矿销售额与税率的规律，掌握一原则：原矿的销售额对应原矿的税率，精矿的销售额对应精矿的税率。*

原矿 ⟷ 精矿

1.征税对象为原矿的，纳税人销售自采原矿加工的精矿，应将精矿销售额折算为原矿销售额缴纳资源税。

原矿销售额 = 精矿销售额 × 折算率

2.征税对象为精矿的，纳税人销售原矿时，应将原矿销售额折算为精矿销售额缴纳资源税。

精矿销售额 = 原矿销售额 × 折算比

（四）已税产品的税务处理 ← *理解资源税已税产品的税务处理，资源税是一次课征制度，所以已纳的资源税款，如果是同税目，符合一定条件，是可以扣除的。*

1.纳税人用已税资源税的应税产品进一步加工应税产品销售的，不再缴纳资源税。

2.纳税人以未税产品和已税产品混合销售或者混合加工为应税产品销售的，应当准确核算已税产品的购进金额，在计算加工后的应税产品销售额时，准予扣减已税产品的购进金额；未分别核算的，一并计算缴纳资源税。

混合销售或混合加工应税产品销售额 = 加工后应税产品销售额 − 用于混合销售的已税产品的购进金额

（五）煤炭资源税计算方法（见表8-3）

表8-3　　　　　　　　　　　煤炭资源税计算方法

销售行为	计税依据
销售原煤	原煤应纳税额＝原煤销售额×适用税率 1.原煤销售额是指纳税人销售原煤向购买方收取的全部价款和价外费用，不包括收取的增值税以及从坑口到车站、码头或购买方指点地点的运输费用 2.原煤销售额中包含的运输费用、建设基金以及随运销产生的装卸、仓储、港杂等费用应与煤价分别核算，凡取得相应凭据的，允许在计算煤炭计税销售额时予以扣减
销售洗选煤	洗选煤应纳税额＝洗选煤销售额×折算率×适用税率 1.洗选煤销售额是指纳税人销售洗选煤向购买方收取的全部价款和价外费用，不包括收取的增值税以及从坑口到车站、码头或购买方指点地点的运输费用 2.洗选煤销售额中包含的运输费用、建设基金以及随运销产生的装卸、仓储、港杂等费用应与煤价分别核算，凡取得相应凭据的，允许在计算煤炭计税销售额时予以扣减
洗选煤折算率的计算	1.公式一： $$洗选煤折算率＝\frac{洗选煤平均销售额－洗选环节平均成本－洗选环节平均利润}{洗选煤平均销售额}×100\%$$ 2.公式二： $$洗选煤折算率＝\frac{原煤平均销售额}{洗选煤平均销售额×综合回收率}×100\%$$ $$综合回收率＝\frac{洗选煤数量}{入洗前原煤数量}×100\%$$
扣减额的计算	1.纳税人将自采原煤与外购原煤（包括煤矸石）进行混合后销售的，应当准确核算外购原煤的数量、单价及运费，在确认计税依据时可以扣减外购相应原煤的购进金额： 计税依据＝当期混合原煤销售额－当期用于混合销售的外购原煤的购进金额 外购原煤的购进金额＝外购原煤的购进数量×单价 2.纳税人以自采原煤和外购原煤混合加工洗选煤的，应当准确核算外购原煤的数量、单价及运费，在确认计税依据时可以扣减外购相应原煤的购进金额： $$计税依据＝当期洗选煤销售额×折算率－当期用于混洗混售的外购原煤的购进金额$$ 外购原煤的购进金额＝外购原煤的购进数量×单价

【例8-5·单选题】2017年1月某煤矿开采原煤400万吨，销售240万吨，取得含税销售额16.38万元；将一部分原煤移送加工生产选煤48万吨，销售选煤30万吨，取得含税销售额28.08万元。已知选煤折算率为30%，煤炭资源税税率为6%。2017年1月，该煤矿应纳资源税（　　）万元。

A.1.27　　　　　　B.2.67　　　　　　C.2.28　　　　　　D.1.51

【答案】A

【解析】应纳资源税=（16.38+28.08×30%）÷（1+17%）×6%=1.272（万元）。

（六）煤炭特殊销售情形（见表8-4）

表8-4 煤炭特殊销售情形

情形	要求
1.纳税人销售应税煤炭的	在销售环节缴纳资源税
2.纳税人以自采原煤直接或者经选洗加工后连续生产焦炭、煤气、煤化工、电力及其他煤炭深加工产品的	在原煤或者洗选煤移送环节视同销售缴纳资源税
3.纳税人煤炭开采地与洗选、核算地不在同一行政区域的	煤炭资源税在煤炭开采地缴纳
4.纳税人申报的原煤或洗选煤销售价格明显偏低且无正当理由的，或者有视同销售应税煤炭行为而无销售价格的	主管税务机关应按照下列顺序确定计税价格： （1）按纳税人最近时期同类原煤或洗选煤的平均销售价格确定 （2）按其他纳税人最近时期同类原煤或洗选煤的平均销售价格确定 （3）按组成计税价格确定 组成计税价格 = $\dfrac{成本×(1+成本利润率)}{1-资源税税率}$ （4）按其他合理方法确定
5.纳税人以自采原煤或加工的洗选煤连续生产焦炭、煤气、煤化工、电力等产品，自产自用且无法确定应税煤炭移送使用量的	可采取最终产成品的煤耗指标确定用煤量： （1）煤电一体化企业可按照每千瓦时综合供电煤耗指标进行确定 （2）煤化工一体化企业可按照煤化工产成品的原煤耗用率指标进行确定 （3）其他煤炭连续生产企业可采取其产成品煤耗指标进行确定，或参照其他合理方法进行确定

五、减税、免税项目（能力等级2）

煤炭的计税方法是资源税的常规考点，尤其要掌握原煤和洗选煤之间的换算，以及计税依据的计算。

（一）原油、天然气优惠政策

1.开采原油过程中用于加热、修井的原油，免税。

2.油田范围内运输稠油过程中用于加热的原油、天然气，免征资源税。

3.稠油、高凝油和高含硫天然气资源税减征40%。

4.三次采油资源税减征30%。

5.对低丰度油气田资源税暂减征20%。

6.对深水油气田资源税减征30%。

（二）矿产资源优惠政策

1.铁矿石资源税减按40%征收。

2.对鼓励利用的低品位矿、废石、尾矿、废渣、废水、废气等提取的矿产品，由省级人民政府根据实际情况确定是否减税或免税，并制定具体办法。

3.从2007年1月1日起，对地面抽采煤层气暂不征收资源税。煤层气是指赋存于煤层及其围岩中与煤炭资源伴生的非常规天然气，也称煤矿瓦斯。

4.对实际开采年限在15年以上的衰竭期煤矿开采的矿产资源，资源税减征30%。

5.对依法在建筑物下、铁路下、水体下通过充填开采方式采出的矿产资源，资源税减征50%。

6.为促进共伴生矿的综合利用，纳税人开采销售共伴生矿，共伴生矿与主矿产品销售额分别核算的，对共伴生矿暂不计征资源税；没有分开核算的，共伴生矿按主矿产品的税目和适用税率计征资源税。

（三）其他减税、免税项目

纳税人开采或者生产应税产品过程中，因意外事故或者自然灾害等原因遭受重大损失的，由省、自治区、直辖市人民政府酌情决定减税或者免税。

六、出口应税产品不退（免）资源税的规定（能力等级2）

资源税规定仅对在中国境内开采或生产应税产品的单位和个人征收，进口的矿产品和盐不征收资源税。由于对进口应税产品不征收资源税，相应的，对出口应税产品也不免征或退还已纳资源税。

【提示】资源税出口不退，并不代表出口不征。出口应税矿产品属于正常销售，只是销售到境外，所以其销售环节仍然需要缴纳资源税。

【例8-6·2011年多选题】下列各项关于资源税减免税规定的表述中，正确的有（　　　）。

A.对出口的应税产品免征资源税

B.对进口的应税产品不征收资源税

C.开采原油过程中用于修井的原油免征资源税

D.开采应税产品过程中因自然灾害有重大损失的可由省级政府减征资源税

【答案】BCD

七、征收管理（能力等级1）

（一）纳税义务发生时间（见表8-5）

表8-5　　　　　　　　　　　　　　纳税义务发生时间

销售应税产品	1.纳税人采取分期收款结算方式的，其纳税义务发生时间，为销售合同规定的收款日期的当天 2.纳税人采取预收货款结算方式的，其纳税义务发生时间，为发出应税产品的当天 3.纳税人采取其他结算方式的，其纳税义务发生时间，为收讫销售款或者取得索取销售款凭据的当天
自产自用应税产品	为移送使用应税产品的当天
扣缴义务人代扣代缴税款	为支付首笔货款或首次开具支付货款凭据的当天

（二）纳税环节

1.资源税在应税产品的销售或自用环节计算纳税。

2.以自采原矿加工精矿产品的，在原矿移送使用时不纳税，在精矿销售或自用

（手写批注）出口应税产品不退（免）资源税的规定

（二维码 4826）

（手写批注）资源税进口不征、出口不退。

（手写批注）资源税的征收管理，同学们须把握，资源税纳税属地性特强，纳税义务发生时间类同增值税即可。

时缴纳资源税。

3.纳税人以自采原矿加工金锭的，在金锭销售或自用时缴纳资源税。

4.纳税人销售自采原矿或者自采原矿加工的金精矿、粗金，在原矿或者金精矿、粗金销售时缴纳资源税，在移送使用时不缴纳资源税。

5.以应税产品投资、分配、抵债、赠与、以物易物等，视同销售，依照有关规定计算缴纳资源税。

（三）纳税地点

1.纳税人应当向应税产品的开采或盐的生产地缴纳资源税。

2.如果纳税人在本省、自治区、直辖市范围内开采或者生产应税产品，其纳税地点需要调整的，由所在地省、自治区、直辖市税务机关决定。

3.如果纳税人应纳的资源税属于跨省开采，其下属生产单位与核算单位不在同一省、自治区、直辖市的，对其开采的矿产品，一律在开采地或生产地纳税。

4.扣缴义务人代扣代缴的资源税，也应当向收购地主管税务机关缴纳。

【提示】资源税纳税地点总结起来就是开采地、生产地或收购地。

【例8-7·2012年多选题】下列关于资源税纳税地点的表述中，正确的有（　　　）。

A.收购未税矿产品的个体户，其纳税地点为收购地

B.资源税扣缴义务人的纳税地点为应税产品的开采地或生产地

C.资源税纳税义务人的纳税地点为应税产品的开采地或生产地

D.跨省开采应税矿产品且生产单位与核算单位不在同一省的企业，其开采销售应税矿产品的纳税地点为开采地

【答案】ACD

【解析】选项B：扣缴义务人代扣代缴的资源税，应当向收购地主管税务机关缴纳。

水资源税

八、水资源税（能力等级2） ← 水资源税是2018年教材重新编写的考点，同学们须把握哪些需要征收水资源税，哪些不征收，以及水资源的税收优惠政策。

自2017年12月1日起在北京、天津、山西、内蒙古、山东、河南、四川、陕西、宁夏等9个省（自治区、直辖市）扩大水资源税改革试点，由征收水资源费改为征收水资源税。

（一）纳税义务人与征税对象

1.直接取用地表水、地下水的单位和个人，为水资源税纳税人。

2.水资源税的征税对象为地表水和地下水。

（1）地表水是陆地表面上动态水和静态水的总称，包括江、河、湖泊（含水库）等水资源。

（2）地下水是埋藏在地表以下各种形式的水资源。

3.下列情形，不缴纳水资源税：

（1）农村集体经济组织及其成员从本集体经济组织的水塘、水库中取用水的；

（2）家庭生活和零星散养、圈养畜禽饮用等少量取用水的；

（3）水利工程管理单位为配置或者调度水资源取水的；

（4）为保障矿井等地下工程施工安全和生产安全必须进行临时应急取用（排）水的；

（5）为消除对公共安全或者公共利益的危害临时应急取水的；

（6）为农业抗旱和维护生态与环境必须临时应急取水的。

（二）税率（见表8-6）

表8-6　　　　　　　试点省份水资源税最低平均税额表　　　　（单位：元/立方米）

省（区、市）	地表水最低平均税额	地下水最低平均税额
北京	1.6	4
天津	0.8	4
山西	0.5	2
内蒙古	0.5	2
山东	0.4	1.5
河南	0.4	1.5
四川	0.1	0.2
陕西	0.3	0.7
宁夏	0.3	0.7

1.同一类型取用水，地下水税额要高于地表水。

2.水资源紧缺地区地下水税额要大幅高于地表水。

3.超采地区的地下水税额要高于非超采地区，严重超采地区的地下水税额要大幅高于非超采地区。

4.对超计划或超定额用水加征1~3倍，对特种行业从高征税。

【解释】特种行业取用水，是指洗车、洗浴、高尔夫球场、滑雪场等取用水。

5.对超过规定限额的农业生产取用水、农村生活集中式饮水工程取用水，从低确定税额。

【解释1】农业生产取用水，是指种植业、畜牧业、水产养殖业、林业等取用水。

【解释2】农村生活集中式饮水工程，是指供水规模在1000立方米/天或者供水对象1万人以上，并由企事业单位运营的农村人口生活用水供水工程。

（三）应纳税额的计算（见表8-7）

表8-7　　　　　　　　　　　　应纳税额的计算

水资源税从量计征情形	计税依据	计算公式
一般取用水	实际取用水量	应纳税额=实际取用水量×适用税额
采矿和工程建设疏干排水	排水量	应纳税额=实际取用水量×适用税额 【提示】疏干排水的实际取用水量按照排水量确定
水力发电 火力发电贯流式（不含循环）冷却取用水	实际发电量	应纳税额=实际发电量×适用税额

（四）税收减免

下列情形，予以免征或者减征水资源税：

1.规定限额内的农业生产取用水，免征水资源税；

2.取用污水处理再生水，免征水资源税；

3.除接入城镇公共供水管网以外，军队、武警部队通过其他方式取用水的，免征水资源税；

4.抽水蓄能发电取用水，免征水资源税；

5.采油排水经分离净化后在封闭管道回注的，免征水资源税；

6.财政部、税务总局规定的其他免征或者减征水资源税情形。

（五）征收管理

1.水资源税的纳税义务发生时间为纳税人取用水资源的当日。

2.除农业生产取用水外，水资源税按季或者按月征收，由主管税务机关根据实际情况确定。对超过规定限额的农业生产取用水水资源税可按年征收。不能按固定期限计算纳税的，可以按次申报纳税。

3.纳税人应当自纳税期满或者纳税义务发生之日起15日内申报纳税。

4.纳税人应当向生产经营所在地的税务机关申报缴纳水资源税。跨省（区、市）调度的水资源，由调入区域所在地的税务机关征收水资源税。

第二节　环境保护税法

环境保护税是2018年新增的税法，预计会在2018年税法考试中，扮演一个比较重要的角色。

一、纳税义务人与征税范围（能力等级2）（如图8-2所示）

1.环境保护税的纳税义务人是在中华人民共和国领域和中华人民共和国管辖的其他海域直接向环境排放应税污染物的企业事业单位和其他生产经营者。

环境保护税的纳税义务人与征税范围

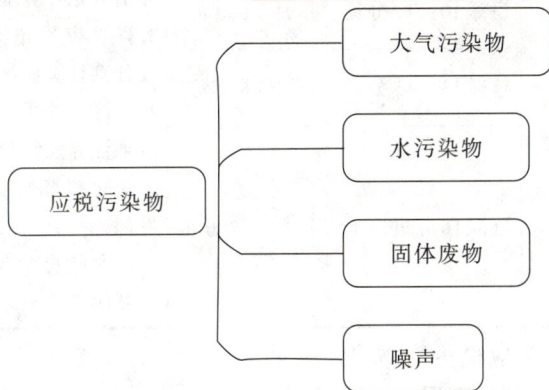

图8-2　环境保护税法征税范围

2.有下列情形之一的，不属于直接向环境排放污染物，不缴纳相应污染物的环境保护税：

（1）企业事业单位和其他生产经营者向依法设立的污水集中处理、生活垃圾集中处理场所排放应税污染物的。

（2）企业事业单位和其他生产经营者在符合国家和地方环境保护标准的设施、场所贮存或者处置固体废物的。

（3）达到省级人民政府确定的规模标准并且有污染物排放口的畜禽养殖场，应当依法缴纳环境保护税，但依法对畜禽养殖废弃物进行综合利用和无害化处理的。

二、税目、税率（能力等级2）（见表8-8）

表8-8　　　　　　　　　　　　环境保护税税目税额表

税目		计税单位	税额	备注
大气污染物		每污染当量	1.2元至12元	
水污染物		每污染当量	1.4元至14元	
固体废物	煤矸石	每吨	5元	
	尾矿	每吨	15元	
	危险废物	每吨	1 000元	
	冶炼渣、粉煤灰、炉渣、其他固体废物（含半固态、液态废物）	每吨	25元	
噪声	工业噪声	超标1~3分贝	每月350元	1.一个单位边界上有多处噪声超标，根据最高一处超标声级计算应纳税额；当沿边界长度超过100米有两处以上噪声超标，按照两个单位计算应纳税额 2.一个单位有不同地点作业场所的，应当分别计算应纳税额，合并计征 3.昼、夜均超标的环境噪声，昼、夜分别计算应纳税额，累计计征 4.声源一个月内超标不足15天的，减半计算应纳税额 5.夜间频繁突发和夜间偶然突发厂界超标噪声，按等效声级和峰值噪声两种指标中超标分贝值高的一项计算应纳税额
		超标4~6分贝	每月700元	
		超标7~9分贝	每月1 400元	
		超标10~12分贝	每月2 800元	
		超标13~15分贝	每月5 600元	
		超标16分贝以上	每月11 200元	

【提示】关注四类应税污染物的计税单位。

三、计税依据（能力等级3）（见表8-9）

1.应税大气污染物、水污染物、固体废物的排放量和噪声的分贝数，按照下列方法和顺序计算：

（1）纳税人安装使用符合国家规定和监测规范的污染物自动监测设备的，按照污染物自动监测数据计算。

（2）纳税人未安装使用污染物自动监测设备的，按照监测机构出具的符合国家有关规定和监测规范的监测数据计算。

（3）因排放污染物种类多等原因不具备监测条件的，按照国务院环境保护主管部门规定的排污系数、物料衡算方法计算。

（4）不能按照上述第一项至第三项规定的方法计算的，按照省、自治区、直辖市人民政府环境保护主管部门规定的抽样测算的方法核定计算。

环境保护税的计税依据

4829

由于是新增内容，所以环境保护税计税依据可能成为2018年考试的一个热点。包括：
（1）大气污染物、水污染物-按当量数
（2）固体废物-按固体废物的排放量（超排放量）
（3）噪声-超分贝数

表8-9　计税依据

应税污染物	计税依据	解释
大气污染物	污染物排放量折合的污染物当量数	应税大气污染物的污染当量数 = $\dfrac{大气污染物的排放量}{大气污染物污染当量值}$ 每一排放口或者没有排放口的应税大气污染物，按照污染当量数从大到小排序，对前三项污染物征收环境保护税
水污染物		应税水污染物的污染当量数 = $\dfrac{水污染物的排放量}{水污染物污染当量值}$ 每一排放口的应税水污染物应区分第一类水污染物和其他类水污染物，按照污染当量数从大到小排序，对第一类水污染物按照前5项征收环境保护税，对其他类水污染物按照前3项征收环境保护税
固体废物	固体废物的排放量	固体废物的排放量=当期固体废物的产生量−当期固体废物的综合利用量、贮存量、处置量 ①固体废物的排放量为当期应税固体废物的产生量减去当期应税固体废物的贮存量、处置量、综合利用量的余额 ②固体废物的贮存量、处置量，是指在符合国家和地方环境保护标准的设施、场所贮存或者处置的固体废物数量 ③固体废物的综合利用量，是指按照国务院发展改革、工业和信息化主管部门关于资源综合利用要求以及国家和地方环境保护标准进行综合利用的固体废物数量
噪声	超过国家规定标准的分贝数	工业噪声按超过国家规定标准的分贝数确定每月税额，超过国家规定标准的分贝数是指实际产生的工业噪声与国家规定的工业噪声排放标准限值之间的差值

2.纳税人有下列情形之一的，以其当期应税大气污染物、水污染物的产生量作为污染物的排放量：

（1）未依法安装使用污染物自动监测设备或者未将污染物自动监测设备与环境保护主管部门的监控设备联网。

（2）损毁或者擅自移动、改变污染物自动监测设备。

（3）篡改、伪造污染物监测数据。

（4）通过暗管、渗井、渗坑、灌注或者稀释排放以及不正常运行防治污染设施等方式违法排放应税污染物。

（5）进行虚假纳税申报。

3.纳税人有下列情形之一的，以其当期应税固体废物的产生量作为固体废物的排放量：

（1）非法倾倒应税固体废物。

（2）进行虚假纳税申报。

【案例8-1】某企业2018年3月向水体直接排放第一类水污染物总铬10千克，根据第一类水污染物污染当量值表，总铬的污染当量值为0.0005（千克），其污染当量数为：10÷0.0005=20000。

四、应纳税额的计算（能力等级3）（如图8-3所示）

由于是2018年新增内容，环境保护税应纳税额的计算将成为考试热点，应纳税额=计税依据（当量数、超排放量、超分贝数）×定额税率

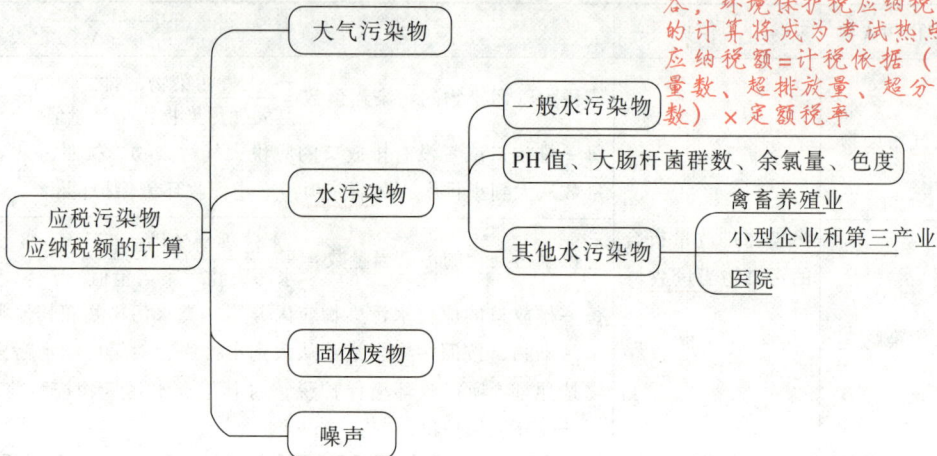

图8-3　应纳税额的计算

（一）应税大气污染物应纳税额的计算

应税大气污染物的应纳税额=污染当量数×适用税额

【案例8-2】某企业2018年3月向大气直接排放二氧化硫、氟化物各100千克，一氧化碳200千克，氯化氢80千克，假设当地大气污染物每污染当量税额1.2元，该企业只有一个排放口。其应纳税额计算如下：

（1）第一步：计算各污染物的污染当量数

$污染当量数 = \dfrac{该污染物的排放量}{该污染物的污染当量值}$，据此计算各污染物的污染当量数为：

①二氧化硫污染当量数=100/0.95=105.26

②氟化物污染当量数=100/0.87=114.94

③一氧化碳污染当量数=200/16.7=11.98

④氯化氢污染当量数=80/10.75=7.44

（2）第二步：按污染当量数排序

氟化物污染当量数（114.94）＞二氧化硫污染当量数（105.26）＞一氧化碳污染当量数（11.98）＞氯化氢污染当量数（7.44）。

该企业只有一个排放口，排序选取计税前三项污染物：氟化物、二氧化硫、一氧化碳。

（3）第三步：计算应纳税额

应纳税额=（114.94+105.26+11.98）×1.2=278.62（元）

（二）应税水污染物应纳税额的计算

1.一般水污染物（包括第一类水污染物和第二类水污染物）应纳税额的计算

应税水污染物的应纳税额=污染当量数×适用税额

【提示】对第一类水污染物按照前5项征收环境保护税，对其他类水污染物按照前3项征收环境保护税。

【案例8-3】甲化工厂是环境保护税纳税人，该厂仅有1个污水排放口且直接向河流排放污水，已安装使用符合国家规定和监测规范的污染物自动监测设备。检测数据显示，该排放口2018年2月共排放污水6万吨（折合6万立方米），应税污染物为六价铬，浓度为 0.5mg/L。请计算该化工厂2月份应缴纳的环境保护税（该厂所在省的水污染物税率为2.8元/污染当量，六价铬的污染当量值为0.02）。

（1）第一步：计算污染当量数

$$六价铬污染当量数 = \frac{排放总量 \times 浓度值}{当量值} = \frac{60\,000\,000 \times 0.5 \div 1\,000\,000}{0.02} = 1\,500$$

（2）第二步：计算应纳税额

应纳税额 = 1 500×2.8 = 4 200（元）

2.PH值、大肠菌群数、余氯量、色度应纳税额的计算

（1）PH值、大肠菌群数、余氯量

$$应纳税额 = \frac{污水排放量（吨）}{该污染物的污染当量值（吨）} \times 适用税额$$

（2）色度

$$应纳税额 = \frac{污水排放量（吨） \times 色度超标倍数}{色度的污染当量值（吨·倍）} \times 适用税额$$

3.适用环境保护税法所附《禽畜养殖业、小型企业和第三产业水污染物当量值》表的纳税人应纳税额的计算

（1）禽畜养殖业的水污染物应纳税额

$$应纳税额 = \frac{禽畜养殖数量}{污染当量值} \times 适用税额$$

【案例8-4】某养殖场，2018年2月养牛存栏量为100头，污染当量值为0.1头，假设当地水污染物适用税额为每污染当量2.8元，当月应纳环境保护税税额计算为：水污染物当量数=100÷0.1=1 000，应纳税额=1 000×2.8=2 800（元）。

（2）小型企业和第三产业排放的水污染物应纳税额

$$应纳税额 = \frac{污水排放量（吨）}{污染当量值（吨）} \times 适用税额$$

【案例8-5】某餐饮公司，通过安装水流量计测得2018年2月排放污水量为60吨，污染当量值为0.5吨。假设当地水污染物适用税额为每污染当量2.8元，当月应纳环境保护税税额计算为：水污染物当量数=60÷0.5=120，应纳税额=120×2.8=336（元）。

（3）医院排放的水污染物应纳税额

$$应纳税额 = \frac{医院床位数（或污水排放量）}{污染当量值} \times 适用税额$$

【案例8-6】某医院有床位56张，每月按时消毒，无法计量月污水排放量，污染当量值为0.14床，假设当地水污染物适用税额为每污染当量2.8元，当月应纳环境保护税税额计算为：水污染物当量数=56÷0.14=400，应纳税额=400×2.8=1 120（元）。

（三）应税固体废物应纳税额的计算

$$\frac{应税固体废物}{的应纳税额} = \left(\frac{当期固体废物}{的产生量} - \frac{当期固体废物的综合}{利用量、贮存量、处置量}\right) \times \frac{适用}{税额}$$

【案例8-7】假设某企业2018年3月产生尾矿1 000吨，其中综合利用的尾矿300吨（符合国家相关规定），在符合国家和地方环境保护标准的设施贮存300吨。该企业当月尾矿应缴纳的环境保护税=（1 000-300-300）×15=6 000（元）。

（四）应税噪声应纳税额的计算

应税噪声的应纳税额为超过国家规定标准的分贝数对应的具体适用税额。

【案例8-8】假设某工业企业只有一个生产场所，只在昼间生产，边界处声环境功能区类型为1类，生产时产生噪声为60分贝，《工业企业厂界环境噪声排放标准》规定1类功能区昼间的噪声排放限值为55分贝，当月超标天数为18天。该企业超标分贝数：60-55=5（分贝），根据《环境保护税税目税额表》，可得出该企业当月噪声污染应缴纳环境保护税700元。

环境保护税的税收减免

五、税收减免（能力等级2） → 环境保护税税收优惠，把握农业生产、流动排放等免税的规定。

（一）暂免征税项目

下列情形，暂予免征环境保护税：

1.农业生产（不包括规模化养殖）排放应税污染物的。

2.机动车、铁路机车、非道路移动机械、船舶和航空器等流动污染源排放应税污染物的。

3.依法设立的城乡污水集中处理、生活垃圾集中处理场所排放相应应税污染物，不超过国家和地方规定的排放标准的。

4.纳税人综合利用的固体废物，符合国家和地方环境保护标准的。

5.国务院批准免税的其他情形。

（二）减征税额项目

1.纳税人排放应税大气污染物或者水污染物的浓度值低于国家和地方规定的污染物排放标准30%的，减按75%征收环境保护税。

2.纳税人排放应税大气污染物或者水污染物的浓度值低于国家和地方规定的污染物排放标准50%的，减按50%征收环境保护税。

六、征收管理（能力等级2） → 环境保护税的征税管理，同学们须把握时间为当日，地点为排放地。

（一）纳税时间

1.环境保护税纳税义务发生时间为纳税人排放应税污染物的当日。

2.环境保护税按月计算，按季申报缴纳。不能按固定期限计算缴纳的，可以按次申报缴纳。

（二）纳税地点

1.纳税人应当向应税污染物排放地的税务机关申报缴纳环境保护税。

【解释】应税污染物排放地是指应税大气污染物、水污染物排放口所在地，应税固体废物产生地，应税噪声产生地。

2.纳税人跨区域排放应税污染物，税务机关对税收征收管辖有争议的，由争议各方按照有利于征收管理的原则协商解决。

3.纳税人从事海洋工程向中华人民共和国管辖海域排放应税大气污染物、水污染物或者固体废物，申报缴纳环境保护税的具体办法，由国务院税务主管部门会同国务院海洋主管部门规定。

智能测评

扫码听分享	做题看反馈
 4832 	 **3153**
本章内容今年应该重视，重点掌握征税环节这个问题，两类税种都是简单计算，但有时题目容易简单问题复杂化，所以要通过做题加深对诸如精矿、洗选煤等概念的理解。对于环境保护税要重点关注，是教材新增税种，特别关注环保税应纳税额的计算，属于必考内容。 　　扫一扫二维码，来听学习导师的分享吧。	学完马上测！ 　　请扫描上方的二维码进入本章测试，检测一下自己学习的效果如何。做完题目，还可以查看自己的个性化测试反馈报告。这样，在以后复习的时候就更有针对性、效率更高啦！

第九章　城镇土地使用税法和耕地占用税法

本章考情概述

本章内容包括：城镇土地使用税、耕地占用税。

本章属于CPA税法非重点章节，历年平均分值在2～3分，以客观题为主。由于城镇土地使用税和耕地占用税计税依据简单，考查的重点往往集中在税收优惠和征收管理上。

第一节　城镇土地使用税法

使用城镇的土地每年需要缴纳的税，按年计算、分期缴纳。

一、纳税义务人与征税范围（能力等级2）

（一）纳税义务人

1.城镇土地使用税是以国有土地为征税对象，对拥有土地使用权的单位和个人征收的一种税。

2.在城市、县城、建制镇、工矿区范围内使用土地的单位和个人，为城镇土地使用税（以下简称土地使用税）的纳税人。所称单位，包括国有企业、集体企业、私营企业、股份制企业、外商投资企业、外国企业以及其他企业和事业单位、社会团体、国家机关、军队以及其他单位；所称个人，包括个体工商户以及其他个人。

3.城镇土地使用税的纳税人通常包括以下几类：

（1）拥有土地使用权的单位和个人。　*注意客观题。*

（2）拥有土地使用权的单位和个人不在土地所在地的，其土地的实际使用人和代管人为纳税人。

（3）土地使用权未确定或权属纠纷未解决的，其实际使用人为纳税人。

（4）土地使用权共有的，共有各方都是纳税人，由共有各方分别纳税。

（二）征税范围

1.城镇土地使用税的征税范围，包括在城市、县城、建制镇和工矿区内的国家所有和集体所有的土地。

2.建立在城市、县城、建制镇和工矿区以外的工矿企业不需缴纳城镇土地使用税。

二、税率、计税依据和应纳税额的计算（能力等级3）

税率、计税依据和应纳税额的计算

（一）税率

1.城镇土地使用税采用定额税率，即采用有幅度的差别税额，按大、中、小城市和县城、建制镇、工矿区分别规定每平方米土地使用税年应纳税额。具体标准如下：　*了解即可，考试通常会给出。*

（1）大城市1.5～30元；

（2）中等城市1.2～24元；

（3）小城市0.9～18元；

（4）县城、建制镇、工矿区0.6～12元。

2.经济落后地区，土地使用税的适用税额标准可适当降低，但降低额不得超过上述规定最低税额的30%。经济发达地区的适用税额标准可以适当提高，但须报财政部批准。

【提示】经济特区、经济技术开发区和经济发达、人均耕地特别少的地区，耕地占用税适用税额可以适当提高，但最多不得超过上述规定税额的50%。（考生需要比较记忆）

（二）计税依据

1.城镇土地使用税以纳税人实际占用的土地面积为计税依据，土地面积计量标准为每平方米。即税务机关根据纳税人实际占用的土地面积，按照规定的税额计算应纳税额，向纳税人征收土地使用税。

2.纳税人实际占用的土地面积按下列办法确定：

（1）由省、自治区、直辖市人民政府确定的单位组织测定土地面积的，以测定的面积为准。

（2）尚未组织测量，但纳税人持有政府部门核发的土地使用证书的，以证书确认的土地面积为准。

（3）尚未核发土地使用证书的，应由纳税人申报土地面积，据以纳税，待核发土地使用证以后再作调整。

3.对在城镇土地使用税征税范围内单独建造的地下建筑用地，按规定征收城镇土地使用税。其中，已取得地下土地使用权证的，按土地使用权证确认的土地面积计算应征税款；未取得地下土地使用权证或地下土地使用权证上未标明土地面积的，按地下建筑垂直投影面积计算应征税款。

对上述地下建筑用地暂按应征税款的50%征收城镇土地使用税。

（三）应纳税额的计算方法

全年应纳税额 = 实际占用应税土地面积（m²）× 适用税额

【例9-1·2012年单选题】甲企业位于某经济落后地区，2011年12月取得一宗土地的使用权（未取得土地使用证书），2012年1月已按1500平方米申报缴纳城镇土地使用税。2012年4月该企业取得了政府部门核发的土地使用证书，上面注明的土地面积为2000平方米。已知该地区适用每平方米0.9元~18元的固定税额，当地政府规定的固定税额为每平方米0.9元，并另按照国家规定的最高比例降低税额标准。则该企业2012年应该补缴的城镇土地使用税为（　　　）。

A.0元

B.315元

C.945元

D.1260元

【答案】B

【解析】经济落后地区，城镇土地使用税的适用税额标准可适当降低，但降低额不得超过规定最低税额的30%，所以降低额最高为0.9×30%=0.27（元），则适用的城镇土地使用税税额=0.9-0.27=0.63（元）；2012年1月已经缴纳的城镇土地使用税=1500×0.63=945（元），应缴纳的城镇土地使用税=2000×0.63=1260（元），则该企业2012年应该补缴的城镇土地使用税=1260-945=315（元）。

注意地下部分按地面的50%计征，可链接房产税有关地下建筑物规定：（1）如果是跟地产建筑物连为一体的地下建筑物，那么就跟地上建筑物一样纳税。（2）如果是独立的地下建筑物，那就可以进行一定的折算，其中工业用途房产，以房屋原价的50%~60%作为应税房产原值，商业用途房产以房产原价70%~80%作为应税房产原值。

第九章

三、税收优惠（能力等级2）（见表9-1）

注意理解记忆；重点记忆第1、2、3、4、5、9、12点。

表9-1

税收优惠

税收优惠

法定免缴土地使用税的优惠	1.国家机关、人民团体、军队自用的土地 2.由国家财政部门拨付事业经费的单位自用的土地 3.宗教寺庙、公园、名胜古迹自用的土地 4.市政街道、广场、绿化地带等公共用地 → 不包括在上述地点设置的其他场所占地，例如：饮食部、茶社等占用的土地。 5.直接用于农、林、牧、渔业的生产用地（注意不包括农副产品加工场地和生活办公用地。） 6.经批准开山填海整治的土地和改造的废弃土地，从使用的月份起免缴土地使用税5～10年 7.对非营利性医疗机构、疾病控制机构和妇幼保健机构等卫生机构自用的土地，免征城镇土地使用税 8.企业办的学校、医院、托儿所、幼儿园，其用地能与企业其他用地明确区分的，免征城镇土地使用税 9.免税单位无偿使用纳税单位的土地（如公安、海关等单位使用铁路、民航等单位的土地），免征城镇土地使用税。纳税单位无偿使用免税单位的土地，纳税单位应照章缴纳城镇土地使用税。纳税单位与免税单位共同使用、共有使用权土地上的多层建筑，对纳税单位可按其占用的建筑面积占建筑总面积的比重计征城镇土地使用税

【总结】

土地使用权人	土地实际使用人	土地使用情况	纳税情况	实际纳税人
纳税单位	免税单位	无偿使用	免税	
		有偿使用	纳税	纳税单位
免税单位	纳税单位	无偿使用	纳税	纳税单位
		有偿使用	纳税	免税单位

	10.对行使国家行政管理职能的中国人民银行总行（含国家外汇管理局）所属分支机构自用的土地，免征城镇土地使用税 11.为了体现国家的产业政策，支持重点产业的发展，对石油、电力、煤炭等能源用地，民用港口、铁路等交通用地和水利设施用地，三线调整企业、盐业、采石场、邮电等一些特殊用地划分了征免税界限和给予政策性减免税照顾。具体规定如下： （1）对石油天然气生产建设中用于地质勘探、钻井、井下作业、油气田地面工程等施工临时用地暂免征收城镇土地使用税 （2）对企业的铁路专用线、公路等用地，在厂区以外、与社会公用地段未加隔离的，暂免征收城镇土地使用税 （3）对企业厂区以外的公共绿化用地和向社会开放的公园用地，暂免征收城镇土地使用税 （4）对盐场的盐滩、盐矿的矿井用地，暂免征收城镇土地使用税 12.自2016年1月1日起至2018年12月31日止，对专门经营农产品的农产品批发市场、农贸市场使用（包括自有和承租）的房产、土地，暂免征收房产税和城镇土地使用税。对同时经营其他产品的农产品批发市场和农贸市场使用的房产、土地，按其他产品与农产品交易场地面积的比例确定免征房产税和城镇土地使用税 13.自2017年1月1日起至2019年12月31日止，对物流企业自有的（包括自用和出租）大宗商品仓储设施用地，减按所属土地等级适用税额标准的50%计征城镇土地使用税。物流企业的办公、生活区用地及其他非直接从事大宗商品仓储的用地，不属于优惠范围，应按规定征收城镇土地使用税
省、自治区、直辖市地方税务局确定减免土地使用税的优惠	1.个人所有的居住房屋及院落用地 2.房产管理部门在房租调整改革前经租的居民住房用地 3.免税单位职工家属的宿舍用地 4.集体和个人办的各类学校、医院、托儿所、幼儿园用地

【提示】城镇土地使用税的税收优惠需要考生区分优惠项目的层级，在记忆时需要注意"法定减免"优惠项目和"省级减免"优惠项目。

例题解析

【例9-2·2008年单选题】某人民团体A、B两栋办公楼，A栋占地3 000平方米，B栋占地1 000平方米。2007年3月30日至12月31日该团体将B栋出租。当地城镇土地使用税的税率为每平方米15元，该团体2007年应缴纳城镇土地使用税（　　）。

A.3 750元

B.11 250元

C.12 500元

D.15 000元

【答案】B

【解析】人民团体自用的A栋办公楼免税，出租的在租期内纳税。应纳城镇土地使用税=1 000×15×9÷12=11 250（元）。

【例9-3·2010年单选题】甲企业生产经营用地分布于某市的三个地域，第一块土地的土地使用权属于某免税单位，面积6 000平方米；第二块土地的土地使用权属于甲企业，面积30 000平方米，其中企业办学校5 000平方米，医院3 000平方米；第三块土地的土地使用权由甲企业与乙企业共同拥有，面积10 000平方米，实际使用面积各50%。假定甲企业所在地城镇土地使用税单位税额为每平方米8元，则甲企业全年应缴纳的城镇土地使用税为（　　）。

A.216 000元

B.224 000元

C.264 000元

D.328 000元

【答案】C

【解析】甲企业全年应缴纳的城镇土地使用税=（6 000+30 000-5 000-3 000+10 000×50%）×8=264 000（元）。

四、征收管理（能力等级2）

（一）纳税期限

城镇土地使用税实行按年计算、分期缴纳的征收方法，具体纳税期限由省、自治区、直辖市人民政府确定。

（二）纳税义务发生时间

注意区分纳税人购置新建房和存量房纳税义务发生时间，注意客观题。

纳税义务发生时间

1.纳税人购置新建商品房，自房屋交付使用之次月起，缴纳城镇土地使用税。

2.纳税人购置存量房，自办理房屋权属转移、变更登记手续，房地产权属登记机关签发房屋权属证书之次月起，缴纳城镇土地使用税。

3.纳税人出租、出借房产，自交付出租、出借房产之次月起，缴纳城镇土地使用税。

4.以出让或转让方式有偿取得土地使用权的，应由受让方从合同约定交付土地时间的次月起缴纳城镇土地使用税；合同未约定交付时间的，由受让方从合同签订的次月起缴纳城镇土地使用税。

除此项外都是自次月起征收缴纳使用税，因为地耕地为了人减缓纳税压力满一年才开始缴纳。

5.纳税人新征用的耕地，自批准征用之日起满1年时开始缴纳土地使用税。

6.纳税人新征用的非耕地，自批准征用次月起缴纳土地使税。

7.自2009年1月1日起，纳税人因土地的权利发生变化而依法终止城镇土地使用税纳税义务的，其应纳税款的计算应截止到土地权利发生变化的<u>当月末</u>。

（三）纳税地点

城镇土地使用税在土地所在地缴纳。

【例9-4·2009年多选题】下列各项中，符合城镇土地使用税有关纳税义务发生时间规定的有（　　）。

A.纳税人新征用的耕地，自批准征用之月起缴纳城镇土地使用税

B.纳税人出租房产，自交付出租房产之次月起缴纳城镇土地使用税

C.纳税人新征用的非耕地，自批准征用之月起缴纳城镇土地使用税

D.纳税人购置新建商品房，自房屋交付使用之次月起缴纳城镇土地使用税

【答案】BD

第二节　耕地占用税法

← 占用耕地从事非农业生产需要缴纳的税。

一、纳税义务人与征税范围（能力等级1）

耕地占用税是对<u>占用耕地建房或从事其他非农业建设</u>的单位和个人，就其实际占用的耕地面积征收的一种税，它属于对特定土地资源占用课税。

（一）纳税义务人

耕地占用税的纳税义务人，是占用耕地建房或从事非农业建设的单位和个人。

（二）征税范围

1.耕地占用税的征税范围包括纳税人为建房或从事其他非农业建设而占用的国家所有和集体所有的耕地。

2.耕地指种植农业作物的土地，包括菜地、园地。其中，<u>园地包括花圃、苗圃、茶园、果园、桑园和其他种植经济林木的土地</u>。注意属于耕地的土地种类。

3.占用鱼塘及其他农用土地建房或从事其他非农业建设，也视同占用耕地，必须依法征收耕地占用税。

4.占用已开发从事种植、养殖的滩涂、草场、水面和林地等从事非农业建设，由省、自治区、直辖市本着有利于保护土地资源和生态平衡的原则，结合具体情况确定是否征收耕地占用税。

二、税率、计税依据和应纳税额的计算（能力等级3）

（一）税率

1.由于在我国的不同地区之间人口和耕地资源的分布极不均衡，有些地区人烟稠密，耕地资源相对匮乏；而有些地区则人烟稀少，耕地资源比较丰富。各地区之间的经济发展水平也有很大差异。考虑到不同地区之间客观条件的差别以及与此相关的税收调节力度和纳税人负担能力方面的差别，耕地占用税在税率设计上采用了<u>地区差别定额税率</u>。

2.经济特区、经济技术开发区和经济发达、人均耕地特别少的地区，适用税额可以适当提高，<u>但最多不得超过上述规定税额的50%</u>。

【提示】经济落后地区，土地使用税的适用税额标准可适当降低，但降低额不得超过上述规定最低税额的30%。（考生需要比较记忆）

【例9-5·单选题】 经济特区、经济技术开发区和经济发达、人均占有耕地较少的地区，税额可以适当提高，但是最多不得超过规定税额标准的（　　）。

A.20%

B.30%

C.50%

D.100%

【答案】 C

（二）计税依据

耕地占用税以纳税人<u>占用耕地的面积</u>为计税依据，以每平方米为计量单位。

（二）应纳税额的计算

耕地占用税以纳税人实际占用的耕地面积为计税依据，以每平方米土地为计税单位，按适用的定额税率计税。其计算公式为：

<u>应纳税额 = 实际占用耕地面积（㎡）× 定额税率</u>

三、税收优惠和征收管理（能力等级2）

（一）税收优惠（见表9-2）　*注意客观题，理解记忆。*

表9-2　　　　　　　　　　　　税收优惠

免征	1.军事设施占用耕地 2.学校、幼儿园、养老院、医院占用耕地
减征	1.铁路线路、公路线路、飞机场跑道、停机坪、港口、航道占用耕地，<u>减按每平方米 2元</u>的税额征收耕地占用税 2.农村居民占用耕地新建住宅，按照当地适用税额减半征收耕地占用税

【提示】 <u>依照条例规定免征或者减征耕地占用税后，纳税人改变原占地用途，不再属于免征或者减征耕地占用税情形的，应当按照当地适用税额补缴耕地占用税。</u>

【例9-6·2009年单选题】 下列各项中，可以按照当地适用税额减半征收耕地占用的是（　　）。

A.供电部门占用耕地新建变电站

B.农村居民占用耕地新建住宅

C.市政部门占用耕地新建自来水厂

D.国家机关占用耕地新建办公楼

【答案】 B

【例9-7·2009年多选题】 下列各项中，应征收耕地占用税的有（　　）。

A.铁路线路占用耕地

B.学校占用耕地

C.公路线路占用耕地

D.军事设施占用耕地

【答案】 AC

【例9-8·2012年单选题】 某农户有一处花圃，占地1 200平方米，2012年3月将其中的1 100平方米改造为果园，其余100平方米建造住宅。已知该地适用的耕地占用税的定额税率为每平方米25元。则该农户应缴纳的耕地占用税为（　　）。

A.1 250元

B.2 500元

C.15 000元

D.30 000元

【答案】A

【解析】耕地占用税是对占用耕地建房或从事其他非农业建设的单位和个人，就其实际占用的耕地面积征收的一种税；本题只就占用的100平方米耕地建造住宅征收耕地占用税。另外，农村居民占用耕地新建住宅的，按照当地适用税额减半征收耕地占用税。该农户应缴纳的耕地占用税=100×25×50%=1 250（元）。

征收管理

（二）征收管理→注意客观题，重点理解记忆第3、4点。

1.耕地占用税由地方税务机关负责征收。

2.获准占用耕地的单位或者个人应当在收到土地管理部门的通知之日起30日内缴纳耕地占用税。土地管理部门凭耕地占用税完税凭证或者免税凭证和其他有关文件发放建设用地批准书。

3.临时占用耕地先纳税，恢复原状后再全额退税。

4.建设直接为农业生产服务的生产设施占用林地等规定的农用地的，不征收耕地占用税。

【例9-9·2010年多选题】下列关于耕地占用税的表述中，正确的有（　　）。

A.建设直接为农业生产服务的生产设施而占用农用地的，不征收耕地占用税

B.获准占用耕地的单位或者个人，应当在收到土地管理部门的通知之日起60日内缴纳耕地占用税

C.免征或者减征耕地占用税后，纳税人改变原占地用途，不再属于免征或者减征耕地占用税情形的，应当按照当地适用税额补缴耕地占用税

D.纳税人临时占用耕地，应当依照规定缴纳耕地占用税，在批准临时占用耕地的期限内恢复原状的，可部分退还已经缴纳的耕地占用税

【答案】AC

智能测评

扫码听分享	做题看反馈
	学完马上测！
本章属于容易章节、送分章节。对于城镇土地使用税和耕地占用税要进行对比学习，重点掌握优惠相关政策，易在客观题中考到。 扫一扫二维码，来听学习导师的分享吧。	请扫描上方的二维码进入本章测试，检测一下自己学习的效果如何。做完题目，还可以查看自己的个性化测试反馈报告。这样，在以后复习的时候就更有针对性、效率更高啦！

第十章　房产税法、契税法和土地增值税法

本章导学

本章考情概述

本章尽管属于小税种章节，但是在CPA税法学习中有着较高的地位。这三个涉及房地产业的税种计税依据特殊，高频考点较多，每年都有客观题，其中土地增值税每年必考一道主观题，考生在复习时需要高度重视。

本章内容包括：房产税、契税、土地增值税。

本章最近三年平均分值在12分左右，土地增值税的计算就占据一半的分值。在客观题中，房产税的纳税义务人、计税依据、税收优惠、纳税义务发生时间，契税的征税范围、税收优惠，土地增值税的征税范围、房地产开发企业土地增值税的清算政策、纳税地点，这些一直都是命题的重点。在土地增值税的主观题中，考生不仅需要重点掌握土地增值税的允许扣除项目，还要关注土地增值税分摊型计算和"营改增"后对收入的影响。

纳税义务人

第一节　房产税法

一、纳税义务人与征税范围（能力等级2）

（一）纳税义务人

房产税是以房屋为征税对象，按照房屋的计税余值或租金收入，向产权所有人征收的一种财产税。房产税以在征税范围内的房屋产权所有人为纳税人。其中：*一般都是产权所有人，以下几条单独记忆。*

1.产权属国家所有的，由经营管理单位纳税；产权属集体和个人所有的，由集体单位和个人纳税。

2.产权出典的，由承典人纳税。

3.产权所有人、承典人不在房屋所在地的，或者产权未确定及租典纠纷未解决的，由房产代管人或者使用人纳税。

4.纳税单位和个人无租使用房产管理部门、免税单位及纳税单位的房产，应由使用人代为缴纳房产税。

【例10-1·2012年多选题】以下关于房产税纳税人的表述中，正确的有（　　　）。

A.外籍个人不缴纳房产税

B.房屋产权出典的，承典人为纳税人

C.房屋产权属于集体所有的，集体单位为纳税人

D.房屋产权未确定及租典纠纷未解决的，代管人或使用人为纳税人

【答案】BCD

【解析】选项A：自2009年1月1日起，外商投资企业、外国企业和组织以及外籍个人，依照《中华人民共和国房产税暂行条例》缴纳房产税。

（二）征税范围

1.房产税以房产为征税对象。所谓房产，是指有屋面和围护结构（有墙或两边有柱），能够遮风避雨，可供人们在其中生产、学习、工作、娱乐、居住或储藏物资的场所。

像游泳池、烟囱、水塔等不属于房产。房产是建筑物，但建筑物不一定是房产。

第十章

存货不征收房产税。

固定资产或投资性房地产要征房产税。

2.房地产开发企业建造的商品房，在出售前，不征收房产税；但对出售前房地产开发企业已使用或出租、出借的商品房，应按规定征收房产税。

3.房产税的征税范围为城市、县城、建制镇和工矿区，房产税的征税范围不包括农村。 税法上一般对农民伯伯很少征税。

【提示】房产税征税对象注意房产的结构、用途和地域范围。

二、税率、计税依据和应纳税额的计算（能力等级3）

（一）税率

我国现行房产税采用的是比例税率。

1.按房产原值一次减除10%～30%后的余值计征的，税率为1.2%； 从价计征。

2.按房产出租的租金收入计征的，税率为12%； 从租计征。

3.从2008年3月1日起，对个人出租住房，不区分用途，按4%的税率征收房产税。 对个人居住的房产不征税。

（二）计税依据

房产税的计税依据是房产的计税价值或房产的租金收入。按照房产计税价值征税的，称为从价计征；按照房产租金收入计征的，称为从租计征。如图10-1所示。

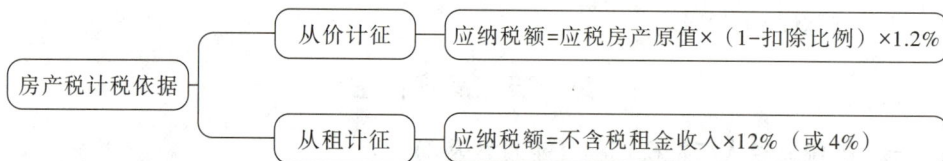

房产税计税依据
- 从价计征——应纳税额=应税房产原值×（1-扣除比例）×1.2%
- 从租计征——应纳税额=不含税租金收入×12%（或4%）

图10-1 房产税计税依据

房产税的税率

计税依据之从价计征

1.从价计征

从价计征是按房产的原值减除一定比例后的余值计征，其计算公式为：

应纳税额 = 应税房产原值×（1-扣除比例）×1.2% 房价+地价。

扣除比例由当地省、自治区、直辖市人民政府确定。

（1）房产原值是指纳税人按照会计制度规定，在账簿"固定资产"科目中记载的房屋原价。 取得成本。

（2）对按照房产原值计税的房产，无论会计上如何核算，房产原值均应包含地价，包括为取得土地使用权支付的价款、开发土地发生的成本费用等。宗地容积率低于0.5的，按房产建筑面积的2倍计算土地面积，并据此确定计入房产原值的地价。 没有充分利用，所以多征税。

【解释】容积率=$\frac{地上建筑面积}{建筑用地面积}×100\%$

【案例10-1】某企业购置一幢办公楼，会计固定资产账面记录房产金额3 000万元，在无形资产账面记载了购买该幢楼支付的土地使用权金额1 000万元，当地的房产税原值减除比例为30%，则该企业每年应纳房产税=（3 000+1 000）×（1-30%）×1.2%=33.6（万元）。

【例10-2·单选题】某企业购置一宗面积为3 000平方米的土地建造厂房，支付土地使用权价款900万元，厂房建筑面积为1 200平方米，固定资产科目账面记录房产造价为2 000万元（不含地价），当地省政府规定计算房产余值的减除比例为20%，则该企业每年应缴纳房产税（   ）万元。

A.16.8

B.22.57

C.26.11

D.27.84

【答案】C

【解析】对按照房产原值计税的房产，无论会计上如何核算，房产原值均应包括地价，包括为取得土地使用权支付的价款、开发土地发生的成本费用等。宗地容积率低于0.5的，按照房产建筑面积的2倍计算土地面积并据此确定计入房产原值的地价。该企业厂房宗地容积率=1 200÷3 000=0.4，低于0.5，按照房产建筑面积的2倍计算计入房产原值的地价。该企业每年应缴纳的房产税=（2 000+900÷3 000× *房价。单位房价。* 1 200×2）×（1-20%）×1.2%=26.11（万元）。

土地面积。

（3）凡以房屋为载体，不可随意移动的附属设备和配套设施，如给排水、采暖、消防、中央空调、电气及智能化楼宇设备等，无论在会计核算中是否单独记账与核算，都应计入房产原值，计征房产税。 ← *与房屋视为一个整体，不可分割的，计入原值，征房产税。*

（4）对于更换房屋附属设备和配套设施的，在将其价值计入房产原值时，可扣减原来相应设备和设施的价值；对附属设备和配套设施中易损坏、需要经常更换的零配件，更新后不再计入房产原值。 *与会计更新改造一致，去掉被更换的价值，加上新的配件的价值。*

【例10-3·2012年单选题】某上市公司2011年以5 000万元购得一处高档会所，然后加以改建，支出500万元在后院新建一露天泳池，支出500万元新增中央空调系统，拆除200万元的照明设施，再支付500万元安装智能照明和楼宇声控系统，会所于2011年底改建完毕并对外营业。当地规定计算房产余值扣除比例为30%，2012年该会所应缴纳房产税（　　）。

例题讲解

A.42万元　　　　　　　　　　　B.48.72万元

C.50.4万元　　　　　　　　　　D.54.6万元

【答案】B

【解析】露天泳池不属于房产税的征税对象；纳税人对原有房屋进行改建、扩建的，要相应增加房屋的原值，支出500万元新增中央空调系统需要缴纳房产税；对更换房屋附属设备和配套设施的，在将其价值计入房产原值时，可扣减原来相应设备和设施的价值，因此支付500万元安装智能照明和楼宇声控系统在计入房产原值的同时，可扣减拆除200万元的照明设施的价值。2012年该会所应缴纳房产税=〔5 000+500+（500-200）〕×（1-30%）×1.2%=48.72（万元）。

（5）纳税人对原有房屋进行改扩建的，要相应增加房屋的原值。

（6）对投资联营的房产，在计征房产税时应予以区别对待：

①对于以房产投资联营，投资者参与投资利润分红，共担风险的，按房产余值作为计税依据计征房产税；（纳税人为被投资方） *被投资方拥有房产所有权，从价计征。可以视为卖给被投资单位。*

②对于以房产投资，收取固定收入，不承担联营风险的，实际是以联营名义取得房产租金，应根据《房产税暂行条例》的有关规定由出租方按租金收入计缴房产税。（纳税人为投资方） *被投资方只相当于租入房产，投资方仍拥有所有权，从租计征。因为是收取固定的金额，所以视为出租给被投资单位。*

【总结】关于投资联营房产税的计税规则（见表10-1）

表10-1　　　　　　　　关于投资联营房产税的计税规则

联营类型	纳税人	计税方法	计税依据
投资者参与投资利润分红，共担风险	被投资方	从价计征	按房产余值
只收取固定收入，不承担联营风险	投资方	从租计征	固定收入视同租金收入

（7）融资租赁的房产，由承租人自融资租赁合同约定开始日的次月起依照房产余值缴纳房产税。合同未约定开始日的，由承租人自合同签订的次月起依照房产余值缴纳房产税。　　纳税时间：次月；计税依据：从价；纳税人：承租人。

【提示】关注融资租赁房产的房产税纳税人（承租人）、计税方法（从价计征）、纳税义务发生时间（合同约定的次月起）。

（8）居民住宅区内业主共有的经营性房产缴纳房产税。

（9）凡在房产税征收范围内的具备房屋功能的地下建筑，包括与地上房屋相连的地下建筑以及完全建在地面以下的建筑、地下人防设施等，均应当依照有关规定征收房产税：

①地下建筑物为工业用途房产，以房屋原价的50%～60%作为应税房产的原值；

②地下建筑物为商业和其他用途房产，以房屋原价的70%～80%作为应税房产的原值；　　区分是否为单独地下建筑物。单独需折价计征；一个整体，合并纳税。

应纳税额 = 应税房产原值×50%~80%×(1－扣除比例)×1.2%

③对于与地上房屋相连的地下建筑，如房屋的地下室、地下停车场、商场的地下部分等，应将地下部分与地上房屋视为一个整体，按照地上房屋建筑的有关规定计算征收房产税。

【例10-4·2016年单选题】某工业企业2016年2月自建的厂房竣工并投入使用。该厂房的原值为8 000万元，其中用于储存物资的独立地下室为800万元。假设厂房原值及减除比例为30%，地下室应税原值为房产原值的60%。该企业2016年应缴纳房产税（　　　）。

A.56万元

B.59.14万元

C.61.60万元

D.53.76万元

【答案】D

【解析】应纳房产税税额 =（8 000-800）×（1-30%）×1.2%×10/12+800×60%×（1-30%）×1.2%×10/12=53.76（万元）。

2.从租计征

从租计征是按房产的租金收入计征，其计算公式为：

应纳税额 = 不含税租金收入×12%（或4%）

（1）对出租房产，租赁双方签订的租赁合同约定有免收租金期限的，免收租金期间由产权所有人按照房产原值缴纳房产税。

（2）出租的地下建筑物，按照出租地上房屋建筑物的有关规定计算征收房产税。

计税依据之从租计征

【提示】房产税是按年计征，务必要注意房产在一个纳税年度中的从价计征和从租计征的组合，即"时间"和"原值"的分摊问题。

右侧批注：一个纳税年度，又有自用又有出租，自用从价计征的1.2%是按年计征，所以要除以12个月再乘以自用时长。

【例10-5·2010年单选题】某公司2008年购进一处房产，2009年5月1日用于投资联营（收取固定收入，不承担联营风险），投资期3年，当年取得固定收入160万元。该房产原值为3 000万元，当地政府规定的减除幅度为30%，该公司2009年应缴纳的房产税为（　　）。

A.21.2万元

B.27.6万元

C.29.7万元

D.44.4万元

【答案】B

【解析】用房产投资联营取得固定收入的，按租金收入计缴房产税，则该企业应纳房产税为未联营期间按计税余值计算房产税与参与对外联营取得固定收入比照租金收入计缴房产税的两项之和：3 000×（1-30%）×1.2%×4/12+160×12%=8.4+19.2=27.6（万元）。

三、税收优惠（能力等级2）　注意客观题，必考！

税收优惠

1.国家机关、人民团体、军队自用的房产免征房产税。但上述免税单位的出租房产以及非自身业务使用的生产、营业用房，不属于免税范围。

2.由国家财政部门拨付事业经费的单位，如学校、医疗卫生单位、托儿所、幼儿园、敬老院、文化、体育、艺术这些实行全额或差额预算管理的事业单位所有的，本身业务范围内使用的房产免征房产税。

3.宗教寺庙、公园、名胜古迹自用的房产免征房产税。

4.个人所有非营业用的房产免征房产税。

5.经财政部批准免税的其他房产：

（1）对非营利性医疗机构、疾病控制机构和妇幼保健机构等卫生机构自用的房产，免征房产税。

（2）从2001年1月1日起，对按政府规定价格出租的公有住房和廉租住房，包括企业和自收自支事业单位向职工出租的单位自有住房，房管部门向居民出租的公有住房，落实私房政策中带户发还产权并以政府规定租金标准向居民出租的私有住房等，暂免征收房产税。

（3）经营公租房的租金收入，免征房产税。

四、征收管理（能力等级2）

征收管理

（一）纳税义务发生时间

批注：注意和城镇土地使用税纳税义务发生时间结合记忆。注意客观题和主观题，需要准确判断纳税义务发生时间！

1.纳税人将原有房产用于生产经营，从生产经营之月起缴纳房产税。

2.纳税人自行新建房屋用于生产经营，从建成之次月起缴纳房产税。

3.纳税人委托施工企业建设的房屋，从办理验收手续之次月起缴纳房产税。

4.纳税人购置新建商品房，自房屋交付使用之次月起缴纳房产税。

5.纳税人购置存量房，自办理房屋权属转移、变更登记手续，房地产权属登记机关签发房屋权属证书之次月起，缴纳房产税。

6.纳税人出租、出借房产，自交付出租、出借房产之次月起，缴纳房产税。

右侧批注：当月，其他都是次月。因为原有房产之前也要交房产税，所以是当月。

7.房地产开发企业自用、出租、出借本企业建造的商品房，<u>自房屋使用或交付之次月起</u>，缴纳房产税。

8.自 2009 年 1 月 1 日起，纳税人因房产的实物或权利状态发生变化而依法终止房产税纳税义务的，其应纳税款的计算<u>应截止到房产的实物或权利状态发生变化的当月末。</u>   *相当于次月开始不缴纳房产税。*

【提示】只有将"原有的房产"用于"生产经营"，是从"当月"起缴纳房产税；其余房产都是从"次月"起缴纳房产税。

（二）纳税地点   *不动产所在地。*

房产税在<u>房产所在地</u>缴纳。房产不在同一地方的纳税人，应按<u>房产的坐落地点</u>分别向房产所在地的税务机关纳税。

【例 10-6 · 2008 年多选题】下列各项中，符合房产税纳税义务发生时间规定的有（   ）。

A.纳税人购置新建商品房，自房屋交付使用之次月起缴纳房产税

B.纳税人委托施工企业建设的房屋，自建成之次月起缴纳房产税

C.纳税人将原有房产用于生产经营，自生产经营之次月起缴纳房产税

D.纳税人购置存量房，自房地产权属登记机关签发房屋权属证书之次月起缴纳房产税

【答案】AD

【解析】纳税人委托施工企业建设的房屋，从办理验收手续之次月起缴纳房产税；纳税人将原有房产用于生产经营，从生产经营之月起缴纳房产税。

第二节　契税法

一、纳税义务人与征税范围（能力等级 2）

（一）纳税义务人   *与一般税种不同，契税为买方征税。*

契税的纳税义务人是指在中华人民共和国<u>境内转移土地、房屋权属</u>，<u>承受</u>的单位和个人。

【提示】契税的纳税义务人强调的是"谁获得产权谁纳税"，产权仅限土地使用权和不动产所有权。

【总结】对于转让房地产权属的行为，转让方和承受方的纳税情况如图 10-2 所示：   *很重要！一定要掌握！*

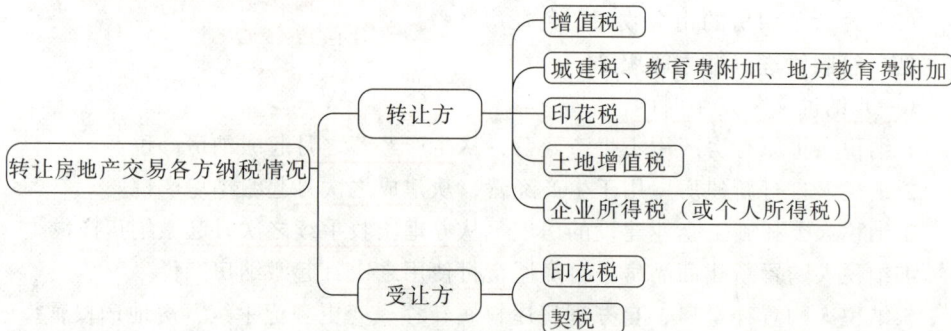

纳税义务人

图 10-2　转让房地产交易各方纳税情况

【例10-7·2009年多选题】孙某将自有住房无偿赠与非法定继承人王某，已向税务机关提交经审核并签字盖章的"个人无偿赠与不动产登记表"。下列有关孙某赠房涉及税收的表述中，正确的有（　　）。

A.孙某应缴纳契税

B.王某应缴纳契税

C.孙某应缴纳印花税

D.王某应缴纳印花税

【答案】BCD

（二）征税范围（见表10-2）

契税的征税对象是境内转移土地、房屋权属。具体包括：土地使用权的出让、转让及房屋的买卖、赠与、交换。

契税的征税范围

表10-2　　　　　　　　　　　　　　契税的征税范围

征税范围	具体要求
1.国有土地使用权的出让	国有土地使用权出让，受让者应向国家缴纳出让金，以出让金为依据计算缴纳契税 【提示】不得因减免土地出让金而减免契税
2.土地使用权的转让	土地使用权的转让不包括农村集体土地承包经营权的转移
3.房屋买卖	（1）以房屋抵债或实物交换房屋，视同房屋买卖，由产权承受人按房屋现值缴纳契税。以房产抵债的，过户时按照折价款缴纳契税 【案例10-2】居民甲某有两套住房，将第一套价值480万元的住房折价给乙某抵偿了450万元的债务，假定采用3%的税率，则乙应纳契税4 500 000×3%=135 000（元） （2）以自有房产作股投入本人独资经营企业，因未发生权属变化，不需办理房产变更手续，故免纳契税 （3）买房者不论其购买目的是拆用材料，还是得到旧房后翻建成新房，都要涉及办理产权转移手续，只要发生房屋权属变化，就要照章缴纳契税
4.房屋赠与	房屋的受赠人要按该规定缴纳契税
5.房屋交换	房屋所有者之间交换房屋的行为。交换价格相等时，免征契税
6.其他	（1）以土地房屋权属作价投资、入股 （2）以土地房屋权属抵债 （3）以获奖方式承受土地、房屋权属 （4）以预购方式或者预付集资建房款方式承受土地、房屋权属

（手写批注）相当于乙以450万元取得房屋所有权。

（手写批注）产权没有发生变更，不需要交契税。

（手写批注）谁拥有产权谁缴纳契税。

（手写批注）差价换房，差价支付方按差额征税。

（手写批注）这些情况均发生了土地、房屋权属的变化。

【例10-8·2009年单选题】下列有关契税的表述中，正确的是（　　）。

A.买房用以拆料或翻建新房的，应缴纳契税

B.受让农村土地承包经营权的，应缴纳契税

C.以实物交换房屋的，应以差价部分作为契税的计税依据

D.承受国有土地使用权，国家免收土地出让金的，应免于缴纳契税

（侧边）第十章

【答案】A

【例10-9·2012年单选题】下列情形中，免予缴纳契税的是（　　）。

A.买房拆料

B.受赠房产

C.交换价格相等的房屋

D.承受国有土地使用权支付土地出让金

【答案】C

【解析】选项A：买房拆料应照章征收契税；选项B：受赠房产，房屋的受赠人要按规定缴纳契税；选项D：对承受国有土地使用权所应支付的土地出让金，要计征契税，不得因减免土地出让金而减免契税。

税率、计税依据和应纳税额的计算

二、税率、计税依据和应纳税额的计算（能力等级3）

（一）税率

3%～5%的幅度比例税率。——→考试会给定。

（二）计税依据和应纳税额的计算（见表10-3）

表10-3　　　　　　　　　　计税依据和应纳税额的计算

征税对象	纳税人	计税依据	税率	计税公式
土地使用权出让和转让	买方	成交价格	3%～5%的幅度内，各省、自治区、直辖市人民政府按本地区实际情况确定	应纳税额=计税依据×税率
房屋买卖				
房屋赠与	受赠方	参照市场价核定		
房屋交换土地交换	差价支付方	等价交换，免征契税差价交换，差额征税		

（获得房屋价值方）

【提示1】计征契税的成交价格不含增值税。

【提示2】等价交换房屋土地权属的免征契税，交换价格不等时，由多交付货币、实物、无形资产或者其他经济利益的一方缴纳契税，即"谁付差价，谁缴契税"。

【提示3】注意"以房换房"与"以物换房"的区别。

因为之前没有交契税。

【提示4】以划拨方式取得土地使用权，经批准转让房地产时，由房地产转让者补缴契税。计税依据为补缴的土地使用权出让费用或者土地收益。

【例10-10·2010年单选题】居民乙因拖欠居民甲180万元的款项无力偿还，2010年6月经当地有关部门调解，以房产抵偿该笔债务，居民甲因此取得该房产的产权并支付给居民乙差价款20万元。假定当地省政府规定的契税税率为5%。下列表述中正确的是（　　）。

A.居民甲应缴纳契税1万元

B.居民乙应缴纳契税1万元

C.居民甲应缴纳契税10万元

D.居民乙应缴纳契税10万元

【答案】C

【解析】契税的纳税人为承受房产权利的人，所以应该是居民甲缴纳契税。由于该房产是用180万元债权外加20万元款项构成，故计税依据视为200万元，应纳契税＝（180+20）×5%＝10（万元）。

三、税收优惠（能力等级2）

（一）契税优惠的一般规定 →政策琐碎，注意记忆，可在临考前着重掌握！

1.国家机关、事业单位、社会团体、军事单位承受土地、房屋用于办公、教学、医疗、科研和军事设施的，免征契税。

2.城镇职工按规定第一次购买公有住房，免征契税。

此外，财政部、国家税务总局规定：自2000年11月29日起，对各类公有制单位为解决职工住房而采取集资建房方式建成的普通住房，或由单位购买的普通商品住房，经当地县以上人民政府房改部门批准，按照国家房改政策出售给本单位职工的，如属职工首次购买住房，均可免征契税。

3.因不可抗力灭失住房而重新购买住房的，酌情减免。

4.土地、房屋被县级以上人民政府征用、占用后，重新承受土地、房屋权属的，由省级人民政府确定是否减免。

5.承受荒山、荒沟、荒丘、荒滩土地使用权，并用于农、林、牧、渔业生产的，免征契税。→农民伯伯一般都免税。

6.经外交部确认，依照我国有关法律规定以及我国缔结或参加的双边和多边条约或协定，应当予以免税的外国驻华使馆、领事馆、联合国驻华机构及其外交代表、领事官员和其他外交人员承受土地、房屋权属。

7.公租房经营管理单位购买住房作为公租房的，免征契税。

8.对个人购买家庭唯一住房（成员范围包括购房人、配偶以及未成年子女，下同）；面积为90平方米及以下的，减按1%的税率征收契税；面积为90平方米以上的，减按1.5%的税率征收契税。

9.对个人购买家庭第二套改善性住房，面积为90平方米及以下的，减按1%的税率征收契税；面积为90平方米以上的，减按2%的税率征收契税。

【总结】（见表10-4）

表10-4　　　　　　　　　　　　　总结

个人购买住房		契税优惠税率	实施范围
个人购买家庭唯一住房	面积为≤90m²的	1%	全国范围
	面积为＞90m²的	1.5%	
个人购买家庭第二套改善性住房	面积为≤90m²的	1%	除北京、上海、广州、深圳外（无优惠政策）
	面积为＞90m²的	2%	

（二）契税优惠的特殊规定

自2015年1月1日起至2017年12月31日，企业、事业单位改制重组过程中涉及的契税按以下规定执行，见表10-5：

契税税收优
惠的特殊
规定

表 10-5 契税优惠的特殊规定

特殊行为	具体情况		契税政策
企业改制	非公司制企业改制为有限责任公司或股份有限公司，有限责任公司变更为股份有限公司，股份有限公司变更为有限责任公司，原企业投资主体存续并在改制（变更）后的公司中所持股权（股份）比例超过75%，且改制（变更）后公司承继原企业权利、义务的，对改制（变更）后公司承受原企业土地、房屋权属		免征
事业单位改制	事业单位按照国家有关规定改制为企业，原投资主体存续并在改制后企业中出资（股权、股份）比例超过50%的，对改制后企业承受原事业单位的土地、房屋权属		免征
公司合并	两个或两个以上的公司，依照法律规定、合同约定，合并为一个公司，且原投资主体存续的，对合并后公司承受原合并各方的土地、房屋权属		免征
公司分立	公司依照法律规定、合同约定分立为两个或两个以上投资主体相同的公司，对分立后公司承受原公司土地、房屋权属		免征
企业破产	债权人（包括破产企业职工）承受破产企业抵偿债务的土地、房屋权属		免征
	非债权人承受破产企业 土地、房屋权属	与原企业全部职工签订服务年限不少于3年的劳动用工合同的，对其承受所购企业土地、房屋权属	免征
		与原企业超过30%的职工签订服务年限不少于3年的劳动用工合同的	减半征收
资产划转	对承受县级以上人民政府或国有资产管理部门按规定进行行政性调整、划转国有土地、房屋权属的单位		免征
	同一投资主体内部所属企业之间土地、房屋权属的划转，包括母公司与其全资子公司之间，同一公司所属全资子公司之间，同一自然人与其设立的个人独资企业、一人有限公司之间土地、房屋权属的划转		免征
债权转股权	经国务院批准实施债权转股权的企业，对债权转股权后新设立的公司承受原企业的土地、房屋权属		免征
划拨用地出让或作价出资	以出让方式或国家作价出资（入股）方式承受原改制重组企业、事业单位划拨用地的，不属上述规定的免税范围		征收契税
公司股权（股份）转让	在股权（股份）转让中，单位、个人承受公司股权（股份），公司土地、房屋权属不发生转移		不征收

【例 10-11·2011 年单选题】下列关于契税征管制度的表述中，正确的是（　　　）。

A. 对承受国有土地使用权所支付的土地出让金应计征契税

B. 非法定继承人根据遗嘱承受死者生前的房屋权属免征契税

C. 对个人购买普通住房且该住房属于家庭唯一住房的免征契税减按 1% 或 1.5%。

D.以自有房产作股投资于本人独资经营的企业应按房产的市场价格缴纳契税

【答案】A

【例10-12·2012年单选题】下列关于契税优惠政策的表述中，正确的是（　　）。

A.某居民投资购买了一宗用于建造幼儿园的土地，可以免征契税

B.某退休林场工人到某山区购买了一片荒丘用于开荒造林，应减半缴纳契税

C.某县城国有企业职工按规定第一次购买公有住房，应按1%的优惠税率缴纳契税

D.某居民购买一套86平方米的普通住房作为家庭唯一住房，可减按1%的税率缴纳契税

【答案】D

【解析】选项A：需要缴纳契税；选项B：承受荒山、荒沟、荒丘、荒滩土地使用权，并用于农、林、牧、渔业生产的，免征契税；选项C：城镇职工按规定第一次购买公有住房，免征契税。

四、征收管理（能力等级1）（见表10-6）

表10-6　　　　　　　　　　　　征收管理

基本要点	主要规定
纳税义务发生时间	签订合同的<u>当天</u>，或者取得其他具有土地、房屋权属转移合同性质凭证的当天
申报纳税期限	纳税义务发生之日起10日内
申报地点	土地、房屋所在地的征收机关

【例10-13·2010年多选题】居民甲将其拥有的一处房产给居民乙，双方签订房屋权属转移合同并按规定办理了房屋产权过户手续。下列关于契税和印花税的表述中，正确的有（　　）。

A.作为交易的双方，居民甲和居民乙均同时负有印花税和契税的纳税义务

B.契税的计税依据为房屋权属转移合同中确定的房产成交价格

C.契税纳税人应在该房产的所在地缴纳契税，印花税的纳税人应在签订合同时就地纳税

D.契税纳税人的纳税义务在房屋权属转移合同的当天发生，印花税纳税人的纳税义务在房屋权属转移合同签订时发生

【答案】BCD

第三节　土地增值税法

一、纳税义务人与征税范围（能力等级1）

（一）纳税义务人

土地增值税的纳税义务人为转让国有土地使用权、地上的建筑及其附着物（以下简称转让房地产）并取得收入的单位和个人。单位包括各类企业、事业单位、国家机关和社会团体及其他组织。个人包括个体经营者。

（二）征税范围

1.基本征税范围　　区分：国有土地使用权出让和国有土地使用权转让。

土地增值税是对转让国有土地使用权及其地上建筑物和附着物的行为征税，**不包括国有土地使用权出让**所取得的收入。具体包括：　　　房+地。

出让：国家卖给开发商，国家不对国家征税。

（1）转让国有土地使用权；

（2）地上的建筑物及其附着物连同国有土地使用权一并转让；

（3）存量房地产的买卖。

【提示】土地增值税包含了两个基本征税条件：第一，是有偿，没有收入就不存在增值这一说法；第二，是产权变更，我国实行的是不动产登记制度，只有产权发生变更，才会出现土地增值税的纳税义务。后续的具体情况判定，大部分也是基于是否满足这两条征税条件展开的。　高频考点！需掌握，能够准确判断哪些应征土地使用税，哪些是免税的，哪些是不属于征税范围的。

具体情形判定

2.具体情况判定（见表10-7）

表10-7　　　　　　　　　　　　　具体情况判定

具体情形		是否征税
房地产的继承　（没有收入）		不属于征税范围
房地产的赠与	房产所有人、土地使用权所有人将房屋产权、土地使用权赠与直系亲属或承担直接赡养义务人　（国家鼓励）	不属于征税范围
	房产所有人、土地使用权所有人通过中国境内非营利的社会团体、国家机关将房屋产权、土地使用权赠与教育、民政和其他社会福利、公益事业的	
	除此以外的赠与	征税
房地产的出租　（产权没变）		不属于征税范围
房地产的抵押	在抵押期间　（产权没变）	不属于征税范围
	抵押期满后，对于以房地产抵债而发生房地产权属转让的	征税
房地产的交换	对个人之间互换自有居住用房地产的	免税
	除此以外的房地产交换	征税
合作建房	对于一方出地，一方出资金，双方合作建房，建成后按比例分房自用的　（没有收入）	免税
	建成后转让的	征税
房地产的代建房行为　（产权没变）		不属于征税范围
房地产的重新评估　（产权没变）		不属于征税范围

【提示】注意区分"不征税"和"免税"的区别："不征税"不属于征税范围，"免税"属于征税范围，但在政策上予以减免纳税。

【例10-14·2012年单选题】下列各项中，属于土地增值税征收范围的是（　　　）。

A.房地产的出租行为

B.房地产的抵押行为

C.房地产的重新评估行为

D.个人互换自有住房的行为

【答案】D　　满足条件：1.有偿；2.产权变更。

【解析】选项A：房地产的出租，没有发生房产产权、土地使用权的转移，不属于土地增值税的征税范围；选项B：对房地产的抵押，在抵押期间不征收土地增值税；选项C：房地产的重新评估没有发生房地产权属的转移，不属于土地增值税的征税范围。

（三）企业改制重组土地增值税政策（见表10-8）

表10-8　　　　　　　　企业改制重组土地增值税政策

具体情形	征税政策
1.非公司制企业整体改建为有限责任公司或者股份有限公司，有限责任公司（股份有限公司）整体改建为股份有限公司（有限责任公司）。对改建前的企业将国有土地、房屋权属转移、变更到改建后的企业	暂不征土地增值税
2.两个或两个以上企业合并为一个企业，且原企业投资主体存续的，对原企业将国有土地、房屋权属转移、变更到合并后的企业	
3.企业分设为两个或两个以上与原企业投资主体相同的企业，对原企业将国有土地、房屋权属转移、变更到分立后的企业	
4.单位、个人在改制重组时以国有土地、房屋进行投资，对其将国有土地、房屋权属转移、变更到被投资的企业	

【提示】上述改制重组有关土地增值税政策不适用于房地产开发企业。

只要双方有一方为房地产开发企业，就要交土地增值税。

二、税率（能力等级2）（见表10-9，如图10-3所示）　很重要！一定要记忆！

表10-9　　　　　　　　　　　税率

级数	增值额与扣除项目金额的比率	税率	速算扣除系数
1	不超过50%的部分	30%	0
2	超过50%至100%的部分	40%	5%
3	超过100%至200%的部分	50%	15%
4	超过200%的部分	60%	35%

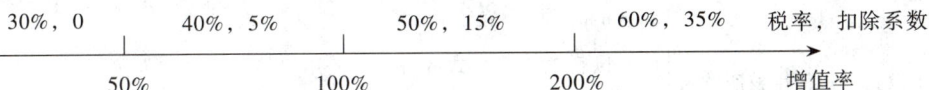

图10-3　土地增值税的四级超率累进税率

【提示】土地增值税的四级超率累进税率需要考生记忆，考试时不提供该组税率表。

三、应税收入的确定（能力等级3）

营改增后，纳税人转让房地产的土地增值税应税收入不含增值税。从收入的形式来看，包括货币收入、实物收入和其他收入。

267

1.适用增值税一般计税方法的纳税人，其转让房地产的土地增值税应税收入不含增值税销项税额。

2.适用简易计税方法的纳税人，其转让房地产的土地增值税应税收入不含增值税应纳税额。

【总结】（见表10-10）

表10-10　　　　　　　　　　　　　　　　　总结

计税方法	土地增值税应税收入		解释
简易计税	转让房地产的含税收入－增值税应纳税额		转让房地产选择使用简易计税方法，增值税应纳税额按自建与非自建分为： 增值税应纳税额 $= \dfrac{\text{全额或差额}}{1 + 5\%} \times 5\%$
一般计税	非房地产企业	转让房地产的全额含税收入 $\dfrac{}{1 + 11\%}$	非房地产企业转让房地产使用一般计税方法，增值税销项税额计算不区分自建与非自建，一律全额征税： 销项税额 $= \dfrac{\text{全额}}{1 + 11\%} \times 11\%$
	房地产企业	转让房地产的含税收入－增值税销项税额	房地产企业转让自建开发项目选择一般计税方法，在计算增值税销项税额时收入应为差额征税： 销项税额 $= \dfrac{\text{含税收入－地价款}}{1 + 11\%} \times 11\%$

四、扣除项目的确定（能力等级3） 非常重要，每年必考！重点掌握！

计算土地增值税应纳税额，并不是直接对转让房地产所取得的收入征税，而是要对收入额减除国家规定的各项扣除项目金额后的余额计算征税（这个余额就是纳税人在转让房地产中获取的增值额）。因此，要计算增值额，首先必须确定扣除项目。

（一）取得土地使用权所支付的金额（见表10-11）

表10-11　　　　　　　　　　　取得土地使用权所支付的金额

①取得土地使用权所支付的金额 （地价款+税费）	1.纳税人为取得土地使用权所支付的地价款 （1）以协议、招标、拍卖等出让方式取得土地使用权的，地价款为纳税人所支付的土地出让金 （2）以行政划拨方式取得土地使用权的，地价款为按照国家有关规定补交的土地出让金 （3）以转让方式取得土地使用权的，地价款为向原土地使用权人实际支付的地价款 2.纳税人在取得土地使用权时按国家统一规定缴纳的有关费用（登记、过户手续费）

【提示】审题时需要考生注意"取得土地使用权支付的金额"和"取得土地

扣除项目确定

注意"取得土地使用权支付的金额"和"取得土地使用权支付的地价款"（不包含契税）的区别。前者包含了"地价款"和"有关税费"。

268

使用权支付的地价款"的区别，前者包含了"地价款"和"有关税费"。

（二）**房地产开发成本**（见表10-12）　注意加入开发成本。

表10-12　　　　　　　　　**房地产开发成本**

②房地产开发成本 （不包含利息支出，此利息支出在开发费用中扣除）	1.土地征用及拆迁补偿费。包括土地征用费、耕地占用税、劳动力安置费及有关地上、地下附着物拆迁补偿的净支出、安置动迁用房支出等
	2.前期工程费。包括规划、设计、项目可行性研究和水文、地质、勘察、测绘、"三通一平"等支出
	3.建筑安装工程费。指以出包方式支付给承包单位的建筑安装工程费，以自营方式发生的建筑安装工程费
	4.基础设施费。包括开发小区内道路、供水、供电、供气、排污、排洪、通信、照明、环卫、绿化等工程发生的支出
	5.公共配套设施费。包括不能有偿转让的开发小区内公共配套设施发生的支出
	6.开发间接费用。指直接组织、管理开发项目发生的费用，包括工资、职工福利费、折旧费、修理费、办公费、水电费、劳动保护费、周转房摊销等
	7.土地增值税扣除项目涉及的增值税进项税额，允许在销项税额中计算抵扣的，不计入扣除项目，不允许在销项税额中计算抵扣的，可以计入扣除项目

（三）**房地产开发费用**　经常考，看利息能否分摊。　　计入开发成本，可以扣除。

房地产开发费用是指与房地产开发项目有关的销售费用、管理费用和财务费用。根据现行财务会计制度的规定，这三项费用作为期间费用，直接计入当期损益，不按成本核算对象进行分摊。故作为土地增值税扣除项目的房地产开发费用，不按纳税人房地产开发项目实际发生的费用进行扣除，而按《实施细则》的标准进行扣除。见表10-13。

计算时不扣"三费"实际支出，而是按以下公式进行开发费用计算，因为"三费"只体现费用化支出，没有体现资本化支出。

表10-13　　　　　　　　　**房地产开发费用**

③房地产开发费用	1.纳税人能够按转让房地产项目计算分摊利息支出，并能提供金融机构的贷款证明的，其允许扣除的房地产开发费用为：利息+（取得土地使用权所支付的金额+房地产开发成本）×5%以内（注：利息最高不能超过按商业银行同类同期贷款利率计算的金额）。即： 不超标的利息+（①+②）×5%以内　利息能分摊。
	2.纳税人不能按转让房地产项目计算分摊利息支出或不能提供金融机构贷款证明的，其允许扣除的房地产开发费用为：（取得土地使用权所支付的金额+房地产开发成本）×10%以内。即： （①+②）×10%以内　利息不能分摊。

【提示1】　第1种扣除方法中的利息最高不能超过按商业银行同类同期贷款利率计算的金额；

【提示2】　全部使用自有资金，没有利息支出的，按照第2种方法扣除；

【提示3】　土地增值税清算时，已经计入房地产开发成本的利息支出，应调整至财务费用中计算扣除。

【案例10-3】某企业开发房地产取得土地使用权所支付的金额为1000万元；房地产开发成本为6000万元；向金融机构借入资金利息支出400万元（能提供贷

第十章

款证明且可以合理分摊），其中超过国家规定上浮幅度的金额为100万元；该省规定能提供贷款证明且可以合理分摊利息支出的，其他房地产开发费用的计算扣除比例为5%。该企业允许扣除的房地产开发费用为（400-100）+（1 000+6 000）×5%=650（万元）。

（四）与转让房地产有关的税金（见表10-14）

表10-14　　　　　　　　　　　与转让房地产有关的税金

④与转让房地产有关的税金	1.与转让房地产有关的税金是指在转让房地产时缴纳的城市维护建设税、印花税。因转让房地产缴纳的教育费附加和地方教育费附加，也可视同税金予以扣除
	2.营改增后，计算土地增值税增值额的扣除项目中的"与转让房地产有关的税金"不包括增值税
	3.营改增后，房地产开发企业实际缴纳的城建税、教育费附加，凡能够按清算项目准确计算的，允许据实扣除。凡不能按清算项目准确计算的，则按该清算项目预缴增值税时实际缴纳的城建税、教育费附加扣除。其他转让房地产行为的城建税、教育费附加扣除比照此规定执行
	4.房地产开发企业按照《施工、房地产开发企业财务制度》有关规定，其在转让时缴纳的印花税因列入管理费用中，故在此不允许单独再扣除。其他纳税人缴纳的印花税（按产权转移书据所载金额的0.5‰贴花）允许在此扣除
	【提示】关于房地产开发企业印花税不得在计算土地增值税时予以扣除的政策，2018年教材未作修订。但"营改增"之后，房地产开发企业的印花税列入"税金及附加"核算，因此在实际中房地产开发企业的印花税允许作为与转让房地产有关的税金在土地增值税前扣除

（五）其他扣除项目（见表10-15）→是房地产企业新建项目的加计扣除。

表10-15　　　　　　　　　　　其他扣除项目

其他扣除项目：1.必须是房地产开发企业；2.必须是新建项目。

| ⑤其他扣除项目 | 对从事房地产开发的纳税人可按《实施细则》第七条（一）、（二）项规定计算的金额之和，加计20%扣除。即：
（①＋②）× 20%
此条优惠只适用于从事房地产开发的纳税人销售新建项目，除此之外的其他纳税人和其他项目不适用 |

【案例10-4】某房地产开发公司整体出售了其新建的商品房，与商品房相关的土地使用权支付金额和开发成本共计10 000万元；该公司没有按房地产项目计算分摊银行借款利息；该项目所在省政府规定，计征土地增值税时房地产开发费用扣除比例按国家规定允许的最高比例执行；与转让该商品房有关的税金为200万元（不含印花税）。计算转让该商品房项目缴纳的土地增值税时，应扣除的房地产开发费用和"其他扣除项目"的合计金额为10 000×（10%+20%）=3 000（万元）。

案例解析

（六）旧房及建筑物的评估价格（见表10-16）

表10-16　　　　　　　　　旧房及建筑物的评估价格

旧房及建筑物的评估价格

⑥旧房及建筑物的评估价格	1. 纳税人转让旧房的，应按房屋及建筑物的评估价格（⑥）、取得土地使用权所支付的地价款或出让金、按国家统一规定缴纳的有关费用（①）和转让环节缴纳的税金（④）作为扣除项目金额计征土地增值税 2. 对取得土地使用权时未支付地价款或不能提供已支付的地价款凭据的，在计征土地增值税时不允许扣除 【提示】注意区分<u>土地使用权价款</u>和<u>存量房购入价款</u>不是同一个金额 3. 旧房及建筑物的评估价格是指在转让已使用的房屋及建筑物时，由政府批准设立的房地产评估机构评定的重置成本价乘以成新度折扣率后的价格。评估价格须经当地税务机关确认。即： 评估价格＝重置成本×成新度折扣率 4. 纳税人转让旧房及建筑物时，因纳税需要对房地产进行评估所支付的评估费可以作为计算土地增值税的扣除金额，但是因纳税人隐瞒、虚报成交价格等被按照评估价格计税时发生的评估费不允许在计算土地增值税时扣除
	1. 纳税人转让旧房及建筑物，<u>凡不能取得评估价格，但能提供购房发票的</u>，经当地税务部门确认，根据《土地增值税暂行条例》第六条第（一）、（三）项规定的扣除项目的金额（取得土地使用权所支付的金额、新建房及配套设施的成本、费用，或者旧房及建筑物的评估价格），可按发票所载金额并从购买年度起至转让年度止每年加计5%计算扣除。计算扣除项目时"每年"按购房发票所载日期起至售房发票开具之日止，每满12个月计1年；超过1年，未满12个月但超过6个月的，可以视同1年。即： 发票金额×(1＋5%·n)　没有评估价格。 【提示1】提供的购房凭据为<u>营改增前</u>取得的营业税发票的，按照发票所载金额（不扣减营业税）并从购买年度起至转让年度止每年加计5%计算　不用价税分离，含增值税。 【提示2】提供的购房凭据为<u>营改增后</u>取得的增值税普通发票的，按照发票所载价税合计金额从购买年度起至转让年度止每年加计5%计算　不含增值税。 【提示3】提供的购房发票为营改增后取得的增值税专用发票的，按照发票所载<u>不含增值税金额</u>加上<u>不允许抵扣的增值税进项税额之和</u>，并从购买年度起至转让年度止每年加计5%计算 2. 对纳税人购房时缴纳的契税，凡能提供契税完税凭证的，准予作为"与转让房地产有关的税金"予以扣除，但不作为加计5%的基数 <u>【总结】销售旧房及建筑物没有评估价格时，土地增值税允许扣除的金</u>额为： 原购房发票所载的金额×(1＋5%·n)＋契税＋④

【例10-15·计算题】2018年5月，某企业转让一处2014年8月购置的办公用房，转让时不能取得评估价格，原购房发票注明购房款为300万元，购入时缴纳契税9万元，转让时缴纳城建税、教育费附加5.5万元，缴纳印花税0.2万元，上述金额和凭证均经过主管税务机关的确认，则计算该房产的土地增值税时可扣除的金额

是多少？

【答案】300×（1+5%×4）+9+5.5+0.2=374.7（万元）。

【总结】土地增值税允许扣除项目的确定（见表10-17）：　非常重要！

表10-17　　　　　　土地增值税允许扣除项目的确定

销售房地产项目类型			可扣除项目
土地使用权　地产。			①④
不动产　房产。	新建	房地产企业	①②③④⑤
		非房地产企业	①②③④
	存量	有评估价格	①④⑥
		没有评估价格	原购房发票所载的金额×(1+5%·n)+契税+④

【例10-16·多选题】以下项目中，转让新建房地产和转让存量房时，在计算其土地增值税增值额时均能扣除的项目有（　）。

A.取得土地使用权所支付的金额

B.房地产开发成本

C.与转让房地产有关的税金

D.旧房及建筑物的评估价格

【答案】AC

【例10-17·2009年多选题】转让旧房产，计算其土地增值税增值额时准予扣除的项目有（　）。

A.旧房产的评估价格

B.支付评估机构的费用

C.建造旧房产的重置成本

D.转让环节缴纳的各种税费

【答案】ABD

五、应纳税额的计算（能力等级3）

（一）增值额的确定

1.土地增值税纳税人转让房地产所取得的收入减除规定的扣除项目金额后的余额为增值额。

2.纳税人有下列情形之一的，按照房地产评估价格计算征收：

（1）隐瞒、虚报房地产成交价格的；

（2）提供扣除项目金额不实的；

（3）转让房地产的成交价格低于房地产评估价格，又无正当理由的。

【例10-18·2012年多选题】下列情形中，应按评估价格计征土地增值税的有（　）。

A.提供扣除项目金额不实的

B.隐瞒、虚报房地产成交价格的

C.房地产开发项目全部竣工完成销售需要进行清算的

D.转让房地产的成交价格低于房地产评估价格，又无正当理由的

【答案】ABD

【解析】纳税人有下列情形之一的，按照房地产评估价格计算征收土地增值税：（1）隐瞒、虚报房地产成交价格的；（2）提供扣除项目金额不实的；（3）转让房地产的成交价格低于房地产评估价格，又无正当理由的。

（二）应纳税额的计算方法

【总结】土地增值税的计算过程   非常重要！必须掌握！

第一步：确认转让房地产项目不含税收入R；

注意分摊，取得一块地不一定会用于房地产销售，也有可能出租。

第二步：计算土地增值税允许扣除项目合计数 $\sum C$：

做题技巧：按照顺序，一步一步写出来，防止漏掉扣除项目。

$\sum C$
① 地价款 + 契税
② 开发成本（关注成本构成）
③ 开发费用
 不超标的利息 + （① + ②）× 5%以内
 （① + ②）× 10%以内
④ 税金：城建税、教育费附加、地方教育费附加、印花税；
⑤ 附加扣除 = （① + ②）× 20%（注意扣除条件）
⑥
 评估价格 = 重置成本 × 成新度折扣率
 原购房发票所载的金额 × （1 + 5%·n） + 契税

第三步：计算土地增值税增值额△：

$$\triangle = R - \sum C$$

第四步：计算增值率，确定适用税率和速算扣除系数：

$$增值率 = \frac{\triangle}{\sum C} \rightarrow 确定适用税率, 速算扣除系数$$

第五步：计算土地增值税应纳税额：

$$应纳税额 = \triangle \cdot 适用税率 - \sum C \cdot 速算扣除系数$$

六、房地产开发企业土地增值税清算（能力等级3）

（一）清算单位

1.土地增值税以国家有关部门审批的房地产开发项目为单位进行清算，对于分期开发的项目，以分期项目为单位清算。

2.开发项目中同时包含普通住宅和非普通住宅的，应分别计算增值额。

【例10-19·2010年单选题】对房地产开发公司进行土地增值税清算时，可作为清算单位的是（   ）。

A.规划申报项目

B.审批备案项目

C.商业推广项目

D.设计建筑项目

【答案】B

（二）清算条件（见表10-18）

表10-18　　　　　　　　　　　清算条件

应进行土地增值税的清算（主动清算）	1.房地产开发项目全部竣工、完成销售的 2.整体转让未竣工决算房地产开发项目的 3.直接转让土地使用权的
税务机关可要求纳税人进行土地增值税清算（被动清算）	1.已竣工验收的房地产开发项目，已转让的房地产建筑面积占整个项目可售建筑面积的比重在85%以上，或该比例虽未超过85%，但剩余的可售建筑面积已经出租或自用的 2.取得销售（预售）许可证满三年仍未销售完毕的 3.纳税人申请注销税务登记但未办理土地增值税清算手续的 4.省税务机关规定的其他情况

【例10-20·2009年多选题】下列情形中，纳税人应当进行土地增值税清算的有（　　）。

A.直接转让土地使用权的

B.整体转让未竣工决算房地产开发项目的

C.房地产开发项目全部竣工并完成销售的

D.取得销售（预售）许可证2年仍未销售完的　（3年，被动清算）

【答案】ABC

（三）非直接销售和自用房地产的收入确定

1.将开发产品用于职工福利、奖励、对外投资、分配给股东、偿债、换取非货币性资产等，发生所有权转移时应视同销售房地产。收入按下列方法和顺序确认：

（1）按本企业在同一地区、同一年度销售的同类房地产的平均价格确定；

（2）由主管税务机关参照当地当年、同类房地产的市场价格或评估价值确定。

2.将开发的部分房地产转为企业自用或用于出租等商业用途时，产权未发生转移的情况下，不征收土地增值税，在税款清算时不列收入，不扣除相应的成本和费用。　对外出租不列入。

（四）扣除项目规定

1.开发建造的与清算项目配套的居委会和派出所用房、会所、停车场（库）、物业管理场所、变电站、热力站、水厂、文体场馆、学校、幼儿园、托儿所、医院、邮电通信等公共设施：

（1）建成后产权属于全体业主所有的，其成本、费用可以扣除；

（2）建成后无偿移交给政府、公用事业单位用于非营利性社会公共事业的，其成本、费用可以扣除；

（3）建成后有偿转让的，应计算收入，并准予扣除成本、费用。

2.房地产开发企业销售已装修的房屋，其装修费用可以计入房地产开发成本。

3.房地产开发企业的预提费用，除另有规定外，不得扣除。

4.房地产开发企业在工程竣工验收后，根据合同约定，扣留建筑安装施工企业一定比例的工程款，作为开发项目的质量保证金，在计算土地增值税时，建筑安装施工企业就质量保证金对房地产开发企业开具发票的，按发票所载金额予以扣除。

有发票可以扣，无发票不能扣。

清算条件

区别主动清算和被动清算条件。

如果税务机关没有要求，可先不清算。

扣除项目规定

所有预提项目均不得扣除，因为不确定，税法一概不认。

5.房地产开发企业逾期开发缴纳的土地闲置费不得扣除。

6.土地增值税扣除项目涉及的增值税进项税额，允许在销项税额中计算抵扣的，不计入扣除项目，不允许在销项税额中计算抵扣的，可以计入扣除项目。

7.拆迁安置费的扣除

（1）房产企业用建造的该项目房地产安置回迁户的，安置用房视同销售处理，按有关规定确认收入（按本企业在同一地区、同一年度销售的同类房地产的平均价格确定；或由主管税务机关参照当地当年、同类房地产的市场价格或评估价值确定），同时将此确认为房地产开发项目的拆迁补偿费。

（2）房地产开发企业支付给回迁户的补差价款，计入拆迁补偿费；回迁户支付给房地产开发企业的补差价款，应抵减本项目拆迁补偿费。

（3）货币安置拆迁的，房地产开发企业凭合法有效凭据计入拆迁补偿费。

（五）土地增值税的核定征收

房地产开发企业有下列情形之一的，税务机关可以参照与其开发规模和收入水平相近的当地企业的土地增值税税负情况，按不低于预征率的征收率核定征收土地增值税：

1.依照法律、行政法规的规定应当设置但未设置账簿的；

2.擅自销毁账簿或者拒不提供纳税资料的；

3.虽设置账簿，但账目混乱或者成本资料、收入凭证、费用凭证残缺不全，难以确定转让收入或扣除项目金额的；

4.符合土地增值税清算条件，未按照规定的期限办理清算手续，经税务机关责令限期清算，逾期仍不清算的；

5.申报的计税依据明显偏低，又无正当理由的。

为了规范核定工作，核定征收率原则上不得低于5%，各省级税务机关要结合本地实际，区分不同房地产类型制定核定征收率。

（六）清算后再转让房地产的处理

在土地增值税清算时未转让的房地产，清算后销售或有偿转让时，纳税人应按规定进行土地增值税的纳税申报，扣除项目金额按清算时的单位建筑面积成本费用乘以销售或转让面积计算。

$$单位建筑面积成本费用=\frac{清算时的扣除项目总金额}{清算的总建筑面积}$$

（七）土地增值税清算后应补缴的土地增值税加收滞纳金

纳税人按规定预缴土地增值税后，清算补缴的土地增值税，在主管税务机关规定的期限内补缴的，不加收滞纳金。

七、税收优惠（能力等级3）

1.建造普通标准住宅出售，增值额未超过扣除项目金额20%的免税。

2.因国家建设需要依法征用、收回的房地产，免征土地增值税。

3.因城市实施规划、国家建设的需要而搬迁，由纳税人自行转让原房地产的，免征土地增值税。

4.对企事业单位、社会团体以及其他组织转让旧房作为公共租赁住房房源的且增值额未超过扣除项目金额20%的，免征土地增值税。

八、征收管理（能力等级2）

（一）征收管理

对已经实行预征办法的地区，可根据不同类型房地产的实际情况，确定适合的预征率。除保障性住房外，东部地区省份预征率不得低于2%，中部和东北地区省份不得低于1.5%，西部地区省份不得低于1%。

税收优惠

4863

（二）纳税地点

纳税人应在合同签订后7日内向房地产所在地主管税务机关申报纳税，并向税务机关提供相关合同资料。纳税人转让的房地产坐落在两个或两个以上地区的，应按房地产所在地分别申报，见表10-19。

表10-19　　　　　　　　　　　纳税地点 →本质还是房地产所在地。

	转让房产坐落地与纳税人所在地	纳税地点
法人	一致	法人办理税务登记的原管辖税务机关
	不一致	房地产坐落地所管辖的税务机关
自然人	一致	自然人住所所在地税务机关
	不一致	办理过户手续所在地的税务机关

【例10-21·2013年单选题】下列情形中，可以享受免征土地增值税税收优惠政策的是（　　　）。

A.企业间互换办公用房

B.企业转让一栋房产给政府机关用于办公

C.房地产开发企业将建造的商品房作价入股某酒店

C选项，原则上不征税，但这里是房地产开发企业，所以要征税。ABC选项都是征税项目。

D.居民因省政府批准的文化园项目建设需要而自行转让房地产

【答案】D

【例10-22·2012年单选题】下列项目中，免征土地增值税的是（　　　）。

A.个人继承的房产

B.国有土地使用权的出让

C.因国家建设被征用的房地产

D.合作建房建成后转让的房地产

【答案】C

【解析】选项AB：不属于土地增值税的征税范围；选项D：合作建房建成后转让房地产的行为，属于土地增值税的征税范围，应当缴纳土地增值税。

【例10-23·2012年多选题】下列关于土地增值税纳税地点的表述中，正确的有（　　　）。

A.土地增值税的纳税人应该向其房地产所在地的主管税务机关办理纳税申报

注意辨别房地产所在地和办理过户手续所在地。

B.自然人纳税人转让的房地产坐落地与其居住所在地不一致的，应在房地产所在地的税务机关申报纳税　注意表述。

C.法人纳税人转让的房地产坐落地与其机构所在地一致的，应在办理税务登记的原管辖税务机关申报纳税

D.法人纳税人转让的房地产坐落地与其机构所在地不一致的，应在房地产的

坐落地所管辖的税务机关申报纳税

【答案】ACD

【解析】选项B：纳税人是自然人的，当转让的房地产坐落地与其居住地一致时，则向其居住地税务机关申报纳税；当转让的房地产坐落地与其居住地不一致时，向办理过户手续所在地税务机关申报纳税。

智能测评

扫码听分享	做题看反馈
本章是计算类题目的重要考点，主要集中在土地增值税方面，税率、扣除项目以及增值额的计算，都有大量信息要考虑和记忆，很容易出现遗漏等错误。学习土地增值税的关键是做题，通过做题区分理解各类需要考虑的情形。 扫一扫二维码，来听学习导师的分享吧。	学完马上测！ 　　请扫描上方的二维码进入本章测试，检测一下自己学习的效果如何。做完题目，还可以查看自己的个性化测试反馈报告。这样，在以后复习的时候就更有针对性、效率更高啦！

第十章

第十一章 车辆购置税法、车船税法和印花税法

本章考情概述

本章属于CPA税法非重点章节，但内容比较繁杂，记忆性的考点较多。

本章内容包括：车辆购置税、车船税、印花税。

从历年的试题来看，本章平均分值在6分左右，以客观题考查为主。考生在复习时需要重点关注车辆购置税的征税范围、计税依据、税收优惠、征税管理，车船税的计税单位、税收优惠、征税管理，印花税的税目辨析、计税依据。同时，这些税种也曾经在企业所得税的综合题中出现考题，考生也要关注其对所得税的影响。

第一节 车辆购置税法

一、纳税义务人与征税范围（能力等级2）

车辆购置税是以在中国境内购置规定车辆为课税对象、在特定的环节向车辆购置者征收的一种税。就其性质而言，属于直接税的范畴。

（一）纳税义务人

车辆购置税的纳税人是指在我国境内购置应税车辆的单位和个人。其中购置是指购买使用行为、进口使用行为、受赠使用行为、自产自用行为、获奖使用行为以及以拍卖、抵债、走私、罚没等方式取得并使用的行为，这些行为都属于车辆购置税的应税行为。 应税行为是各种渠道取得后使用和自用的行为。

【提示】车辆购置税的征税环节强调"使用"环节。

【例11-1·2012年多选题】下列各项中，属于车辆购置税应税行为的有（ ）。

A.受赠使用应税车辆

B.进口使用应税车辆

C.经销商经销应税车辆

D.债务人以应税车辆抵债

【答案】AB

车辆购置税与消费税征税范围的区别

【解析】车辆购置税的纳税人是指在我国境内购置应税车辆的单位和个人。其中购置是指购买使用行为、进口使用行为、受赠使用行为、自产自用行为、获奖使用行为以及以拍卖、抵债、走私、罚没等方式取得并使用的行为，这些行为都属于车辆购置税的应税行为。所以选项C、D不属于车辆购置税的应税行为。

（二）征税范围 包括各类汽车，而消费税的征税范围只包括"小汽车"。

以列举的车辆为征税对象，未列举的车辆不纳税。其征税范围包括汽车、摩托车、电车、挂车、农用运输车。车购税的征收范围由国务院决定。

【例11-2·多选题】下列车辆，属于车辆购置税征税范围的有（ ）。

A.三轮摩托车

B.无轨电车

C.半挂车

D.电动自行车

【答案】ABC

【解析】选项D电动自行车不属于车辆购置税的征税范围。

二、税率与计税依据（能力等级2）

（一）税率

我国车辆购置税实行统一比例税率，税率为10%。*无论哪种车辆税率都是10%。*

（二）计税依据

车辆购置税实行从价定率、价外征收的方法计算应纳税额，应税车辆的价格即计税价格就成为车辆购置税的计税依据（见表11-1）。

表11-1　　　　　　　　　　　　车辆购置税计税依据

购买自用	纳税人购买自用的应税车辆的计税依据为纳税人购买应税车辆而支付给销售方的全部价款（不含增值税税款）和价外费用。*包括购买的进口自用车辆。* 价外费用是指销售方价外向购买方收取的手续费、基金、违约金、包装费、运输费、保管费、代垫款项、代收款项及其他各种性质的价外收费，但不包括增值税税款 $$计税价格 = \frac{含增值税的销售价格}{1+增值税税率或征收率} = \frac{全部价款+价外费用}{1+增值税税率或征收率}$$
进口自用	纳税人进口自用的应税车辆以组成计税价格为计税依据，组成计税价格的计算公式为： $$组成计税价格 = 关税完税价格 + 关税 + 消费税 = \frac{关税完税价格 \times (1+关税税率)}{1-消费税税率}$$ 进口自用的应税车辆是指纳税人直接从境外进口或委托代理进口自用的应税车辆，即非贸易方式进口自用的应税车辆。而且进口自用的应税车辆的计税依据，应根据纳税人提供的、经海关审查确认的有关完税证明资料确定 *指纳税人自己进口并使用。* 【提示】注意车辆的消费税征税对象，并不是所有车辆都是消费税的征税对象。若不属于消费税征税对象的车辆，在进口自用时则以关税完税价格和关税进行组价
最低计税价格	1.纳税人购买和自用的应税车辆，首先应分别按前述计税价格、组成计税价格来确定计税依据。当申报的计税价格偏低，又无正当理由的，应以最低计税价格作为计税依据 *指国家税务总局参照市场平均交易价格核定的车辆购置税计税价格。* 2.实际工作中，通常是当纳税人申报的计税价格等于或高于最低计税价格时，按申报的价格计税；当纳税人申报的计税价格低于最低计税价格时，按最低计税价格计税
其他自用	自产自用、受赠使用、获奖使用和以其他方式取得并自用的应税车辆 / 一般以国家税务总局核定的最低计税价格和有效价格证明文件注明的价格孰高原则为计税依据 ①进口旧车 ②因不可抗力因素导致受损的车辆【常考点】 ③库存超过3年的车辆【常考点】 ④行驶8万公里以上的试验车辆 ⑤国家税务总局规定的其他车辆 / 1.计税依据为纳税人提供的有效价格证明注明的价格 2.有效价格证明注明的价格明显偏低的，主管税务机关有权核定应税车辆的计税价格 【解释】车辆价格证明：（1）境内购置车辆，提供销售者开具给纳税人购买应税车辆所支付的全部价款和价外费用的凭证，包括统一发票（发票联和报税联）或者其他有效凭证。（2）进口自用车辆，提供《海关进口关税专用缴款书》或者《海关进口消费税专用缴款书》或者海关进出口货物征免税证明。 【提示】这些车辆不使用最低计税价格作为计税依据

续表

其他情形	1. 对已缴纳并办理了登记注册手续的车辆，其底盘发生更换，其最低计税价格按同类型新车最低计税价格的70%计算 需二次征收。 2. 免税、减税条件消失的车辆，其最低计税价格的确定方法为： 最低计税价格 = 免税车辆初次办理纳税申报时确定的价格 × $(1 - \frac{已使用年限}{规定使用年限}) \times 100\%$ 其中，规定使用年限按10年计算；未满1年的，计税价格为免税车辆的原计税价格；超过使用年限的车辆，不再征收车辆购置税 3. 非贸易渠道进口车辆的最低计税价格，为同类型新车最低计税价格

【例11-3·多选题】 下列车辆中，凡纳税人能够出具有效证明，以纳税人提供的统一发票或有效凭证注明的金额作为计税依据的有（ ）。

A. 免税条件消失的车辆

每满1年减10%，满10年减100%，即不再征收。

B. 行驶8万公里以上的试验车辆

C. 库存超过2年的车辆

D. 进口旧车

【答案】 BD

【解析】 进口旧车、因不可抗力因素导致受损的车辆、库存超过3年的车辆、行驶8万公里以上的试验车辆、国家税务总局规定的其他车辆，凡纳税人能提供有效证明，计税依据为纳税人提供的有效价格证明注明的价格。

车辆购置税应纳税额的计算

4868

三、应纳税额的计算（能力等级2）

（一）购买自用应税车辆应纳税额的计算

纳税人购买自用的应税车辆，其计税价格由纳税人支付给销售者的全部价款（不包括增值税税款）和价外费用组成。

还要注意购买自用的应税车辆包括购买国产车、购买进口车，这里所谓购买进口车，并不是指自行进口车辆，而是指购买别人进口的车辆。

为控制社会集团购买力，对国家机关、社会团体等购买力进行控制，是政府部门的行政性收费，不属于销售者的价外费用范围。

不论是购买国产车还是进口车，都要注意需要并入计税价格的项目（见表11-2）：

表11-2　　　　　　　并入与不并入计税价格的项目

并入计税价格的项目	1. 购买者随购买车辆支付的工具件和零部件价款 2. 支付的车辆装饰费 3. 销售单位开展优质销售活动所开票收取的有关费用 4. 凡使用代收单位（受托方）票据收取的款项，应视作代收单位价外收费，应并入计税价格中一并征税
不并入计税价格的项目	1. 支付的控购费 2. 销售单位开给购买者的各种发票金额中包含增值税税款 3. 凡使用委托方票据收取，受托方只履行代收义务和收取代收手续费的款项（应按其他税收政策规定征税）

车牌费、保险费若不强调则视为只履行代收义务，不并入计税价格。

【提示】 是否需要并入计税价格的项目，取决于这些项目所开具的发票是否使用销售方的发票。

【例11-4·2011年多选题】 某机关2011年4月购车一辆，随购车支付的下列款项中，应并入计税依据征收车辆购置税的有（　　　）。

A.控购费

B.增值税税款

C.零部件价款

D.车辆装饰费

【答案】CD

【例11-5·2013年单选题】2013年6月王某从汽车4S店购置了一辆排气量为2.0升的乘用车，支付购车款（含增值税）234 000元并取得"机动车销售统一发票"，支付代收保险费5 000元并取得保险公司开具的票据，支付购买工具件价款（含增值税）1 000元并取得汽车4S店开具的普通发票。王某应缴纳的车辆购置税为（　　　）。

A.20 000元

B.20 085.47元

C.20 512.82元

D.24 000元

【答案】B

【解析】应缴纳的车辆购置税=（234 000+1 000）÷1.17×10%=20 085.47（元）。

（二）进口自用应税车辆应纳税额的计算

这里所谓进口自用车辆，指的是纳税人报关进口车辆并自用，不是指购买别的单位进口的车辆。进口自用应税车辆计征车辆购置税的计税依据，与进口环节计算增值税的计税依据一致。纳税人进口自用的应税车辆以组成计税价格为计税依据，计税价格的计算公式为：

$$组成计税价格 = 关税完税价格 + 关税 + 消费税 = \frac{关税完税价格 \times (1 + 关税税率)}{1 - 消费税税率}$$

如果进口车辆是不属于消费税的征税范围，则组成计税价格公式为：

组成计税价格=关税完税价格+关税=关税完税价格×（1+关税税率）

【例11-6·单选题】某4S店2017年1月进口9辆商务车，海关核定的关税计税价格为40万元/辆，当月销售4辆，2辆作为样车放置在展厅待售，1辆公司自用。该4S店应纳车辆购置税（　　　）万元。（商务车关税税率为25%，消费税税率12%）

A.5.48

B.5.60

C.5.68

D.17.04

【答案】C

【解析】该4S店进口9辆商务车，销售的4辆由购买使用者缴纳车辆购置税，2辆待售的样车不需缴纳车辆购置税，该店仅对其自用的1辆商务车缴纳车辆购置税，则该4S店应纳车辆购置税=40×（1+25%）÷（1-12%）×10%=5.68（万元）。

（三）其他方式取得并自用应税车辆应纳税额的计算

纳税人自产自用、受赠使用、获奖使用和以其他方式取得并自用应税车辆的，

281

凡不能取得该型车辆的购置价格，或者低于最低计税价格的，以国家税务总局核定的最低计税价格为计税依据计算征收车辆购置税。

【提示】最低计税价格为不含税价。

【例11-7·单选题】甲企业从某拍卖公司通过拍卖购进两辆轿车自用，其中一辆是未上牌照的新车，不含税成交价为60 000元，国家税务总局核定同类型车辆的最低计税价格为120 000元；另一辆是已使用6年的轿车，不含税成交价为50 000元。甲企业应纳车辆购置税（   ）元。

A.6 000

B.6 500

C.12 000

D.24 000

【答案】C

【解析】应纳车辆购置税=120 000×10%=12 000（元）。

【例11-8·单选题】某汽车生产企业以自产轿车10辆向某汽车租赁公司进行投资，双方协议投资作价120 000元／辆，将自产轿车3辆转作该公司固定资产，将自产轿车4辆奖励给对该公司发展有突出贡献的员工。该汽车生产企业生产的上述轿车售价为180 000元／辆（不含增值税），国家税务总局对同类轿车核定的最低计税价格为150 000元／辆。该汽车生产企业应纳车辆购置税（   ）元。

A.45 000

B.54 000

C.252 000

D.306 000

【答案】B

【解析】应纳车辆购置税=180 000×10%×3=54 000（元）。

（四）特殊情形自用应税车辆应纳税额的计算

1.国家税务总局未核定最低计税价格的车辆，计税价格为纳税人提供的有效价格证明注明的价格。有效价格证明注明的价格明显偏低的，主管税务机关有权核定应税车辆的计税价格。

2.进口旧车、因不可抗力因素导致受损的车辆、库存超过3年的车辆、行驶8万公里以上的试验车辆、国家税务总局规定的其他车辆，计税价格为纳税人提供的有效价格证明注明的价格。纳税人无法提供车辆有效价格证明的，主管税务机关有权核定应税车辆的计税价格。

3.减税、免税条件消失车辆应纳税额的计算。

减税、免税条件消失车辆应纳税额的计算

超过使用年限的车辆，代入计算公式得出最低计税价格为0或负数，故不纳税。

$$最低计税价格=免税车辆初次办理纳税申报时确定的价格×（1-\frac{已使用年限}{规定使用年限}）×100\%$$

其中，规定使用年限按10年计算；未满1年的，计税价格为免税车辆的原计税价格；超过使用年限的车辆，不再征收车辆购置税。

【例11-9·单选题】某公司购置一辆含税价为25万元的乘用车自用，购置时因符合免税条件而未缴纳车辆购置税。购置使用4年后，免税条件消失。若同类型新车最低计税价格是16万元，则该公司就该车应缴纳的车辆购置税为（   ）。

A.0.96万元　　　　　　　　　　B.1.5万元

C.1.28万元　　　　　　　　　　D.2.5万元

【答案】C

【解析】免税条件消失的车辆，其最低计税价格=免税车辆初次办理纳税申报时确定的价格×（1-已使用年限÷规定使用年限）×100%；该公司就该车应纳车辆购置税=25÷（1+17%）×（1-4÷10）×100%×10%=1.28（万元）。

四、税收优惠（能力等级3）

（一）减免税规定　【常考点】

车辆购置税的税收优惠

1.外国驻华使馆、领事馆和国际组织驻华机构及其外交人员自用车辆免税。

2.中国人民解放军和中国人民武装警察部队列入军队武器装备订货计划的车辆免税。

3.设有固定装置的非运输车辆免税。

【提示】纳税人在办理车辆购置税减（免）税手续时，应如实填写纳税申报表和"车辆购置税减（免）税申报表"，并分别提供有关资料。

4.国务院规定的其他免税情形：

（1）防汛部门和森林消防等部门用于指挥、检查、调度、报汛（警）、联络的设有固定装置的车辆；

（2）回国服务的留学人员用现汇购买1辆个人自用国产小汽车；

（3）长期来华定居专家进口1辆自用小汽车。

5.农用三轮运输车免征车辆购置税。

6.自2016年1月1日起至2020年12月31日止，对城市公交企业购置的公共汽电车辆免征车辆购置税。　包括经营性客运汽车和无轨电车。

【提示】车辆购置税的减免税政策需要注意限制性条件。

【例11-10·单选题】我国车辆购置税实行法定减免税，下列不属于车辆购置税减免税范围的是（　　　）。

A.外国驻华使馆、领事馆和国际组织驻华机构及其外交人员自用车辆

B.回国服务的留学人员用人民币现金购买1辆个人自用国产小汽车

C.设有固定装置的非运输车辆

D.长期来华定居专家进口1辆自用小汽车

【答案】B

【例11-11·多选题】下列关于车辆购置税的说法表述正确的是（　　　）。

A.购买已税二手车不需要重新办理车辆购置税的纳税申报

B.设有固定装置的非运输车辆免征车辆购置税

C.外国驻华使馆大使夫人自用车辆免征车辆购置税

D.回国服务的留学人员购买进口小汽车自用免征车辆购置税

【答案】AB

【解析】选项C外国驻华使馆及其外交人员的自用车辆免征车辆购置税，大使夫人自用的车辆不免税；选项D回国服务的留学人员用现汇购买1辆自用国产小汽车免征车辆购置税。

（二）车辆购置税的退税

纳税人已经缴纳车辆购置税但在办理登记手续前，需要办理退还车辆购置税的，由纳税人申请，征收机构审核后办理退还车辆购置税手续。

车辆购置税的征收管理

五、征收管理（能力等级2）（见表11-3）

表11-3　　　　车辆购置税征收管理

	相关规定
车辆购置税纳税申报	车辆购置税实行一车一申报制度
车辆购置税纳税环节	车辆购置税征税环节选择在使用环节（即最终消费环节） 具体而言，车辆购置税是在应税车辆上牌登记注册前的使用环节征收
车辆购置税纳税地点	1.需要办理车辆登记注册手续的纳税人，向车辆登记注册地的主管税务机关办理纳税申报 2.不需要办理车辆登记注册手续的纳税人，向纳税人所在地的主管税务机关办理纳税申报 【解释】车辆登记注册地是指车辆的上牌落籍地或落户地
车辆购置税纳税期限	1.纳税人购买自用的应税车辆，自购买之日起60日内申报纳税【常考点】 2.进口自用的应税车辆，应当自进口之日起60日内申报纳税【常考点】 3.自产、受赠、获奖和以其他方式取得并自用应税车辆的，应当自取得之日起60日内申报纳税 4.免税车辆因转让、改变用途等原因，其免税条件消失的，纳税人应在免税条件消失之日起60日内到主管税务机关重新申报纳税 5.免税车辆发生转让，但仍属于免税范围的，受让方应自购买或取得车辆之日起60日内到主管税务机关重新申报免税
车辆购置税的缴税管理	车辆购置税缴纳税款的方法主要有以下几种： （1）自报核缴 （2）集中征收缴纳 （3）代征、代扣、代收
车辆购置税的退税制度	1.已缴纳车辆购置税的车辆，发生下列情形之一的，准予纳税人申请退税： （1）车辆退回生产企业或者经销商的 （2）符合免税条件的设有固定装置的非运输车辆但已征税的 （3）其他依据法律法规规定应予退税的情形 2.退税款的计算：车辆被退回生产企业或者经销商的，自纳税人办理纳税申报之日起，按已缴税款每满1年扣减10%计算退税额；未满1年的按已缴税款额退税　未满一年全额退税。

【例11-12·多选题】下列关于车辆购置税的申报与缴纳的说法，正确的是（　　）。

A.车辆购置税按年计征，首次缴纳由汽车销售公司代收代缴，之后由纳税人自行缴纳

B.进口旧机动车自用应缴纳车辆购置税

C.符合车辆购置税免税条件的车辆，需要办理车辆购置税免税手续

D.车辆购置税实行一车一申报缴纳制度

【答案】BCD

【解析】选项A车辆购置税一次性课征。

第二节　车船税法

一、纳税义务人与征税范围（能力等级1）

车船税是指在中华人民共和国境内的车辆、船舶的所有人或者管理人按照《中华人民共和国车船税法》（以下简称《车船税法》）应缴纳的一种税。

（一）纳税义务人

车船税的纳税义务人是指在中华人民共和国境内，车辆、船舶（以下简称车船）的<u>所有人或者管理人</u>，应当依照《车船税法》的规定缴纳车船税。

（二）征税范围

1.征收范围是《车船税法》所附税目税额表规定的车辆和船舶，包括：

（1）依法应当在车船管理部门登记的<u>机动车辆和船舶</u>；

（2）依法不需要在车船管理部门登记的在单位<u>内部场所行驶或者作业</u>的机动车辆和船舶。

如自行车　　　　　　如机场摆渡车。

其中非机动驳船属于征税范围。

在现实中，车辆分为机动车辆和非机动车辆；船舶分为机动船舶和非机动船舶。车船税的征收范围包括机动车辆和船舶，不包括非机动车辆。

2.境内单位和个人租入外国籍船舶的，不征收车船税。境内单位将船舶出租到境外的，应依法征收车船税。

二、车船税税目与税率（能力等级2）（见表11-4）

车船税的注意事项

表11-4　　　　　　　　　　　　　车船税税目税额表

税目		计税单位	年基准税额（元）	备注
乘用车	1.0升（含）以下的	每辆	60 ~ 360	核定载客人数9人（含）以下
	1.0升以上至1.6升（含）的		360 ~ 660	
	1.6升以上至2.0升（含）的		660 ~ 960	
	2.0升以上至2.5升（含）的		960 ~ 1 620	
	2.5升以上至3.0升（含）的		1 620 ~ 2460	
	3.0升以上至4.0升（含）的		2 460 ~ 3 600	
	4.0升以上的		3 600 ~ 5 400	
商用车	客车	每辆	480 ~ 1 440	核定载客人数9人（包括电车）以上
	货车	整备质量每吨	16 ~ 120	1.包括半挂牵引车、挂车、客货两用汽车、三轮汽车和低速载货汽车等 2.挂车按照货车税额的50%计算
其他车辆	专用作业车	整备质量每吨	16 ~ 120	不包括拖拉机
	轮式专用机械车	整备质量每吨	16 ~ 120	
摩托车		每辆	36 ~ 180	
船舶	机动船舶	净吨位每吨	3 ~ 6	拖船、非机动驳船分别按照机动船舶税额的50%计算；游艇的税额另行规定
	游艇	艇身长度每米	600 ~ 2 000	

1.车船税计税单位是"每辆""整备质量每吨""净吨位每吨""艇身长度每米"。

2.拖船按照发动机功率每1千瓦折合净吨位0.67吨计算征收车船税。

3.车船税法及其实施条例涉及的整备质量、净吨位、艇身长度等计税单位，有尾数的一律按照含尾数的计税单位据实计算车船税应纳税额。计算得出的应纳税额小数点后超过两位的可四舍五入保留两位小数。

计税单位不可以四舍五入，应纳税额可以四舍五入。

4.车船税法所及其实施条例所涉及的排气量、整备质量、核定载客人数、净吨位、千瓦、艇身长度，以车船管理部门核发的车船登记证书或者行驶证所载数据为准。

【例11-13·2016年单选题】下列关于车船税计税单位确认的表述中，正确的是（　　）。

A.摩托车按"排气量"作为计税单位

B.游艇按"净吨位每吨"作为计税单位

C.专业作业按"整备质量每吨"作为计税单位

D.商用货车按"每辆"作为计税单位

【答案】C

【解析】选项A，摩托车按照"每辆"为计税单位；选项B，游艇按照"艇身长度每米"为计税单位；选项D，商用货车按照"整备质量每吨"为计税单位。

三、应纳税额的计算（能力等级3）

1.购置新车船的税额计算。　　*按年征税。*

购置的新车船，购置当年的应纳税额自纳税义务发生的当月起按月计算，计算公式为：

$$应纳税额 = 年应纳税额 \times \frac{应纳税月份数}{12}$$

【例11-14·计算题】某单位2017年4月10日购买轿车一辆，该省规定该排量乘用车每辆年税额为450元，则该单位这辆轿车当年应纳车船税为多少？

【答案】该单位这辆轿车当年应纳车船税=450×9÷12=337.5（元）。

2.被盗抢车船的税额计算。

（1）在一个纳税年度内，已完税的车船被盗抢、报废、灭失的，纳税人可以凭有关管理机关出具的证明和完税凭证，向纳税所在地的主管税务机关申请退还自被盗抢、报废、灭失月份起至该纳税年度终了期间的税款。

（2）已办理退税的被盗抢车船失而复得的，纳税人应当从公安机关出具相关证明的当月起计算缴纳车船税。

【提示】当年使用几个月，缴纳几个月的车船税。

【例11-15·2012年单选题】某公司2012年2月1日购入一辆载货商用车，当月办理机动车辆权属证书，并办理车船税完税手续。此车整备质量为10吨，每吨年税额为96元。该车于6月1日被盗，经公安机关确认后，该公司遂向税务局申请退税，但在办理退税手续期间，此车又于9月1日被追回并取得公安机关证明。则该公司就该车2012年实际应缴纳的车船税为（　　）。

A.240元

B.480 元

C.640 元

D.880 元

【答案】C

【解析】购置的新车船，购置当年的应纳税额自纳税义务发生的当月起按月计算；在一个纳税年度内，已完税的车船被盗抢、报废、灭失的，纳税人可以凭有关管理机关出具的证明和完税证明，向纳税所在地的主管税务机关申请退还自被盗抢、报废、灭失月份起至该纳税年度终了期间的税款；已办理退税的被盗抢车船失而复得的，纳税人应当从公安机关出具相关证明的当月起计算缴纳车船税。该公司就该车 2012 年实际应纳车船税=10×96×（4+4）÷12=640（元）。

3.已缴纳车船税的车船在同一纳税年度内办理转让过户的，不另纳税，也不退税。

四、税收优惠（能力等级 2）（见表 11-5）

车船税的税收优惠

表 11-5　　　　　　　　　　　　车船税税收优惠

法定减免	1.捕捞、养殖渔船 2.军队、武装警察部队专用的车船 3.警用车船 4.依照法律规定应当予以免税的外国驻华使领馆、国际组织驻华代表机构及其有关人员的车船 5.对节约能源的车船，减半征收车船税；对使用新能源的车船，免征车船税 【提示】使用新能源的车辆包括纯电动汽车、燃料电池汽车和混合动力汽车。纯电动汽车、燃料电池汽车不属于车船税征收范围，其他混合动力汽车按照同类车辆适用税额减半征税 6.省、自治区、直辖市人民政府根据当地实际情况，可以对公共交通车船，农村居民拥有并主要在农村地区使用的摩托车、三轮汽车和低速载货汽车定期减征或者免征车船税
特定减免	1.经批准临时入境的外国车船和香港特别行政区、澳门特别行政区、台湾地区的车船，不征收车船税 2.按照规定缴纳船舶吨税的机动船舶，自车船税法实施之日起 5 年内免征车船税 3.机场、港口、铁路站场内部行驶或作业的车船，自车船税法实施之日起 5 年内免征车船税

【例 11-16·单选题】下列说法，不符合车船税法定减免税规定的是（　　　）。

A.捕捞渔船免征车船税

B.警用车船免征车船税

C.非插电式混合动力汽车免征车船税

D.国际组织驻华代表机构车辆免征车船税

【答案】C

【解析】非插电式混合动力汽车属于节约能源车船，减半征收车船税。

五、征收管理（能力等级2）（见表11-6）

表11-6　　　　　　　　　　　车船税征收管理

	主要规定
纳税义务发生时间	1.车船税纳税义务发生时间为取得车船所有权或管理权的当月 2.取得车船所有权或管理权的当月，应当以购买车船的发票或者其他证明文件所载日期的当月为准
纳税地点	1.纳税人自行申报缴纳车船税的，纳税地点为车船登记地的主管税务机关所在地 2.扣缴义务人代扣代缴车船税的，纳税地点为扣缴义务人所在地 3.依法不需要办理登记的车船，纳税地点为车船的所有人或者管理人主管税务机关所在地
纳税申报	车船税按年申报，分月计算，一次性缴纳。纳税年度为公历1月1日至12月31日　　*计算时，注意月份的分摊。*
其他规定	1.当年已税车辆变更所有权或管理权的，税额不退不补 2.当年未税车辆变更所有权或管理权的，现车船所有人或管理人缴纳该年度的车船税

【例11-17·多选题】下列各项中，符合车船税征收管理规定的有（　　）。

A.车船税按年申报，分月计算，一次性缴纳

B.纳税人自行申报缴纳车船税的，纳税地点为车船登记地的主管税务机关所在地

C.车船税纳税义务发生时间为取得车船所有权或者管理权的次月

D.不需要办理登记的车船不缴纳车船税

【答案】AB

【解析】选项C，车船税纳税义务发生时间为取得车船所有权或者管理权的当月。依法不需要办理登记的车船也属于车船税的征税范围，其车船税纳税地点为车船的所有人或者管理人主管税务机关所在地。

第三节　印花税法

一、纳税义务人（能力等级1）

印花税的纳税义务人是在中国境内书立、使用、领受印花税法所列举的凭证并应依法履行纳税义务的单位和个人。

上述单位和个人，按照书立、使用、领受应税凭证的不同，可以分别确定为立合同人、立据人、立账簿人、领受人、使用人和各类电子应税凭证的签订人（见表11-7）。

【提示】对于应税凭证，凡由两方或两方以上当事人共同书立的，其当事人各方都是印花税的纳税人，应各就其所持凭证的计税金额履行纳税义务。

印花税的纳税义务人

表11-7　　　　　　　　　　　　　　　　　　　纳税义务人分类

立合同人	指合同的当事人。所谓当事人，是指对凭证有直接权利义务关系的单位和个人，但不包括合同的担保人、证人、鉴定人。各类合同的纳税人是立合同人
立据人	产权转移书据的纳税人是立据人。立据人是指土地、房屋权属转移过程中买卖双方的当事人
立账簿人	营业账簿的纳税人是立账簿人。所谓立账簿人，指设立并使用营业账簿的单位和个人
领受人	权利、许可证照的纳税人是领受人。领受人是指领取或接受并持有该项凭证的单位和个人
使用人	在国外书立、领受，但在国内使用的应税凭证，其纳税人是使用人
各类电子应税凭证的签订人	即以电子形式签订的各类应税凭证的当事人

【常考点】

【例11-18·单选题】甲公司将货物卖给乙公司，双方订立了购销合同，丙公司作为该合同的担保人，丁公司作为证人，戊公司作为鉴定人，则该合同印花税的纳税人为（　　　）。

A.甲公司、乙公司

B.甲公司、乙公司、戊公司

C.甲公司、乙公司、丙公司

D.甲公司、乙公司、丙公司、丁公司、戊公司

【答案】A

二、税目与税率（能力等级2）

（一）税目

印花税的税目指印花税法明确规定的应当纳税的项目，它具体划定了印花税的征税范围。一般来说，列入税目的就要征税，未列入税目的就不征税。印花税共有13个税目（见表11-8）。

印花税的税目

表11-8　　　　　　　　　　　　　　　　　　　印花税税目

购销合同	1.包括供应、预购、采购、购销结合及协作、调剂、补位、贸易等合同 2.此外，还包括出版单位与发行单位之间订立的图书、报纸、期刊和音像制品的应税凭证，例如订购单、订数单等 3.还包括发电厂与电网之间、电网与电网之间（国家电网公司系统、南方电网公司系统内部各级电网互供电量除外）签订的购售电合同 4.电网与用户之间签订的供用电合同不属于印花税列举征税的凭证，不征收印花税
加工承揽合同	包括加工、定做、修缮、修理、印刷、广告、测绘、测试等合同
建设工程勘察设计合同	包括勘察、设计等合同
建筑安装工程承包合同	包括建筑、安装工程承包合同。承包合同包括总承包合同、分包合同和转包合同

【常考点】与第3条区别记忆，电厂与电网、电网与电网之间的购销合同应征税，电网与用户之间的供电合同不征税。

第十一章

财产租赁合同	包括租赁房屋、船舶、飞机、机动车辆、机械、器具、设备等合同，还包括企业、个人出租门店、柜台等签订的合同
货物运输合同	包括民用航空、铁路运输、海上运输、公路运输和联运合同，以及作为合同使用的单据
仓储保管合同	包括仓储、保管合同，以及作为合同使用的仓单、栈单等
借款合同	1.银行及其他金融组织与借款人（不包括银行同业拆借）所签订的合同，以及只填开借据并作为合同使用、取得银行借款的借据 2.融资租赁合同（含融资性售后回租）也属于借款合同。在融资性售后回租业务中，对承租人、出租人因购回租赁资产及出售租赁资产所签订的合同，不征收印花税
财产保险合同	1.包括财产、责任、保证、信用保险合同，以及作为合同使用的单据。财产保险合同分为企业财产保险、机动车辆保险、货物运输保险、家庭财产保险和农牧业保险五大类 2."家庭财产两全保险"属于家庭财产保险性质，其合同在财产保险合同之列，应照章纳税 【提示】该税目仅限财产保险合同，不包括人寿保险、医疗保险等其他保险合同
技术合同	1.包括技术开发、转让、咨询、服务等合同，以及作为合同使用的单据 2.技术转让合同包括专利申请权转让和非专利技术转让 3.技术咨询合同是当事人就有关项目的分析、论证、预测和调查订立的技术合同 4.一般的法律、会计、审计等方面的咨询不属于技术咨询，其所立合同不贴印花
产权转移书据	1.包括财产所有权和版权、商标专用权、专利权、专有技术使用权等转移书据和专利实施许可合同、土地使用权出让合同、土地使用权转让合同、商品房销售合同等权利转移合同　　　与"技术合同"区别。【常考点】 2.所称产权转移书据，是指单位和个人产权的买卖、继承、赠与、交换、分割等所立的书据。财产所有权转移书据的征税范围，是指经政府管理机关登记注册的动产、不动产的所有权转移所立的书据，以及企业股权转让所立的书据，并包括个人无偿赠送不动产所签订的"个人无偿赠与不动产登记表"。当纳税人完税后，税务机关（或其他征收机关）应在纳税人印花税完税凭证上加盖"个人无偿赠与"印章 【提示】"产权转移书据"与"购销合同"最大的区别在于是否需要经过有关部门过户或备案登记

续表

营业账簿	1.指单位或者个人记载生产经营活动的财务会计核算账簿。营业账簿按其反映内容的不同，可分为记载资金的账簿和其他账簿 *包括实收资本与资本公积。* 2.记载资金的账簿是指反映生产经营单位资本金数额增减变化的账簿。其他账簿是指除上述账簿以外的有关其他生产经营活动内容的账簿，包括日记账簿和各明细分类账簿 *如银行存款日记账与现金日记账。* 3.凡银行用以反映资金存贷经营活动、记载经营资金增减变化、核算经营成果的账簿，如各种日记账、明细账和总账都属于营业账簿，应按照规定缴纳印花税 4.银行根据业务管理需要设置的各种登记簿，如空白重要凭证登记簿、有价单证登记簿、现金收付登记簿等，其记载的内容与资金活动无关，仅用于内部备查，属于非营业账簿，均不征收印花税
权利、许可证照	包括政府部门发给的房屋产权证、工商营业执照、商标注册证、专利证、土地使用证 *权利、许可证照仅此5类。*

【例11-19·2016年多选题】电网公司甲在2016年4月与发电厂乙签订了购销合同1份，与保险公司丙签订了保险合同1份，直接与用户签订了供电合同若干份，另与房地产开发公司丁签订了一份购房合同。下列关于甲公司计缴印花税的表述中，正确的有（　　）。

A.与丙签订的保险合同按保险合同缴纳印花税

B.与乙签订的购电合同按购销合同缴纳印花税

C.与用户签订的供电合同按购销合同缴纳印花税

D.与丁签订的购房合同按产权转移书据缴纳印花税

【答案】ABD

【解析】与用户签订的供用电合同不属于印花税征税范围，不缴纳印花税。

【例11-20·2007年多选题】下列各项中，应按"产权转移书据"税目征收印花税的有（　　）。

A.商品房销售合同

B.土地使用权转让合同

C.专利申请权转让合同

D.个人无偿赠与不动产登记表

【答案】ABD

【例11-21·2012年多选题】居民甲将一处两居室房屋无偿赠送给他的孙子乙，双方填写签订了"个人无偿赠与不动产登记表"。产权转移等手续办完后乙又将该套房屋与丙的一套三居室住房进行交换，双方签订了房屋交换合同。下列关于甲、乙、丙应纳印花税及契税的表述中，正确的有（　　）。

A.乙应对接受甲的房屋赠与计算缴纳契税

B.乙和丙交换房屋应按所交换房屋的市场价格分别计算缴纳契税

C.甲应对"个人无偿赠与不动产登记表"按"产权转移书据"税目缴纳印花税

D.乙应对"个人无偿赠与不动产登记表"和与丙签订的房屋交换合同按"产权转移书据"税目缴纳印花税

【答案】ACD

【解析】选项B：土地使用权交换、房屋交换，交换价格不相等的，由多交付货币、实物、无形资产或者其他经济利益的一方缴纳税款；交换价格相等的，免征契税。

（二）税率（见表11-9）

表11-9　　　　　　　　　　　印花税税目、税率

税目	税率
购销合同	按购销金额 0.3‰ 贴花
加工承揽合同	按加工或承揽收入 0.5‰ 贴花
建设工程勘察设计合同	按收取费用 0.5‰ 贴花
建筑安装工程承包合同	按承包金额 0.3‰ 贴花
财产租赁合同	按租赁金额 1‰ 贴花；税额不足1元，按1元贴花
货物运输合同	按运输费用 0.5‰ 贴花
仓储保管合同	按仓储保管费用 1‰ 贴花
借款合同	按借款金额 0.05‰ 贴花
财产保险合同	按收取保险费 1‰ 贴花
技术合同	按所记载金额 0.3‰ 贴花
产权转移书据	按所记载金额 0.5‰ 贴花
营业账簿	按实收资本和资本公积的合计金额 0.5‰ 贴花，其他账簿按件贴花5元
权利、许可证照	按件贴花5元

三、应纳税额的计算（能力等级2）

（一）一般规定（见表11-10）　　通常以"元"为单位

表11-10　　　　　　印花税计税依据的一般规定

税目	计税依据	税率
购销合同	购销金额	0.3‰
加工承揽合同【常考点】	1.受托方提供原材料的加工、定做合同，材料和加工费分别按照购销合同和加工承揽合同贴花 2.委托方提供原料或主要材料的加工合同，以合同中规定的受托方的加工费收入和提供的辅助材料金额之和按照加工承揽合同贴花	0.5‰
建设工程勘察设计合同	收取的费用	0.5‰
建筑安装工程承包合同	承包金额	0.3‰
财产租赁合同	租赁金额，如果经计算，税额不足1元的，按1元贴花	1‰

按合同记载的购销金额纳税，无论购销金额中是否包含增值税。

未分别记载的，应就全部金额依照加工承揽合同计税贴花。

续表

税目	计税依据		税率
货物运输合同	运输费用，但不包括所运货物的金额以及装卸费用和保险费用等		0.5‰
仓储保管合同	仓储保管费用		1‰
借款合同	借款金额（详见借款合同的印花税计税依据）		0.05‰
财产保险合同	保险费收入		1‰
技术合同	合同所载金额		0.3‰
产权转移书据	所载金额		0.5‰
营业账簿	记载资金的账簿	"实收资本"与"资本公积"两项合计金额	0.5‰
	其他账簿	按件计税	5元
权利、许可证照	按件计税		5元

【提示】印花税的计税依据按照"什么"合同找"什么"金额原则处理，一般情况不得扣减有关费用。此外，还需注意加工承揽合同中主要原材料的提供方不同导致计税依据的差异。

【例11-22·2009年单选题】某学校委托一服装加工企业定做一批校服，合同载明原材料金额80万元由服装加工企业提供，学校另支付加工费40万元。服装加工企业的该项业务应纳印花税（　　）。

A.240元

B.360元

C.440元

D.600元

【答案】C

【解析】该企业应纳印花税=800 000×0.3‰+400 000×0.5‰=440（元）。

【例11-23·2003年单选题】某公司受托加工制作广告牌，双方签订的加工承揽合同中分别注明加工费40 000元，委托方提供价值60 000元的主要材料，受托方提供价值2 000元的辅助材料。该公司此项合同应纳印花税（　　）。

A.20元

B.21元

C.38元

D.39元

【答案】B

【解析】该公司此项合同应纳印花税=（40 000+2 000）×0.5‰=21（元）。

（二）借款合同的印花税计税依据（见表11-11）

表11-11　　　　　　　　借款合同的印花税计税依据

借款形式	计税依据
1.一项信贷业务既签订整体借款合同，又一次或分次填开借据的	以借款合同所载金额为依据计税贴花
2.一项信贷业务只填开借据作为合同使用的	以借据所载金额为依据计税贴花
3.流动资金周转性借款合同，规定最高限额，借款人在规定期限和最高限额内随借随还，该合同一般按年（期）签订	以其规定的最高限额为依据，在签订时贴花一次期限及限额内不签订新合同的，不再另贴印花
4.借款方以财产作抵押，取得抵押贷款的合同	按借款合同贴花　此时与抵押物价值无关。
5.借款方因无力偿还借款而将抵押财产转移给贷款方时	就双方签订的产权转移书据，按产权转移书据的规定计税贴花　无力偿还借款，需要将抵押财产转移时，按产权转移书据的规定计税。
6.银行及其他金融组织融资租赁业务签订的融资租赁合同	应按合同所载租金总额，暂按借款合同计税
7.银团借款	各方分别在所执正本上，按各自的借款金额计税贴花
8.基建贷款按年度用款计划分年签订借款合同，最后一年签订包含分合同的总借款合同	按分合同分别贴花，最后签订的总合同，只就借款总额扣除分合同借款金额后的余额计税贴花

印花税的特殊规定

[二维码图片] 4879

（三）特殊规定

如，由一家银行牵头，多家银行参加组成的银行集团，应按各自的借款金额计税。

1.上述凭证以金额、收入、费用作为计税依据的，应当全额计税，不得作任何扣除。

2.同一凭证记载两个或两个以上不同税率经济事项的，分别记载金额的，应分别计算税额加总贴花，未分别记载金额的，按税率高的计税贴花。

【例11-24·单选题】某运输公司与某商贸公司签订一份运输保管合同，合同载明的金额为200 000元（运输费和保管费未分别记载）。该项合同双方各应纳印花税（　　　）。

A.60元

B.100元

如技术转让合同中的转让收入，是按销售收入的一定比例收取或是按实现利润分成的；财产租赁合同，只是规定了月（天）租金标准而无租赁期限的。

C.160元

D.200元

【答案】D

【解析】双方各应纳印花税=200 000×1‰=200（元）。

3.外币折算人民币金额的汇率采用凭证书立日国家外汇管理局公布的汇率。

4.应纳税额不足1角的免纳印花税；1角以上的分位四舍五入。

5.签订时无法确定金额的合同先定额贴花5元，待结算实际金额时补贴印花税票。

6.订立合同不论是否兑现均应依合同金额贴花。

7.商品购销中以货易货，交易双方既购又销，均应按其购、销合计金额贴花。

【例11-25·2012年单选题】甲汽车轮胎厂与乙汽车制造厂签订了一份货物交换合同，甲以价值65万元的轮胎交换乙的两辆汽车，同时甲再支付给乙3万元差价。对此项交易，甲应纳印花税（　　　　）。

A.195元

B.390元

C.399元

D.408元

【答案】C

按照购销合同金额分别纳税。

【解析】以货易货方式进行商品交易签订的合同，应按合同所载的购、销合计金额计税贴花；甲应纳印花税=（650 000+680 000）×0.3‰=399（元）。

8.施工单位将自己承包的建设项目分包或转包给其他施工单位的，所签订的分包、转包合同还要计税贴花。

【例11-26·单选题】某建筑公司与甲企业签订一份建筑承包合同，合同金额为6 000万元（含相关费用50万元）。施工期间，该建筑公司又将其中价值800万元的安装工程分包给乙企业，并签订分包合同。该建筑公司此项业务应纳印花税（　　　　）万元。

A.1.79

B.1.80

C.2.03

D.2.04

【答案】D

【解析】该建筑公司上述合同应纳印花税=（6 000+800）×0.3‰=2.04（万元）。

9.从2008年9月19日起，对证券交易印花税政策进行调整，由双边征收改为单边征收，即只对卖出方（或继承、赠与A股、B股股权的出让方）征收证券（股票）交易印花税，对买入方（受让方）不再征税。税率仍保持1‰。

10.国内货物联运，结算单据（合同）所列运费的结算方式不同而计税依据不同，即起运地全程结算运费的，按全程运费为计税依据；分程结算运费的，应以分程运费为计税依据。国际货运，托运方全程计税。承运方为我国运输企业的按本程运费计算贴花，承运方为外国运输企业的免纳印花税。

11.技术合同的计税依据为合同所载的价款、报酬或使用费。为了鼓励技术研究开发，对技术开发合同，只就合同所载的报酬金额计税，研究开发经费不作为计税依据。单对合同约定按研究开发经费一定比例作为报酬的，应按一定比例的报酬金额贴花。

【例11-27·2012年单选题】下列关于印花税计税依据的表述中，正确的是（　　　　）。

A.技术开发合同的计税依据包括研究开发经费

B.财产保险合同的计税依据包括所保财产的金额

C.货物运输合同的计税依据包括货物装卸费和保险费

D.记载资金账簿的计税依据为"实收资本"和"资本公积"的合计金额

【答案】D

【解析】选项A技术开发合同只就合同所载的报酬金额计税,研究开发经费不作为计税依据;选项B财产保险合同的计税依据为支付(收取)的保险费,不包括所保财产的金额;选项C货物运输合同的计税依据为取得的运输费金额,不包括所运货物的金额、装卸费和保险费。

【例11-28·单选题】某企业签订了如下经济合同:与甲公司签订技术开发合同,合同总金额为400万元,其中含研发费100万元;与乙公司签订货物销售合同,合同载明销售额为300万元,运输费用4万元(其中包括保险费0.5万元、装卸费0.5万元)。该企业应纳印花税(   )元。

A.1 800

B.1 815

C.2 115

D.2 120

【答案】B

【解析】(1)为了鼓励技术研究开发,对技术开发合同,只就合同所载的报酬金额计税,研究开发经费不作为计税依据。技术开发合同应纳印花税=(4 000 000-1 000 000)×0.3‰=900(元)。(2)销售合同记载了两个不同经济事项,应当分别贴花。货物销售额300万元按照购销合同贴花,应纳印花税=3 000 000×0.3‰=900(元);运输费按照货物运输合同贴花,其计税依据不包括保险费和装卸费,因此应纳印花税=(40 000-5 000-5 000)×0.5‰=15(元)。(3)该企业合计应纳印花税=900+900+15=1 815(元)。

四、税收优惠(能力等级2)

1.对已缴纳印花税凭证的副本或者抄本免税。

2.对无息、贴息贷款合同免税。【常考点】

3.对房地产管理部门与个人签订的用于生活居住的租赁合同免税。

4.对农牧业保险合同免税。

5.对与高校学生签订的高校学生公寓租赁合同免税。

6.对公租房经营管理单位建造公租房涉及的印花税予以免征。

7.对改造安置住房经营管理单位、开发商与改造安置住房相关的印花税以及购买安置住房的个人涉及的印花税自2013年7月4日起予以免征。

【例11-29·多选题】下列各项中,属于印花税免税项目的有(   )。

A.无息贷款合同

B.商标证

C.个人无偿赠与不动产登记表

D.工商营业执照副本

【答案】AD

印花税的税收优惠

五、征收管理（能力等级2）（见表11-12）

表11-12　　　　　　　　　　印花税征收管理

应纳税额较大的要汇贴。

纳税方法	汇贴	对于一份凭证应纳税额超过500元的，用缴款书或完税证缴纳
	汇缴	同一类凭证频繁贴花的，可按1个月的期限汇总缴纳
纳税环节		应当在书立或领受时贴花 *具体指合同签订时、账簿启用时和证照领受时贴花。*
纳税地点		一般实行就地纳税

【例11-30·2008年多选题】甲公司于2007年8月与乙公司签订了数份以货易货合同，以共计750 000元的钢材换取650 000元的水泥，甲公司取得差价100 000元。下列各项中表述正确的有（　　　）。

A.甲公司8月应纳印花税225元

B.甲公司8月应纳印花税420元

C.甲公司可对易货合同采用汇缴方式缴纳印花税

D.甲公司可对易货合同采用汇贴方式缴纳印花税

【答案】BC

【解析】甲公司8月应纳印花税=（750 000+650 000）×0.3‰=420（元）。同一种类应纳税凭证，需频繁贴花的，纳税人可以根据实际情况自行决定是否采用按期汇总缴纳印花税的方式，汇总缴纳的期限为1个月。

智能测评

扫码听分享	做题看反馈
4881	3156
本章属于容易章节、送分章节。同学们在学习时注意理解记忆，突出对特殊规定的掌握，对印花税的税目、税率重点记忆，不要搞混了。 　　扫一扫二维码，来听学习导师的分享吧。	学完马上测！ 　　请扫描上方的二维码进入本章测试，检测一下自己学习的效果如何。做完题目，还可以查看自己的个性化测试反馈报告。这样，在以后复习的时候就更有针对性、效率更高啦！

第十一章

第十二章　国际税收

本章考情概述

国际税收这一章的内容其实属于企业所得税的延伸与拓展，其中的非居民企业税收管理、境外所得款的抵免、特别纳税调整等内容都与企业所得税息息相关。本章的内容枯燥、烦冗、不易理解，但考查的重点方向是明确的。2018年本章内容进行了部分修订：对于国际税收协定典型条款介绍的修订、细化非居民企业税收管理、调整境外所得税款的抵免规则、增加税收公约等内容。

本章内容包括国际税收协定、非居民企业税收管理、境外所得税收管理、国际避税与反避税、转让定价、国际税收征管协作。

本章从2015年收录进CPA税法教材以来，主要以客观题为考查形式，题量在1~2题，2016年单独命制了一道关于境外所得直接抵免和间接抵免的计算题。考生需要重点关注非居民企业税收管理、境外所得税收管理、特别纳税调整。

第一节　国际税收协定

一、国际税收协定范本介绍（能力等级1）

自国际税收协定产生以来，在国际上影响最大的《经合组织范本》（OECD范本）和《联合国范本》（UN范本）确实起到了国际税收协定的样板作用，绝大多数国家对外谈签避免双重征税税收协定都是以这两个范本为依据（见表12-1）。其中发展中国家多以《联合国范本》为依据。

表12-1　　　　　　　　　　《联合国范本》和《经合组织范本》差异

协定范本种类	差异
《联合国范本》 强调地域管辖权。	较为注重扩大收入来源国的税收管辖权，主要在于促进发达国家和发展中国家之间国际税收协定的签订，同时也促进发展中国家相互间国际税收协定的签订
《经合组织范本》 强调居民税收管辖权。	虽然在某些特殊方面承认收入来源国的优先征税权，但其主导思想所强调的是居民税收管辖权，主要是为了促进经合组织成员国之间国际税收协定的签订

二、我国缔结税收协定（安排）的情况　一般了解。

1.截至2017年10月，我国已对外正式签署103个避免双重征税协定，其中99个协定已生效。

2.和香港、澳门两个特别行政区签署了税收安排。

3.与台湾地区签署了税收协议。

三、国际税收协定的典型条款介绍（能力等级1）

（一）税收居民

协定中，"缔约国一方居民"一语，是指按照该缔约国法律，由于住所、居所、管理机构所在地、总机构所在地、注册地或任何其他类似标准，在该缔约国负有纳税义务的人，也包括该缔约国、地方当局或法定机构。

1.我国国内法对居民的判定标准

（1）个人居民判定标准：住所、居住时间。*相关链接：个人所得税。*

（2）居民企业判定标准：注册地、实际管理机构所在地。*相关链接：企业所得税。*

2.双重居民身份下最终居民身份的判定标准

（1）个人依次是：①永久性住所；②重要利益中心；③习惯性居处；④国籍。*要按照顺序。*

（2）公司和其他团体：同时为缔约国双方居民的人，应认定其是"实际管理机构"所在国的居民。

（二）劳务所得　*新增内容*

1.独立个人劳务

独立个人劳务

（1）缔约国一方居民个人由于专业性劳务或者其他独立性活动取得的所得，应仅在该缔约国征税，即一般情况下仅在该个人为其居民的国家征税。

【解释】"专业性劳务"特别包括独立的科学、文学、艺术、教育或教学活动，以及医师、律师、工程师、建筑师、牙医师和会计师的独立活动。

仅指此几项，注意选择题

（2）但符合下列条件之一的来源国有征税权：

①该居民个人在缔约国另一方为从事上述活动的目的设有经常使用的固定基地。在这种情况下，该缔约国另一方可以仅对属于该固定基地的所得征税。

②该居民个人在任何12个月中在缔约国另一方停留连续或累计达到或超过183天。在这种情况下，该缔约国另一方可以仅对在该缔约国进行活动取得的所得征税。

与境外旅客的判定天数一致

2.非独立个人劳务

非独立个人劳务

（1）除适用"董事费"、"退休金"以及"政府服务"条款的规定以外，缔约国一方居民因受雇取得的薪金、工资和其他类似报酬，除在缔约国另一方从事受雇的活动以外，应仅在该缔约国一方征税。在该缔约国另一方从事受雇的活动取得的报酬，可以在该缔约国另一方征税。

【解释】这一规定明确了个人以受雇身份（雇员）从事劳务活动取得所得的征税原则，即一般情况下缔约国一方居民因雇佣关系取得的工资薪金报酬应在居民国征税。

（2）缔约国一方居民因在缔约国另一方从事受雇的活动取得的报酬，同时具有以下三个条件的，应仅在该缔约国一方征税：

与境外旅客的判定天数一致

①收款人在任何12个月中在该缔约国另一方停留连续或累计不超过183天；

②该项报酬由并非该缔约国另一方居民的雇主支付或代表该雇主支付；

③该项报酬不是由雇主设在该缔约国另一方的常设机构或固定基地所负担。

【解释】在同时满足以上三个条件的情况下，受雇个人不构成在劳务发生国的纳税义务。反之，只要有一个条件未符合，就构成在劳务发生国的纳税义务。

（3）在缔约国一方企业经营国际运输的船舶或飞机上从事受雇活动取得的报酬，应仅在该缔约国征税。

第二节　非居民企业税收管理

一、外国企业常驻代表机构的税收管理（能力等级2）

（一）税务登记管理

代表机构应当自领取工商登记证件（或有关部门批准）之日起30日内，向所在地主管税务机关申报办理税务登记。

（二）账簿凭证管理

代表机构应当按照有关法律、行政法规和国务院财政、税务主管部门的规定设置账簿，根据合法、有效凭证记账，进行核算。

（三）企业所得税

1.代表机构应按照实际履行的功能和承担的风险相配比的原则，准确计算其应税收入和应纳税所得额，并在季度终了之日起15日内向主管税务机关据实申报缴纳企业所得税。

2.对账簿不健全，不能准确核算收入或成本费用，以及无法按照规定据实申报的代表机构，税务机关有权采取以下两种方式核定其应纳税所得额：

（1）按收入总额核定应纳税所得额。

应纳税所得额=收入总额×核定利润率

（2）按成本费用、经费支出换算收入核定应纳税所得额。

$$应纳税所得额=\frac{成本费用（或经费支出）}{1-核定利润率}×核定利润率$$

（四）其他税种

代表机构发生增值税应税行为，应按照增值税的相关法规计算缴纳应纳税款。

二、非居民企业承包工程作业和提供劳务的税收管理（能力等级2）

1.非居民企业在中国境内承包工程作业或提供劳务的，应当自项目合同或协议签订之日起30日内，向项目所在地主管税务机关办理税务登记手续。

2.依照法律、行政法规规定负有税款扣缴义务的境内机构和个人，应当自扣缴义务发生之日起30日内，向所在地主管税务机关办理扣缴税款登记手续。

3.境内机构和个人向非居民发包工程作业或劳务项目的，应当自项目合同签订之日起30日内，向主管税务机关报送"境内机构和个人发包工程作业或劳务项目报告表"，并附送非居民的税务登记证、合同、税务代理委托书复印件或非居民对有关事项的书面说明等资料。

4.非居民企业在中国境内承包工程作业或提供劳务的，应当在项目完工后15日内，向项目所在地主管税务机关报送项目完工证明、验收证明等相关文件复印件，并依据《税务登记管理办法》的有关规定申报办理注销税务登记。

5.境内机构和个人向非居民发包工程作业或劳务项目合同发生变更的，发包方或劳务受让方应自变更之日起10日内向所在地主管税务机关报送"非居民项目合同变更情况报告表"。

6.境内机构和个人向非居民发包工程作业或劳务项目，从境外取得的与项目款项支付有关的发票和其他付款凭证，应在自取得之日起30日内向所在地主管税务机关报送"非居民项目合同款项支付情况报告表"及付款凭证复印件。

7.境内机构和个人不向非居民支付工程价款或劳务费的，应当在项目完工开具验收证明前，向其主管税务机关报告非居民在项目所在地的项目执行进度、支付人名称及其支付款项金额、支付日期等相关情况。

8.境内机构和个人向非居民发包工程作业或劳务项目，与非居民的主管税务机关不一致的，应当自非居民申报期限届满之日起15日内向境内机构和个人的主管税务机关报送非居民申报纳税证明资料复印件。

三、利息、股息、租金、特许权使用费和财产转让所得的税收管理（能力等级2）

（一）税务登记

扣缴义务人和非居民企业首次签订与股息、红利等权益性投资收益和利息、租金、特许权使用费所得、转让财产所得以及其他所得有关的业务合同或协议的，扣缴义务人应当自合同签订之日起30日内，向其主管税务机关申报办理扣缴税款登记。

（二）企业所得税税额计算（见表12-2）

表12-2　　　　　　　　　　　企业所得税税额计算

应纳税所得额	适用项目
全额征税	股息、红利等权益性投资收益和利息、租金、特许权使用费所得、担保费
差额征税	转让财产所得、土地使用权转让所得、融资租赁所得、企业股权转让所得

（三）其他需要关注的政策

1.中国境内居民企业向未在中国境内设立机构、场所的非居民企业分配股息、红利等权益性投资收益，应当在作出利润分配决定的日期代扣代缴企业所得税。如实际支付时间先于利润分配决定日期的，应在实际支付时代扣代缴企业所得税。

2.QFII取得来源于中国境内的利息收入，应当按照企业所得税法规定缴纳10%的企业所得税，由境内居民企业在支付或到期支付时代扣代缴。

3.我国金融机构向境外外国银行支付贷款利息、我国境内外资金融机构向境外支付贷款利息，应按照有关规定代扣代缴企业所得税。

4.境外分行作为中国居民企业在境外设立的分支机构，与其总机构属于同一法人。境外分行开展境内业务，并从境内机构取得的利息，为该分行的收入，计入分行的营业利润，按照企业境外所得税收抵免的相关规定，与总机构汇总缴纳企业所得税。境内机构向境外分行支付利息时，不代扣代缴企业所得税。

境外分行从境内取得的利息如果属于代收性质，据以产生利息的债权属于境外非居民企业，境内机构向境外分行支付利息时，应代扣代缴企业所得税。

5.在中国境内未设立机构、场所的非居民企业，以融资租赁方式将设备、物件等租给中国境内企业使用，租赁期满后设备、物件所有权归中国境内企业（包括租赁期满后作价转让给中国境内企业），非居民企业按照合同约定的期限收取租金，应以租赁费（包括租赁期满后作价转让给中国境内企业的价款）扣除设备、物件价款后的余额，作为贷款利息所得计算缴纳企业所得税，由中国境内企业在支付时代扣代缴。

6.非居民企业出租位于中国境内的房屋、建筑物等不动产，对未在中国境内设立机构、场所进行日常管理的，以其取得的租金收入全额计算缴纳企业所得税，由中国境内的承租人在每次支付或到期应支付时代扣代缴。

7.从2014年11月17日起，对合格境外机构投资者、人民币合格境外机构投资者，取得来源于中国境内的股票等权益性投资资产转让所得，暂免征收企业所得税。

8.对香港市场投资者（包括企业和个人）通过沪港通投资上海证券交易所上市A股取得的转让差价所得，暂免征收所得税。

9.关于到期应支付而未支付的所得扣缴企业所得税问题。

中国境内企业（以下称为企业）和非居民企业签订与利息、租金、特许权使用费等所得有关的合同或协议：

（1）未支付或变更修改合同或协议延期支付，但已计入企业当期成本、费用税前扣除的，代扣代缴企业所得税；

（2）计入相应资产原价或企业筹办费，在资产投入使用或开始生产经营后分期摊入成本、费用，分年度在企业所得税前扣除的，计入相关资产的年度全额代扣代缴企业所得税；

（3）合同或协议约定的支付日期之前支付，应在实际支付时按规定代扣代缴企业所得税。

四、中国境内机构和个人对外付汇的税收管理（能力等级1）

境内机构和个人向境外单笔支付等值5万美元以上外汇资金，应向所在地主管国税机关进行税务备案，主管税务机关仅为地税机关的，应向所在地同级国税机关备案（见表12-3）。

表12-3　　　　　　　　　中国境内机构和个人对外付汇的税收管理

需要进行税务备案的情形	（1）服务贸易收入
	（2）收益和经常转移收入
	（3）融资租赁租金、不动产的转让收入、股权转让所得以及外国投资者其他合法所得
	（4）外国投资者以境内直接投资合法所得在境内再投资单笔5万美元以上的，也应按照规定进行税务备案
无需进行税务备案的情形	境内机构在境外发生的差旅费、会议费、商品展销费用；境外代表机构的办公经费；进出口贸易佣金、保险费、赔偿款；境内个人境外留学、旅游、探亲等因私用汇

第三节　境外所得税收管理

一、境外所得已纳税额抵免范围及抵免方法（能力等级1）（见表12-4）

表12-4　　　　　　　　　境外所得已纳税额抵免范围及抵免方法

抵免范围	1.居民企业来源于中国境外的应税所得
	2.非居民企业在中国境内设立机构、场所，取得发生在中国境外但与该机构、场所有实际联系的应税所得
抵免方法	直接抵免、间接抵免、税收饶让抵免
不应作为可抵免境外所得税税额的情形	1.按照境外所得税法律及相关规定属于错缴或错征的境外所得税税款
	2.按照税收协定规定不应征收的境外所得税税款
	3.因少缴或迟缴境外所得税而追加的利息、滞纳金或罚款
	4.境外所得税纳税人或者其利害关系人从境外征税主体得到实际返还或补偿的境外所得税税款
	5.按照国务院财政、税务主管部门有关规定已经从企业境外应纳税所得额中扣除的境外所得税税款

二、直接抵免（能力等级2）

在第四章第七节中，关于境外所得抵扣税额的计算已经介绍。

【案例12-1】某企业2014年度境内应纳税所得额为100万元，适用25%的企业所得税税率。另在A国设有分支机构，分支机构的应纳税所得额为50万元，A国税率为20%。则（1）境内、境外所得的应纳税=（100＋50）×25%=37.5（万元），A扣除限额=50×25%=12.5（万元），A国已纳税=50×20%=10（万元）＜12.5万元，汇总在我国应纳所得税=37.5-10=27.5（万元）。

三、间接抵免（能力等级2）（见表12-5）

适用间接抵免的持股条件和层数，直接影响企业所得税境外所得已纳税额是否能够抵扣，是影响税额计算的重要政策。考生务必掌握。 （易考点）

间接抵免

表12-5　　　　　间接抵免

含义	境外企业就分配股息前的利润缴纳的外国所得税额中由我国居民企业就该项分得的股息性质的所得间接负担的部分，在我国的应纳税额中抵免
适用范围	居民企业（跨国母子公司）从其符合规定"持股条件"的境外子公司取得的股息、红利等权益性投资收益所得，即跨国母子公司之间的股息、红利等权益性投资收益所得
多层间接抵免法	除另有规定外，由居民企业直接或者间接持有20%以上股份的外国企业，限于符合以下持股方式的三层外国企业： 1.第一层：单一居民企业直接持有20%以上股份的外国企业 2.第二层：单一第一层外国企业直接持有20%以上股份，且由单一居民企业直接持有或通过一个或多个符合本条规定持股条件的外国企业间接持有总和达到20%以上股份的外国企业 3.第三层：单一第二层外国企业直接持有20%以上股份，且由单一居民企业直接持有或通过一个或多个符合本条规定持股条件的外国企业间接持有总和达到20%以上股份的外国企业 【解释】上述符合规定的"持股条件"是指，各层企业直接持股、间接持股以及为计算居民企业间接持股总和比例的每一个单一持股，均应达到20%的持股比例

【提示】自2017年1月1日起，企业在境外取得的股息所得，在按规定计算该企业境外股息所得的可抵免所得税额和抵免限额时，由该企业直接或者间接持有20%以上股份的外国企业，限于按照规定持股方式确定的五层外国企业，即第一层——企业直接持有20%以上股份的外国企业；第二层至第五层——单一上一层外国企业直接持有20%以上股份，且由该企业直接持有或通过一个或多个符合规定持股方式的外国企业间接持有总和达到20%以上股份的外国企业。（本章2018年教材收录的案例仍属于三层抵免，考生只需掌握抵免范围的判定和第一层抵免的计算即可）

【案例12-2】如图12-1所示：

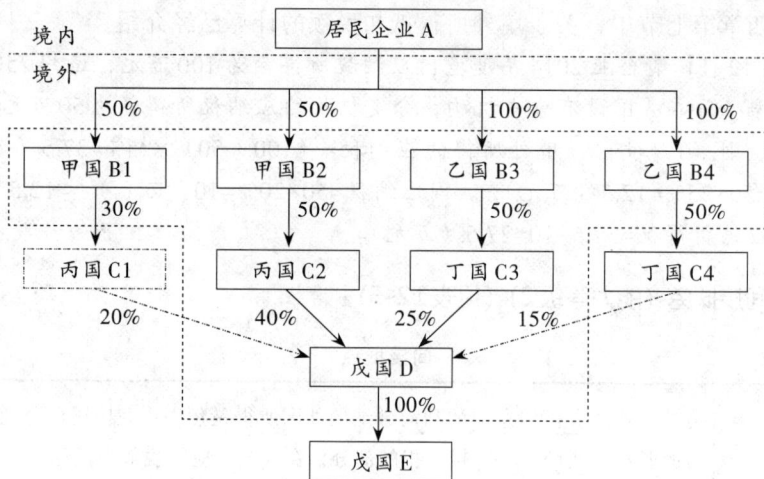

图12-1 【案例12-2】

分析：

1.第一层（B层）各公司间接抵免持股条件的判定：

B1、B2、B3、B4公司分别直接被居民企业A控股50%、50%、100%、100%，均符合间接抵免第一层公司的持股条件。

2.第二层（C层）各公司间接抵免持股条件的判定：

（1）C1公司虽然被符合条件的上一层公司B1控股30%，但仅受居民企业A间接持股15%（50%×30%），因此属于不符合间接抵免持股条件的公司。

（2）C2公司被符合条件的上一层公司B2控股50%，且被居民企业A间接控股达到25%（50%×50%），因此属于符合间接抵免持股条件的公司。

（3）C3公司被符合条件的上一层公司B3控股50%，且被居民企业A间接控股达到50%（100%×50%），因此属于符合间接抵免持股条件的公司。

（4）C4公司情形与C3公司相同，属于符合间接抵免持股条件的公司。

3.第三层（D层）各公司间接抵免持股条件的判定：

（1）虽然D公司被C1控股达到了20%，但由于C1属于不符合抵免持股条件的公司，所以C1对D公司的20%持股也不得再计入D公司间接抵免持股条件的范围，来源于D公司20%部分的所得的已纳税款不能进入居民企业A的间接抵免范畴。

（2）D公司被C2控股达到40%，但被居民企业A通过符合条件的B2、C2间接持股仅10%（50%×50%×40%），未达到20%，因此还不能判定D公司是否符合间接抵免持股条件的公司。

（3）D公司被C3控股达到25%，且由居民企业A通过符合条件的B3、C3间接控股达12.5%（100%×50%×25%），加上居民企业A通过B2、C2间接控股10%，间接控股总和达到22.5%。因此，D公司符合间接抵免持股条件的公司，其所纳税额中属于向C2和C3公司分配的65%股息所负担的部分，可进入居民企业A的间接抵免范畴。

（4）D公司被C4控股15%，虽然C4是自身符合抵免持股条件的公司，但其对D公司的持股不符合直接控股达20%的条件，因此该C4对D公司15%的持股，不能计入居民企业A对D公司符合抵免条件的间接持股总和之中；同时，D公司所纳税额中属于向C4按其持股15%分配的股息所负担的部分，也不能进入居民企业A的间接抵免范畴。

【例12-1·2016年计算题】我国居民企业甲在境外进行了投资，相关投资结构及持股比例如图12-2所示：

例题讲解

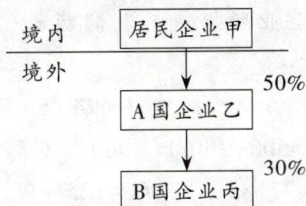

图12-2　甲企业在境外投资的相关投资结构及持股比例

2015年经营及分配状况如下：

（1）B国企业所得税税率为30%，预提所得税税率为12%。丙企业应纳税所得总额为800万元，丙企业将部分税后利润按持股比例进行了分配。

（2）A国企业所得税税率为20%，预提所得税税率为10%。乙企业应纳税所得总额（该应纳税所得总额包含投资收益还原计算的间接税款）为1 000万元，其中来自丙企业的投资收益为100万元，按照12%的税率缴纳B国预提所得税12万元；乙企业在A国享受税收抵免后实际缴纳税款180万元，乙企业将全部税后利润按持股比例进行了分配。

（3）居民企业甲适用的企业所得税税率为25%，其来自境内的应纳税所得额为2 400万元。

要求：根据上述资料，回答下列问题。

（1）简述居民企业可适用境外所得税收抵免的税额范围。

（2）判断企业丙分回企业甲的投资收益能否适用间接抵免优惠政策并说明理由。

（3）判断企业乙分回企业甲的投资收益能否适用间接抵免优惠政策并说明理由。

（4）计算企业乙所纳税额属于企业甲负担的税额。

（5）计算企业甲取得来源于企业乙投资收益的抵免限额。

（6）计算企业甲取得来源于企业乙投资收益的实际抵免限额。

【答案与解析】

（1）居民企业可以就其取得的境外所得直接缴纳和间接负担的境外企业所得性质的税额进行抵免。

（2）不适用间接抵免优惠政策。理由：第二层：单一第一层外国企业直接持有20%以上股份，且由单一居民企业直接持有或通过一个或多个符合本条规定持股条件的外国企业间接持有总和达到20%以上股份的外国企业。本题企业甲直接持有企业乙20%以上的股份，企业乙直接持有企业丙20%以上的股份，但企业甲间接持有企业丙的股份为15%（50%×30%），不足20%，不能适用间接抵免的优惠政策。

（3）适用间接抵免优惠政策。理由：第一层：单一居民企业直接持有20%以上股份的外国企业。本题居民企业甲直接持有企业乙的股份超过20%，可以适用间接抵免的优惠政策。

（4）企业乙的税后利润额=1 000-180-12=808（万元）。本层企业所纳税额属于由一家上一层企业负担的税额=（本层企业就利润和投资收益所实际缴纳的税额+符合本通知规定的由本层企业间接负担的税额）×本层企业向一家上一层企业分配的股息（红利）÷本层企业所得税后利润额=（180+12）×808×50%÷808=96（万元）。

（5）企业甲取得的境外应纳税所得总额=808×50%+96=500（万元）。企业甲取得的境内外应纳税所得总额=500+2 400=2 900（万元）。企业甲应纳税额=2 900×25%=725（万元）。抵免限额=725×500÷2 900=125（万元）。

（6）境外所得税总额=96+808×50%×10%=136.4（万元），则企业甲取得来源于企业乙投资收益的实际抵免额为125万元。

四、税收饶让抵免的应纳税额（能力等级2）

1.居民企业从与我国政府订立税收协定（或安排）的国家（地区）取得的所得，按照该国（地区）税收法律享受了免税或减税待遇，且该免税或减税的数额按照税收协定规定应视同已缴税额在中国的应纳税额中抵免的，该免税或减税数额可作为企业实际缴纳的境外所得税额用于办理税收抵免。

2.税收饶让抵免应区别下列情形进行计算（见表12-6）：

表12-6　　　　　　　　税收饶让抵免的计算

情形	规定
税收协定规定定率饶让抵免	饶让抵免税额为按该定率计算的应纳境外所得税额超过实际缴纳的境外所得税额的数额
税收协定规定列举一国税收优惠额给予饶让抵免	饶让抵免税额为按协定国家（地区）税收法律规定税率计算的应纳所得税额超过实际缴纳税额的数额，即实际税收优惠额
境外所得采用我国税法规定的简易办法计算抵免额	不适用饶让抵免

第四节　国际避税与反避税

一、税基侵蚀和利润转移项目（能力等级2）

税基侵蚀和利润转移项目是由二十国集团（以下简称G20）领导人背书，并委托经济合作与发展组织（以下简称OECD）推进的国际税改项目，是G20框架下各国携手打击国际逃避税，共同建立有利于全球经济增长的国际税收规则体系和行政合作机制的重要举措。

（一）税基侵蚀和利润转移行动计划与项目成果

2013年6月，OECD发布《税基侵蚀和利润转移行动计划》（以下简称BEPS行动计划）。2015年10月5日，OECD在整合2014年9月发布的BEPS行动计划首批7项产出成果的基础上，发布了BEPS行动计划全部15项产出成果（见表12-7）。这些成果已由当年10月8日G20财长与央行行长会议审议通过，并提交当年11月G20

安塔利亚峰会由各国领导人背书。

表12-7　　　　　　　　　　　BEPS行动计划及项目成果

类别	行动计划	项目成果
应对数字经济带来的挑战	数字经济	《关于数字经济面临的税收挑战的报告》
协调各国企业所得税税制	混合错配	《消除混合错配安排的影响》
	受控外国公司规则	《制定有效受控外国公司规则》
	利息扣除	《对利用利息扣除和其他款项支付实现的税基侵蚀予以限制》
	有害税收实践	《考虑透明度和实质性因素有效打击有害税收实践》
重塑现行税收协定和转让定价国际规则	税收协定滥用	《防止税收协定优惠的不当授予》
	常设机构	《防止人为规避构成常设机构》
	无形资产	《确保转让定价结果与价值创造相匹配》
	风险和资本	
	其他高风险交易	
提高税收透明度和确定性	数据统计分析	《衡量和监控BEPS》
	强制披露原则	《强制披露规则》
	转让定价同期资料	《转让定价文档与国别报告》
	争端解决	《使争议解决机制更有效》
开发多边工具促进行动计划实施	多边工具	《开发用于修订双边税收协定的多边工具》

（二）税基侵蚀和利润转移项目的影响

此项工作的重点是消除双重不征税。

现阶段一般反避税办法仅针对跨境交易或支付，而不涉及境内交易。

一般反避税

二、一般反避税（能力等级3）（见表12-8）

表12-8　　　　　　　　　　　一般反避税要点及内容

要点	内容
1.适用情形	对企业实施的不具有合理商业目的而获取税收利益的避税安排，实施的特别纳税调整 【解释1】不具有合理商业目的，是指以减少、免除或者推迟缴纳税款为主要目的 【解释2】税收利益是指减少、免除或者推迟缴纳企业所得税应纳税额
2.不适用情形	（1）与跨境交易或者支付无关的安排 （2）涉嫌逃避缴纳税款、逃避追缴欠税、骗税、抗税以及虚开发票等税收违法行为
3.避税安排特征	（1）以获取税收利益为唯一目的或者主要目的 （2）以形式符合税法规定，但与其经济实质不符的方式获取税收利益
4.调整方法 *注意容易出多选题。*	税务机关应当以具有合理商业目的和经济实质的类似安排为基准，按照实质重于形式的原则实施特别纳税调整。调整方法包括： （1）对安排的全部或者部分交易重新定性 （2）在税收上否定交易方的存在，或者将该交易方与其他交易方视为同一实体 （3）对相关所得、扣除、税收优惠、境外税收抵免等重新定性或者在交易各方间重新分配 （4）其他合理方法

要点	内容
5.调查	（1）主管税务机关实施一般反避税调查时，应当向被调查企业送达《税务检查通知书》 （2）被调查企业认为其安排不属于避税安排的，应当自收到《税务检查通知书》之日起60日内提供相关资料 （3）企业拒绝提供资料的，主管税务机关可以按照《税收征管法》的有关规定进行核定
6.争议处理	（1）被调查企业对主管税务机关作出的一般反避税调整决定不服的，可以按照有关法律法规的规定申请法律救济 （2）被调查企业认为我国税务机关作出的一般反避税调整，导致国际双重征税或者不符合税收协定规定征税的，可以按照税收协定及其相关规定申请启动相互协商程序

三、特别纳税调整（能力等级3）

特别纳税调整

（一）转让定价管理

转让定价管理是对企业与其关联方之间的业务往来是否符合独立交易原则进行审核评估和调查调整等工作的总称。（详见本章第五节）

（二）成本分摊协议管理

成本分摊协议管理是对企业与其关联方签署的成本分摊协议是否符合独立交易原则进行审核评估和调查调整等工作的总称。

企业与其关联方签署成本分摊协议，共同开发、受让无形资产，或者共同提供、接受劳务，应符合以下规定：

1.成本分摊协议的参与方对开发、受让的无形资产或参与的劳务活动享有受益权，并承担相应的活动成本。关联方承担的成本应与非关联方在可比条件下为获得上述受益权而支付的成本相一致。

2.参与方使用成本分摊协议所开发或受让的无形资产不需另支付特许权使用费。

3.企业对成本分摊协议所涉及无形资产或劳务的受益权应有合理的、可计量的预期收益，且以合理商业假设和营业常规为基础。

4.涉及劳务的成本分摊协议一般适用于集团采购和集团营销策划。

5.企业与其关联方签署成本分摊协议，有下列情形之一的，其自行分摊的成本不得税前扣除：

（1）不具有合理商业目的和经济实质。

（2）不符合独立交易原则。

（3）没有遵循成本与收益配比原则。

（4）未按规定备案或准备、保存和提供有关成本分摊协议的同期资料。

（5）自签署成本分摊协议之日起经营期限少于20年。

（三）受控外国企业管理

受控外国企业管理是对受控外国企业不作利润分配或减少利润分配进行审核评估和调查，并对归属于居民企业所得进行调整等工作的总称。

1.受控外国企业是指由居民企业，或者由居民企业和居民个人控制的设立在实际税负低于25%的企业所得税税率水平50%的国家（地区），并非出于合理经营需要对利润不作分配或减少分配的外国企业。

2.例外条款。

中国居民企业股东能够提供资料证明其控制的外国企业满足以下条件之一的，可免于将外国企业不作分配或减少分配的利润视同股息分配额，计入中国居民企业股东的当期所得：

（1）设立在国家税务总局指定的非低税率国家（地区）。

（2）主要取得积极经营活动所得。

（3）年度利润总额低于500万元人民币。

（四）资本弱化管理

《企业所得税法》规定，企业从其关联方接受的债权性投资与权益性投资的比例超过规定标准而发生的利息支出，不得在计算应纳税所得额时扣除。

第五节　转让定价

一、关联申报（能力等级1）

（一）关联方（见表12-9）

关联申报

表12-9 关联方

关联方	关联方是指与企业有下列关联关系之一的企业、其他组织或者个人，具体指： （1）在资金、经营、购销等方面存在直接或者间接的控制关系 （2）直接或者间接地同为第三者控制 （3）在利益上具有相关联的其他关系
注意关联方的定义，容易在客观题中出现。	
关联关系 **注意：仅因国家持股或者由国有资产管理部门委派董事、高级管理人员而存在（1）～（5）项关系的，不构成此处所称的关联关系。**	企业与其他企业、组织或者个人具有下列关系之一的，构成关联关系： （1）一方直接或者间接持有另一方的股份总和达到25%以上；双方直接或者间接同为第三方所持有的股份达到25%以上 【提示1】如果一方通过中间方对另一方间接持有股份，只要其对中间方持股比例达到25%以上，则其对另一方的持股比例按照中间方对另一方的持股比例计算 【提示2】两个以上具有夫妻、直系血亲、兄弟姐妹以及其他抚养、赡养关系的自然人共同持股同一企业，在判定关联关系时持股比例合并计算 （2）双方存在持股关系或者同为第三方持股，虽持股比例未达到第（1）项规定，但双方之间借贷资金总额占任一方实收资本比例达到50%以上，或者一方全部借贷资金总额的10%以上由另一方担保（与独立金融机构之间的借贷或者担保除外） （3）双方存在持股关系或者同为第三方持股，虽持股比例未达到第（1）项规定，但一方的生产经营活动必须由另一方提供专利权、非专利技术、商标权、著作权等特许权才能正常进行 （4）双方存在持股关系或者同为第三方持股，虽持股比例未达到第（1）项规定，但一方的购买、销售、接受劳务、提供劳务等经营活动由另一方控制 （5）一方半数以上董事或者半数以上高级管理人员（包括上市公司董事会秘书、经理、副经理、财务负责人和公司章程规定的其他人员）由另一方任命或者委派，或者同时担任另一方的董事或者高级管理人员；或者双方各自半数以上董事或者半数以上高级管理人员同为第三方任命或者委派 （6）具有夫妻、直系血亲、兄弟姐妹以及其他抚养、赡养关系的两个自然人分别与双方具有第（1）至（5）项关系之一 （7）双方在实质上具有其他共同利益

（二）关联交易类型（如图12-3所示）注意客观题。

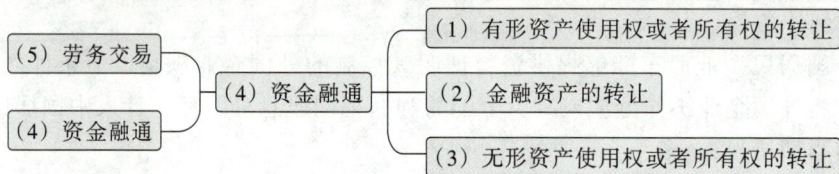

图12-3　关联交易类型

（三）国别报告

国别报告主要披露最终控股企业所属跨国企业集团所有成员实体的全球所得、税收和业务活动的国别分布情况。

1.存在下列情形之一的居民企业，应当在报送"年度关联业务往来报告表"时，填报国别报告：

（1）该居民企业为跨国企业集团的最终控股企业，且其上一会计年度合并财务报表中的各类收入金额合计超过55亿元。

（2）该居民企业被跨国企业集团指定为国别报告的报送企业。

2.最终控股企业为中国居民企业的跨国企业集团，其信息涉及国家安全的，可以按照国家有关规定，豁免填报部分或者全部国别报告。

3.税务机关可以按照我国对外签订的协定、协议或者安排实施国别报告的信息交换。

二、同期资料管理（能力等级1）

同期资料包括主体文档、本地文档和特殊事项文档（如图12-4所示）。

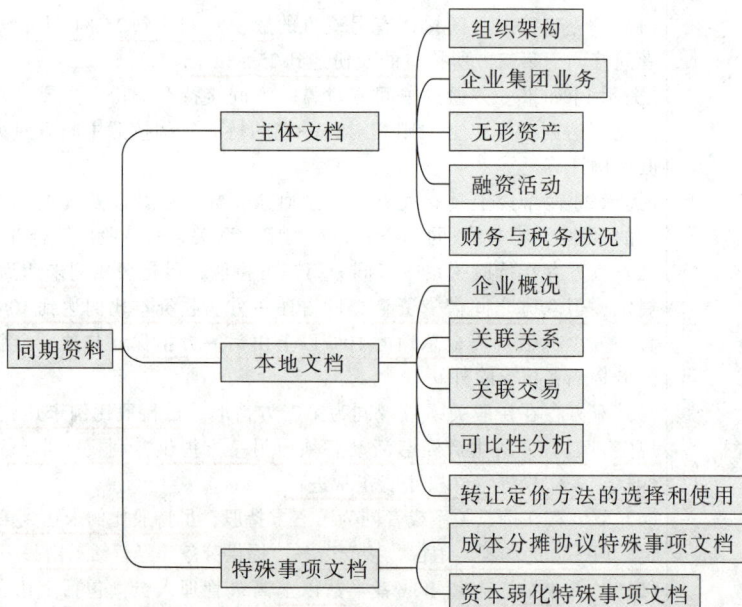

图12-4　同期资料

1.符合下列条件之一的企业，应当准备主体文档：

（1）年度发生跨境关联交易，且合并该企业财务报表的最终控股企业所属企业集团已准备主体文档。

（2）年度关联交易总额超过10亿元。

2.年度关联交易金额符合下列条件之一的企业，应当准备本地文档：

（1）有形资产所有权转让金额（来料加工业务按照年度进出口报关价格计算）超过2亿元。

（2）金融资产转让金额超过1亿元。

（3）无形资产所有权转让金额超过1亿元。

（4）其他关联交易金额合计超过4 000万元。

3.豁免情形：　注意客观题。

（1）企业仅与境内关联方发生关联交易的，可以不准备主体文档、本地文档和特殊事项文档。

（2）企业执行预约定价安排的，可以不准备预约定价安排涉及关联交易的本地文档和特殊事项文档。

4.其他要求：　注意提供同期资料的时限及其他要求。

（1）主体文档应当在企业集团最终控股企业会计年度终了之日起12个月内准备完毕；本地文档和特殊事项文档应当在关联交易发生年度次年6月30日之前准备完毕。同期资料应当自税务机关要求之日起30日内提供。

（2）企业因不可抗力无法按期提供同期资料的，应当在不可抗力消除后30日内提供同期资料。

（3）同期资料应当自税务机关要求的准备完毕之日起保存10年。

三、转让定价方法（能力等级2）（见表12-10）

转让定价方法

表12-10　　　　　　　　　　　转让定价方法

转让定价方法	含义	适用范围
可比非受控价格法　同类业务往来。	可比非受控价格法以非关联方之间进行的与关联交易相同或类似业务活动所收取的价格作为关联交易的公平成交价格	可比性分析应特别考察关联交易与非关联交易在交易资产或劳务的特性、合同条款及经济环境上的差异。可以适用于所有类型的关联交易
再销售价格法　关联方以外的交易价格。	再销售价格法以关联方购进商品再销售给非关联方的价格减去可比非关联交易毛利后的金额作为关联方购进商品的公平成交价格	通常适用于再销售者未对商品进行改变外形、性能、结构或更换商标等实质性增值加工的简单加工或单纯购销业务
成本加成法	成本加成法以关联交易发生的合理成本加上可比非关联交易毛利作为关联交易的公平成交价格	通常适用于有形资产的购销、转让和使用，劳务提供或资金融通的关联交易
交易净利润法	交易净利润法以可比非关联交易的利润率指标确定关联交易的净利润。利润率指标包括资产收益率、销售利润率、完全成本加成率、贝里比率等	通常适用于有形资产的购销、转让和使用，无形资产的转让和使用以及劳务提供等关联交易
利润分割法	利润分割法根据企业与其关联方对关联交易合并利润的贡献计算各自应该分配的利润额。利润分割法分为一般利润分割法和剩余利润分割法	通常适用于各参与方关联交易高度整合且难以单独评估各方交易结果的情况

第十二章

四、转让定价调查与调整（能力等级2）

1.转让定价调查应重点选择以下企业：~~属于不能正常进行生产经营活动或交易不正常的企业。~~

（1）关联交易数额较大或类型较多的企业；

（2）长期亏损、微利或跳跃性盈利的企业；

（3）低于同行业利润水平的企业；

（4）利润水平与其所承担的功能风险明显不相匹配的企业；

（5）与避税港关联方发生业务往来的企业；

（6）未按规定进行关联申报或准备同期资料的企业；

（7）其他明显违背独立交易原则的企业。

2.实际税负相同的境内关联方之间的交易，只要该交易没有直接或间接导致国家总体税收收入的减少，原则上不作转让定价调查、调整。

3.税务机关对企业实施转让定价纳税调整后，应自企业被调整的最后年度的下一年度起5年内实施跟踪管理。在跟踪管理期内，企业应在跟踪年度的次年6月20日之前向税务机关提供跟踪年度的同期资料。

4.企业以融资上市为主要目的，在境外成立控股公司或者融资公司，因融资上市活动所产生的附带利益向境外关联方支付的特许权使用费，在计算企业应纳税所得额时不得扣除。

5.企业向境外关联方支付费用不符合独立交易原则的，税务机关可以在该业务发生纳税年度起10年内，实施特别纳税调整。

五、预约定价安排（能力等级2）（如图12-5所示）

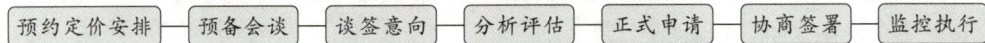

预约定价安排 → 预备会谈 → 谈签意向 → 分析评估 → 正式申请 → 协商签署 → 监控执行

图12-5　预约定价安排

1.预约定价安排的适用范围。

（1）预约定价安排适用于主管税务机关向企业送达接收其谈签意向的《税务事项通知书》之日所属纳税年度起3至5个年度的关联交易。

（2）企业以前年度的关联交易与预约定价安排适用年度相同或者类似的，经企业申请，税务机关可以将预约定价安排确定的定价原则和计算方法追溯适用于以前年度该关联交易的评估和调整。追溯期最长为10年。

（3）预约定价安排的谈签不影响税务机关对企业不适用预约定价安排的年度及关联交易的特别纳税调查调整和监控管理。

（4）预约定价安排一般适用于主管税务机关向企业送达接收其谈签意向的《税务事项通知书》之日所属纳税年度前3个年度每年度发生的关联交易金额4 000万元人民币以上的企业。

2.有下列情形之一的，税务机关可以拒绝企业提交谈签意向：

（1）税务机关已经对企业实施特别纳税调整立案调查或者其他涉税案件调查，且尚未结案的。

（2）未按照有关规定填报年度关联业务往来报告表。

（3）未按照有关规定准备、保存和提供同期资料。

（4）预备会谈阶段税务机关和企业无法达成一致意见。

3.企业提交谈签意向后，税务机关应当分析预约定价安排申请草案内容，评估其是否符合独立交易原则。根据分析评估的具体情况可以要求企业补充提供有关资料。

4.经过分析评估，税务机关认为预约定价安排申请草案符合独立交易原则的，主管税务机关向企业送达同意其提交正式申请的《税务事项通知书》，企业收到通知后，可以向税务机关提交《预约定价安排正式申请书》，并附送预约定价安排正式申请报告。

5.有下列情形之一的，税务机关可以拒绝企业提交正式申请：

（1）预约定价安排申请草案拟采用的定价原则和计算方法不合理，且企业拒绝协商调整。

（2）企业拒不提供有关资料或者提供的资料不符合税务机关要求，且不按时补正或者更正。

（3）企业拒不配合税务机关进行功能和风险实地访谈。

（4）其他不适合谈签预约定价安排的情况。

6.主管税务机关与企业开展单边预约定价安排协商，协商达成一致的，拟定单边预约定价安排文本。国家税务总局与税收协定缔约对方税务主管当局开展双边或者多边预约定价安排协商，协商达成一致的，拟定双边或者多边预约定价安排文本。要先跟税务机关通报，达成协议。定价从高原则。

7.企业应当在纳税年度终了后6个月内，向主管税务机关报送执行预约定价安排情况的纸质版和电子版年度报告，主管税务机关将电子版年度报告报送国家税务总局；涉及双边或者多边预约定价安排的，企业应当向主管税务机关报送执行预约定价安排情况的纸质版和电子版年度报告，同时将电子版年度报告报送国家税务总局。报送的是国家税务总局。

第六节　国际税收征管协作

一、情报交换（能力等级1）

1.情报交换的类型包括专项情报交换、自动情报交换、自发情报交换以及同期税务检查、授权代表访问和行业范围情报交换等。

2.情报交换应在税收协定生效并执行以后进行，税收情报涉及的事项可以溯及税收协定生效并执行之前。

3.我国情报交换通过国家税务总局进行。

4.我国从缔约国主管当局获取的税收情报可以作为税收执法行为的依据，并可以在诉讼程序中出示。

5.税收情报应作密件处理。

二、海外账户税收遵从法案（能力等级1）

1.美国《海外账户税收遵从法案》简称FATCA，其主要目的是追查全球范围内美国富人的逃避缴纳税款行为，属于美国国内法，但其适用范围远远超出美国。美国公布以政府间合作方式实施FATCA的两种协议模式：

（1）模式一：通过政府开展信息交换，包括互惠型和非互惠型两种子模式。

（2）模式二：金融机构直接向美国税务机关报送信息。

情报交换

海外账户税收遵从法案

2.2014年6月，中国按照模式一中的互惠型子模式与美国签订政府间协议。

三、金融账户涉税信息自动交换标准（能力等级1）

金融账户涉税信息自动交换标准

4904

根据"标准"开展金融账户涉税信息自动交换，首先由一国（地区）金融机构通过尽职调查程序识别另一国（地区）税收居民个人和企业在该机构开立的账户，按年向金融机构所在国（地区）主管部门报送上述账户的名称、纳税人识别号、地址、账号、余额、利息、股息以及出售金融资产的收入等信息，再由该国（地区）税务主管当局与账户持有人的居民国税务主管当局开展信息交换，最终实现各国（地区）对跨境税源的有效监管。具体过程如图12-6所示。

金融账户涉税信息自动交换标准图解

4905

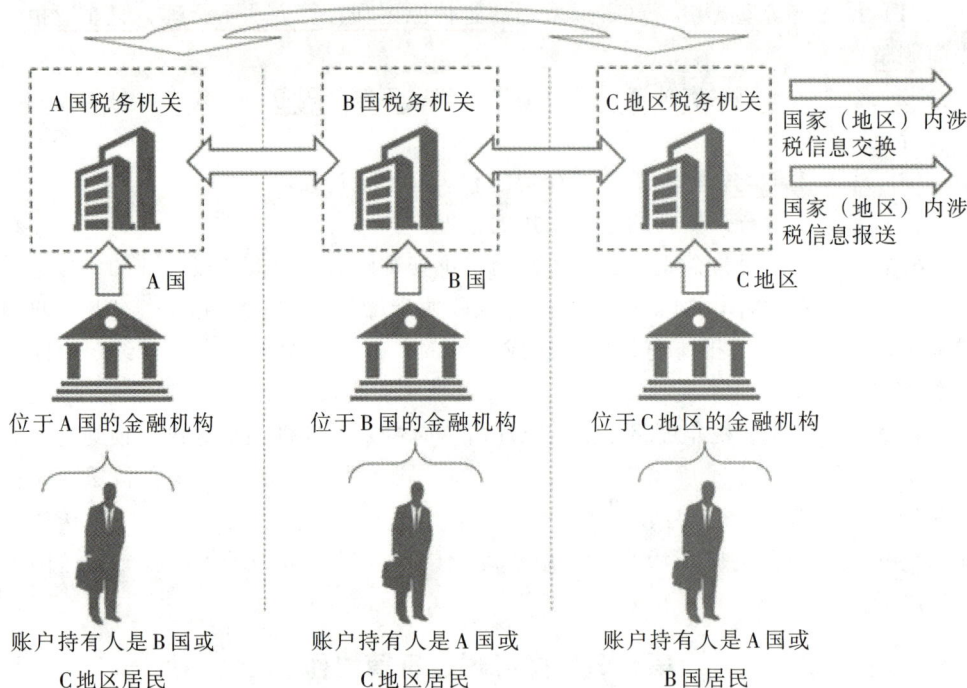

图12-6　金融账户涉税信息自动交换标准示意图

四、税收公约（能力等级1）

税收公约

4906

我国于2013年8月27日签署了《多边税收征管互助公约》（以下简称《公约》），并于2015年7月1日由第十二届全国人民代表大会常务委员会第十五次会议批准。2015年10月16日，我国向经济合作与发展组织交存了《公约》批准书。根据《公约》的规定，《公约》将于2016年2月1日对我国生效，自2017年1月1日起开始执行。

海关征收的不包括在内。

1.《公约》适用于根据我国法律由税务机关征收管理的税种，具体包括企业所得税、个人所得税、城镇土地使用税、房产税、土地增值税、增值税、消费税、烟叶税、车辆购置税、车船税、资源税、城市维护建设税、耕地占用税、印花税、契税。

2.我国税务机关现阶段与《公约》其他缔约方之间开展征管协助的形式为情报交换。

3.以下事项属于《公约》批准书中我国声明保留内容：

（1）对上述税种以外的税种，不提供任何形式的协助。

（2）不协助其他缔约方追缴税款，不协助提供保全措施。

（3）不提供文书送达方面的协助。

（4）不允许通过邮寄方式送达文书。

4.在我国政府另行通知前，《公约》暂不适用于香港特别行政区和澳门特别行政区。

智能测评

扫码听分享	做题看反馈
亲爱的同学，本章相对较难理解，考点繁杂散碎，不易把握核心重点，建议学习时放在最后，先集中时间对教材通读一遍，标出不理解的地方，再结合做题或是在网上提问各个击破。 扫一扫二维码，来听学习导师的分享吧。	学完马上测！ 请扫描上方的二维码进入本章测试，检测一下自己学习的效果如何。做完题目，还可以查看自己的个性化测试反馈报告。这样，在以后复习的时候就更有针对性、效率更高啦！

第十三章　税收征收管理法

本章考情概述

程序法是为实现实体权利义务而制定的关于程序方面的法律，如刑事诉讼法、民事诉讼法等。

　　税收征收管理法属于我国税制结构中的**程序法**，属于CPA税法的非重点章节，从历年的试题来看，本章平均分值在3～4分。税收征收管理法需要考生理解的知识点不多，需要记忆的知识点不少，内容繁杂，核心考点也不突出，考生可以通过课后的习题加以巩固把握。

　　本章内容包括税收征收管理法概述、税务管理、税款征收、税务检查、法律责任、纳税担保试行办法、纳税信用管理。

第一节　税收征收管理法概述

一、税收征收管理法的立法目的（能力等级1）

1.加强税收征收管理。

2.规范税收征收和缴纳行为。

3.保障国家税收收入。

4.保护纳税人的合法权益。

5.促进经济发展和社会进步。

二、税收征收管理法的适用范围（能力等级1）　*熟悉。*

注意：由财政部门征收或由海关代征的税种，不属于《征管法》的适用范围。

1.我国税收的**征收机关有税务和海关部门**，税务机关征收各种工商税收，海关征收关税。《中华人民共和国税收征收管理法》（以下简称《征管法》）只适用于由税务机关征收的各种税收的征收管理。

2.海关征收的关税及代征的增值税、消费税，适用其他法律、法规的规定。

3.目前还有一部分政府收费由税务机关征收，如教育费附加。这些费不适用《征管法》，不能采取《征管法》规定的措施，其具体管理办法由各种费的条例和规章决定。

　　【例13-1·多选题】下列各项中，不适用《征管法》的有（　　　）。

　　A.烟叶税

　　B.关税

　　C.船舶吨税

　　D.教育费附加

　　【答案】BCD

三、税收征收管理法的遵守主体（能力等级1）

1.税务行政主体：税务机关。

2.税务行政管理相对人：纳税人、扣缴义务人和其他有关单位。

3.有关单位和部门。

第二节　税务管理

一、税务登记管理（能力等级2）

（一）开业税务登记（见表13-1）　基本都是30日内。

表13-1　　　　　　　　　　　　　　　开业税务登记

登记对象	登记时间	登记地点
领取营业执照从事生产、经营的纳税人： ①企业，即从事生产经营的单位或组织，包括国有、集体、私营企业，中外合资合作企业、外商独资企业，以及各种联营、联合、股份制企业等 ②企业在外地设立的分支机构和从事生产、经营的场所 ③个体工商户 ④从事生产、经营的事业单位	自领取营业执照之日起30日内	生产、经营地或者纳税义务发生地的主管税务机关
其他纳税人： 根据有关法规规定，不从事生产、经营，但依照法律、法规的规定负有纳税义务的单位和个人，除临时取得应税收入或发生应税行为以及只缴纳个人所得税、车船税的外，都应按规定向税务机关办理税务登记	自纳税义务发生之日起30日内	所在地主管税务机关
有独立的生产经营权、在财务上独立核算并定期向发包人或者出租人上交承包费或租金的承包承租人	自承包承租合同签订之日起30日内	承包承租业务发生地税务机关
境外企业在中国境内承包建设、安装、装配、勘探工程和提供劳务的	自项目合同或协议签订之日起30日内	项目所在地税务机关

【例13-2·2008年多选题】根据《征管法》和《税务登记管理办法》的有关规定，下列各项中应当进行税务登记的有（　　）。

A.从事生产经营的事业单位

B.企业在境内其他城市设立的分支机构

C.不从事生产经营只缴纳车船税的社会团体

D.有来源于中国境内所得但未在中国境内设立机构、场所的非居民企业

【答案】AB

（二）变更、注销税务登记（见表13-2）　一般变更为30日内，如果撤销说明企业不存在了，就要缩短为15日内。

【例13-3·2016年单选题】企业发生的下列情形中，应当办理注销税务登记的是（　　）。

A.改变生产经营方式

B.改变行政隶属关系

C.住所迁移涉及主管税务机关的变动

D.减少注册资本

【答案】C

【解析】选项ABD都是属于变更税务登记。

表13-2　　　　　　　　　　　　　　变更、注销税务登记

	适用范围	时间要求	登记地点
变更税务登记	发生改变名称、改变法定代表人、改变经济性质或经济类型、改变住所和经营地点（不涉及主管税务机关变动的）、改变生产经营或经营方式、增减注册资金（资本）、改变隶属关系、改变生产经营期限、改变或增减银行账号、改变生产经营权属以及改变其他税务登记内容的	1.自工商行政管理机关或者其他机关办理变更登记之日起30日内 2.不需要到工商行政管理机关或者其他机关办理变更登记的，应当自发生变化之日起30日内	原税务登记机关
注销税务登记	纳税人因经营期限届满而自动解散；企业由于改组、分立、合并等原因而被撤销；企业资不抵债而破产；纳税人住所、经营地址迁移而涉及改变原主管税务机关的；纳税人被工商行政管理部门吊销营业执照；以及纳税人依法终止履行纳税义务的其他情形	1.纳税人发生解散、破产、撤销以及其他情形，依法终止纳税义务的，应当在向工商行政管理机关办理注销登记前，向原税务登记管理机关申报办理注销税务登记 2.不需要在工商管理机关办理注销登记的，应当自有关机关批准或者宣告终止之日起15日内，向原税务登记管理机关申报办理注销税务登记 3.纳税人因住所、生产、经营场所变动而涉及改变主管税务登记机关的，应当在向工商行政管理机关申请办理变更或注销登记前，向原税务登记管理机关申报办理注销税务登记，并在30日内向迁入地主管税务登记机关申报办理税务登记 4.纳税人被工商行政管理机关吊销营业执照的，应当自营业执照被吊销之日起15日内，向原税务登记管理机关申报办理注销税务登记	原税务登记机关

（三）停业、复业登记

1.实行定期定额征收方式的纳税人，在营业执照核准的经营期限内需要停业的，应当向税务机关提出停业登记。

2.纳税人停业期间发生纳税义务，应当及时向主管税务机关申报，依法补缴应纳税款。注意：停业期间也有纳税义务。

（四）外出经营报验登记

1.纳税人到外县（市）临时从事生产经营活动的，应当在外出生产经营以前，持税务登记证向主管税务机关申请开具《外出经营活动税收管理证明》（以下简称《外管证》）。

2.纳税人在省税务机关管辖区域内跨县（市）经营的，是否开具《外管证》由

省级税务机关自行确定。

3.税务机关按照一地一证的原则，核发《外管证》，《外管证》的有效期限一般为 30 日，最长不得超过 180 日。但建筑安装行业纳税人项目合同期限超过 180 日的，按照合同期限确定有效期。

二、账簿、凭证管理（能力等级 2）（见表 13-3）

账簿、凭证管理

表 13-3　　　　　　　　　　　　　账簿、凭证管理

账簿、凭证管理	1.从事生产、经营的纳税人应当自领取营业执照或者发生纳税义务之日起 15 日内设置账簿 2.扣缴义务人应当自税收法律、行政法规规定的扣缴义务发生之日起 10 日内，按照所代扣、代收的税种，分别设置代扣代缴、代收代缴税款账簿 3.账簿、会计凭证和报表，应当使用中文。民族自治地方可以同时使用当地通用的一种民族文字。外商投资企业和外国企业可以同时使用一种外国文字 4.凡从事生产、经营的纳税人必须将所采用的财务、会计制度和具体的财务、会计处理办法，按税务机关的规定，自领取税务登记证件之日起 15 日内，及时报送主管税务机关备案 5.账簿、记账凭证、报表、完税凭证、发票、出口凭证以及其他有关涉税资料的保管期限，根据《征管法实施细则》第二十九条，除另有规定者外，应当保存 10 年
发票管理	1.增值税专用发票由国务院税务主管部门指定的企业印制；其他发票，按照国务院税务主管部门的规定，分别由省、自治区、直辖市国家税务局、地方税务局指定企业印制。未经规定的税务机关指定，不得印制发票 2.发票限于领购单位和个人在本省、自治区、直辖市内开具。发票领购单位未经批准不得跨规定使用区域携带、邮寄、运输空白发票，禁止携带、邮寄或者运输空白发票出入境 3.不断完善发票发放领用的服务与监管： （1）及时为纳税人提供清晰的发票领用指南。通过印发提示卡或涉税事项告知卡，引导纳税人快速办理发票领用手续 （2）简化发票申领程序。一般纳税人申请增值税专用发票（包括增值税专用发票和货物运输业增值税专用发票）最高开票限额不超过 10 万元的，主管税务机关不需事前进行实地查验 （3）不断提高发票管理信息化水平 4.增值税电子普通发票的推广与应用： 增值税电子普通发票的开票方和受票方需要纸质发票的，可以自行打印增值税电子普通发票的版式文件，其法律效力、基本用途、基本使用规定等与税务机关监制的增值税普通发票相同
税控管理	1.国家根据税收征收管理的需要，积极推广使用税控装置。纳税人应当按照规定安装、使用税控装置，不得损毁或者擅自改变税控装置 2.不能按照规定安装、使用税控装置，或者损毁或擅自改动税控装置的，由税务机关责令限期改正，可以处以 2 000 元以下的罚款；情节严重的，处 2 000 元以上 1 万元以下的罚款

只有经税务部门指定的企业才能印制发票。

关注客观题对于金额的考核。

三、纳税申报管理（能力等级2）（见表13-4）

表13-4　　　　　　　　　　　　纳税申报管理

	主要规定
办理纳税申报的主体	1.包括负有纳税义务的单位和个人（包括取得临时应税收入或发生应税行为的纳税人，享有减税、免税待遇的纳税人）以及扣缴义务人 2.纳税人在纳税期内没有应纳税款的，也应当按照规定办理纳税申报
纳税申报的内容	主要在各种税种的纳税申报表和代扣代缴税款报告表中体现
纳税申报的方式	1.直接申报 2.邮寄申报 3.数据电文申报 【提示1】邮寄申报，应使用统一的纳税申报专用信封，并以邮政部门收据作为申报凭据，以邮戳日期作为实际申报日期 【提示2】数据电文申报，其申报日期以税务机关计算机网络系统收到该数据电文的时间为准
延期申报管理	1.纳税人因有特殊情况，不能按期进行纳税申报的，经县以上税务机关核准，可以延期申报。但应当在规定的期限内向税务机关提出书面延期申请，经税务机关核准，在核准的期限内办理 2.经核准延期办理纳税申报的，应当在纳税期内按照上期实际缴纳的税额或者税务机关核定的税额预缴税款，并在核准的延期内办理纳税结算

【例13-4·2013年多选题】下列纳税申报方式中，符合《征管法》规定的有（　　　）。

A.直接申报　　　　　　　　　　B.网上申报

C.邮寄申报　　　　　　　　　　D.口头申报

【答案】ABC

【解析】口头申报不属于纳税申报的方式。

【例13-5·2011年单选题】下列各项关于纳税申报管理的表述中，正确的是（　　　）。

A.扣缴人不得采取邮寄申报的方式

B.纳税人在纳税期内没有应纳税款的，不必办理纳税申报

C.实行定期定额缴纳税款的纳税人可以实行简易申报、简并征期等申报纳税方式

D.主管税务机关根据纳税人实际情况及其所纳税种确定的纳税申报期限不具有法律效力

【答案】C

【解析】选项A，纳税人、扣缴义务人纳税申报的形式主要有三种：直接申报、邮寄申报、数据电文申报。选项B，纳税人在纳税期内没有应纳税款的，也必须办理纳税申报。

第三节　税款征收

一、税款征收的原则（能力等级2）

1.税务机关是征税的唯一行政主体。

2.税务机关只能依照法律、行政法规的规定征收税款。

3.税务机关不得违反法律、行政法规的规定开征、停征、多征、少征、提前征收或者延缓征收税款或者摊派税款。

4.税务机关征收税款必须遵守法定权限和法定程序。

5.税务机关征收税款或者扣押、查封商品、货物或者其他财产时，必须向纳税人开具完税凭证或开付扣押、查封的收据或清单。

6.税款、滞纳金、罚款统一由税务机关上缴国库。

7.税款优先：注意客观题。

（1）税收优先于无担保债权。

（2）纳税人发生欠税在前的，税收优先于抵押权、质权和留置权的执行。纳税人欠缴的税款发生在纳税人以其财产设定抵押、质押或者纳税人的财产被留置之前的，税收应当先于抵押权、质权、留置权执行。注意要点，欠税发生在前。

（3）税收优先于罚款、没收非法所得。纳税人欠缴税款，同时又被税务机关以外的其他行政机关决定处以罚款、没收违法所得，税收优先于罚款、没收违法所得。

【例13-6·2009年多选题】下列各项中，符合《征管法》税款征收有关规定的有（　　）。

A.税务机关减免税时，必须给纳税人开具承诺文书

B.税务机关征收税款时，必须给纳税人开具完税凭证

C.税务机关扣押商品、货物或者其他财产时必须开付收据

D.税务机关查封商品、货物或者其他财产时必须开付清单

【答案】BCD

【解析】税务机关作出的减免税审批决定，应当向纳税人送达减免税审批书面决定，但是这不是承诺文书。

二、税款征收主要方式（能力等级2）（见表13-5）

税款征收方式

表13-5　　　　　　　　税款征收主要方式

征收方式	定义	适用企业
查账征收	是指税务机关按照纳税人提供的账表所反映的经营情况，依照适用税率计算缴纳税款的方式	这种方式一般适用于财务会计制度较为健全，能够认真履行纳税义务的纳税单位
查定征收	是指税务机关根据纳税人的从业人员、生产设备、采用原材料等因素，对其产制的应税产品查实核定产量、销售额并据以征收税款的方式	这种方式一般适用于账册不够健全，但是能够控制原材料或进销货的纳税单位
查验征收	是指税务机关对纳税人应税商品，通过查验数量，按市场一般销售单价计算其销售收入并据以征税的方式	这种方式一般适用于经营品种比较单一，经营地点、时间和商品来源不固定的纳税单位
定期定额征收	是指税务机关通过典型调查，逐户确定营业额和所得额并据以征税的方式	这种方式一般适用于无完整考核依据的小型纳税单位

【例13-7·2006年多选题】下列各项中，符合《征管法》规定的征税方式有（　　）。

A.税务机关通过典型调查，逐户确定营业额和所得额并据以征税的方式

B.税务机关按照纳税人提供的账表所反映的经营情况，依照适用税率计算缴纳税款的方式

C.税务机关对纳税人应税商品，通过查验数量，按市场一般销售单价计算其销售收入并据以征税的方式

D.税务机关根据纳税人的从业人员、生产设备、采用原材料等因素，对其产制的应税产品查实核定产量、销售额并据以征税的方式

【答案】ABCD

【解析】ABCD均属于《征管法》规定的征税方式。其中选项A属于定期定额征收；选项B属于查账征收；选项C属于查验征收；选项D属于查定征收。

税款征收制度

三、税款征收制度（能力等级2）

（一）延期缴纳税款制度

1.纳税人因有**特殊困难**，不能按期缴纳税款的，经省、自治区、直辖市国家税务局、地方税务局批准，可以**延期缴纳税款**，但**最长不得超过3个月**。

【解释】特殊困难的主要内容：一是因不可抗力；二是当期货币资金在扣除应付职工工资、社会保险费后，不足以缴纳税款的。

2.纳税人提出书面申请。

3.税款的延期缴纳，必须经省、自治区、直辖市国家税务局、地方税务局批准，方为有效。

4.延期期限最长不得超过3个月，同一笔税款不得滚动审批。

5.批准延期内免予加收滞纳金。

【例13-8·2005年单选题】下列各项中，符合《征管法》延期缴纳税款规定的是（　　）。

A.延期期限最长不得超过6个月，同一笔税款不得滚动审批

B.延期期限最长不得超过3个月，同一笔税款不得滚动审批

C.延期期限最长不得超过6个月，同一笔税款经审批可再延期一次

D.延期期限最长不得超过3个月，同一笔税款经审批可再延期一次

【答案】B

（二）税收滞纳金征收制度　注意客观题。

1.纳税人未按照规定期限缴纳税款的，扣缴义务人未按照规定期限解缴税款的，税务机关除责令限期缴纳外，从滞纳税款之日起，按日加收滞纳税款0.5‰的滞纳金。

2.加收滞纳金的起止时间为法律、行政法规规定或者税务机关依照法律、行政法规的规定确定的税款缴纳期限届满次日起至纳税人、扣缴义务人实际缴纳或者解缴税款之日止。

【案例13-1】某企业2017年3月生产经营应纳增值税10 000元，该企业于4月21日实际缴纳税款，则应加收的滞纳金金额为：按照增值税纳税期限和结算交款期限，该企业应于4月15日前缴纳税款，该企业滞纳6天，则应加收滞纳金

=10 000×0.5‰×6=30（元）。

（三）减免税收制度（见表13-6）

减免税具体规定必须在税收实体法中体现，地方各级人民政府及其主管部门、单位和个人等都不可擅自作出减免税决定；纳税人减免期内也要按规定办理纳税申报；纳税人享受减免税的条件变化时应及时报告。

表13-6　　　　　　　　　　　　　　　　减免税收制度

减免类型	相关政策
核准类减免税	1.核准类减免税是指法律、法规规定应由税务机关核准的减免税项目 2.纳税人享受核准类减免税，应当提交核准材料，提出申请，经依法具有批准权限的税务机关按规定核准确认后执行 3.未按规定申请或虽申请但未经有批准权限的税务机关核准确认的，纳税人不得享受减免税 4.纳税人在减免税书面核准决定未下达之前应按规定进行纳税申报。纳税人在减免税书面核准决定下达之后，对所享受的减免税应当进行申报。纳税人享受减免税的情形发生变化时，应当及时向税务机关报告，税务机关对纳税人的减免税资质进行重新审核
备案类减免税	1.备案类减免税是指不需要税务机关核准的减免税项目 2.纳税人享受备案类减免税，应当具备相应的减免税资质，并履行规定的备案手续 3.备案类减免税的实施可以要求纳税人在首次享受减免税的申报阶段在纳税申报表中附列或附送材料进行备案，也可以要求纳税人在申报征期后的其他规定期限内提交报备资料进行备案 4.税务机关对备案材料进行收集、录入，纳税人在符合减免税资质条件期间，备案材料一次性报备，在政策存续期可一直享受 5.纳税人享受备案类减免税的，应当按规定进行纳税申报。纳税人享受减免税到期的，应当停止享受减免税，按照规定进行纳税申报。纳税人享受减免税的情形发生变化时，应当及时向税务机关报告

（四）税额核定和税收调整制度（见表13-7）

表13-7　　　　　　　　　　　　　　税额核定和税收调整制度

未设账；不提供资料；设账但账簿混乱；不申报；计税依据明显偏低。

税额核定制度	适用情形	1.依照法律、行政法规的规定可以不设置账簿的 2.依照法律、行政法规的规定应当设置但未设置账簿的 3.擅自销毁账簿或者拒不提供纳税资料的 4.虽设置账簿，但账目混乱或者成本资料、收入凭证、费用凭证残缺不全，难以查账的 5.发生纳税义务，未按照规定的期限办理纳税申报，经税务机关责令限期申报，逾期仍不申报的 6.纳税人申报的计税依据明显偏低，又无正当理由的
	核定方法	1.参照当地同类行业或者类似行业中，经营规模和收入水平相近的纳税人的收入额和利润率核定 2.按照成本加合理费用和利润的方法核定 3.按照耗用的原材料、燃料、动力等推算或者测算核定 4.按照其他合理的方法核定

第十三章

税收调整制度	定义	企业或者外国企业在中国境内设立的从事生产、经营的机构、场所与其关联企业之间的业务往来，应当按照独立企业之间的业务往来收取或者支付价款、费用；不按照独立企业之间的业务往来收取或者支付价款、费用，而减少其应纳税的收入或者所得额的，税务机关有权进行合理调整
	适用情形	1.购销业务未按照独立企业之间的业务往来作价 2.融通资金所支付或者收取的利息超过或者低于没有关联关系的企业之间所能同意的数额，或者利率超过或者低于同类业务的正常利率 利息或利率和市场正常情况存在差异。 3.提供劳务，未按照独立企业之间的业务往来收取或者支付劳务费用 4.转让财产、提供财产使用权等业务往来，未按照独立企业之间的业务往来作价或者收取、支付费用 5.未按照独立企业之间业务往来作价的其他情形
	调整方法	1.按照独立企业之间进行的相同或者类似业务活动的价格 2.按照再销售给无关联关系的第三者的价格所应取得的收入和利润水平 3.按照成本加合理的费用和利润 4.按照其他合理的方法
	调整期限	1.纳税人与其关联企业未按照独立企业之间的业务往来支付价款、费用的，税务机关自该业务往来发生的纳税年度起3年内进行调整；有特殊情况的，可以自该业务往来发生的纳税年度起10年内进行调整 2.上述所称"特殊情况"，是指纳税人有下列情形之一： ①纳税人在以前年度与其关联企业间的业务往来累计达到或超过10万元人民币的 ②经税务机关案头审计分析，纳税人在以前年度与其关联企业的业务往来，预计需调增其应纳税收入或所得额达50万元人民币的 ③纳税人在以前年度与设在避税地的关联企业有业务往来的 ④纳税人在以前年度未按规定进行关联企业间业务往来的年度申报，或申报内容不实，或不提供有关价格、费用标准的

【例13-9·2004年多选题】下列情形中，税务机关有权核定纳税人应纳税额的有（   ）。

A.擅自销毁账簿或者拒不提供纳税资料的

B.依照法律、行政法规应当设置但未设置账簿的

C.依照法律、行政法规的规定可以不设置账簿的

D.依照法律、行政法规的规定可以不办理税务登记的

【答案】ABC

（五）税收保全措施（见表13-8）

税收保全措施

表13-8 税收保全措施

定义	税务机关有根据认为从事生产、经营的纳税人有逃避纳税义务行为的，可以在规定的纳税期之前，责令限期缴纳税款；在限期内发现纳税人有明显的转移、隐匿其应纳税的商品、货物以及其他财产迹象的，税务机关应责令其提供纳税担保。如果纳税人不能提供纳税担保，经县以上税务局（分局）局长批准，税务机关可以采取税收保全措施
执行对象	从事生产、经营的纳税人
执行内容	1.书面通知纳税人开户银行或者其他金融机构冻结纳税人的金额相当于应纳税款的存款 2.扣押、查封纳税人的价值相当于应纳税款的商品、货物或者其他财产。其他财产包括纳税人的房地产、现金、有价证券等不动产和动产
其他注意事项	1.个人及其所扶养家属维持生活必需的住房和用品，不在税收保全措施的范围之内 2.税务机关对单价5 000元以下的其他生活用品，不采取税收保全措施和强制执行措施 3.应经县以上税务局（分局）局长批准 4.冻结的存款数额要以相当于纳税人应纳税款的数额为限，而不是全部存款 5.如果纳税人在税务机关采取税收保全措施后按照税务机关规定的期限缴纳了税款的，税务机关应当自收到税款或银行转回的完税凭证之日起1日内解除税收保全
措施终止	1.纳税人在规定的期限内缴纳了应纳税款的，税务机关必须立即解除税收保全措施 2.纳税人超过规定的期限仍不缴纳税款的，经县以上税务局（分局）局长批准，终止保全措施，转入强制执行措施

注意生活必需的住房和用品，5 000元以下的其他生活用品不在税收保全的范围之内。客观题易考到。

【例13-10·2013年单选题】税务机关采取的下列措施中，属于税收保全措施的是（ ）。

A.查封纳税人的价值相当于应纳税款的商品或货物

B.书面通知纳税人的开户银行从其银行存款中扣缴税款

C.拍卖纳税人其价值相当于应纳税款的商品用以抵缴税款

D.对纳税人逃避纳税义务的行为处以2 000元以上5 000元以下的罚款

【答案】A

【解析】税务机关可以采取的税收保全措施：（1）书面通知纳税人开户银行或者其他金融机构冻结纳税人的金额相当于应纳税款的存款；（2）扣押、查封纳税人的价值相当于应纳税款的商品、货物或者其他财产。选项CD属于税收强制执行措施。

【例13-11·2010年多选题】下列关于税务机关实施税收保全措施的表述中，正确的有（ ）。

A.税收保全措施仅限于从事生产、经营的纳税人

B.只有在事实全部查清，取得充分证据的前提下才能进行

C.冻结纳税人的存款时，其数额要以相当于纳税人应纳税款的数额为限

D.个人及其抚养家属维持生活必需的住房和用品，不在税收保全措施的范围之内

【答案】ACD

【解析】税收保全措施是税务机关有根据认为从事生产、经营的纳税人有逃避纳税义务行为的，可以在规定的纳税期之前，责令限期缴纳税款，但是根据不同于证据。税收保全措施是针对纳税人即将转移、隐匿应税的商品、货物或其他财产的紧急情况下采取的一种紧急处理措施。不可能等到事实全部查清，取得充分的证据以后再采取行动，如果这样，纳税人早已将其收入和财产转移或隐匿完毕，到时再想采取税收保全措施就晚了。所以选项B不正确。

（六）税收强制执行措施（见表13-9）

税收强制执行措施

表13-9　　　　　　　　　　　税收强制执行措施

定义	从事生产、经营的纳税人、扣缴义务人未按照规定的期限缴纳或者解缴税款，纳税担保人未按规定的期限缴纳所担保的税款，由税务机关责令限期缴纳，逾期仍未缴纳的，经县以上税务局（分局）局长批准，税务机关可以采取强制执行措施
执行对象	1.从事生产、经营的纳税人 2.扣缴义务人 3.纳税担保人
执行内容	1.书面通知纳税人开户银行或者其他金融机构从其存款中扣缴税款 2.扣押、查封、依法拍卖或者变卖其价值相当于应纳税款的商品、货物或者其他财产，以拍卖或者变卖所得抵缴税款
其他注意事项	1.税务机关采取强制执行措施时，对上款所列纳税人、扣缴义务人、纳税担保人未缴纳的滞纳金同时强制执行 2.个人及其所扶养家属维持生活必需的住房和用品，不在强制执行措施的范围之内

【例13-12·2012年单选题】对下列企业或个人，税务机关可以采取税收保全措施的是（　　）。

A.扣缴义务人

B.纳税担保人

C.从事生产、经营的纳税人

D.非从事生产、经营的纳税人

【答案】C

【解析】可以采取税收保全措施的纳税人仅限于从事生产、经营的纳税人，不包括非从事生产、经营的纳税人，也不包括扣缴义务人和纳税担保人。

【例13-13·2009年单选题】下列关于税收强制执行措施的表述中，正确的是（　　）。

A.税收强制执行措施不适用于扣缴义务人

B.作为家庭唯一代步工具的轿车，不在税收强制执行的范围之内

C.税务机关采取强制执行措施时，可对纳税人未缴纳的滞纳金同时强制执行

D.税务机关可对未按期缴纳工薪收入个人所得税的个人实施税收强制执行措施

【答案】C

【解析】税收强制执行措施适用于扣缴义务人，所以选项A错误；轿车不属于生活必需用品，在强制执行范畴，所以选项B错误；税务机关采取强制执行措施的对象，仅限于从事生产和经营的纳税人、扣缴义务人、纳税担保人，不包括取得工资薪金的个人，所以选项D错误。

（七）欠税清缴制度

1.严格控制欠缴税款的审批权限：权限集中在省级。

2.限期缴税时限。

从事生产、经营的纳税人、扣缴义务人未按照规定的期限缴纳或者解缴税款的，纳税担保人未按照规定的期限缴纳所担保的税款的，由税务机关发出限期缴纳税款通知书，责令缴纳或者解缴税款的最长期限不得超过15日。 *与注销税务登记时间限制一致。*

3.建立欠税清缴制度。

（1）离境清税制度。

（2）建立改制纳税人欠税的清缴制度。

纳税人有合并、分立情形的，应当向税务机关报告，并依法缴清税款。纳税人合并时未缴清税款的，应当由合并后的纳税人继续履行未履行的纳税义务；纳税人分立时未缴清税款的，分立后的纳税人对未履行的纳税义务应当承担连带责任。

（3）大额欠税处分财产报告制度。欠缴税款数额在5万元以上的纳税人，在处分其不动产或者大额资产之前，应当向税务机关报告。*注意客观题。*

（4）税务机关可以对欠缴税款的纳税人行使代位权、撤销权。

（5）建立欠税公告制度。

【例13-14·2003年单选题】根据《征管法》及其实施细则的规定，欠缴税款数额较大的纳税人在处分其不动产或者大额资产之前，应当向税务机关报告。欠缴税款数额较大是指欠缴税款在（　　）。

A.3万元以上　　　　　　　　　　　B.5万元以上

C.10万元　　　　　　　　　　　　　D.20万元以上

【答案】B

（八）税款的退还和追征制度（见表13-10）

对于溢征、补征、追征时间限制：关税：1/1/3；征管法：3/3/3。

表13-10　　　　　　　　　　税款的退还和追征制度

税款的退还和追征制度

情况	关税规定	征管法规定
溢征	①海关发现应立即退回 ②纳税人发现自纳税之日起1年内书面申请退税，并加算银行同期存款利息	①税务机关发现应立即退回 ②纳税人发现自纳税之日起3年内书面申请退税，并加算银行同期存款利息
补征	海关发现自缴纳税款或者货物放行之日起1年内补征	税务机关发现在3年内补征
追征	①海关发现在3年内追征 ②按日加收0.5‰滞纳金	①一般计算失误情况，税务机关发现在3年内追征 ②特殊计算失误情况（累计金额在10万元以上的），追征期延长至5年 ③偷、抗、骗税的无追征期限制 ④按日加收0.5‰滞纳金

【例13-15·2010年单选题】下列关于税款追征的表述中，正确的是（   ）。

A.因税务机关责任，致使纳税人少缴税款的，税务机关在3年内可要求纳税人补缴税款，但不加收滞纳金

B.因税务机关责任，致使纳税人少缴税款的，税务机关在3年内可要求纳税人补缴税款并按银行同期利率加收滞纳金

C.对于纳税人偷税、抗税和骗取税款的，税务机关在20年内可以追征税款、滞纳金；有特殊情况的，追征期可延长到30年

D.因纳税人计算等失误，未缴或者少缴税款的，税务机关在3年内可以追征税款、滞纳金；有特殊情况的，追征期可延长到10年

【答案】A

【解析】选项B，因税务机关责任，致使纳税人、扣缴义务人未缴或者少缴税款的，税务机关在3年内可要求纳税人、扣缴义务人补缴税款，但是不得加收滞纳金。选项C，对偷税、抗税、骗税的，税务机关追征其未缴或者少缴的税款、滞纳金或者所骗取的税款，不受前款规定期限的限制。选项D，因纳税人、扣缴义务人计算等失误，未缴或者少缴税款的，税务机关在3年内可以追征税款、滞纳金；有特殊情况的追征期可以延长至5年。

第四节　税务检查

一、税务检查的形式和方法（能力等级2）

1.税务检查的形式：

重点检查；分类计划检查；集中性检查；临时性检查；专项检查。

2.税务检查的方法：

全查法；抽查法；顺查法；逆查法；现场检查法；调账检查法；比较分析法；控制计算法；审阅法；核对法；观察法；外调法；盘存法；交叉稽核法。

二、税务检查的职责（能力等级2）

1.税务机关进行税务检查中的权利主要有查账权、场地检查权、责成提供资料权、询问权、在交通要道和邮政企业的查证权、查核存款账户权。

2.因检查需要时，经县以上税务局（分局）局长批准，可以将纳税人、扣缴义务人以前会计年度的账簿、记账凭证、报表和其他有关资料调回税务机关检查，但是税务机关必须向纳税人、扣缴义务人开付清单，并在3个月内完整退还。

有特殊情况的，经设区的市、自治州以上税务局局长批准，税务机关可以将纳税人、扣缴义务人当年的账簿、记账凭证、报表和其他有关资料调回检查，但是税务机关必须在30日内退还。

3.税务机关采取税收保全措施的期限一般不得超过6个月；重大案件需要延长的，应当报国家税务总局批准。

4.税务机关调查税务违法案件时，对与案件有关的情况和资料，可以记录、录音、录像、照相和复制。

5.税务机关派出人员在进行检查时，必须出示税务检查证和税务检查通知书。

【例13-16·2012年单选题】税务机关采取税收保全措施的期限一般不得超过6个月，重大案件需要延长的，应报经批准。有权批准的税务机关是（   ）。

A.县级税务局

B.市级税务局

C.省级税务局

D.国家税务总局

【答案】D

【例 13-17·2009 年多选题】下列关于税务机关行使税务检查权的表述中，符合税法规定的有（　　）。

A.到纳税人的住所检查应纳税的商品、货物和其他财产

B.责成纳税人提供与纳税有关的文件、证明材料和有关资料

C.到车站检查纳税人托运货物或者其他财产的有关单据、凭证和资料

D.经县税务局局长批准，凭统一格式的检查存款账户许可证，查询案件涉嫌人员的储蓄存款

【答案】BC

【解析】选项 A，不可以直接去纳税人的住所进行检查。选项 D，税务机关在调查税收违法案件时，经设区的市、自治州以上税务局（分局）局长批准，可以查询案件涉案人员的储蓄存款。

第五节　法律责任 注意客观题。

法律责任

法律责任具体见表 13-11。

表 13-11　　　　　　　　　　　法律责任

	情形	《征管法》的处罚	《中华人民共和国刑法》的处罚
违反税务管理基本规定行为的处罚	1.未按照规定的期限申报办理税务登记、变更或者注销登记的 2.未按照规定设置、保管账簿或者保管记账凭证和有关资料的 3.未按照规定将财务、会计制度或者财务、会计处理办法和会计核算软件报送税务机关备查的 4.未按照规定将其全部银行账号向税务机关报告的 5.未按照规定安装、使用税控装置，或者损毁或擅自改动税控装置的 6.纳税人未按照规定办理税务登记证件验证或者换证手续的	由税务机关责令限期改正，可以处 2 000 元以下的罚款；情节严重的，可以处 2 000 元以上 1 万元以下的罚款	

	情形	《征管法》的处罚	《中华人民共和国刑法》的处罚
违反税务管理基本规定行为的处罚	纳税人不办理税务登记的	由税务机关责令限期改正；逾期不改正的，由工商行政管理机关吊销其营业执照	
	纳税人未按照规定使用税务登记证件，或者转借、涂改、损毁、买卖、伪造税务登记证件的	处2 000元以上1万元以下的罚款；情节严重的，处1万元以上5万元以下的罚款	
	扣缴义务人未按照规定办理扣缴税款登记的	自发现之日起3日内责令限期改正，并可处以1 000元以下的罚款	
扣缴义务人违反账簿、凭证管理的处罚	扣缴义务人未按照规定设置、保管代扣代缴、代收代缴税款账簿或者保管代扣代缴、代收代缴税款记账凭证及有关资料的	由税务机关责令限期改正，可以处2 000元以下的罚款；情节严重的，可以处2 000元以上5 000元以下的罚款	多关注金额的考核，可以相同金额归类记忆。
纳税人、扣缴义务人未按规定进行纳税申报的法律责任	纳税人未按照规定的期限办理纳税申报和报送纳税资料的，或者扣缴义务人未按照规定的期限向税务机关报送代扣代缴、代收代缴税款报告表和有关资料的	由税务机关责令限期改正，可以处2 000元以下的罚款；情节严重的，可以处2 000元以上1万元以下的罚款	
对偷税的认定及其法律责任	纳税人伪造、变造、隐匿、擅自销毁账簿、记账凭证，或者在账簿上多列支出或者不列、少列收入，或者经税务机关通知申报而拒不申报或者进行虚假的纳税申报，不缴或者少缴应纳税款的，是偷税	1.对纳税人偷税的，由税务机关追缴其不缴或者少缴的税款、滞纳金，并处不缴或者少缴的税款50%以上5倍以下的罚款；构成犯罪的，依法追究刑事责任 2.扣缴义务人采取前款所列手段，不缴或者少缴已扣、已收税款，由税务机关追缴其不缴或者少缴的税款、滞纳金，并处不缴或者少缴的税款50%以上5倍以下的罚款；构成犯罪的，依法追究刑事责任	纳税人采取欺骗、隐瞒手段进行虚假纳税申报或者不申报，逃避缴纳税款数额较大并且占应纳税额10%以上的，处3年以下有期徒刑或者拘役，并处罚金；数额巨大并且占应纳税额30%以上的，处3年以上7年以下有期徒刑，并处罚金

续表

	情形	《征管法》的处罚	《中华人民共和国刑法》的处罚
进行虚假申报或不进行申报行为的法律责任	纳税人、扣缴义务人编造虚假计税依据的	由税务机关责令限期改正，并处5万元以下的罚款	
	纳税人不进行纳税申报，不缴或者少缴应纳税款的	由税务机关追缴其不缴或者少缴的税款、滞纳金，并处不缴或者少缴税款50%以上5倍以下的罚款	
逃避追缴欠税的法律责任	纳税人欠缴应纳税款，采取转移或者隐匿财产的手段，妨碍税务机关追缴欠缴的税款的	由税务机关追缴欠缴的税款、滞纳金，并处欠缴税款50%以上5倍以下的罚款；构成犯罪的，依法追究刑事责任	纳税人欠缴应纳税款，采取转移或者隐匿财产的手段，致使税务机关无法追缴欠缴的税款，数额在1万元以上不满10万元的，处3年以下有期徒刑或者拘役，并处或者单处欠缴税款1倍以上5倍以下罚金；数额在10万元以上的，处3年以上7年以下有期徒刑，并处欠缴税款1倍以上5倍以下罚金
骗取出口退税的法律责任	以假报出口或者其他欺骗手段，骗取国家出口退税款的	1.由税务机关追缴其骗取的退税款，并处骗取税款1倍以上5倍以下的罚款；构成犯罪的，依法追究刑事责任 2.税务机关可以在规定期间内停止为其办理出口退税	以假报出口或者其他欺骗手段，骗取国家出口退税款，数额较大的，处5年以下有期徒刑或者拘役，并处骗取税款1倍以上5倍以下罚金；数额巨大或者有其他严重情节的，处5年以上10年以下有期徒刑，并处骗取税款1倍以上5倍以下罚金；数额特别巨大或者有其他特别严重情节的，处10年以上有期徒刑或者无期徒刑，并处骗取税款1倍以上5倍以下罚金或者没收财产

	情形	《征管法》的处罚	《中华人民共和国刑法》的处罚
抗税的法律责任	以暴力、威胁方法拒不缴纳税款的	除由税务机关追缴其拒缴的税款、滞纳金外，依法追究刑事责任。情节轻微，未构成犯罪的，由税务机关追缴其拒缴的税款、滞纳金，并处拒缴税款1倍以上5倍以下的罚款	以暴力、威胁方法拒不缴纳税款的，处3年以下有期徒刑或者拘役，并处拒缴税款1倍以上5倍以下罚金；情节严重的，处3年以上7年以下有期徒刑，并处拒缴税款1倍以上5倍以下罚金
在规定期限内不缴或者少缴税款的法律责任	纳税人、扣缴义务人在规定期限内不缴或者少缴应纳或者应解缴的税款	经税务机关责令限期缴纳，逾期仍未缴纳的，税务机关除依照本法第四十条规定采取强制执行措施追缴其不缴或者少缴的税款外，可以处不缴或者少缴税款50%以上5倍以下的罚款	
扣缴义务人不履行扣缴义务的法律责任	扣缴义务人应扣未扣、应收而不收税款的	由税务机关向纳税人追缴税款，对扣缴义务人处应扣未扣、应收未收税款50%以上3倍以下的罚款	
不配合税务机关依法检查的法律责任	纳税人、扣缴义务人逃避、拒绝或者以其他方式阻挠税务机关检查的： 1.提供虚假资料，不如实反映情况，或者拒绝提供有关资料的 2.拒绝或者阻止税务机关记录、录音、录像、照相和复制与案件有关的情况和资料的 3.在检查期间，纳税人、扣缴义务人转移、隐匿、销毁有关资料的 4.有不依法接受税务检查的其他情形的	由税务机关责令改正，可以处1万元以下的罚款；情节严重的，处1万元以上5万元以下的罚款	
	到车站、码头、机场、邮政企业及其分支机构检查纳税人有关情况时，有关单位拒绝的	由税务机关责令改正，可以处1万元以下的罚款；情节严重的，处1万元以上5万元以下的罚款	

续表

	情形	《征管法》的处罚	《中华人民共和国刑法》的处罚
非法印制发票的法律责任	非法印制发票的	由税务机关销毁非法印制的发票，没收违法所得和作案工具，并处1万元以上5万元以下的罚款；构成犯罪的，依法追究刑事责任	
	伪造或者出售伪造的增值税专用发票的		处3年以下有期徒刑、拘役或者管制，并处2万元以上20万元以下罚金；数量较大或者有其他严重情节的，处3年以上10年以下有期徒刑，并处5万元以上50万元以下罚金；数量巨大或者有其他特别严重情节的，处10年以上有期徒刑或者无期徒刑，并处5万元以上50万元以下罚金或者没收财产
	伪造并出售伪造的增值税专用发票，数量特别巨大，情节特别严重，严重破坏经济秩序的		处无期徒刑或者死刑，并处没收财产
	伪造、擅自制造或者出售伪造、擅自制造的可以用于骗取出口退税、抵扣税款的其他发票的		处3年以下有期徒刑、拘役或者管制，并处2万元以上20万元以下罚金；数量巨大的，处3年以上7年以下有期徒刑，并处5万元以上50万元以下罚金；数量特别巨大的，处7年以上有期徒刑，并处5万元以上50万元以下罚金或者没收财产
	伪造、擅自制造或者出售伪造、擅自制造的前款规定以外的其他发票的		处2年以下有期徒刑、拘役或者管制，并处或者单处1万元以上5万元以下罚金；情节严重的，处2年以上7年以下有期徒刑，并处5万元以上50万元以下罚金

续表

	情形	《征管法》的处罚	《中华人民共和国刑法》的处罚
非法印制发票的法律责任	非法印制、转借、倒卖、变造或者伪造完税凭证的	由税务机关责令改正，处2 000元以上1万元以下的罚款；情节严重的，处1万元以上5万元以下的罚款；构成犯罪的，依法追究刑事责任	
有税收违法行为而拒不接受税务机关处理的法律责任	从事生产、经营的纳税人、扣缴义务人有《征管法》规定的税收违法行为，拒不接受税务机关处理的	税务机关可以收缴其发票或者停止向其发售发票	
银行及其他金融机构拒绝配合税务机关依法执行职务的法律责任	银行和其他金融机构未依照《征管法》的规定在从事生产、经营的纳税人的账户中登录税务登记证件号码，或者未按规定在税务登记证件中登录从事生产、经营的纳税人的账户账号的	由税务机关责令其限期改正，处2 000元以上2万元以下的罚款；情节严重的，处2万元以上5万元以下的罚款	
	为纳税人、扣缴义务人非法提供银行账户、发票、证明或者其他方便，导致未缴、少缴税款或者骗取国家出口退税款的	税务机关除没收其违法所得外，可以处未缴、少缴或者骗取的税款1倍以下的罚款	
	纳税人、扣缴义务人的开户银行或者其他金融机构拒绝接受税务机关依法检查纳税人、扣缴义务人存款账户，或者拒绝执行税务机关作出的冻结存款或者扣缴税款的决定，或者在接到税务机关的书面通知后帮助纳税人、扣缴义务人转移存款，造成税款流失的	由税务机关处10万元以上50万元以下的罚款，对直接负责的主管人员和其他直接责任人员处1 000元以上1万元以下的罚款	
擅自改变税收征收管理范围的法律责任	税务机关违反规定擅自改变税收征收管理范围和税款入库预算级次的	责令限期改正，对直接负责的主管人员和其他直接责任人员依法给予降级或者撤职的行政处分	
违反税务代理的法律责任	税务代理人违反税收法律、行政法规，造成纳税人未缴或者少缴税款的	除由纳税人缴纳或者补缴应纳税款、滞纳金外，对税务代理人处纳税人未缴或者少缴税款50%以上3倍以下的罚款	

【提示】具体详见2018年CPA税法教材第543~549页。

第六节　纳税担保试行办法

纳税担保试行办法具体见表13-12。

表13-12　　　　　　　　　　　　纳税担保试行办法

必须经税务机关认可，
担保行为才成立。

基本要点	主要规定
纳税担保概念	1.是指经税务机关同意或确认，纳税人或其他自然人、法人、经济组织以保证、抵押、质押的方式，为纳税人应当缴纳的税款及滞纳金提供担保的行为 2.税务机关认可的，保证成立；税务机关不认可的，保证不成立
纳税保证人	1.是指在中国境内具有纳税担保能力的自然人、法人或者其他经济组织 <table><tr><td>保证人类型</td><td>担保资格要求</td></tr><tr><td>法人或其他经济组织</td><td>（1）财务报表资产净值超过需要担保的税额及滞纳金2倍以上 （2）所拥有或者依法可以处分的未设置担保的财产的价值超过需要担保的税额及滞纳金</td></tr><tr><td>自然人</td><td>所拥有或者依法可以处分的未设置担保的财产的价值超过需要担保的税额及滞纳金</td></tr></table>2.国家机关、学校、幼儿园、医院等事业单位、社会团体不得作为纳税保证人 3.企业法人的职能部门不得作为纳税保证人。企业法人的分支机构有法人书面授权的，可以在授权范围内提供纳税担保 4.有以下情形之一的，不得作为纳税保证人： （1）有偷税、抗税、骗税、逃避追缴欠税行为被税务机关、司法机关追究过法律责任未满2年的 （2）因有税收违法行为正在被税务机关立案处理或涉嫌刑事犯罪被司法机关立案侦查的 （3）纳税信誉等级被评为C级以下的 （4）在主管税务机关所在地的市（地、州）没有住所的自然人或税务登记不在本市（地、州）的企业 （5）无民事行为能力或限制民事行为能力的自然人 （6）与纳税人存在担保关联关系的 （7）有欠税行为的
纳税担保范围	1.包括税款、滞纳金和实现税款、滞纳金的费用 2.费用包括抵押、质押登记费用，质押保管费用，以及保管、拍卖、变卖担保财产等相关费用支出
纳税担保适用情形	1.税务机关有根据认为从事生产、经营的纳税人有逃避纳税义务行为，在规定的纳税期之前经责令其限期缴纳应纳税款，在限期内发现纳税人有明显的转移、隐匿其应纳税的商品、货物以及其他财产或者应纳税收入的迹象，责成纳税人提供纳税担保的 2.欠缴税款、滞纳金的纳税人或者其法定代表人需要出境的 3.纳税人同税务机关在纳税上发生争议而未缴清税款，需要申请行政复议的 4.税收法律、行政法规规定可以提供纳税担保的其他情形

基本要点	主要规定
纳税保证责任	纳税保证为连带责任保证，纳税人和纳税保证人对所担保的税款及滞纳金承担连带责任
纳税抵押	1.是指纳税人或纳税保证人不转移对《纳税担保办法》第十五条所列财产的占有，将该财产作为税款及滞纳金的担保 2.纳税人逾期未缴清税款及滞纳金的，税务机关有权依法处置该财产以抵缴税款及滞纳金
纳税质押	1.是指经税务机关同意，纳税人或纳税保证人将其动产或权利凭证移交税务机关占有，将该动产或权利凭证作为税款及滞纳金的担保 2.纳税人逾期未缴清税款及滞纳金的，税务机关有权依法处置该动产或权利凭证以抵缴税款及滞纳金 3.纳税质押分为动产质押和权利质押

【例13-18·2016年单选题】纳税人的下列财产或财产权利，不得作为纳税质押品的是（　　）。

A.汽车　　　　　　　　　　B.活期存款单

C.定期存款单　　　　　　　D.房屋

【答案】D

【解析】其实这题和经济法的抵押、质押的考点是一致的，即不动产的抵押，动产和权利的质押。选项D房屋属于不动产，进行的是抵押。

第七节　纳税信用管理

纳税信用管理，指税务机关对纳税人的纳税信用信息开展的采集、评估、确定、发布和应用等活动。纳税信用管理试行办法适用于已办理税务登记，从事生产、经营并适用查账征收的企业纳税人。

纳税信用管理具体见表13-13。

表13-13　　　　　　　　　　　　纳税信用管理

项目	政策
纳税信用信息采集	1.纳税信用信息的分类 （1）纳税人信用历史信息 （2）税务内部信息 （3）外部信息 2.纳税人信用信息的采集 （1）纳税人信用历史信息中的基本信息由税务机关从税务管理系统中采集，税务管理系统中暂缺的信息由税务机关通过纳税人申报采集；评价年度之前的纳税信用记录，以及相关部门评定的优良信用记录和不良信用记录，从税收管理记录、国家统一信用信息平台等渠道中采集 （2）税务内部信息从税务管理系统中采集 （3）外部信息主要通过税务管理系统、国家统一信用信息平台、相关部门官方网站、新闻媒体或者媒介等渠道采集。通过新闻媒体或者媒介采集的信息应核实后使用

项目	政策	
纳税信用评估	1.纳税信用评估方法 （1）纳税信用评价采取年度评价指标得分和直接判级方式 （2）年度评价指标得分采取扣分方式。纳税人评价年度内经常性指标和非经常性指标信息齐全的，从100分起评；非经常性指标缺失的，从90分起评 （3）直接判级适用于有严重失信行为的纳税人 2.纳税信用评价周期 纳税信用评价周期为一个纳税年度，有下列情形之一的纳税人，不参加本期的评价： （1）纳入纳税信用管理时间不满一个评价年度的 （2）本评价年度内无生产经营业务收入的 （3）因涉嫌税收违法被立案查处尚未结案的 （4）被审计、财政部门依法查出税收违法行为，税务机关正在依法处理，尚未办结的 （5）已申请税务行政复议、提起行政诉讼尚未结案的 （6）其他不应参加本期评价的情形	
纳税信用评估结果的确定和发布	1.税务机关每年4月确定上一年度纳税信用评价结果，并为纳税人提供自我查询服务 2.纳税人对纳税信用评价结果有异议的，可以书面向作出评价的税务机关申请复评	
纳税信用评估结果的应用	纳税信用评价为A	对纳税信用评价为A级的纳税人，税务机关予以下列激励措施： （1）主动向社会公告年度A级纳税人名单 （2）一般纳税人可单次领取3个月的增值税发票用量，需要调整增值税发票用量时即时办理 （3）普通发票按需领用 （4）连续3年被评为A级信用级别（简称3连A）的纳税人，除享受以上措施外，还可以由税务机关提供绿色通道或专门人员帮助办理涉税事项 （5）税务机关与相关部门实施的联合激励措施，以及结合当地实际情况采取的其他激励措施
	纳税信用评价为B	对纳税信用评价为B级的纳税人，税务机关实施正常管理，适时进行税收政策和管理规定的辅导，并视信用评价状态变化趋势选择性地提供纳税信用A级纳税人适用的激励措施
	纳税信用评价为C	对纳税信用评价为C级的纳税人，税务机关应依法从严管理，并视信用评价状态变化趋势选择性地采取纳税信用D级纳税人的管理措施

续表

项目		政策
纳税信用评估结果的应用	纳税信用评价为D	对纳税信用评价为D级的纳税人，税务机关应采取以下措施： （1）公开D级纳税人及其直接责任人员名单，对直接责任人员注册登记或者负责经营的其他纳税人纳税信用直接判为D级 （2）增值税专用发票领用按辅导期一般纳税人政策办理，普通发票的领用实行交（验）旧供新、严格限量供应 （3）加强出口退税审核 （4）加强纳税评估，严格审核其报送的各种资料 （5）列入重点监控对象，提高监督检查频次，发现税收违法违规行为的，不得适用规定处罚幅度内的最低标准 （6）将纳税信用评价结果通报相关部门，建议在经营、投融资、取得政府供应土地、进出口、出入境、注册新公司、工程招投标、政府采购、获得荣誉、安全许可、生产许可、从业任职资格、资质审核等方面予以限制或禁止 （7）D级评价保留2年，第三年纳税信用不得评价为A级 （8）税务机关与相关部门实施的联合惩戒措施，以及结合实际情况依法采取的其他严格管理措施

智能测评

扫码听分享	做题看反馈
本章难度不大，重点通过学习掌握程序上的一些知识，这些知识容易在客观题中被考到。本章对于理解整个税收法律制度很有帮助，很大的部分是税务机关的工作内容，学习时重在了解。 　　扫一扫二维码，来听学习导师的分享吧。	学完马上测！ 　　请扫描上方的二维码进入本章测试，检测一下自己学习的效果如何。做完题目，还可以查看自己的个性化测试反馈报告。这样，在以后复习的时候就更有针对性、效率更高啦！

第十四章　税务行政法制

本章导学

本章考情概述

本章属于 CPA 税法的非重点章节，程序性、政策性的知识点较多，从历年的试题来看，本章平均分值在 2~3 分。考生需要重点关注税务行政复议的有关内容，包括税务行政复议的范围和复议的管辖，这在历年命题中出现较高的频次。

本章内容包括税务行政处罚、税务行政复议、税务行政诉讼。

第一节　税务行政处罚

一、税务行政处罚的原则（能力等级1）

> 税务行政处罚是指公民、法人或者其他组织有违反税收征收管理秩序的违法行为，尚未构成犯罪，依法应当承担行政责任的，由税务机关给予的行政处罚。

1. 法定原则。
2. 公正、公开原则。
3. 以事实为依据原则。
4. 过罚相当原则。
5. 处罚与教育相结合原则。
6. 监督、制约原则。

二、税务行政处罚的设定和种类（能力等级2）注意客观题。

（一）税务行政处罚的设定（见表14-1）

税务行政处罚的设定

表14-1　　　　　　　　　　税务行政处罚的设定

部门	限定
全国人民代表大会及其常务委员会	无
国务院	限制人身自由除外
国家税务总局	1. 非经营活动中违法，设定罚款不得超过 1 000 元 2. 经营活动中违法，有违法所得的，设定罚款不得超过违法所得的 3 倍，且最高限额 30 000 元；没有违法所得的，最高限额 10 000 元
省、自治区、直辖市和计划单列市及以下级别税务机关	只能对上述级别的处罚具体化

【例 14-1·2010年多选题】下列关于税务行政处罚设定的表述中，正确的有（　　）。

A. 国家税务总局对非经营活动中的违法行为，设定罚款不得超过 1 000 元

B. 国家税务总局对非经营活动中有违法所得的违法行为，设定罚款不得超过 5 000 元

C. 国家税务总局对经营活动中没有违法所得的违法行为，设定罚款不得超过

10 000元

D.国家税务总局对经营活动中有违法所得的违法行为，设定罚款不得超过违法所得的3倍，且最高不得超过30 000元

【答案】ACD

【解析】税务行政规章对非经营活动中的违法行为设定罚款不得超过1 000元；对经营活动中的违法行为，有违法所得的，设定罚款不得超过违法所得的3倍，且最高不得超过30 000元，没有违法所得的，设定罚款不得超过10 000元；超过限额的，应当报国务院批准。所以选项B不正确。

（二）税务行政处罚的种类　仅此三种，请直接记忆。

1.罚款。

2.没收财物非法所得。

3.停止出口退税权。

【例14-2·2009年多选题】下列各项中，属于我国现行税务行政处罚种类的有（　　）。

A.罚款

B.加收滞纳金

C.停止出口退税权

D.收缴发票和暂停供应发票

【答案】AC

三、税务行政处罚的主体与管辖（能力等级2）（见表14-2）

税务行政处罚的主体与管辖

表14-2　　　　　　　　　　税务行政处罚的主体与管辖

要点	主要规定
税务行政处罚的主体	1.税务行政处罚的实施主体主要是县以上的税务机关 2.各级税务机关的内设机构、派出机构不具处罚主体资格，不能以自己的名义实施税务行政处罚 3.税务所可以实施罚款额在2 000元以下的税务行政处罚。这是《征管法》的特别授权
税务行政处罚的管辖	税务行政处罚实行行为发生地原则，由当事人税收违法行为发生地的县（市、旗）以上税务机关管辖

【例14-3·2009年单选题】下列关于税务行政处罚权的表述中，正确的是（　　）。

A.省地方税务局可以通过规范性文件的形式设定警告

B.国家税务总局可以通过规章的形式设定一定限额的罚款

C.省以下国家税务局的稽查局不具有税务行政处罚主体资格

D.作为税务机关派出机构的税务所不具有税务行政处罚主体资格

【答案】B

【例14-4·2012年单选题】下列税务机关中，虽然不具有税务处罚主体资格，但可以实施税务行政处罚的是（　　）。

A.县国家税务局

B.盟国家税务局

C.国家税务局

D.县国家税务局下属的税务所

【答案】D

【解析】各级税务机关的内设机构、派出机构不具处罚主体资格，不能以自己的名义实施税务行政处罚；但税务所可以实施罚款额在2 000元以下的税务行政处罚。

四、税务行政处罚的简易程序（能力等级2）

1.基本特征是当场填写《税务行政处罚决定书》。

2.简易程序的适用条件：

（1）案情简单、事实清楚、违法后果比较轻微且有法定依据，应当给予处罚的违法行为。

（2）给予的处罚较轻，仅适用于对公民处以50元以下和对法人或者其他组织处以1 000元以下罚款的违法案件。

简易处罚程序的特点是当场作出处罚决定，但不一定当场交罚款。简易处罚程序的金额不可能涉及听证程序，但可以涉及复议、诉讼程序。

五、税务行政处罚的一般程序（能力等级2）

1.适用于一般程序的案件都是情节比较复杂、处罚比较重的案件，主要包括立案、调查取证（有的案件还要举行听证）、审查、决定、执行等程序。

2.听证是指税务机关在对当事人某些违法行为作出处罚决定之前，按照一定形式听取调查人员和当事人意见的程序。税务行政处罚听证的范围是对公民作出2 000元以上或者对法人或其他组织作出10 000元以上罚款的案件。

【例14-5·2011年单选题】下列案件中，属于税务行政处罚听证的范围是（　　）。

A.对法人作出10 000元以上罚款的案件

B.对公民作出1 000元以上罚款的案件

C.对法人作出没收非法所得处罚的案件

D.对法人作出停止出口退税权处罚的案件

【答案】A

六、税务行政处罚的执行（能力等级2）

税务机关对当事人作出罚款行政处罚决定的，当事人应当在收到《税务行政处罚决定书》之日起15日内缴纳罚款，到期不缴纳的，税务机关可以对当事人每日按罚款数额的3%加处罚款。

【例14-6·2010年单选题】某国有企业因有违反《征管法》的行为，被税务机关处以8 000元的罚款。假定该企业收到《税务行政处罚决定书》的时间为2010年3月1日，则该企业4月5日缴纳罚款时的总金额为（　　）。

A.8 000元

B.9 200元

C.13 040元

D.16 640元

【答案】C

【解析】$8\,000 \times [(36-15) \times 3\% + 1] = 13\,040$（元）。

七、税务行政处罚权力清单（能力等级2）（见表14-3）

税务行政处罚权力清单

权力清单就是明确权力该做什么，做到"法无授权不可为"。

表14-3

税务行政处罚权力清单

类型	违法行为		处罚内容
账簿、凭证管理类	未按规定设置、保管账簿资料，报送财务、会计制度办法核算软件，安装使用税控装置	纳税人未按照规定设置、保管账簿或者保管记账凭证和有关资料	责令限期改正，可以处2 000元以下的罚款；情节严重的，处2 000元以上1万元以下的罚款
		纳税人未按照规定将财务、会计制度或者财务、会计处理办法和会计核算软件报送税务机关备查	
		纳税人未按照规定安装、使用税控装置，或者损毁或擅自改动税控装置	
	扣缴义务人未按照规定设置、保管代扣代缴、代收代缴税款账簿或者保管代扣代缴、代收代缴税款记账凭证及有关资料		责令限期改正，可以处2 000元以下的罚款；情节严重的，处2 000元以上5 000元以下的罚款
	非法印制、转借、倒卖、变造或者伪造完税凭证		责令改正，处2 000元以上1万元以下的罚款；情节严重的，处1万元以上5万元以下的罚款
纳税申报类	未按规定期限办理纳税申报和报送纳税资料	纳税人未按照规定的期限办理纳税申报和报送纳税资料	责令限期改正，可以处2 000元以下的罚款；情节严重的，处2 000元以上1万元以下的罚款
		扣缴义务人未按照规定的期限向税务机关报送代扣代缴、代收代缴税款报告表和有关资料	
	纳税人、扣缴义务人编造虚假计税依据		责令限期改正，并处5万元以下的罚款
税务检查类	纳税人、扣缴义务人逃避、拒绝或者以其他方式阻挠税务机关检查（包括提供虚假资料，不如实反映情况，或者拒绝提供有关资料的；拒绝或者阻止税务机关记录、录音、录像、照相和复制与案件有关的情况和资料的；在检查期间，纳税人、扣缴义务人转移、隐匿、销毁有关资料的；有不依法接受税务检查的其他情形的）		责令改正，可以处1万元以下的罚款；情节严重的，处1万元以上5万元以下的罚款
	纳税人、扣缴义务人的开户银行或者其他金融机构拒绝接受税务机关依法检查纳税人、扣缴义务人存款账户，或者拒绝执行税务机关作出的冻结存款或者扣缴税款的决定，或者在接到税务机关的书面通知后帮助纳税人、扣缴义务人转移存款，造成税款流失		处10万元以上50万元以下的罚款，对直接负责的主管人员和其他直接责任人员处1 000元以上1万元以下的罚款
	税务机关依照《征管法》第五十四条第（五）项的规定到车站、码头、机场、邮政企业及其分支机构检查纳税人有关情况时，有关单位拒绝的		责令改正，可以处1万元以下的罚款；情节严重的，处1万元以上5万元以下的罚款

第二节　税务行政复议

税务行政复议和税务行政诉讼的关系：在税务行政复议受案范围中，解决征税问题的争议，税务行政复议是税务行政诉讼的必经前置程序；解决征税问题之外的争议，税务行政复议不是税务行政诉讼的必经前置程序。

一、税务行政复议的特点（能力等级1）

1.以当事人不服税务机关及其工作人员作出的税务具体行政行为为前提。

2.税务行政复议因当事人的申请而产生。

3.税务行政复议案件一般由原处理税务机关的上一级税务机关审理。

4.征税问题的争议，税务行政复议是税务行政诉讼的必经前置程序。

税务行政复议的受案范围

二、税务行政复议的受案范围（能力等级2）（见表14-4）

表14-4　　　　　　　　　　税务行政复议的受案范围

类型	税务行政复议的受案范围	限于税务机关作出的税务具体行政行为
必经复议	1.征税行为	（1）确认纳税主体、征税对象、征税范围、减税、免税、退税、抵扣税款、适用税率、计税依据、纳税环节、纳税期限、纳税地点和税款征收方式等具体行政行为 （2）征收税款、加收滞纳金 （3）扣缴义务人、受税务机关委托的单位和个人作出的代扣代缴、代收代缴、代征行为等
选择复议	2.行政许可、行政审批行为	
	3.发票管理行为	包括发售、收缴、代开发票等
	4.税收保全措施、强制执行措施	税收保全措施有：（1）书面通知纳税人开户银行或者其他金融机构冻结纳税人的金额相当于应纳税款的存款；（2）扣押、查封纳税人的价值相当于应纳税款的商品、货物或者其他财产 强制执行措施有：（1）书面通知纳税人开户银行或者其他金融机构从其存款中扣缴税款；（2）拍卖所扣押、查封商品、货物或者其他财产以抵缴税款
	5.行政处罚行为	（1）罚款 （2）没收财物和违法所得 （3）停止出口退税权
	6.不依法履行下列职责的行为	（1）颁发税务登记 （2）开具、出具完税凭证、外出经营活动税收管理证明 （3）行政赔偿 （4）行政奖励 （5）其他不依法履行职责的行为
	7.资格认定行为	
	8.不依法确认纳税担保行为	
	9.政府信息公开工作中的具体行政行为	
	10.纳税信用等级评定行为	
	11.通知出入境管理机关阻止出境行为	
	12.其他具体行政行为	

申请人认为税务机关的具体行政行为所依据的下列规定不合法，对具体行政行为申请行政复议时，可以一并向行政复议机关提出对有关规定的审查申请；申请人对具体行政行为提出行政复议申请时不知道该具体行政行为所依据的规定的，可以在行政复议机关作出行政复议决定以前提出对该规定的审查申请：

1.国家税务总局和国务院其他部门的规定；

2.其他各级税务机关的规定；

3.地方各级人民政府的规定；

4.地方人民政府工作部门的规定。

【提示】上述中的规定不包括法律、法规和规章。

【例14-7·多选题】纳税人不服税务机关的具体行政行为，应当先依法申请行政复议，不能直接向人民法院起诉的有（　　）。

A.税务机关作出的不予减免税决定

B.税务机关作出的征税决定

C.税务机关作出的罚款决定

D.税务机关作出的不依法确认纳税担保决定

【答案】AB

【例14-8·多选题】下列各项属于税务行政复议受案范围或审查范围的有（　　）。

A.国家税务总局制定规章的行为

B.税务机关作出的税收保全措施

C.税务机关作出的征税行为

D.税务机关作出的行政处罚行为

【答案】BCD

税务行政复议的机构与管辖

三、税务行政复议的机构与管辖（能力等级2）（见表14-5）

> 我国税务行政复议管辖的基本制度原则上是实行由上一级税务机关管辖的一级复议制度。

表14-5　　　　　　　　　　税务行政复议的机构与管辖

机构和人员	1.各级行政复议机关负责法制工作的机构（以下简称行政复议机构）依法办理行政复议事项 2.各级行政复议机关可以成立行政复议委员会，研究重大、疑难案件，提出处理建议 3.行政复议委员会可以邀请本机关以外的具有相关专业知识的人员参加
管辖	我国税务行政复议管辖的基本制度原则上是实行由上一级税务机关管辖的一级复议制度。具体来说： 1.对各级国家税务局的具体行政行为不服的，向其上一级国家税务局申请行政复议 2.对各级地方税务局的具体行政行为不服的，可以选择向其上一级地方税务局或者该税务局的本级人民政府申请行政复议
特殊管辖	1.对国家税务总局的具体行政行为不服的，向国家税务总局申请行政复议 2.对行政复议决定不服的，申请人可以向人民法院提起行政诉讼，也可以向国务院申请裁决 3.国务院的裁决为最终裁决

续表

对下列税务机关的具体行政行为不服的，按照下列规定申请行政复议：	1.对计划单列市国家税务局的具体行政行为不服的，向国家税务总局申请行政复议；对计划单列市地方税务局的具体行政行为不服的，向省地方税务局或本级人民政府申请行政复议 2.对税务所（分局）、各级税务局的稽查局的具体行政行为不服的，向其所属税务局申请复议 3.对两个以上税务机关共同作出的具体行政行为不服的，向共同上一级税务机关申请行政复议；对税务机关与其他行政机关共同作出的具体行政行为不服的，向其共同上一级行政机关申请行政复议 4.对被撤销的税务机关在撤销以前所作出的具体行政行为不服的，向继续行使其职权的税务机关的上一级税务机关申请行政复议 5.对税务机关作出逾期不缴纳罚款加处罚款的决定不服的，向作出行政处罚决定的税务机关申请行政复议。但是对已处罚款和加处罚款都不服的，一并向作出行政处罚决定的税务机关的上一级税务机关申请行政复议	有第2~5项所列情形之一的，申请人也可以向具体行政行为发生地的县级地方人民政府提交行政复议申请，由接受申请的县级地方人民政府依法转送

【例14-9·2016年多选题】下列申请行政复议的表述中，符合税务行政复议管辖规定的有（　　）。

A.对各级国家税务局的具体行政行为不服的，向其上一级国家税务局申请行政复议

B.对计划单列市国家税务局的具体行政行为不服的，向国家税务总局申请行政复议

C.对国家税务总局的具体行政行为不服的，向国家税务总局申请行政复议

D.对计划单列市地方税务局的具体行政行为不服的，向国家税务总局申请行政复议。

【答案】ABC

【解析】选项D，对计划单列市地方税务局的具体行政行为不服的，向省地方税务局或本级人民政府申请行政复议。

四、税务行政复议的申请人和被申请人（能力等级2）

（一）税务行政复议的申请人规则（见表14-6）

表14-6　　　　　　　　　税务行政复议的申请人规则

单位性质	申请人或代表
合伙企业申请行政复议	以工商行政管理机关核准登记的企业为申请人，由执行合伙事务的合伙人代表该企业参加行政复议
合伙组织申请行政复议	由合伙人共同申请行政复议
上述以外的不具备法人资格的其他组织申请行政复议	1.该组织的主要负责人代表该组织参加行政复议 2.没有主要负责人的，由共同推选的其他成员代表该组织参加行政复议

税务行政复议的申请人和被申请人

第十四章

续表

单位性质	申请人或代表
股份制企业的股东大会、股东代表大会、董事会认为税务具体行政行为侵犯企业合法权益的	可以以企业的名义申请行政复议
有权申请行政复议的公民死亡的	其近亲属可以申请行政复议
有权申请行政复议的公民为无行为能力人或者限制行为能力人	其法定代理人可以代理申请行政复议
有权申请行政复议的法人或者其他组织发生合并、分立或终止的	承受其权利义务的法人或者其他组织可以申请行政复议
申请人以外的公民、法人或者其他组织与被审查的税务具体行政行为有利害关系的	1.可以向行政复议机关申请作为第三人参加行政复议 2.复议机关可以通知其作为第三人参加行政复议 3.第三人不参加行政复议，不影响行政复议案件的审理
非具体行政行为的行政管理相对人，但其权利直接被该具体行政行为所剥夺、限制或者被赋予义务的公民、法人或其他组织，在行政管理相对人没有申请行政复议时	非具体行政行为的行政管理相对人可以单独申请行政复议

1.复议代表的规定。

同一行政复议案件申请人超过5人的，应当推选1至5名代表参加行政复议

2.复议代理的规定。

（1）申请人、第三人可以委托1至2名代理人参加行政复议。

（2）申请人、第三人委托代理人的，应当向行政复议机构提交授权委托书。

（3）授权委托书应当载明委托事项、权限和期限。

（4）公民在特殊情况下无法书面委托的，可以口头委托。口头委托的，行政复议机构应当核实并记录在卷。

（5）申请人、第三人解除或者变更委托的，应当书面告知行政复议机构。

【例14-10·多选题】下列关于行政复议的说法，错误的是（　　）。

A.有权申请行政复议的公民死亡的，其近亲属不得申请行政复议

B.合伙企业可以推举一名合伙人作为申请人

C.税务行政复议的第三人可申请参加行政复议

D.股份制企业的股东大会、股东代表大会、董事会认为税务具体行政行为侵犯企业合法权益的，可以以企业的名义申请行政复议

【答案】AB

【解析】选项A，有权申请行政复议的公民死亡的，其近亲属可以申请行政复议。选项B，合伙企业申请行政复议，以工商行政管理机关核准登记的企业为申请人，由执行合伙事务的合伙人代表该企业参加行政复议。

（二）税务行政复议的被申请人规则（见表14-7）

税务行政复议的被申请人规则

表14-7　　　　　　　税务行政复议的被申请人规则

行政行为的作出	被申请人	代表与代理的限制规定
申请人对具体行政行为不服申请行政复议的	作出该具体行政行为的税务机关为被申请人	被申请人不得委托本机关以外人员参加行政复议
申请人对扣缴义务人的扣缴税款行为不服的	主管该扣缴义务人的税务机关为被申请人	
对税务机关委托的单位和个人的代征行为不服的	委托税务机关为被申请人	
税务机关与法律、法规授权的组织以共同的名义作出具体行政行为的	税务机关和法律、法规授权的组织为共同被申请人	
税务机关与其他组织以共同名义作出具体行政行为的	税务机关为被申请人	
税务机关依照法律、法规和规章规定，经上级税务机关批准作出具体行政行为	批准机关为被申请人	
申请人对经重大税务案件审理程序作出的决定不服的	审理委员会所在税务机关为被申请人	
税务机关设立的派出机构、内设机构或者其他组织，未经法律、法规授权，以自己名义对外作出具体行政行为的	税务机关为被申请人	

五、税务行政复议申请（能力等级2）

1.申请复议的时间：得知税务机关作出具体行政行为的60日之内。

2.复议与诉讼的次序问题

（1）对征税行为的争议：按税务机关规定缴纳税款、滞纳金或提供担保，复议是诉讼的必经前置程序。

（2）对其他行为的争议：复议不是诉讼的必经前置程序。

3.行政复议申请方式：可以书面申请或口头申请。

4.行政复议和行政诉讼不能同时进行。

六、税务行政复议的受理（能力等级2）（见表14-8）

表14-8　　　　　　　税务行政复议的受理

行政复议申请符合规定的，行政复议机关应当受理：	1.属于税务行政复议规则规定的行政复议范围
	2.在法定申请期限内提出
	3.有明确的申请人和符合规定的被申请人
	4.申请人与具体行政行为有利害关系
	5.有具体的行政复议请求和理由
	6.属于收到行政复议申请的行政复议机关的职责范围
	7.其他行政复议机关尚未受理同一行政复议申请，人民法院尚未受理同一主体就同一事实提起的行政诉讼
行政复议期间具体行政行为不停止执行，但是有下列情形之一的，可以停止执行：	1.被申请人认为需要停止执行的
	2.行政复议机关认为需要停止执行的
	3.申请人申请停止执行，行政复议机关认为其要求合理，决定停止执行的
	4.法律规定停止执行的

【例14-11·2002年多选题】在税务行政复议期间，可以停止执行税务具体行政行为的情形有（   ）。

A.申请人认为需要停止执行的

B.被申请人认为需要停止执行的

C.被申请人确实难以执行的

D.行政复议机关认为需要停止执行的

【答案】BD

七、税务行政复议审查和决定（能力等级2）

税务行政复议审查和决定

1.具体行政行为认定事实清楚，证据确凿，适用依据正确，程序合法，内容适当的，决定维持。

2.被申请人不履行法定职责的，决定其在一定期限内履行。

3.具体行政行为有下列情形之一的，决定撤销、变更或者确认该具体行政行为违法；决定撤销或者确认该具体行政行为违法的，可以责令被申请人在一定期限内重新作出具体行政行为：

（1）主要事实不清、证据不足的。

（2）适用依据错误的。

（3）违反法定程序的。

（4）超越职权或者滥用职权的。

（5）具体行政行为明显不当的。

4.有下列情形之一的，行政复议机关可以决定变更：

（1）认定事实清楚，证据确凿，程序合法，但是明显不当或者适用依据错误的。

（2）认定事实不清，证据不足，但是经行政复议机关审理查明事实清楚，证据确凿的。

第三节　税务行政诉讼

一、税务行政诉讼的概念（能力等级2）

注意：解决征税问题之外的争议，税务行政复议不是税务行政诉讼的必经前置程序。

税务行政诉讼的被告必须是税务机关或经法律法规授权的行使税务行政管理权的组织，而不是其他行政机关或组织。税务行政诉讼解决的争议发生在税务行政管理过程中，因税款征纳发生的争议，复议是诉讼的必经前置程序。

二、税务行政诉讼的起诉和受理（能力等级2） 都是15日。

税务行政诉讼的起诉和受理

1.有复议前置程序的起诉期限是当事人接到复议决定书之日起15日内。

2.不需要复议前置程序的起诉期限是当事人在接到通知或者知道之日起15日内。

3.因税务机关原因致使当事人逾期向人民法院起诉的，在不得超过2年的整体时间段中，在当事人实际知道诉权或者起诉期限时的15日内。

【例14-12·2008年单选题】根据《征管法》及其他相关规定，对税务机关的征税行为提起诉讼，必须先经过复议，对复议决定不服的，可以在接到复议决定书之日起的一定时限内向人民法院起诉。下列各项中，符合上述时限规定的是（   ）。

A.15 日

B.30 日

C.60 日

D.90 日

【答案】A

智能测评

扫码听分享	做题看反馈
本章同上章类似，没有什么计算方面的问题，突出程序上的规定。重点掌握处罚的种类、行政复议的范围、管辖、申请人、被申请人几个知识点，突出对个别特殊规定的把握，如前置程序的特殊要求等。祝同学们学习愉快！ 　　扫一扫二维码，来听学习导师的分享吧。	学完马上测！ 　　请扫描上方的二维码进入本章测试，检测一下自己学习的效果如何。做完题目，还可以查看自己的个性化测试反馈报告。这样，在以后复习的时候就更有针对性、效率更高啦！

第三部分

真题练习+机考指导

附录一

注册会计师全国统一考试（专业阶段）历年真题在线练习

CPA备考，"做题"必不可少。题量无须太多，不必采取"题海战术"，但有一种题是必做，并且需要透彻掌握的，那就是历年真题。

CPA考纲和教材每年都有调整，部分真题已经不再适合直接使用，如果考生不加甄别地大量练习历年真题，很可能被一些已过时的题目所误导。

为了帮助考生更好地利用历年真题来进行备考，高顿网校CPA研究中心对2012年至今的历年真题进行了精心整理，按年份组卷，考生们可以随时随地在手机上在线练习。

"历年真题在线练习"具有如下特点：

1.根据最新考纲和教材，剔除或修改已过时的题目，排除教材修改带来的影响。

2.在线练习，即时反馈，随时随地检测学习效果。

立即开始练习真题，只需以下两步：

第一步：扫描下方二维码：

第二步：点击相应试卷，开始在线练习。

附录二

注册会计师全国统一考试（专业阶段）机考系统指导课程

自 2016 年开始，CPA 考试全面取消纸笔作答。掌握机考的操作方法和必备技巧，对于通过考试来说，至关重要。

如果考前对机考系统没有进行充分的了解和练习，在考场上很容易因为机考环境陌生、操作不熟练、打字速度慢，浪费了很多时间，题目做不完，从而导致考试失败。

为了最大限度地帮助考生们排除上述障碍，我们特别研发了"机考系统指导课程"，全面讲解了机考的各种注意事项和操作技巧。其内容包括：

1.分题型、科目，介绍机考系统的操作方法；

2.分享独门机考技巧，如果熟练掌握，可在考试中节约出大量宝贵的时间，用于答题，提升通过几率。

如何学习这些课程呢？

第一步：扫描下方二维码，购买课程：

第二步：下载"高顿网校"APP，登录后在"学习空间"听课。